教育部人文社会科学重点研究基地基金资助项目

厦门大学宏观经济研究丛书

XIAMEN DAXUE HONGGUAN JINGJI YANJIU CONGSHU

中国宏观经济分析与预测（2021年）

——新发展格局与高质量发展

Analysis and Forecasting for China's Macro-economy in 2021

中国季度宏观经济模型
（CQMM）课题组　著

中国财经出版传媒集团

经济科学出版社

Economic Science Press

《厦门大学宏观经济研究丛书》编委会

本书作者：龚　敏　　陈贵富　　林致远　　周颖刚
　　　　　卢盛荣　　余长林　　王燕武　　李　静
　　　　　李文溥　　谢　攀　　洪永淼　　王艺明
　　　　　柏培文　　郑挺国　　黄寿峰　　蒙莉娜
　　　　　王　霞　　潘丽群　　林珊珊　　杨伊婧
　　　　　胡久凯　　蔡　欢　　邓宇铭　　杨国歌
　　　　　杜明月　　林雪萍　　刘一鸣　　常延龙
　　　　　陈坤贤　　詹　珊　　王鹏程

开 篇 心 语

——写在"厦门大学宏观经济研究丛书"出版之际

● 李文溥 ●

"厦门大学宏观经济研究丛书"是体现教育部人文社会科学重点研究基地——厦门大学宏观经济研究中心研究成果的系列丛书。因此，说丛书，还要先谈厦门大学宏观经济研究中心。

众所周知，长期以来——而且至今仍然——我国宏观经济理论与政策的研究中心在北京，其中道理不言自明。可是，教育部却将其唯一一个命名为宏观经济研究的重点基地布点于地处天涯海角，置身政治经济旋涡之外的厦门大学①，似乎有一点不合情理。

当然，这首先是申请者的意愿。厦门大学经济学院五系一所：经济系、财政系、金融系、统计系、国际经济与贸易系、经济研究所，内含四个国家级重点学科：财政学、统计学、金融学和政治经济学。这些系所及其重点学科研究的重点领域是政府经济管理实践及相关的经济学理论。在此基础上，申请建立一个研究政府宏观经济管理实践与理论的研究中心，就其本身而言，是一个合理的选择。尽管正如识者所言：政府的宏观经济管理与规范意义上的宏观经济学还有些差别，但是，在既有基础之上，通过组建这个中心，集中一支队伍，研究宏观经济理论及其在中国的政策实践，带动一个有85年悠久历史的学院向适应中国特色社会主义市场经济需要的现代经济学教育和研究体系转轨，却是申请者的决心和期望。因此，尽管知道还有差距，需要付出的努力很多，仍然义无反顾地做出了这一选择。

现在需要谈另一个方面。对于教育部而言，将宏观经济研究中心设立在哪所大学，显然有着诸多选择的可能，然而，最终选择了看似未必具有地利人和的厦门大学。此刻，愚钝的我只能找出两点理由。

1. 申请者的虔诚之心感动了上帝。自古就有民心即天心之说，作为自始参

---

① 根据教育部人文社会科学重点研究基地的设立规则，尽管在全国各大学设立了百余家文科重点研究基地，但是任何一个重点研究基地的名称都是唯一的。

与这个中心的组建和教育部人文社科重点研究基地申报工作的我认为：厦门大学宏观经济研究中心的申报过程及结果可以作为此说的例证之一。

2. 审时度势，反弹琵琶。显然，在北京等政治经济中心设立宏观经济研究中心，可谓顺风顺水，研究者得以享受诸多便利，研究中心成功的概率自然也大，但是，在中国目前的政府主导型市场经济体制下，身处政治经济中心的研究机构不免受磁场中心的引力影响，也是不争的事实。在这种情况下，外地的研究机构或许因此在人所习见的劣势中显出了一点另类优势。网络时代，各种研究所需要的资讯在通都大邑和偏远小城大体都能同样获得，信息差距不断缩小，因此，尽管劣势还存在，要弥补，还要付出艰苦的努力，但是，在非政治经济中心，研究宏观经济理论与实践的条件还是基本具备了。而且，远离磁力场，从学术逻辑角度阐发其观点的欲望可能更强，有可能因此形成不同的见解。这对于中国的宏观经济理论发展以及政策实践而言，未始不是一件好事——这大概是教育部下此决心的依据之一吧。

说了这么多，还都是假说和愿望，到底实绩如何呢？一句老话：实践检验。我们的计划是：这套丛书分文集、专著、研究报告三类出版，以期能够比较全面地反映研究中心的学术活动及其成果。其中，文集与学术活动相联系，主要反映研究中心近期在宏观经济理论与应用方面的探索；专著是研究中心课题研究成果的系统体现；研究报告是在研究中心为社会经济重要决策提供咨询研究的成果中，选择部分兼具出版价值的刊行。我们的设想得到经济科学出版社的大力支持，其慨然提供了舞台，使构想转化为现实，在此先行谢过。

但是，我们最关注的还是真正的"上帝"——读者。众位读者既是看官又是判官。我们希望你们能关心这套丛书，并给予严格的指正。希望在你们的关心和帮助之下，厦门大学宏观经济研究中心能不负期望，为中国的宏观经济理论的形成与发展，为改善中国特色社会主义市场经济下的宏观经济政策调控略尽绵薄之力。

市场经济是买方市场，酒香不怕巷子深是过去时代的事了。如今的图书市场也是供大于求。开篇伊始，倾吐心语，以期引起注意，虽系未能免俗之举，也是人之常情流露。书有序，大体本意如此。然吾何能，敢为丛书作序！然而，要吸引读者，仅有心愿还是不成的，关键还要做好文章。至于文章是否精彩，就敬请列位指点了。

2006 年 6 月写于厦门大学白城

前　言[*]

　　2020 年，中国国内生产总值（GDP）突破 100 万亿元大关，达到 101.6 万亿元，实际同比增长 2.3%，成为全球唯一取得正增长的主要经济体。面对年初突如其来的新冠肺炎疫情的严峻冲击，全年经济走出了"V"型反转的态势：第一季度同比下降 6.8%，第二季度增长 3.2%，第三季度增长 4.9%，第四季度增长 6.5%。中国经济增长动能正在恢复，经济复苏势头明显。

　　2020 年，中国经济能够在较短时间内实现稳定恢复，主要得益于有效的疫情防控举措。第一季度，严格的疫情防控措施的推行，从供需两端直接拉低了经济增速。消费萎缩、投资减速以及出口下滑导致第一季度 GDP 同比增速下滑 6.8%。因缺乏人员流动，像旅游住宿餐饮、批发零售、交通运输等线下服务业更成为了重灾区。第二季度，在疫情基本得到控制后，国内开启了复工复产、复商复市的进程。不过，因出行受限，线下服务消费依然低迷；而疫情在海外的迅速扩散，导致出口的不确定性骤然提升，出口订单大幅萎缩，企业预期依旧悲观。

　　进入 2020 年下半年，中国出口增速强劲反弹。海外疫情的持续蔓延，迫使各国政府纷纷推出财政和货币刺激措施，居家、防疫等消费需求因此得以激发，但这些产品多为劳动密集型，由于无法开工，于是出现了产能向中国的转移。中国的出口增速自 6 月起由负转正，并且持续快速上行。随着出口不断向好，前期库存明显去化，产能趋于饱和，出口订单大量增加，运费价格持续上升，原先

---

　　* 本书是教育部人文社会科学重点研究基地——厦门大学宏观经济研究中心"中国季度宏观经济模型"（China Quarterly Macroeconomic Model，CQMM）课题组系列研究成果之一。本项研究得到教育部重点研究基地重大项目（17JJD790014、18JJD790007、18JJD790008）、国家社会科学基金重大项目（19ZDA060）、国家社会科学基金项目（17BJY086）和国家自然科学基金项目（71503222）的资助。

悲观的企业预期开始逆转，企业不得不主动补充库存、扩大产能，制造业投资开始企稳回升。

在出口增速上行和制造业投资企稳的同时，基建投资的增长却相对偏缓。尽管基建得到专项债、赤字扩大等更大力度的财政对冲政策的支持，但专项债对基建项目要求高，如资金和项目必须一一对应、配套融资必须及时到位等，使得基建项目所需资金和专项债所提供资金之间存在割裂。同时，近年来在地方债治理上所采取的严格管控措施也对基建投资构成了约束。

在制造业投资和基建投资增速相对有限的情况下，房地产投资和出口一道，成为2020年下半年经济复苏的主要推动力。自第二季度国内疫情好转之后，企业有较强的赶工需求，以弥补业已耽误的工期；8月份"三道红线"①的出台，加大了房企的融资压力。为了促进销售回款，房企加快已有项目的建设，有力地支撑了房地产投资。

在国内国际双循环的新发展格局下，有效促进消费增长成为宏观经济政策的重要目标。不过，在经济动能快速恢复的过程中，消费表现得较为低迷，2020年全年社会消费品零售总额下降3.9%。年内各月同比增速虽呈现逐月好转的迹象，但均未达到上年同期水平。消费需求不给力与居民收入增长修复偏慢高度相关。消费的改善主要局限于部分奢侈品消费，这与资产价格上涨密切相关；而与整体经济复苏，尤其是中小微企业复苏相挂钩的大众消费，却未能提振至应有的高度。

总体来说，疫情冲击下的2020年中国经济一波三折。在疫情防控措施的有效支持下，出口和房地产投资成为经济动能恢复的主要推进器。到第四季度，中国经济开始进入内外需两旺、主动补库存周期的阶段，6.5%的GDP同比增速，较上年同期高出0.3个百分点，反映出充沛的增长动能和强劲的复苏态势。不过，疫情反复、消费分层等诸多问题依旧突出，这些问题将给中国经济前景带来挑战。

随着多种疫苗的问世及其在全球范围内的分发使用，新冠肺炎疫情有望在2021年下半年得到有效遏制。而在上半年，疫情对全球经济的负面影响仍将持续。考虑到全球中低端制造业主要布局于亚洲的诸多发展中国家，其中，除中国

---

① 2020年8月20日，中华人民共和国住房和城乡建设部与中国人民银行明确了重点房地产企业资金监测和融资管理规则，划出收紧地产开发商融资的"三道红线"：红线一，房企剔除预收款后的资产负债率不得大于70%；红线二，房企的净负债率不得大于100%；红线三："房企的现金短债比"小于1。

外，绝大多数国家要恢复正常的生产供应体系仍需时日，因此，疫情下全球产能向中国转移的现象尚难改变，这意味着中国当前出口火热的势头仍将延续至少数月的时间。加上2020年第一季度的低基数，预计2021年上半年中国经济将获得高速增长；下半年，随着全球疫情形势的逐渐好转，中国经济增长或将回归至疫情发生前的常态区间。

中国经济的持续向好，意味着疫情期间所采取的逆周期刺激政策将会逐渐淡出，宏观政策有望转弯，但又不会急转弯。其原因在于，疫情至少目前仍在反复，并且疫苗在全球范围内的使用有效性如何仍有待进一步的观察。更根本的是，尽管中国经济修复的速度正在加快，但居民消费和收入分化的现象却颇为突出，其根本在于大量的中小微企业受疫情的冲击尤为严重，因此，必须继续从信贷以及减税降费等方面给予政策方面的支持。诸多因素的交织作用，决定着货币政策和财政政策的基调虽会发生改变，但改变的时机和力度仍将审慎有度。

本书仍遵循以往体例，在篇章结构方面，共有三篇18章内容。

第一篇是"回顾篇"，包含第一章内容。主要是回顾和总结2020年中国宏观经济运行和政策执行的情况。

第二篇是"研究与分析篇"，包含第二章至第十五章共14章内容。大致又可分为以下两个方面的分析。

一是有关"十四五"展望、高质量发展、金融和财政政策的讨论，涉及第二章至第九章内容。其中，第二章对中国经济发展"十三五"进行了回顾，并对"十四五"进行了展望。"十三五"时期，我国积极因应国内外错综复杂的发展形势，在优化结构、增强动力、化解矛盾以及补齐短板等方面取得突破性进展。这些成就的取得，根本在于坚持以习近平新时代中国特色社会主义经济思想为指引，坚定贯彻落实新发展理念，充分发挥市场在资源配置中的决定性作用和更好地发挥政府作用。"十四五"时期，我国发展仍然处于重要战略机遇期，但机遇和挑战都有新的发展变化。为此，我国要着力深化体制机制改革，推进产品供给、创新体系、要素配置和公共服务质量升级，推动经济高质量发展。

第三章分析了中国高质量供给体系：技术动因、制约因素与实现途径。科技创新是建设现代化经济体系的战略支撑。受益于高性能计算机的普及和新一代信息与通信设备的推广，技术进步加速物化于有形资本品，显著改善了要素供给质量。与中性技术相比，资本体现式技术对全要素生产率增长的作用凸显。针对全球价值链的低端锁定、关键技术标准制定缺位、知识产权制度薄弱和设备质量监测体系滞后等制约因素，提升中国供给体系质量不仅应增强关键技术识别和产业融合，促进创新要素的有序流动，更要加强关键技术标准的制定和政策协同，完善知识产权保护和统计调查，从而提升投资效率，将经济增长的动力从主要依靠要素投入驱动转向依靠创新研发驱动，发挥资本和技术的耦合效应。

宏观经济不确定性作为宏观经济测度的重要指标，反映了宏观经济系统的不可预测程度。由于宏观数据信息发布的时点不同，这种不可预测程度可以通过实时发布的宏观指标信息与其预期的偏差构建。

第四章在搜集我国实时碎尾数据集的基础上，采用混频动态因子模型，构造了我国日度宏观经济意外指数和不确定指数。进一步地，研究了该宏观经济不确定指数与货币政策、宏观经济波动之间的关系。研究结果表明：宏观经济不确定性冲击对利率存在负向影响；在经济波动较大时，经济衰退会导致宏观经济不确定性提高，而在经济平缓时期，宏观经济不确定性则是引起经济下滑的因素之一。

经过三十多年的发展，中国股票和债券市场规模位居全球第二，表现出全球"避风港"的潜力，研究这两个大类资产间的避险对冲效应，探索中国特色社会主义市场体系中资本市场的运行规律，对中国经济学的构建具有重要的意义。第五章运用条件协偏度和协峰度来刻画一种资产风险变大和出现极端风险的情况下另一个市场是否具有对冲功能，并检验这种避险对冲效应是否影响股票和国债的风险溢价。结果发现，当一种资产对另一种资产的条件协偏度下降和条件协峰度上升时，其预期收益会随之上升，说明我国股票市场和国债市场之间可以互相对冲风险，其跨市场定价机制符合偏度偏好和峰度厌恶假设。比较分析国债期货重新上市交易前后样本，可以发现，随着利率市场化的推进，股票和国债市场间避险对冲效应有所加强。该章还将研究拓展至期货市场，发现国债现货能够对冲股票期货市场的波动性和极端风险，但相互避险的作用在股指期货和国债期货市场间、其他现货和期货交叉市场间并不显著。这些发现为我国监管部门继续发展和完善股票市场及国债市场、放开国债期货和股指期货交易的管制、进一步推动利率市场化改革、促进中国金融市场的良性互动发展提供了重要的科学依据。

第六章通过建立生产部门的要素买方垄断市场均衡模型，利用 1996~2016 年中国省级面板数据测算中国劳动力价格扭曲程度，并使用固定效应模型（FE）及面板固定效应的工具变量（IV）估计方法加以分析，从劳动力价格扭曲视角解答了中国资本产出、资本回报与资本流向之谜，即中国经济如何在赶超阶段资本深化不断加剧和全要素生产率（TFP）增长乏力的情况下，依靠劳动力价格扭曲实现低资本产出与高资本回报水平共存，从而维持长期高速资本积累以及优质的资本流向结构。实证研究表明：劳动力价格扭曲降低了资本产出效率，但这并不能掩盖由劳动力向资本方转移的垄断利润对资本回报的直接补贴，因此劳动力价格扭曲对中国维持高资本回报水平起到了重要的支撑作用，并通过高资本回报水平实现了地区资本的快速积累，劳动力价格扭曲对资本流向的积极作用还体现在抑制资本"脱实向虚"及吸引外资流入方面。因此，必须正视劳动力价格扭曲在赶超阶段的特殊作用，在矫正扭曲的过程中循序渐进，更积极地采取措施规避其对资本回报和资本流向可能产生的不利影响。

在政府部门运用财政政策进行宏观调控的同时，政策及其不确定性对宏观经济的影响越来越受到社会各界的关注。已有研究在对政策不确定性的影响进行实证分析时普遍都忽视了其背后的政策内涵，第七章采用符号约束结构向量自回归（SVAR）模型对不同政策不确定性背景下的财政政策冲击进行研究。研究发现：不同政策不确定性背景下的财政政策冲击对宏观经济变量的影响具有非对称性，政策不确定性上升情形下的积极财政政策会导致我国的经济波动加剧。该章的研究填补了已有的实证分析文献在将财政政策冲击与政策不确定性相互结合来进行财政政策效果评价方面的研究空白，为政策不确定性对宏观经济的影响等方面的研究提供了更具政策内涵的新的解释。

自 2016 年以来，中国成为世界主要经济体中居民负债率增长最快的国家。居民债务的快速累积势必改变居民的消费及投资行为，进而影响宏观政策效果。利用 2003~2017 年中国地级市财政及居民住户贷款数据，结合局部投影法（local projection），第八章首先实证检验了居民负债率对财政支出乘数效应的作用，发现高居民负债率样本下的财政支出乘数显著小于低居民负债率样本，居民债务会抑制财政政策效应。随后，借助于包含住房消费属性和居民贷款违约风险差异的两部门动态随机一般均衡（DSGE）模型，进一步研究发现：居民债务差异会改变财政支出冲击对利率、通货膨胀、住房相对价格、贷款违约风险及贷款规模等中介变量的作用，最终合力于产出变化；债务压力下居民住房和一般消费品消费呈现分化表现；居民贷款违约风险会经由借贷约束条件的变化作用于居民消费和投资。研究揭示了债务环境对宏观调控政策的重要性，指出控制居民负债率持续上涨将有助于促进财政政策"增效"。同时，区分债务压力下不同类别产品的消费表现、加大对非住房消费的财税扶持力度、辅之以恰当的货币政策、维护住房市场的长期健康发展、防范居民住房贷款违约风险爆发，将有利于减轻居民债务对财政政策效果的损害。

第九章利用中国取消农业税改革作为准自然实验，探讨区县级政府财政压力对政府决策和微观企业资源配置的影响，进而分析由此带来的宏观经济绩效影响效应。研究发现：地方政府行为受到财政压力的影响，农业税改革带来的财政压力显著地恶化了企业资本要素投入的扭曲状况，企业资本要素投入的边际收益和边际成本的缺口急剧上升5.72%，资本要素投入不足情况加剧，而对劳动要素投入的影响并不显著。进一步的机制分析表明，财政压力对企业资本要素投入的扭曲效应更多源于税收征管提高、环境规制放松、交易费用增加和企业规模分布变异，这一干扰效应最终导致经济绩效恶化（经济总量生产率平均下降约19.32%）。

二是有关其他宏观经济政策方面的讨论，涉及第十章至第十五章内容。其中，第十章利用2008～2017年沪深A股中数字经济上市公司的专利及财务数据，分析了政府补贴、税收优惠、信用贷款、行业准入制度四类产业政策对数字产业技术创新的影响。估计结果表明：政府补贴和行业准入制度对数字产业专利申请和专利发明的影响显著，税收优惠、信用贷款对数字产业技术创新的影响相对不明显。此外，对数字产业细分类别进行稳健性检验，结果表明：政府补贴和行业准入制度依然是影响数字产业较为显著的产业政策，产业政策对数字产业技术创新的影响存在行业异质性。政府补贴对电信传媒和软件信息行业专利申请和发明的影响更为显著，对互联网及相关服务业的影响不显著。行业准入制度对软件信息行业的影响更为显著，对互联网和媒体行业的影响不显著。此外，研究还发现，政府补贴和信用贷款均能通过提高企业研发投入来提升企业创新能力，行业准入制度和税收优惠均能通过提高企业利润来提升企业创新能力。该章为政府制定数字经济技术创新的激励政策提供了经验证据，有助于政府制定合理的产业政策，促进数字产业技术创新。

随着户籍制度的渐进式改革，中国逐渐释放了人口红利，促进了经济增长。在新的发展理念下，城市包容性，特别是提高对流动人口的包容性将成为引领经济发展的新动力。第十一章利用2016年中国流动人口动态监测调查数据，从流动人口享受与本地居民同等公共服务和社会保障的程度来度量城市包容性，探究城市包容性对流动人口创业的作用。结果显示：城市包容性有助于促进流动人口创业，更高的城市包容性也对创业层次有正向影响，而城市外部环境条件和劳动力个体的异质性对城市包容性影响创业决策有不同的调节效应。这些发现为我国城市制度改革和促进流动人口创业提供了重要政策启示。

处于转型期的中国，在经济上实行地方分权制，市委书记作为地方"一把手"，其更替换届给微观企业外部营商环境带来改变，产生一定的政策不确定性。第十二章采用2002～2010年中国市委书记更替数据、私营企业调查数据，实证检验了发生官员更替时企业家时间配置的变动。研究发现：市委书记更替，特别是当年的更替，显著降低了企业家"外出联系生意、开会及公关、招待""日常经营管理"的时间；进一步地，市委书记更替显著增加了企业家社交活动的经济成本。这表明：官员更替带来的营商环境变动，使企业家的行为更为谨慎，同时他们也需要付出更多的成本来抵冲政策不确定性的潜在影响，从而在一定程度上减少企业家的寻租活动。

城市规模工资溢价表示工资的城市规模弹性，可以衡量个体从城市增长中获得的收益。第十三章基于城市规模工资溢价的视角，探讨流动人口工资差异及其影响路径。基于2016年流动人口监测数据，实证发现，流动人口获得了城市规模工资溢价，但也呈现出户籍差异，相比农业户籍（乡—城）流动人口，非农户籍（城—城）流动人口获得的工资溢价更高。该结论对于名义工资、分别经消费价格指数（CPI）平减和扣除生活成本的实际工资都成立，并在使用历史人口和城市地理特征作为城市规模的工具变量控制内生性、使用倾向得分匹配方法克服自我选择偏误后，实证结果依然稳健。进一步探讨流动人口城市规模工资溢价户籍差异的形成路径，研究发现：技能差异不能完全解释溢价的户籍差异，农业户籍流动人口依靠社会网络搜寻工作、不签订劳动合同的就业方式阻碍了他们获取充分的规模溢价。基于路径分析，课题组认为，拓宽农业流动人口的就业渠道、加强对非正规就业的监督和劳动合同的保护，是实现城市发展成果户籍无差异共享的有效措施。

第十四章分析了全球产业链"去中国化"趋势及其应对。研究指出：美、日两国撤企风波传递出的新信息是，西方在关于未来制造业布局的考量中，将在既有的国防安全、信息安全因素之外，加入公共卫生安全因素。这预示着西方可能会不惜代价重建独立完整的制造业体系，全球产业链"去中国化"的趋势或因此而加速。由于中国目前超大规模的供应链网络体系具有显著的成本优势，因此西方重建制造业体系的计划很难一蹴而就，即便付诸实施，预计至少需要10年以上的时间方能取得成效。在此期间，中国经济政策的重心应放在拓展和完善广义基础设施上，促进竞争，促进创新，着力打造高端制造业和服务业，尽早形成独立完整的全产业链和工业体系，以应对全球产业链"去中国化"趋势所带来的巨大挑战。

第十五章分析了新进口产品质量与多样性对企业创新的影响。通过理论分析发现，进口产品可以通过质量与多样性两个渠道促进创新和经济增长。该章使用2001~2007年工企与海关匹配的数据，首次发现新进口产品质量与多样性提升对企业创新具有显著的促进作用，且这种促进作用比持续进口产品更强更显著。异质性分析表明，中间品和资本品、高技术品，以及进口自经济合作与发展组织（OECD）国家的产品对企业创新的促进作用更强。三种方法的稳定性检验结果都显示，新进口产品质量与多样性对企业创新的促进作用非常稳健。

第三篇是"预测与政策模拟篇"，包括第十六章至第十八章内容。其中，第十六章是中国季度宏观经济模型（CQMM）课题组2020年春季预测报告的主体部分，第十七章是2020年秋季预测报告的主体部分。这两次报告的第一部分都是对上一次预测报告以来的中国宏观经济形势及宏观经济政策调控进行回顾与分析。由于在编辑本书时，本书另行撰写了2020年的宏观经济运行与宏观经济政策调控情况分析，并作为第一章的内容，因此，第十六章、第十七章仅包括了两次报告的预测、政策模拟、政策分析与政策建议部分。

第十八章收录了厦门大学宏观经济研究中心与新华社《经济参考报》分别于2020年1月、3月和8月联合开展的"中国宏观经济形势与政策"问卷调查的结果及其分析。

目录

Contents

第三篇　预测与政策模拟篇

第一篇

回顾篇

　　2020年，中国国内生产总值（GDP）突破100万亿元大关，达到101.6万亿元，实际同比增长2.3%，成为全球唯一取得正增长的主要经济体。面对年初突如其来的新冠肺炎疫情的严峻冲击，全年经济走出了"V"型反转的态势。中国经济增长动能正在恢复，经济复苏势头明显。中国经济能够在较短时间内实现稳定恢复，主要得益于有效的疫情防控举措。疫情冲击下的2020年，中国经济一波三折。在疫情防控措施的有效支持下，出口和房地产投资成为经济动能恢复的主要推进器。第四季度，中国经济开始进入内外需两旺、主动补库存周期的阶段，6.5%的GDP同比增速，较上年同期高出0.3个百分点，反映出充沛的增长动能和强劲的复苏态势。不过，疫情反复、消费分层等诸多问题依旧突出，这些问题将给中国经济前景带来挑战。

第一章 2020 年中国宏观经济运行回顾 *

第一节 概述

2020 年，中国国内生产总值（GDP）突破 100 万亿元大关，达到 101.6 万亿元，实际同比增长 2.3%，成为全球唯一取得正增长的主要经济体。面对年初突如其来的新冠肺炎疫情的严峻冲击，全年经济走出了"V"型反转的态势：第一季度同比下降 6.8%，第二季度同比增长 3.2%，第三季度同比增长 4.9%，第四季度同比增长 6.5%。中国经济增长动能正在恢复，经济复苏势头明显。

2020 年，中国经济能够在较短时间内实现稳定恢复，主要得益于有效的疫情防控举措。第一季度，严格的疫情防控措施的推行，从供需两端直接拉低了经济增速。消费萎缩、投资减速以及出口下滑导致第一季度 GDP 同比增速下滑 6.8%。因缺乏人员流动，像旅游住宿餐饮、批发零售、交通运输等线下服务业更成为了重灾区。第二季度，在疫情基本得到控制后，国内开启了复工复产、复商复市的进程。不过，因出行受限，线下服务消费依然低迷；而疫情在海外的迅速扩散，导致出口的不确定性骤然提升，出口订单大幅萎缩，企业预期依旧悲观。

---

* 本章作者：林致远。

进入 2020 年下半年，中国出口增速强劲反弹。海外疫情的持续蔓延，迫使各国政府纷纷推出财政和货币刺激措施，居家、防疫等消费需求因此得以激发，但这些产品多为劳动密集型，由于无法开工，于是出现了产能向中国的转移。中国的出口增速自 6 月起由负转正，并且持续快速上行。随着出口不断向好，前期库存明显去化，产能趋于饱和，出口订单大量增加，运费价格持续上升，原先悲观的企业预期开始逆转，企业不得不主动补充库存、扩大产能，制造业投资开始企稳回升。

在出口增速上行和制造业投资企稳的同时，基建投资的增长却相对偏缓。尽管基建得到专项债、赤字扩大等更大力度的财政对冲政策的支持，但专项债对基建项目要求高，如资金和项目必须一一对应、配套融资必须及时到位等，使得基建项目所需资金和专项债所提供资金之间存在割裂。同时，近几年来在地方债治理上所采取的严格管控措施也对基建投资构成了约束。

在制造业投资和基建投资增速相对有限的情况下，房地产投资和出口一道，成为下半年经济复苏的主要推动力。自第二季度国内疫情转好之后，企业有较强的赶工需求，以弥补已耽误的工期；8 月"三道红线"的出台，加大了房企的融资压力。为了促进销售回款，房企加快已有项目的建设，有力地支撑了房地产投资。

在国内国际双循环的新发展格局下，有效促进消费增长成为宏观经济政策的重要目标。不过，在经济动能快速恢复的过程中，消费表现得较为低迷，全年社会消费品零售总额下降 3.9%。年内各月同比增速虽呈现逐月好转的迹象，但均未达到上年同期水平。消费需求不给力与居民收入增长修复偏慢高度相关。消费的改善主要局限于部分奢侈品消费，这是与资产价格上涨密切相关的；而与整体经济复苏尤其是中小微企业复苏相挂钩的大众消费，却未能提振至应有的高度。

具体来说，2020 年中国宏观经济运行呈现出以下几个特点：经济呈现"V"型反转，增长动能修复迅速；就业水平稳定恢复，物价初显通缩迹象；民间投资恢复缓慢，三类投资表现各异；消费修复进程缓慢，居民收入增速下滑；出口增长超乎预期，贸易结构继续优化；货币政策适度宽松，实体经济流动性改善；财政收入首现负增长，财政支出有保有压。2020 年的部分经济指标如表 1 - 1 所示。

表1-1

2020年中国经济数据概览

经济指标	2020年(同比,%)	单位	1月	2月	3月	4月	5月	6月	7月	8月	9月	10月	11月	12月
GDP	2.3	当季同比%			-6.80			3.20			4.90			6.50
工业增加值	2.4	当月同比%	-4.31	-25.87	-1.10	3.90	4.40	4.80	4.80	5.60	6.90	6.90	7.00	7.30
固定资产投资	2.9	累计同比%		-24.50	-16.10	-10.30	-6.30	-3.10	-1.60	-0.30	0.80	1.80	2.60	2.90
民间投资	1.0	累计同比%		-26.40	-18.80	-13.30	-9.60	-7.30	-5.70	-2.80	-1.50	-0.70	0.20	1.00
制造业投资	-2.2	累计同比%		-31.50	-25.20	-18.80	-14.80	-11.70	-10.20	-8.10	-6.50	-5.30	-3.50	-2.20
基建投资	3.4	累计同比%		-26.86	-16.36	-8.78	-3.31	-0.07	1.19	2.02	2.42	3.01	3.32	3.41
房地产投资	7.0	累计同比%		-16.30	-7.70	-3.30	-0.30	1.90	3.40	4.60	5.60	6.30	6.80	7.00
社会零售总额	-3.9	当月同比%		-20.50	-15.80	-7.50	-2.80	-1.80	-1.10	0.50	3.30	4.30	5.00	4.60
出口	4.0	当月同比%	-2.90	-40.60	-6.90	3.10	-3.50	0.20	6.80	9.10	9.40	10.90	20.60	18.10
进口	-0.7	当月同比%	-12.70	7.70	-1.30	-14.40	-16.70	2.30	-1.60	-2.30	12.70	4.40	3.90	6.50
CPI	2.5	当月同比%	5.40	5.20	4.30	3.30	2.40	2.50	2.70	2.40	1.70	0.50	-0.50	0.20
PPI	-1.8	当月同比%	0.10	-0.40	-1.50	-3.10	-3.70	-3.00	-2.40	-2.00	-2.10	-2.10	-1.50	-0.40
M2	—	当月同比%	8.40	8.80	10.10	11.10	11.10	11.10	10.70	10.40	10.90	10.50	10.70	10.10

资料来源:CEIC、CQMM 课题组。

第二节　宏观经济运行基本情况分析

一、经济呈现"V"型反转，增长动能修复迅速

2020 年第一季度，为应对疫情而采取的严格管控举措，给三大产业的生产经营带来全面的冲击。其中，第一产业增加值同比下降 3.2%，第二产业下降 9.6%，第三产业下降 5.2%。第一季度末，随着疫情封禁措施的逐步解除，中国稳步开启了复工复产、复商复市的进程，经济日渐走上正轨。尽管海外疫情的暴发一度给出口带来负面影响，但随之而来的国际产能转移自第二季度末期开始发挥作用，成为驱动中国经济稳定恢复的重要因素。到第四季度，中国经济呈现强劲复苏的态势，第一产业增加值同比增速 4.1%，较上年同期上升 1.0 个百分点；第二产业增速 6.8%，增速较上年同期上升 1.1 个百分点；第三产业增速 6.7%，较上年同期微降 0.2 个百分点（见图 1-1）。

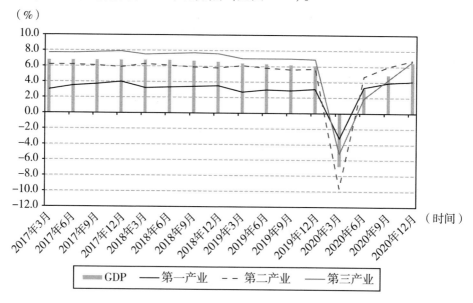

图 1-1　2017～2020 年实际 GDP 和三大产业增加值季度增速变化：季度同比
资料来源：中国经济数据库（CEIC），CQMM 课题组计算。

从消费、投资和净出口对 GDP 增速的拉动看，最终消费支出在经历上半年的拖累效应之后，在下半年有所起色，第三季度和第四季度分别拉动 GDP 增长 1.37 个和 2.57 个百分点，但仍未恢复到疫情前的水平。得益于基建投资和房地产投资的稳定作用，资本形成总额在第二季度已对 GDP 增速形成 4.95 个百分点

的拉动作用，下半年主要因出口好转而带来制造业投资的提振，资本形成总额对GDP增速的拉动进一步提升，分别于第三季度和第四季度拉动GDP增长2.24个和2.49个百分点。在国内疫情防控的第一季度和海外疫情暴发的第二季度，货物和服务净出口对GDP增速均有拖累作用；而在第三季度和第四季度，在国内疫情受控、国际疫情恶化的背景下，货物和服务净出口对GDP增速的拉动作用显著提升，第四季度达到1.44个百分点，这是自2015年有相应统计数据以来的峰值，反映了出口在下半年获得了出人意料的好转（见图1-2）。

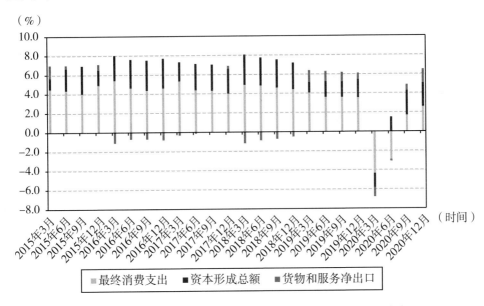

图1-2 2015～2020年三大需求对GDP增速的拉动率
资料来源：CEIC，CQMM课题组计算。

从工业生产来看，扣除价格因素，工业增加值累计增速在2月大跌至-13.90%的谷底之后，跌幅逐月收窄，并于8月由负转正，到12月升至本年的峰值，反映出生产端逐月趋于恢复的进程。当然，即便全年增速达到2.8%的峰值，仍较疫情前5.6%以上的增速存在较大的差距，反映出疫情冲击后的生产修复仍需经历较长时期的艰难过程。从细分行业看，采矿业、制造业和公用事业增加值增速的修复态势基本上和工业增加值的表现相似，即均在2月跌至谷底后开始缓慢的爬坡过程。相比之下，高技术制造业增加值的累计增速虽然也于2月下降至-14.4%的低谷，但其修复进程相对迅速，到12月已经快速回升至7.1%，仅仅比上年同期低1.7个百分点，这反映出以计算机通信和电子产业等为代表的高新技术产业所具有的较强的"免疫"特征（见图1-3）。

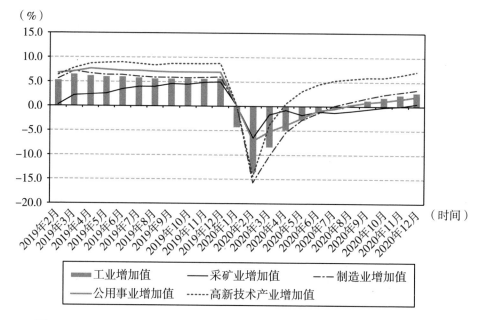

图1-3 2019~2020年工业及其三大门类增加值增速变化：月度同比

资料来源：CEIC，CQMM课题组计算。

二、就业水平稳定恢复，物价初显通缩迹象

就业方面，全国城镇调查失业率从1月的5.3%骤升至2月6.2%的峰值，之后开始逐月回落至12月的5.2%，维持上年同期水平。31个大城市调查失业率由1月的5.2%骤升至5月5.9%的年内峰值，在经历随后数月的反复后，进入下降通道中，并于12月降至5.1%，较上年同期下降0.1个百分点。可见，上半年，失业问题受疫情冲击而趋于严峻；而到了下半年，随着国内疫情的基本消除以及经济的逐步好转，失业问题也逐渐得到缓解，并且已经基本恢复到上年的水平（见图1-4）。

物价方面，全年居民消费价格指数（CPI）上涨2.5%，涨幅比上年收缩0.4个百分点。分月看，CPI增幅从1月的5.40%下行至11月的-0.5%和12月的0.20%，表明通货膨胀压力基本消失，甚至显现出通货紧缩的迹象。CPI的显著下行，主要与猪肉价格周期快速步入下行阶段有关。猪肉价格指数从1月的116.0%和2月的135.2%大幅回落至11月的-12.5%和12月的-1.3%。受此影响，食品CPI增幅从1月的20.6%和2月的21.9%收缩至11月的-2.0%和12月的1.2%（见图1-5和图1-6）。

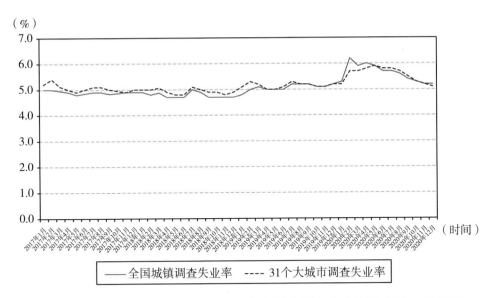

图 1－4　全国城镇调查失业率和 31 个大城市调查失业率的变动：月度值

资料来源：CEIC，CQMM 课题组计算。

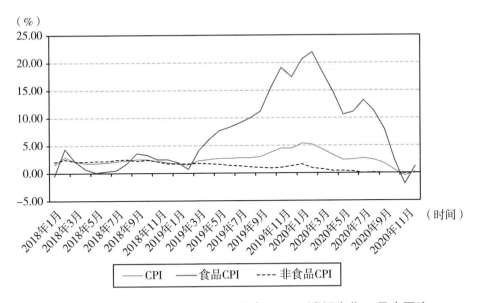

图 1－5　2018～2020 年 CPI 和非食品 CPI 涨幅变化：月度同比

资料来源：CEIC，CQMM 课题组计算。

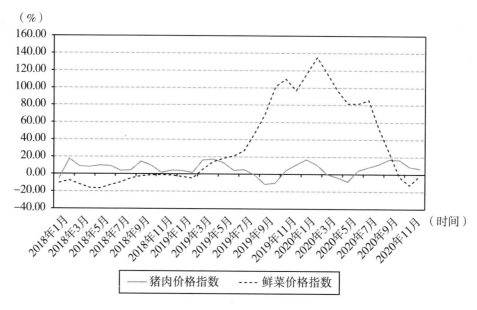

（%）

图 1－6　2018～2020 年猪肉和鲜菜价格指数变化：月度同比

资料来源：CEIC，CQMM 课题组计算。

全年工业生产者出厂价格指数（PPI）收缩 1.8%，降幅比上年扩大 1.48 个百分点。分月看，与 GDP 增长的步调大体一致，各月 PPI 的同比涨幅也呈现出"V"型反转的态势。在疫情冲击之下，PPI 同比涨幅从 1 月的 0.1% 下降至 5 月的 －3.7%，随后跌幅逐月收窄至 12 月的 －0.4%。而从环比看，PPI 在 4 月跌至 1.3% 后开始回升，12 月达到 1.1%，表明年内供给端经历了从收缩、企稳再到复苏的进程（见图 1－7）。

三、民间投资恢复缓慢，三类投资表现各异

在疫情冲击下，2020 年固定资产投资（不含农户）和民间投资累计同比增速均走出深"V"型反弹的局面，在 2 月分别跌至 －24.5% 和 －26.4% 的谷底之后逐月回稳，在 12 月分别回升至 2.9% 和 1.0%，较上年同期分别下降 2.5 个和 3.7 个百分点，表现出明显的修复态势。相比之下，民间投资受疫情的冲击更大，恢复进程也较为艰难，这可能是由于民营经济是制造业出口的绝对主体，因而在全球疫情不断蔓延的背景下，更易遭受冲击；而在经济修复的过程中，民营经济因其整体实力和可得的救助资源相对有限，因而又比国有经济恢复得更慢些（见图 1－8）。

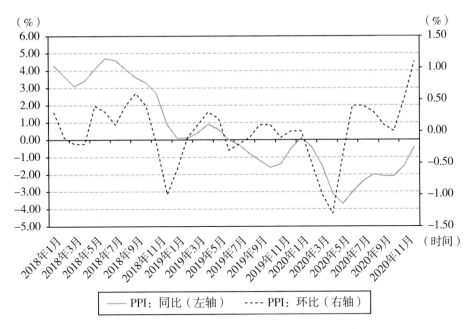

图 1 - 7　2018~2020 年 PPI 月度同比和环比涨幅变化

资料来源：CEIC，CQMM 课题组计算。

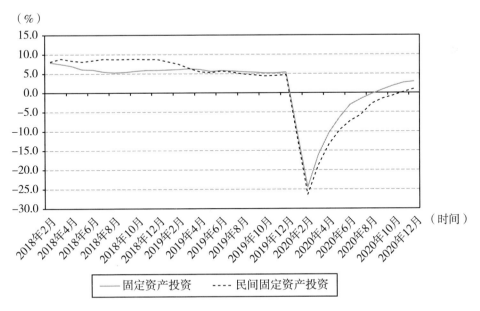

图 1 - 8　2018~2020 年固定资产投资和民间固定资产
投资增速变化：累计同比

资料来源：CEIC。

分类别看，制造业投资、房地产投资和基础设施投资均呈现出探底回升的局面，分别从2月的累计同比下降31.5%、18.1%和26.9%，逐渐恢复至12月的 -2.2%、5.0%和0.9%，增速分别比上年下降5.3个、4.2个和2.9个百分点。制造业投资的恢复进程较快，但仍落在负增长区间，并且增速较上年低了5.3个百分点。房地产投资在上半年就已实现0.6%的增长，反映了较高的景气度；下半年则继续加速，成为经济增长的重要推进器。基建投资虽在全年获得0.9%的增速，但在反周期的相对宽松的货币和财政政策刺激下，这样的增速是不及预期的，其对经济增长的支撑作用也相对有限，主要原因可能在于加快基建速度所依赖的地方专项债在实际使用中存在诸多阻碍因素（见图1-9）。

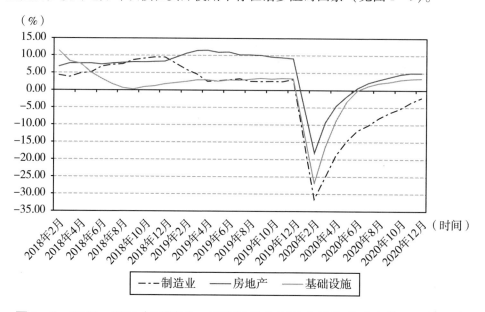

图1-9　2018～2020年制造业、基础设施和房地产投资增速变化：累计同比
资料来源：CEIC，CQMM课题组计算。

四、消费修复进程缓慢，居民收入增速下滑

　　疫情之下，消费深受打击。2月，社会消费品零售总额累计同比名义增速大幅收缩至20.5%，随后各月，降幅逐步收窄，全年同比增速下降3.9%，较上年减少11.9个百分点，修复进程缓慢，疲态尽显。

　　分城乡看，2月，城镇社会零售累计同比增速下滑20.7%，农村下滑19.0%；全年来看，城镇下降4.0%，农村则下降3.2%，分别较上年同期减少11.9个和12.2个百分点。

受居家隔离、人员流动减少等方面的影响，实体店的销售深受打击，网上销售则依然保持着强劲的增长态势。在受疫情冲击最为严重的2月，网上销售仍然保持着3.0%的累计同比增速，全年则达到14.8%；增幅虽较上年下降4.7个百分点，但依旧显示出快速的发展势头（见图1-10）。

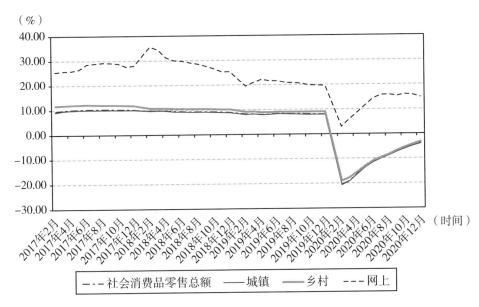

图1-10　2017~2020年社会消费品零售总额增速变化：累计同比

资料来源：CEIC，CQMM课题组计算。

　　分类别来看，2020年，饮料、通信器材、粮油食品、化妆品、中西药品、日用品等必需品消费的增速都在7.5%以上，而汽车、金银珠宝和家具等可选消费品的跌幅分别为1.8%、4.7%和7.0%。在疫情管控严格的上半年，汽车类的跌幅曾高达8.2%；而在逐步解禁的下半年，汽车类销售有明显的回暖，但从全年来看，汽车类消费的减少，仍对社会零售增长形成了一定的拖累（见图1-11）。

　　2020年，全国居民人均消费支出21 210元，实际同比下降4.0%。从消费类别来看，食品烟酒和居住支出分别增长5.1%和3.2%；生活用品及服务和医疗保健支出分别下跌1.7%和3.1%；衣着、教育文化和娱乐支出分别下降7.5%和19.1%。与上半年相比，下半年，食品烟酒和居住支出增速由负转正；医疗保健支出和教育文化娱乐支出增速则由正转负，反映出上下半年因疫情防控形势逆转而导致的消费偏好及其支出的转变（见图1-12）。

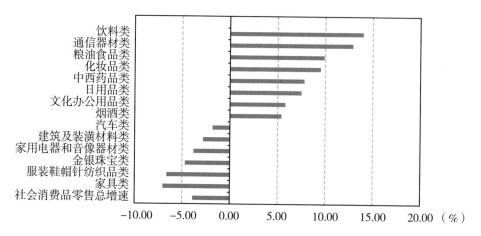

图 1 – 11　2020 年各品类消费品零售额增速：累计同比

资料来源：CEIC，CQMM 课题组。

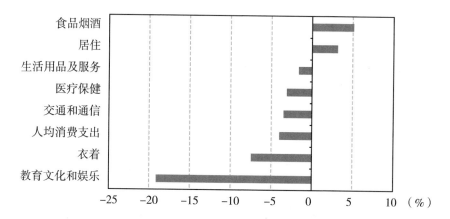

图 1 – 12　2020 年各品类居民消费支出增速：累计同比

资料来源：CEIC，CQMM 课题组计算。

　　全国居民消费增速的下滑，与居民收入增速的回落紧密相关。2020 年，全国居民人均实际可支配收入增长 2.1%，增速较上年下降 3.1 个百分点。其中，城镇居民收入实际增速为 1.2%，较上年下降 3.8 个百分点；农村居民收入实际增速 3.8%，较上年下降 2.4 个百分点。居民收入增速虽表现出逐季上行的态势，但修复进程依然缓慢（见图 1 – 13）。

　　从居民收入来源看，按现价衡量，工资性收入、经营净收入、财产净收入和转移净收入分别比上年增长 4.3%、1.1%、6.6% 和 8.7%，增速分别比上年下降 4.3 个、7.0 个、3.5 个和 1.2 个百分点。可见，在疫情期间，转移性收入的迅速增加在一定程度上抵消了经营性收入的负增长，使得人均可支配收入的下跌幅度有限（见图 1 - 14）。

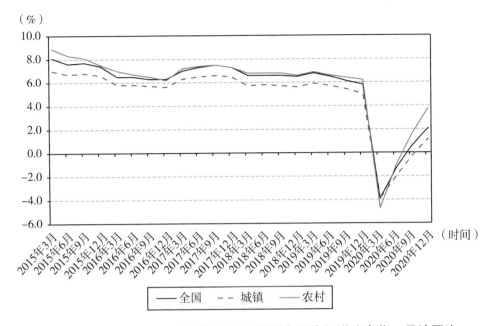

图 1 - 13 2015～2020 年居民人均实际可支配收入增速变化：累计同比

资料来源：CEIC，CQMM 课题组计算。

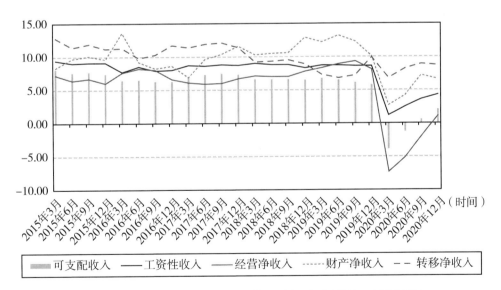

图 1 - 14 2015～2020 年居民收入来源名义增速：累计同比

资料来源：CEIC，CQMM 课题组计算。

五、出口增长超乎预期，贸易结构继续优化

2020年，货物进出口总额为46 463亿美元，同比增长1.5%。其中，出口增速3.6%，较上年上升3.1个百分点；进口下降1.1%，降幅较上年收窄1.7个百分点。分月度看，在国内经济基本封禁的2月，出口跌幅同比高达40.6%，随后逐月恢复；到了下半年，出口增速提升至6.8%，11月和12月出口增速则分别高达20.6%和18.1%。出口形势出人意料的好转，逆转了原先悲观的经济预期，加快了中国经济的修复进程。

在新冠肺炎疫情席卷全球、全球商品贸易萎缩的背景下，中国出口在2020年经历了从大幅萎缩到迅速复苏再到快速增长的转换，这一华丽转身既体现了中国在全球产业链和供应链中所具有的基石地位，也是国内疫情有效防控之下全球产能向中国转移的结果（见图1-15）。

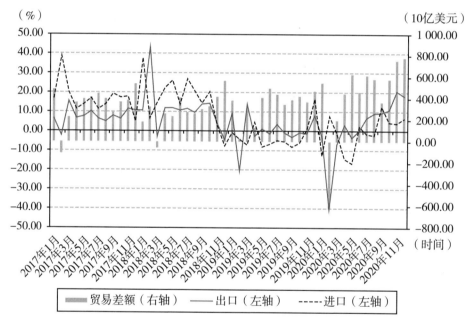

图1-15 2017～2020年进出口同比增速与贸易差额
资料来源：CEIC，CQMM课题组计算。

贸易结构继续改善。2020年，一般贸易进出口总额为27 797亿美元，占进出口总额的59.8%，比上年同期提升0.4个百分点。机电产品出口占出口总额的比重为66.4%，比上年同期增加10.5个百分点。高新技术产品出口占出口总额的比重为30.0%，比上年同期增加0.8个百分点。

分国别（地区）看，东盟、欧盟和美国在中国的主要出口地区中居前三位，2020 年中国对这三个经济体的出口合计占出口总额的 47.4%。其中，对东盟出口同比增速 6.7%，较上年下降 3.5 个百分点；对欧盟出口同比增速 6.7%，较上年上升 1.8 个百分点；对美国出口同比增速 7.9%，较上年上升 20.4 个百分点（见图 1-16）。上述变化表明，疫情的全球扩散不仅改变着中国的出口国别结构，更是给所谓的"中美脱钩论"予以沉重的一击。

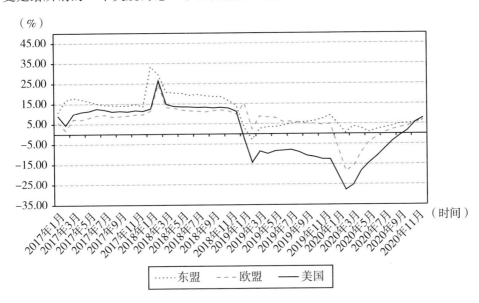

图 1-16　2017～2020 年对三个主要经济体出口额（美元计价）增速：累计同比

资料来源：CEIC，CQMM 课题组计算。

第三节　货币政策与财政政策执行情况

一、货币政策适度宽松，实体经济流动性改善

　　2020 年，中国货币政策大体经历了三个阶段：第一阶段是在 1～4 月的经济停摆期间，央行采取了一系列逆周期调节举措，具体包括三次降准，下调中期借贷便利（MLF）利率，提供再贷款、再贴现资金及利率优惠，下调 SLF 利率等；第二阶段是在 5～7 月第二季度经济见底反弹期间，央行实施总量边际收紧的措施，力图引导金融"脱虚向实"，在收敛流动性的同时，继续加大对信贷的支持力度；第三阶段是在 8 月后，货币政策步入稳健中性阶段，公开市场操作、MLF

成为主要的流动性调整工具，压降结构性存款则成为主要监管方向。

货币供应量方面，狭义货币（M1）同比增速由 1 月的 0.0% 逐步上升到 11 月的 10.0% 和 12 月的 8.6%；广义货币（M2）同比增速至 3 月后维持在 10.1% 以上的高位，增速比上年末提高 1.4 个百分点，基本回归到 2017 年 3 月实施金融去杠杆前的水平（见图 1－17）。

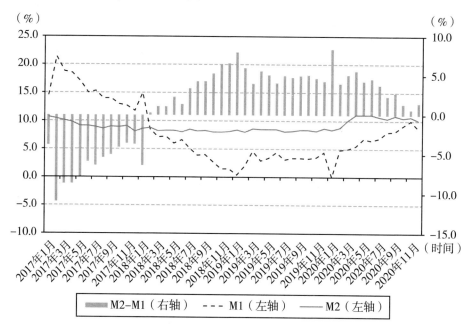

图 1－17　M1 和 M2 增速变化：月度同比

资料来源：CEIC，CQMM 课题组计算。

稳健宽松的货币政策措施为实体经济流动性的改善提供了重要支撑。2020 年，新增社会融资 34.9 万亿元，其中，人民币贷款 20.0 万亿元，政府债券融资 8.3 万亿元，企业债券融资 4.5 万亿元，三部分构成总量的 94.1%；新增人民币贷款占新增社会融资总量的比重为 57.5%，比上年下降 8.3 个百分点。与上年同期相比，社会融资多增 9.3 万亿元，增速高达 26.6%，多增的部分主要由 3.6 万亿元政府债券、3.1 万亿元人民币贷款、1.2 万亿元企业债券和 0.5 万亿元企业股票组成（见表 1－2）。

表外融资方面，委托贷款和信托贷款分别减少 3 954.0 亿元和 1.1 万亿元，而未贴现银行承兑汇票则增加 1 746.0 亿元，三者合计增加 4 412.0 亿元，较上年同期增加 2.2 万亿元，增幅较大，表明为应对疫情冲击而采取的逆周期调节举措，推迟了原定于 2020 年底完成的压降表外融资计划（见表 1－2）。

表 1-2　　　　　　　　2019~2020 年新增社会融资及其结构变化　　　　　　单位：亿元

项目		2019 年	2020 年
新增社会融资		255 753	348 600
贷款	人民币	168 835	200 300
	外币	-1 275	1 450
表外融资	委托贷款	-9 396	-3 954
	信托贷款	-3 467	-11 000
	未贴现银行承兑汇票	-4 757	1 746
直接融资	企业债券净融资	32 416	44 500
	企业股票融资	3 479	8 923
	政府债券	47 204	83 400
其他	存款类金融机构资产支持证券	4 034	2 109
	贷款核销	10 551	12 180

资料来源：CEIC，CQMM 课题组计算。

二、财政收入首现负增长，财政支出有保有压

2020 年，全国一般公共预算收入累计 18.3 万亿元，同比下降 3.9%，出现改革开放 40 多年来的首次负增长。这一方面是因经济增速下行所致，另一方面则是源于为支持疫情防控保供而采取的大规模减税降费措施。2020 年，财政部共出台实施了 7 批 28 项有针对性的减税降费措施，支持企业复工复产，减税降费额高达 2.5 万亿元以上。

分季度看，随着经济持续稳定恢复，财政收入逐季回升。第一至第四季度，全国一般公共预算收入增幅分别为 -14.3%、-7.4%、4.7%、5.5%，呈现第一季度收入大幅下降后第二季度触底回升、第三季度由负转正、第四季度持续向好的态势（见图 1-18）。

2020 年，全国一般公共预算支出累计 24.6 万亿元，同比增长 2.8%。其中，中央一般公共预算本级支出下降 0.1%，地方增长 3.3%。支出结构方面，一般性支出受到压减，如全国一般公共服务支出、城乡社区支出分别下降 1.1%、20.0%；与此同时，疫情防控、脱贫攻坚、基层"三保"等重点领域支出则得到有力保障，如与疫情防控直接相关的公共卫生支出增长 74.9%，扶贫支出在 2019 年增长 14.3% 的基础上又增长 1.5%，社会保障和就业支出增长 10.9%。

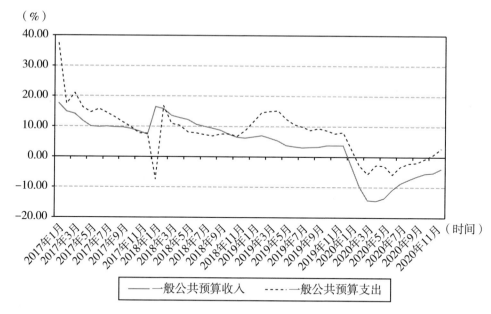

（%）

图1-18　2017~2020年一般公共预算收支增速变化：累计同比
资料来源：CEIC，CQMM课题组计算。

第四节　2021年中国宏观经济展望

总体来说，疫情冲击下的2020年中国经济一波三折。在疫情防控措施的有效支持下，出口和房地产投资成为经济动能恢复的主要推进器。到了第四季度，中国经济开始进入内外需两旺、主动补库存周期的阶段，6.5%的GDP同比增速较上年同期高出0.3个百分点，反映出充沛的增长动能和强劲的复苏态势。不过，疫情反复、消费分层等诸多问题依旧突出，这些问题将给中国经济前景带来挑战。

随着多种疫苗的问世及其在全球范围内的分发使用，新冠肺炎疫情有望在2021年下半年得到有效遏制。而在2021年上半年，疫情对全球经济的负面影响仍将持续。考虑到全球中低端制造业主要布局于亚洲的诸多发展中国家，其中除中国外，绝大多数国家要恢复正常的生产供应体系仍需时日。因此，疫情下全球产能向中国转移的现象尚难改变，这意味着中国当前出口火热的势头仍将延续至少数月的时间。加上2020年第一季度的低基数，预计2021年上半年中国经济将获得高速增长；下半年，随着全球疫情的逐渐解除，中国经济增长或将回归疫情发生前的常态区间。

中国经济的持续向好，意味着疫情期间所采取的逆周期刺激政策将会逐渐淡出，宏观政策有望转弯，但又不会急转弯。其原因在于疫情至少目前仍在反复，并且疫苗在全球范围内的使用有效性如何仍有待进一步的观察。更根本的是，尽管中国经济修复的速度正在加快，但居民消费和收入分化的现象却颇为突出，而其根本在于大量的中小微企业受疫情的冲击尤为严重，因此，必须继续从信贷以及减税降费等方面给予政策方面的支持。诸多因素的交织作用，决定着货币政策和财政政策的基调虽会发生改变，但改变的时机和力度仍将审慎有度。

第二篇

研究与分析篇

"十三五"时期，我国积极因应国内外错综复杂的发展形势，在优化结构、增强动力、化解矛盾以及补齐短板等方面取得突破性进展。这些成就的取得，根本在于坚持以习近平新时代中国特色社会主义经济思想为指引，坚定贯彻落实新发展理念，充分发挥市场在资源配置中的决定性作用和更好发挥政府作用。"十四五"时期，我国发展仍然处于重要战略机遇期，但机遇和挑战都有新的发展变化。为此，我国要着力深化体制机制改革，推进产品供给、创新体系、要素配置和公共服务质量升级，推动经济高质量发展。

第二章 中国经济发展"十三五"回顾与"十四五"展望*

近年来,我国经济发展处于"三期叠加"特定阶段,①面临诸多风险挑战。供给方面,我国存在发展方式较为粗放、产业结构不合理、产能过剩突出、创新能力不足、工业部门创造增加值的能力减弱等问题。需求方面,民间投资增长乏力,制造业投资持续萎缩,外部环境不确定性加大导致净出口增速下滑。"十三五"时期,在习近平新时代中国特色社会主义经济思想的指引下,我国积极因应国内外错综复杂的形势变化,坚持以供给侧结构性改革为主线,推进"三去一降一补"五大任务,打好三大攻坚战,在优化结构、增强动力、化解矛盾以及补齐短板等方面取得了突破性进展。

"十四五"时期是我国全面建成小康社会后向第二个百年奋斗目标进军的第一个五年,也是我国跨越"中等收入陷阱"的关键阶段。当前,"逆全球化"趋势暗潮汹涌,单边主义、保护主义逆势抬头。同时,突如其来的新冠肺炎疫情冲击让我国发展面临的国内国际形势变得更加复杂。分析我国"十三五"时期以来的经济发展成就,总结经济建设经验,对于我国在"十四五"时期顺利开启社会主义现代化建设新征程具有十分重要的意义。

---

* 本章作者:卢盛荣、王鹏程。原文发表于《中国高校社会科学》2020 年第 6 期。

① "三期叠加"是指增长速度换挡期、结构调整阵痛期和前期刺激政策消化期集中出现。

第一节　奋楫扬帆："十三五"时期我国经济发展回顾

一、"十三五"规划主要指标完成情况

"十三五"时期，肇始于国际金融危机冲击的深层次影响导致世界经济增长乏力，经济全球化遭遇逆流，国际秩序转型重塑。一方面，世界经济低迷使得外部有效需求回落，我国传统产能无法充分释放，进而加大经济下行压力；另一方面，我国经济发展长期累积的痼疾集中地表现为产能过剩、库存过量、杠杆率高、生产成本上升以及公共服务供给不足等现象，这意味着生产要素配置存在扭曲。在众多矛盾叠加和风险隐患增加的背景下，"十三五"规划要求着力在优化结构、增强动力、化解矛盾和补齐短板上取得突破，转变发展方式，提高发展质量。[①] 经济实现可持续高质量发展，有赖于提高全要素生产率，而全要素生产率提高则来源于技术进步和资源配置效率提升。

基于上述背景，"十三五"规划制定了经济发展、创新驱动、民生福祉和资源环境四类社会发展主要指标。总体来看，绝大多数社会发展指标已在 2019 年提前实现，其余指标也基本符合预期进度。[②]

经济发展方面，国内生产总值和全员劳动生产率的年均增速分别达 6.6% 和 7.2%，均超过预期增速，预计 2020 年国内生产总值突破 100 万亿元。[③] 常住人口城镇化率已经超预期完成，达 60.6%。服务业增加值比重接近目标值 56%，并且伴随着新一轮科技革命的兴起，数字技术迅速崛起，远程医疗、共享平台以及协同办公等新兴服务业态应用前景因新冠肺炎疫情而更加广泛。

创新驱动方面，创新型国家建设成果丰硕，人均专利拥有量和科技进步贡献率均可以达到预期目标。互联网普及率远超既定目标水平，网络基础设施覆盖面广，并且以 5G 为代表的新型基础设施成为经济增长的新动能和推动产业变革的重要力量。

民生福祉方面，人均可支配收入年均增速达 8.7%，超过经济总量增长速度。截至 2019 年，我国劳动人口受教育水平提高至 10.5 年，为高质量发展奠定了坚实的人力资本基础，并推动"人口红利"向"人才红利"转变。我国在脱贫攻坚领域取得举世瞩目的成就，农村贫困人口将在 2020 年底实现全部脱贫。

---

① 《中华人民共和国国民经济和社会发展第十三个五年规划纲要》，人民出版社 2016 年版。

② 如无特别说明，本部分数据均由作者根据国家统计局网站数据等测算。由于 2020 年数据尚未公布，相关指标测算数据截至 2019 年。

③ 《中共十九届五中全会在京举行》，载于《人民日报》2020 年 10 月 30 日。

城镇新增就业人数和棚户区住房改造数量均已达到预期目标。

资源环境方面，在绿色发展理念引导下，我国积极推进产业结构调整和绿色转型，在污染防治领域卓有成效。生产活动的能源利用率提高，单位能耗下降。森林覆盖率显著提升，空气与地表水质已达到既定目标，生态环境质量总体改善，污染防治攻坚战取得决定性进展。

二、淘汰落后产能，优化产业结构

过去由投资驱动的增长模式造成部分行业产能过剩，同时，地方政府竞争导致很多产业被低水平重复建设。考虑到避免地方经济下滑和稳定就业问题，银行和地方政府倾向于通过增加贷款和提供补贴方式维持部分国有企业在高位杠杆下运营，由此产生大量僵尸企业，导致要素资源低效配置。

制造业从低端迈向中高端，淘汰落后产能是必由之路。"十三五"时期，我国加大政策引导力度，严控新增产能，有序引导过剩产能退出，先后针对钢铁、煤炭、煤电等行业建立立体化去产能政策体系。我国在 2018 年底提前完成"十三五"阶段去产能目标，供给体系质量大幅提升，产能利用率向合理区间回归。

着力去产能的同时，以"三新"（新产业、新业态、新商业模式）经济为代表的高产能业态迅速发展。根据国家统计局统计资料，2019 年国内"三新"增加值占 GDP 的比重为 16.3%。[1] 产业结构的优化有助于弥补去产能对经济动能的弱化影响，新动能对经济增长的支撑作用显著提升。

三、完善宏观调控，防范重大风险

在经济增长的同时，全面提升防范应对宏观风险挑战的水平。资本市场不完善为地方无序竞争提供了空间，地方争夺金融资源和缺乏制度约束的融资模式一度造成地方政府隐性债务高企。此外，刺激性政策往往导致一些行业盲目扩张、投资过度，并且以银行贷款形式积累大量企业和地方政府债务。

在金融系统脆弱性日益凸显的情况下，创新财政政策、货币政策以及宏观审慎管理制度，对防范化解重大金融风险尤为重要。财政政策方面，2018 年我国第二次修正《中华人民共和国预算法》，规范政府收支行为；全面推行营业税改增值税，拓展消费税征收范围，逐步提高直接税比重，优化税收征管结构；中央和地方采取增值税增量五五分成方式重新划分税收收入，财政事权和支出责任进

---

① 《2019 年我国"三新"经济增加值相当于国内生产总值的比重为 16.3%》，国家统计局网站，2020 年 7 月 7 日。

一步明晰。货币政策方面，为适应高质量发展要求，我国采取稳健中性货币政策，从数量调控向价格调控转型，加快建立现代金融市场体系。宏观审慎管理制度方面，中国人民银行从 2016 年起开始实施宏观审慎评估体系（MPA）考核，将表外业务纳入广义信贷考核体系。2018 年，我国成立了中国银行保险监督管理委员会。同年，中国人民银行发布《关于规范金融机构资产管理业务的指导意见》，以进一步加强金融监管协调。

在强监管的努力下，宏观杠杆率高速增长势头得到遏制。2017 年宏观杠杆率上升 2.4%，2018 年宏观杠杆率下降 1.9%。金融风险高位缓释，防范化解重大风险攻坚战取得阶段性成果。随后，为改善实体经济融资环境，防范金融风险的政策定位从"去杠杆"向"稳杠杆"转变。与此同时，我国金融体制改革进程也在持续推进，设立贷款市场报价利率形成（LPR）机制和科创板注册制以及扩大金融行业对外开放程度等均有利于完善多层次资本市场体系，增强金融体系韧性。

四、创新驱动增长，激发内生动力

创新是推动我国经济发展实现动力变革的基石，为经济增长提供了持久动力。2019 年，我国科技进步贡献率高达 59.5%；创新驱动指数为 201.4，较上年增长 15.6%，[1] 成为仅次于网络经济的对经济发展新动能指数增长贡献最高的指标之一。

"十三五"时期，在创新发展理念引导下，我国已成为创新的热土。从创新投入来看，我国研发人员全时当量以 6.3% 的年均增长率快速增加，位居全球第一；研发经费支出年均增长率高达 11.5%。从创新产出来看，我国专利申请数和技术市场成交额年均增速分别为 8.1% 和 25.2%，每万人发明专利拥有量达到 14.3 件。[2] 创新驱动还在产业向高端化和智能化转型升级中得到充分体现。当前，我国在高端装备制造、生物医药、节能环保等战略新兴产业领域已具备核心竞争力。通过运用大数据、人工智能等新兴信息技术和产业转型深度融合，产业智能化趋势愈加明显。

随着创新型人才规模逐渐壮大和创新服务平台不断涌现，我国自主创新能力显著增强，要素活力竞相迸发，新旧动能接续换挡，经济增长内生动力得以不断激发。

---

① 《2019 年我国经济发展新动能指数比上年增长 23.4%》，国家统计局网站，2020 年 7 月 13 日。

② 根据《中国统计年鉴（2019）》和《中华人民共和国 2019 年国民经济和社会发展统计公报》计算得到。

五、聚力脱贫攻坚，促进共同富裕

党的十八大以来，我国深入开展脱贫攻坚，充分运用财政储备，采用产业脱贫、教育脱贫等多重手段，实现大规模减贫。尤其在"十三五"时期，脱贫攻坚工作成效明显。2016～2019年共减贫5 024万人。按人均年收入2 300元贫困标准计算，截至2019年末，我国农村贫困人口有511万人，贫困发生率仅为0.6%；贫困地区农村居民人均可支配收入为11 567元，扣除价格因素，比上年实际增长8.0%。①

2020年是脱贫攻坚收官之年。2月份，全国仅6.25%的贫困县尚未"摘帽"，区域性整体贫困已基本得到解决。从收入来源看，贫困人口的转移性收入比重逐年下降，自主脱贫能力增强。应对新形势，党中央在脱贫攻坚收官之年作出了重要部署，包括聚焦深度贫困地区，大力帮扶剩余贫困人口；针对产业基础薄弱和政策转移收入比重高的地区，加强监测防止返贫；补齐"三农"领域短板，分类施策克服疫情困难。在党中央的坚强领导下，脱贫攻坚目标任务即将如期完成。

第二节　行稳致远："十三五"时期
我国经济发展若干经验

"十三五"时期，我国经济社会发展所取得的全方位、开创性成就，溯源于我国深层次、根本性的改革。五年来，我国坚持以供给侧结构性改革为主线，通过变革发展动力、优化产业结构、完善经济体制、构建现代化经济体系，经济效率迈向更高层次，宏观经济稳定性明显提高。在实践中形成的习近平新时代中国特色社会主义经济思想，为我国经济发展提供了根本遵循。其中，新发展理念为化解我国发展中长期积累的痼疾和破除妨碍发展的体制机制弊端提供了科学指引。经济实现高质量发展背后的逻辑，是我国巧妙地运用"看不见的手"与"看得见的手"，充分发挥市场和政府各自的优势，在实践中找到了市场和政府关系的最佳平衡点。

一、坚持以习近平新时代中国特色社会主义经济思想为指引

习近平新时代中国特色社会主义经济思想是党的十八大以来推动我国经济发展实践的理论结晶，是中国特色社会主义政治经济学的最新成果，也是新时代做

---

① 《中华人民共和国2019年国民经济和社会发展统计公报》，国家统计局网站，2020年2月28日。

好经济工作的根本遵循。习近平新时代中国特色社会主义经济思想以新发展理念为主要内容，涵盖了坚持加强党对经济工作的集中统一领导、坚持以人民为中心的发展思想、坚持适应把握引领经济发展新常态、坚持使市场在资源配置中起决定性作用和更好发挥政府作用、坚持适应我国经济发展主要矛盾变化完善宏观调控、坚持问题导向部署经济发展新战略、坚持正确工作策略和方法等方面，具有深刻的蕴意。

"十三五"期间，我们坚持以习近平新时代中国特色社会主义经济思想为指引，牢牢把握决胜全面建成小康社会，进而全面建设社会主义现代化强国的时代要求，主动适应我国社会主要矛盾的变化，深刻洞察我国经济稳中向好、长期向好的基本趋势，紧紧抓住我国经济已由高速增长阶段转向高质量发展阶段的基本特征，牢固树立和贯彻落实新发展理念，以供给侧结构性改革为主线，着力推动高质量发展，打好防范化解重大风险、精准脱贫、污染防治的攻坚战，实现经济社会持续健康发展，从而确保"十三五"规划主要指标按预期进度推进。

二、贯彻落实新发展理念

发展理念是发展行动的先导。创新、协调、绿色、开放、共享的新发展理念"是'十三五'乃至更长时期我国发展思路、发展方向、发展着力点的集中体现""贯穿于'十三五'经济社会发展的各领域各环节"[①]。"十三五"时期我国经济发展取得的丰硕成果，与贯彻落实新发展理念密不可分。

创新发展，解决的是发展动力变革的问题，本质上是规模发展模式让位于创新发展模式。"十三五"时期前，全要素生产率对我国经济增长贡献相对受限，经济粗放增长特征明显。故而创新能力缺失成为高质量发展动力系统的掣肘，易使经济发展进入传统动力失灵、新型动力缺乏的空档期。在要素驱动的低成本工业化难以为继的情况下，通过去产能、去杠杆的措施，将生产要素配置到高端产业链的生产过程中，提高供给体系质量，是实现全面建成小康社会目标的必然选择。

协调发展，解决的是发展不平衡的问题，主要涵盖区域协同发展、城乡一体发展、物质文明和精神文明协调发展以及经济国防融合发展等方面。我国区域分化问题较为严重，区域发展失衡成为经济发展过程中的桎梏。要素资源向大城市集中，容易造成落后地区经济发展动力不足，城市功能相对萎缩。此外，区域间发展不平衡会导致居民收入差距扩大，不利于拉动内需增长。协调发展考虑到发

---

① 《中华人民共和国国民经济和社会发展第十三个五年规划纲要》，人民出版社 2016 年版，第 15 页。

展的整体效能，意味着更加注重资源配置均衡和发展机会公平，通过补齐短板的方式增强发展后劲。

绿色发展，解决的是经济发展可持续性问题。人与自然和谐共生是无法抗拒的自然规律，良好的生态环境是人民对美好生活向往的重要组成部分。在实现经济增长奇迹的同时，我国生态环境问题明显成为短板。高质量发展对生态文明提出了更高的要求。坚持生态优先、绿色发展，实际是以大局观、长远观和整体观的角度去看待经济发展问题。

开放发展，解决的是发展内外联动的问题。国际形势的变化导致我国对外开放面临的风险挑战增加，但主动顺应经济全球化时代潮流、在更深层次提高对外开放水平无疑仍是实现高质量发展的必由之路。显然，我国已经从依靠要素成本比较优势获取开放红利的发展模式，向依赖知识和创新参与全球竞争演进。通过构建开放型经济新体制，积极推进"一带一路"建设，我国已经形成全方位、多层次、宽领域的全面开放新格局，深度融入全球价值链和供应链。

共享发展，解决的是社会分配公平问题。在做大"蛋糕"的基础上分好"蛋糕"，一方面可以充分调动人民群众积极性；另一方面可以实现人民群众共享改革发展果实的目标。共享发展，逐步实现共同富裕，由全民共享、全面共享、共建共享和渐进共享四个方面贯穿其中。坚持以人民为中心是解决当前社会主要矛盾的根本要求，体现了人民是推动发展的根本力量的唯物史观。

三、充分发挥市场在资源配置中的决定性作用和更好发挥政府作用

新时代我国社会主要矛盾的转变，要求资源配置方式从政府主导向市场主导转变，从增长型政府向公共服务型政府转变，从基础性市场向决定性市场转变。此外，美好生活需要不仅要靠市场机制发挥决定性作用才能达到，还离不开政府作用的发挥，也就是说，政府在公共服务供给中应更加有为。因此，解决发展不平衡不充分的问题需要通过有效市场和有为政府共同发挥作用。实践充分证明，世界上不存在完全由市场配置资源的经济体。随着我国经济运行机制从政府主导型转向市场主导型，市场在要素资源配置过程中起决定性作用，政府在基本公共服务供给等方面更好发挥作用，是符合经济发展的客观规律的。

更好发挥政府作用，是社会主义市场经济体制的独特优势。例如，在脱贫攻坚实践中，中国特色社会主义制度可以在保证市场竞争基础上，通过增强政府贫困治理赋权和财政支配能力，将高额财政积累转化为实现共同富裕的资金保障，有效兼顾效率和公平。

第三节 因势而动:"十四五"时期
我国经济发展的机遇与挑战

进入"十四五"时期,我国经济发展机遇与挑战并存。我国制度优势显著,经济超大规模性特征明显,新一轮科技革命所带来的技术红利仍有很大发挥空间,这些都成为经济稳定增长的优势条件。与此同时也要看到,结构性、体制性及周期性矛盾交叠,创新能力与发展要求不相适应,收入分配差距较大等将成为经济高质量发展的主要限制性因素。

一、顺势而为,抢抓机遇

"十四五"时期,我国发展仍然处于重要战略机遇期。深刻把握面临的机遇、优势和有利条件,对于坚定经济发展信心、实现"十四五"发展目标具有重要意义。一是制度优势显著。我国在"十三五"时期所取得的阶段性成就和此次对新冠肺炎疫情的有效控制,再次彰显了社会主义制度优势。随着国家治理体系和治理能力现代化加快推进,我国将继续完善社会主义基本经济制度,充分发挥市场在资源配置中的决定性作用,更好发挥政府作用,推动有效市场和有为政府的更好结合,从而为"十四五"时期经济高质量发展提供坚实保障。二是经济超大规模性特征明显。我国经济具有超大规模性,具体表现为物质基础雄厚、人力资源丰富、市场空间广阔、发展韧性强劲等。巨大的规模经济和范围经济效应为国内产业分工深化提供了广阔空间,而生产要素空间集聚则有助于提升生产效率和增强创新能力。通过深化供给侧结构性改革,扭住扩大内需这一战略基点,畅通国民经济循环,打通生产、分配、流通和消费等各环节堵点,我国可以充分发挥超大规模市场优势,促进经济由"超大"向"超强"转变。三是新一轮科技革命技术红利空间广阔。随着新一轮科技革命和产业变革的深入发展,我国在数字经济、量子计算等新工业领域处于世界前沿水平,高新技术产业、装备制造业和战略性新兴产业快速增长。坚持创新在我国现代化建设全局中的核心地位、强化国家战略科技力量、完善科技创新体制机制,将有助于我国充分激发新一轮科技革命所带来的技术红利,实现弯道超车。

二、逆势而上,克服挑战

客观来说,在面临机遇的同时,我国还存在一些亟待解决的突出问题和严峻挑战,给"十四五"时期的经济发展带来了考验。一是结构性、体制性、周期性矛盾交织重叠。现阶段,我国人口抚养比逐步攀升,老龄化问题日益严峻。新技术变革可能导致劳动力市场供需错配，进而提高结构性失业率。人口老龄化问题使得提高劳动生产率尤为重要。与此同时，我国资本利用效率较低，企业间资本边际产出不等的资本错配削弱了高生产率企业的投资动机，投资结构亟待优化。这些结构性矛盾反映出体制机制仍存在创新空间。周期性矛盾则主要表现为国内消费需求增速放缓，投资需求疲软，外部需求约束加大。二是创新能力不适应高质量发展要求。当前，经济全球化遭遇逆流，弱化并阻碍传统国际经济循环，加之新冠肺炎疫情所带来的不确定性，世界经济或将面临长期停滞。显然，在前沿技术可借鉴空间持续缩小以及个别发达国家实施技术封锁的情况下，简单依赖外来技术引进已然无法支撑我国在"十四五"时期推动经济高质量发展。因此，鼓励原发性技术创新、打破核心技术"瓶颈"、实现科技自立自强就显得格外重要，而自主创新活动迫切依赖于国内基础创新领域的原创性突破，这对我国自主创新能力提出了很高的要求。三是收入分配差距有待缩小。虽然近年来我国宏观层面基尼系数有所下降，但收入分配差距仍然较大。收入分配不均的结构性问题，在经济增速放缓阶段呈现两极化现象。随着我国第三产业占比提高，互联网、人工智能等新兴高收入行业出现，行业间收入差距进一步拉大。此外，地区间产业结构不均衡和开放程度差异也使得区域间收入差距有所扩大。收入分配差距较大不利于激发居民潜在消费能力，因此，"十四五"时期缩小城乡区域发展差距和居民生活水平差距的任务仍十分艰巨。

第四节　乘风破浪："十四五"时期我国经济发展展望

站在"两个一百年"奋斗目标的历史交汇点上，党的十九届五中全会高瞻远瞩，提出"十四五"规划建议，对"十四五"时期经济社会发展作出战略部署，为我国乘势而上开启全面建设社会主义现代化国家新征程、向第二个百年奋斗目标进军提供了重要遵循。"十四五"时期，迈向更高质量发展需要资本效率、劳动生产率和全要素生产率三者同步提升。进一步深化体制机制改革，推进产品供给、创新体系、要素配置和公共服务质量升级，可以助力我国突破"中等收入陷阱"，进而向更高水平发展。

一、深化供给侧结构性改革，深度释放内需潜力

经济超大规模性形成我国经济发展的强大韧性。国际贸易壁垒增加和国际循环动能减弱促使我国转而寻求扩大内需的新增长模式。尤其在当前经济增长趋缓、民间投资增速下滑和出口下行压力加大的情况下，消费需求势必成为稳定经济增长的重要引擎。

随着居民收入水平不断提高，多元化、个性化消费成为主流。供给和需求匹配程度极大地影响需求对经济增长的驱动作用。正因如此，扩大内需要求我们进一步深化供给侧结构性改革，通过供给体系质量提升，增强供给体系对需求体系的适配性，形成需求牵引供给、供给创造需求的动态平衡。

需求本质是购买意愿和购买能力的统一。构建高质量供给体系，解决的是购买意愿的问题。然而，由于分配制度不完善，我国收入差距仍然很大。居民购买能力不足引致消费需求不足，这导致我国内需潜力一直没有得到充分释放。鉴于此，深度释放内需潜力，亟须完善收入分配制度和社会保障体系，提高公共服务支出水平。

二、以国内大循环为主体，促进国内国际双循环

习近平总书记强调："面向未来，我们要逐步形成以国内大循环为主体、国内国际双循环相互促进的新发展格局。"[①] 统筹国内国际两个大局是全面深化改革的重要着力点，也是立足于大变局作出的战略部署。新发展格局要求我们畅通国内循环，扭住扩大内需这一战略基点。以国内大循环为主体，使生产、分配、流通、消费四个环节首先立足、依托国内市场，根本在于供应体系的优化升级。要通过制度创新扩大有效投资、提高供给质量，真正激发内需潜力，以促进国民经济持续健康发展。

面对全球治理体系变革，我国应主动融入经济全球化进程，充分尊重国际经贸领域合作原则，实施高水平投资和贸易自由化政策，优化营商环境，进一步提高我国在全球价值链中的地位，在共建"一带一路"基础上全面构筑东西互济的开放新格局。国内国际双循环相互促进，能够优化生产要素跨国配置，畅通和稳固国内大循环，推动形成更高水平的开放型经济新体制。

三、加强自主创新，推动新兴产业发展

我国在核心技术环节仍面临自主创新能力不足的问题。以往低成本模仿创新模式难以为继，"逆全球化"加大了我国引进前沿技术的难度。坚持科技自立自强，加快建设科技强国，是我国推动高质量发展、构建新发展格局的动力支撑。

目前，我国在数字经济、量子计算、5G 等新兴工业领域已然走在世界前沿，"十四五"时期应该抢抓技术红利机遇，将传统制造业与信息技术深度融合，建设制造强国、质量强国、网络强国、数字中国，推进产业基础高级化、产业链现代化。[②] 在产业转型进程中，我国应充分发挥体制机制优势和企业的主体作用，

---

① 习近平：《在企业家座谈会上的讲话》，载于《人民日报》2020 年 7 月 22 日。

② 《中共十九届五中全会在京举行》，载于《人民日报》2020 年 10 月 30 日。

加强前沿基础科学领域研究，突破核心技术"瓶颈"。有效的创新激励机制是创新驱动的根本保障，我国在创新激励体系方面仍有较大提升空间。提供补贴或者税收抵免的激励政策容易造成创新数量提高但创新质量下降。鼓励创新行为有赖于改善制度环境，加强知识产权保护力度，构建研发机构间包容共进的格局，并且在企业间建立"竞争中性"。

四、破除制度藩篱，促进要素自由流动

物质资本、人力资本和技术创新是推动经济增长的最主要因素。我国目前资本产出比约为4，反映出资本效率较低，投资结构亟待调整。人口老龄化加剧和技术变革引发就业结构转型，具有推高失业率的趋势。西方大国技术封锁和"再工业化"政策使得我国全要素生产率增长面临不小挑战。

要素市场扭曲会造成资源配置效率低下，从而抑制产业升级和经济增长。我国资本自由流动仍存在所有制歧视现象，劳动力自由流动也面临户籍制度等一系列体制阻隔。通过破除阻碍资本和劳动力流动的体制障碍，即使在资本利用效率低下、人口红利趋于消失的现阶段，传统的依赖要素推动的增长潜力依然能够得到进一步释放。

五、着力改善民生，优化公共服务配置

我国经济正经历结构变迁，基础设施建设和基本公共服务均等化方面仍存在很多短板。受公共服务配置不均等的影响，中西部城镇化速度有所放缓，这不利于解决发展不平衡不充分的问题。保障民生，优化公共服务配置，不仅有助于解决发展不平衡问题，还有利于扩大居民消费需求。

"十四五"时期，政府应加大基本公共服务投入，促进民生福祉达到新水平，进而推动居民收入增长和经济增长基本同步，基本公共服务均等化水平明显提高。[1] 在改善民生问题上，我国仍需在收入分配、就业、教育和社会保障等方面发力。例如，规范初次分配，加大再分配调节力度；实施更积极的人口发展战略，提供更大力度的就业支持政策；提高教育供给质量，鼓励社会资本参与教育投资；完善社会保障体系，健全扶贫社会保障兜底机制。

第五节　结语

"十三五"以来，在习近平新时代中国特色社会主义经济思想的科学指引

---

① 《中共十九届五中全会在京举行》，载于《人民日报》2020年10月30日。

下，我国深入推进供给侧结构性改革，着力构建现代化经济体系，经济实力大幅跃升，经济结构持续优化，深化改革成效显著，潜在增长动力强劲，脱贫攻坚目标任务即将如期完成，宏观经济稳定性明显提高，经济发展可持续性不断增强。在探索促进效率和公平有机统一的过程中，我们走出了具有中国特色的社会主义市场经济新路子，在实践中找到了市场和政府关系的最佳平衡点。

当前，国际秩序加速变革，国际形势纷繁复杂，技术革命深刻重塑生产方式。我国正处于"两个一百年"奋斗目标的历史交汇期，展望"十四五"，构筑新发展格局、深化供给侧结构性改革、奋力推进科技和制度创新、破除阻碍要素自由流动藩篱、全面优化基本公共服务配置，将有力推动我国经济发展取得新成效，进而为实现"十四五"时期经济社会发展主要目标打下坚实基础。勇立潮头、砥砺前行，我国必将夺取全面建设社会主义现代化国家的新胜利。

参考文献

［1］高培勇：《中国财税改革 40 年：基本轨迹、基本经验和基本规律》，载于《经济研究》2018 年第 3 期。

［2］高培勇、杜创、刘霞辉等：《高质量发展背景下的现代化经济体系建设：一个逻辑框架》，载于《经济研究》2019 年第 4 期。

［3］燕继荣：《反贫困与国家治理——中国"脱贫攻坚"的创新意义》，载于《管理世界》2020 年第 4 期。

第三章 中国高质量供给体系：技术动因、制约因素与实现途径*

改革开放40多年来，中国经济实现了中高速发展。不过，随着国际贸易保护主义抬头、世界经济增速放缓引起外部需求回落，自主研发能力不强、关键领域的核心技术研发储备不足①导致中国产品供需结构错配、资本边际效率下降，经济面临较大的下行压力。如何提升供给体系质量，进而化解有效供给不足和无效产能并存的矛盾，成为新时代满足人民日益增长的美好生活需要亟须探讨的课题。这对诠释科技进步上升与生产率增速下降的悖论具有重要的理论意义，②对中国平稳度过"三期叠加"阶段、跻身创新型国家前列也具有丰富的实践价值。

长期以来，稳定投资被视为稳定中国经济发展的重要引擎。然而，2008年国际金融危机以来，资本回报率经历2010～2011年的小幅反弹后持续走低（白重恩和张琼，2014），固定资产投资增速逐步回落。在国际市场环境和国内资源禀赋条件发生深刻变化的新阶段，提高资本积累效率，尤其是推动物化于资本品中的技术进步对优化投资结构

---

* 本章作者：谢攀、龚敏。原文发表于《中国高校社会科学》2020年第4期。

① 根据WDI数据库和《中国科技统计年鉴（2018）》，2016年美国、日本、德国和韩国研究与开发经费支出占GDP的比重分别为2.74%、3.14%、2.93%和4.23%。横向比较，2016年中国研究与开发经费支出占GDP的比重仅为2.11%。

② 生产率悖论又称"索洛计算机悖论"，主要指以大数据、人工智能、虚拟现实和无人驾驶等为代表的新一轮科技产业革命迅速发展，但是，依照传统统计方法计算的生产率却明显减速。

和产业结构、改善要素供给质量、夯实经济增长动力的重要性日益凸显。事实上，资本存量的变化不仅取决于当期投资规模和折旧率，还受到资本品中蕴含的技术因素变化的影响（Greenwood et al.，1988）。资本质量提高往往伴随着先进设备投资步伐的加快，而且，与建筑业资本相比，设备资本品因融合更多的新技术而呈现出显著的异质性（Hulten，1992）。因此，着力改善设备资本质量，推动资本体现式技术进步（capital-embodied technical change），进而带动从研发、生产到交换、消费各个环节的效率变革、动力变革，成为突破供给体系质量瓶颈、实现国民经济高质量发展的关键。

第一节 高质量供给体系的技术动因及其演进

一、高质量供给体系的技术动因

科技创新改善了要素供给质量，并经过产业化促进生产率的提升，推动供给体系的变革。索洛（Solow，1957）较早提出了体现式技术进步的概念，并将其引入总量生产函数之中。菲利普（Felipe，1997）进一步将技术进步划分为体现式和非体现式两类，并指出供给质量主要取决于体现式技术进步或要素偏向型技术进步（Felipe，1997）。不过，以往研究较多关注技术进步方向对收入分配份额的影响，忽视了偏向型技术进步对全要素生产率的影响（Antonelli and Quataro，2010）。随着20世纪90年代中后期计算机、软件和通信产业的迅猛发展，一些发达国家呈现出经济高增长、资本高积累现象，但是，其全要素生产率并未保持同步增长，反而呈现倒"U"型变化（Scarpetta et al.，2000），甚至以全要素生产率测量的技术进步水平不断下降（Greenwood et al.，1998），出现"生产率悖论"（Gordon，2018）。究其原因，全要素生产率或希克斯中性技术进步假定不同时期的资本品是同质的，忽视了最新的技术进步成果物化到设备资本中所引起的资本品的异质性，导致全要素生产率无法完全涵盖技术进步的全部，尤其是无法有效估计新设备品中蕴含的新的前沿技术（郑玉歆，2007）。

事实上，即使生产中引进新设备的成本随时间的变化不大，其生产率也会显著提高。经济增长中物质资本积累与技术进步并非两个独立的过程。技术进步通常需要借助机器设备等有形载体进入生产过程，即物质资本积累尤其是新设备投资中蕴含着资本体现式技术进步[①]。这类技术进步主要利用内含的最新设备特别是信息智能设备加快技术进步速率，进而通过资本和技术进步耦合的方式提高生

[①] 在不考虑消费部门的情况下，资本体现式技术进步又被称为投资专有技术进步。

产率，促进产出增长（Greenwood et al.，1997）。而且，技术进步的偏向与要素禀赋的一致程度对全要素生产率的提升举足轻重。随着大数据、人工智能、云计算、区块链等产业生态体系的发展，资本和劳动相对投入变化对技术进步方向的决定作用更加凸显。可以预见，在"人口红利"渐渐消逝、要素相对价格持续调整的背景下，基于资本体现式技术进步的经济驱动机制研究为探索新时代供给体系质量变革开启了一个崭新的视角。

二、体现式技术进步的演进特征

标准的新古典模型中，柯布－道格拉斯－卡尔多范式假定要素份额不变且每单位最终产出购买的资本数量随时间保持不变。据此，以往研究常将技术进步视为中性的生产率冲击，得出中性技术进步对经济周期解释力较高的结论。然而，这是以产出在不同用途之间相对价格固定作为前提的。无论是二战后的美国经济，还是改革开放后中国经济的特征事实均表明，这一假设并不适用。资本品的相对价格往往是下降的，随着时间推移，同样多的最终产品可以购买更多的资本品。尤其是步入 21 世纪以来，受益于高性能计算机的普及和新一代信息与通信设备的推广，技术进步越来越物化于有形资本品中，提升了资本质量，大幅降低了资本品的价格，促进了设备投资持续增长。2000～2016 年，中国设备资本品的相对价格年均下降 2.5 个百分点，与此同时，新设备投资占 GDP 的比重逐步上升至 14.5%（见图 3－1）。虽然市场竞争、技术转移、产品替代、自主创新及

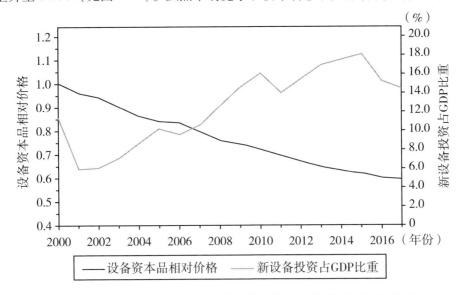

图 3－1　中国设备资本品相对价格、新设备投资占 GDP 比重

政策激励等均是影响设备资本价格短期变化的因素，但是，长期来看，设备资本相对价格与其投资占比"一降一升"的典型特征意味着资本品价格持续下降主要源于资本体现式技术进步的推动。

加入世界贸易组织（WTO）后，伴随全球产业链的转移，中国跃居世界第一贸易大国和第二大外资流入国，"中国制造"实现了快速发展。这既有人力资本积累持续改善的积极作用，也得益于正向的技术冲击显著降低了投资品转化成消费品的斜率，即资本质量的稳步提高导致生产投资品的平均成本相对于生产消费品的平均成本降低，每单位投资融入到经济中的资本品数量增多。统计分析显示，与一些发达经济体相似，[①] 中国设备资本投资波动与设备资本品的价格不仅存在较强的负相关关系（相关系数为 - 0.75），而且在 2001 ~ 2002 年、2003 ~ 2004 年、2005 ~ 2006 年、2008 ~ 2010 年、2011 ~ 2013 年和 2016 ~ 2017 年等时段均呈现负向协同变化特征（见图 3 - 2）。而且，基于 Kmenta 近似技术测算的资本偏向型技术进步能解释中国现阶段工业大部分的全要素生产率增长（李小平和李小克，2018）。这进一步表明，与中性技术进步相比，正是资本体现式技术进步更大程度地影响着新设备的生产，进而决定着供给体系的内在质量。

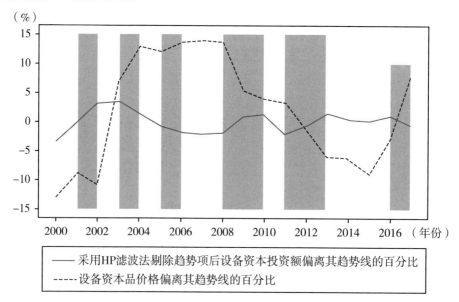

图 3 - 2　中国设备投资和设备价格波动

①　根据格林伍德等（Greenwood et al.，2000）的测算，1950 ~ 1990 年美国剔除趋势项后的设备投资与设备价格之间存在负相关关系，相关系数为 - 0.46。

第二节　提升供给体系质量的制约因素

周期性的产能过剩降低了要素供给效率，技术进步的偏向性与要素禀赋不一致加剧了供需结构失衡。在经济全球化与逆全球化并行的国际格局下，提升中国供给体系质量主要面临以下四个方面的制约。

一、全球价值链的低端锁定风险

全球价值链中附加值较高的环节长期被发达经济体把持，随着新一轮技术革命的不断深化，生产方式和分工方式的快速变革倒逼中国产业向全球价值链中高端迈进。然而，与世界制造业强国相比，中国制造业增加值率、利润率偏低，"大而不强""全而不优"的问题突出，尤其在半导体技术、数字芯片、工业软件、高端数控机床等关键领域，不仅囿于核心技术缺失的尴尬境地，而且尚未摆脱对国外技术的高度依赖。嵌入全球价值链固然有利于企业以低成本获得高质量和高技术的进口中间投入，实现产品升级甚至工艺升级，但也会在一定程度上显著抑制研发创新行为（吕越等，2018），导致企业缺少自主创新的动力与能力，难以实现功能升级和链条升级，从而形成对全球价值链的过度依赖（Tajoli and Felice，2018）。其深层次的原因在于本土企业研发投入偏低，人力资本水平和技术吸收再创新的能力不足，无法充分获取全球价值链的技术外溢效应，加之发达经济体对以中国为代表的发展中国家在价值链升级过程中的"俘获效应"（Humphrey and Schmitz，2002），加剧了被发达国家和跨国公司掣肘于全球价值链低端的风险。

二、关键技术标准制定的缺位

技术标准作为规范产品的市场准入门槛，不仅能便利国际贸易、优化产业结构，还在推动企业研发和创新、促进产品质量提升等方面发挥着重要作用。全球领先的高技术企业为掌控产业话语权的垄断优势，都在积极参与或制定所在领域的技术标准。国家创新能力的竞争也越来越表现为企业将新研发成果转化为业内技术标准能力的竞争。近年来，中国提出制定的国际标准虽然在数量上有所增加，但从整体来看，中国在国际标准化组织（ISO）和国际电工委员会（IEC）正式发布的国际标准占比仅为 1.58%，[①] 质量技术基础与国际先进水平还存在较大差距。同时，国内技术标准建设中的交叉重复、滞后老化等现象仍广泛存在，

---

① 《质监总局局长支树平：我国产品国标标准采标率超过 80%》，中国政府网，2019 年 6 月 30 日。

既不利于统一市场体系的建设，也难以满足节能降耗、电子商务、商贸物流等产业快速发展的需求。而且，由于技术标准建设滞后和监管执法尺度不一，使得"中国标准"在国际上认可度不高。"中兴禁运事件""5G标准之争"给国内高技术企业敲响了警钟，关键技术标准制定方面缺位已成为供应链升级的短板和企业国际化的绊脚石。

三、知识产权制度薄弱的掣肘

知识产权保护水平已成为国际竞争和国际规则制定的主要规范对象，影响跨国公司海外生产和技术转移的组织模式，对于激发企业创新活力举足轻重（Naghavi et al.，2015）。完善的专利制度和必要的知识产权保护有助于加大企业的研发投入，降低创新成果的溢出效应，加速创新成果的转化，甚至对中国吸引外资的规模和行业结构也有促进和改善的作用。与西方发达国家相比，中国专利制度和知识产权保护的相关立法起步较晚，根据《2018年国际知识产权指数报告》，中国整体排名较2017年上升2位，但在系统效率、执法、商业化等分项指标方面仍比较靠后。尤其是专利保护水平区域发展不均，保护的"量"和"质"不统一，配套制度和法律法规不完善，破坏了原始创新动力，导致初始技术生产者倾向于保留技术秘密，延缓创新信息流动，加剧技术失传风险。而且，从专利申请角度来看，地方政府各种类型与各个环节的专利资助、补贴和奖励政策，甚至对企业专利质量存在显著的负面影响（张杰和政文平，2018）。实用新型专利和外观设计专利数量显著增加，但是体现相对较高创新水平的发明专利数量却没有显著增加（Tong et al.，2014）。

四、设备质量监测体系的滞后

欧美发达经济体对设备质量的监测开展较早，目前，对资本体现式技术进步的测算主要包括不变质量价格指数法、生产函数估计法和核心机器法三种方式（见表3-1）。其中，戈登（Gordon，1990）最早利用耐用品价格环比数值来表示资本投入品的价格指数，并构建了105种耐用品的不变质量价格指数，修正了因质量变化导致的设备价格指数误差。亨特（Hulten，1992）使用这一指数识别了蕴含在设备品中的资本体现式技术进步，发现美国20%的全要素生产率增长是资本体现式技术进步作用的结果。格林伍德等（1997）、康明斯和维奥兰特（Cummins and Violante，2002）进一步将不变质量价格指数区间分别扩充到1990年、1997年和2002年，强调包含资本质量变化的真实投资的支出贡献均被低估。对此，布塞金等（Boucekkine et al.，2010）利用"干中学"的内生经济增长模型证实了由于新资本具备更高的学习效率，加之计算机、软件和信息技术创新的快速发展，资本体现式技术进步对经济增长的贡献也相应地提高了。也有学者基于机器包含着核心技术以及不同机器蕴含着不同技术这一特征，将技术进步分解成两类效应，发现印度尼西亚纺织业生产率增长主要来源于技术提高效应，而纺织业生产率增长则主要来自技术转移效应（Szirmai et al., 2002）。

表 3-1 资本体现式技术进步测算比较

方法	简介	代表文献	主要特点
基于不变质量价格指数的估计	利用不同设备资本品对消费价格指数构建不变价格指数，用该指数调整 GDP，然后根据经济增长核算方程，将生产率的增长分解为资本投入与技术进步的共同作用，以此直接测量资本体现式技术进步	戈登（1990）；格林伍德等（1997）	从设备资本品价格的时序变化来表征资本质量的变化；数据要求较高，要求行业数据全面并具体到各类设备的性能和质量变化属性等数据
基于生产函数的估计	利用工具变量和机器设备的资本存量等变化来代替资本体现式技术进步水平，然后根据内生增长模型直接测算资本体现式技术进步对经济增长的贡献	贝克和戈特（1993）；萨克拉里斯和威尔逊（2000）；利坎德罗等（2001）；布塞金等（2002）	直接从生产层面如厂商的投入产出选择及设备投资折旧等方面考察资本质量的变化；数据相对易得，测算较为直观
基于核心机器法的估计	将技术进步分解成两类：一是由技术创新引发的技术提高效应；二是由于新机器投资使得不同机器类型的构成比例发生变化以及机器整体技术水平变化所引起的技术转移效应（即资本体现式技术进步）	西尔毛伊等（2002）	侧重于用机器的相关性能和机械类型的普及程度等工程信息来构建资本存量指数；不依赖于价格信息

国内现有研究主要采用设备投资和发明专利等指标（黄先海和刘毅群，2008）或不同类型资本品价格之比作为质量因子（宋冬林等，2011），间接测算资本体现式技术进步及其对经济增长的贡献。虽然基于不变质量价格指数的估计和生产函数相结合能计算出资本质量指数，但为了捕捉到蕴含于先进设备中的资本体现式技术进步，需要考察价格指数对资本体现式技术进步的表征程度。遗憾

的是，现有统计数据在这方面仍为空白，尤其是对高档装备仪器、高端专用芯片以及关键基础材料等高技术制造业产品性能和质量属性变化的调查、监测十分匮乏。

第三节　提升供给体系质量的主要途径

中国既面临着以人工智能为代表的新一代信息技术带来的机遇，又面临着发达国家"再工业化"战略和其他发展中国家深度参与国际分工的"双向挤压"。提升供给体系质量有赖于技术创新、管理创新和制度创新齐头并进，进而推动产学研各环节的结构优化和效率提升。具体来说，高质量供给体系的实现途径可从以下四个层面着手。

一、增强关键技术识别和产业融合，促进要素有序流动

目前，依靠引进技术设备、人才等方式以孵化和催生高新技术实现技术升级的空间收窄。因此，要加大基础科学源头创新供给，挖掘国内外最新科技论文和专利的语义信息，增强关键核心技术早期识别研究，完善技术创新生态，推动由主要依靠资源型要素升级转向依靠技术、知识、人才等创新要素升级，构筑以技术创新为核心驱动力的经济发展模式，加快生产流程、管理模式和商业模式再造，以及信息化、工业化的深度融合和产业链协同。各地既要以比较优势为导向，延长国内价值链，扩大对外开放领域和层次，与"一带一路"沿线国家开展双边或多边产能合作、科技合作，搭建更为高效的科技创新平台，更要引导不同区域和不同所有制企业之间要素有序流动，鼓励研究型大学、科研机构与企业共建产学研协同创新平台，重构有利于"关键核心技术突破"的组织模式和治理机制，有效衔接科技创新和产业创新，及时总结核心技术突破的"中国路径"。

二、加强关键技术标准制定和政策协同，发挥资本投入的体现式效应

针对关键技术标准缺位导致高端产品的质量和可靠性难以得到认可的窘境，一方面，要加快高端装备、精密仪器、人工智能以及信息安全等领域的技术标准制定，适时提高行业的质量标准、技术标准，同时还要加强质量评价和监管体系的制度建设，建立与国家安全、生态环境、使用寿命等强制性标准关联的动态调整机制，统筹推进标准修订与政策协同创新，逐步构建以中国拥有的高端技术（如5G、量子通信、高速铁路等）为主的全球价值链，推动拥有自主知识产权和核心技术的优势产业"走出去"；另一方面，要完善研发费用加计扣除、固定资产加速折旧等税收优惠政策，加快推进"卡脖子"领域的资本深化，鼓励对

蕴含最新技术设备的资本性支出，持续改进制造业的工艺水平和设备质量，提高资本的边际效率，从而增强企业在国际垂直分工中的比较优势，优化产能利用率和投资结构，缓解资源环境约束和价值链"俘获效应"给经济转型发展带来的压力，发挥资本投入的体现式效应。

三、创新要素激励机制和科研管理制度，健全知识产权保护体系

针对新一代信息、新能源、新材料和生物医药等领域进入壁垒较高、研发投入周期长的特点，既要创新要素激励机制，鼓励科技创新企业利用好多层次资本市场，主动对接各类资本，完善具有针对性的信息披露制度，也要加快人事制度、薪酬制度改革，不断优化科研项目管理、经费管理和科研仪器设备耗材采购管理制度，落实法人单位和科研人员的经费使用自主权。同时，健全知识产权保护体系，加快著作权法、专利法等相关法律修订工作，适时在专利案件审理中探索引入产业政策杠杆，完善适应知识产权案件的证据规则，建立适合中国国情的技术事实查明和审判辅助机制，强化专利密集型产业的司法与行政保护，使得企业和个人的创新权益切实得到保障。与此同时，相关机构要重视行政授权及确权、司法保护和行政执法，针对行政执法和司法保护中存在的问题不断改革，优化授权确权的程序，缩短审批时间，规范依法行政行为，持续释放政策红利。

四、完善先进制造业设备质量监测，夯实高质量供给的评价体系

一般而言，资本资产随着时间融入了更好的技术和性能，这一点在先进制造业（交通运输、电子信息、通信、仪器仪表等）体现得尤为突出。因此，为了及时把握中国制造业装备水平和转型升级趋势，相关主管部门和行业协会要抓紧开展对重要领域设备性能和质量属性的监测，以便将资本资产的价格针对其质量进行调整，即采用资产在其质量随时间不变时的价格来度量资本积累过程。一方面，可借鉴发达经济体在生产者价格指数（PPI）计算中常用的特征价格方法，分离并测算具有经济意义的产品特征对设备价格的影响，[①] 并且在相对价格计算中，引入质量调整的价值（VQA），以降低名义相对价格估算的向上偏误;[②] 另一方面，针对省级层面建筑材料工业品和设备工业品（包括通用设备制造业，专用设备制造业，电气机械和器材制造业，计算机、通信和其他电子设备制造业

---

① 例如，计算机可被分解成诸如处理器速度、硬盘容量、内存数量等其他影响计算机价格的决定性特征。

② 质量调整后的相对价格 $= (p_i^t - (VQA))/p_i^0$，其中 p_i^t 和 p_i^0 分别表示产品 i 在 t 期和基期的价格。VQA 是对两期之间价格变化中纯粹由质量变化引起部分的估计。

等）出厂价格指数和投资信息的缺失，完善国民收入和产品账户调查统计，以便根据行业增加值占比构建完整的设备品价格指数，作为恒定质量价格指数编制依据。最后，鉴于中性技术进步对经济增长贡献率的下降，适时将设备资本投资中的体现式技术进步水平纳入高质量供给的指标评价体系，以揭示经质量调整后的设备投资对产业转型升级的作用。

参考文献

［1］白重恩、张琼：《中国的资本回报率及其影响因素分析》，载于《世界经济》2014年第10期。

［2］黄先海、刘毅群：《设备投资、体现型技术进步与生产率增长：跨国经验分析》，载于《世界经济》2008年第4期。

［3］李小平、李小克：《偏向性技术进步与中国工业全要素生产率增长》，载于《经济研究》2018年第10期。

［4］吕越、陈帅、盛斌：《嵌入全球价值链会导致中国制造的"低端锁定"吗?》，载于《管理世界》2018年第8期。

［5］宋冬林、王林辉、董直庆：《资本体现式技术进步及其对经济增长的贡献率（1981—2007）》，载于《中国社会科学》2011年第2期。

［6］张杰、政文平：《创新追赶战略抑制了中国专利质量么?》，载于《经济研究》2018年第5期。

［7］郑玉歆：《全要素生产率的再认识——用TFP分析经济增长质量存在的若干局限》，载于《数量经济技术经济研究》2007年第9期。

［8］Antonelli, C. and F. Quatraro, "The Effects of Biased Technological Change on Total Factor Productivity: Empirical Evidence from a Sample of OECD Countries", *Journal of Technology Transfer*, 2010, 35 (4): 361 – 383.

［9］Bahk, B. H. and M. Gort, "Decomposing Learning by Doing in New Plants", *Journal of Political Economy*, 1993, 101 (4): 561 – 583.

［10］Boucekkine, R., F. D. Río and O. Licandro, "Embodied Technological Change, Learning-by-doing and the Productivity Slowdown", *Scandinavian Journal of Economics*, 2010, 105 (1): 87 – 98.

［11］Cummins, J. G. and L. G. Violante, "Investment – specific Technical Change in the US (1947 – 2000): Measurement and Macroeconomics Consequences", *Review of Economic Dynamics*, 2002, 5 (2): 243 – 284.

［12］Felipe, J., "Total Factor Productivity Growth in East Asia: A Critical Survey", *The Journal of Development Studies*, 1997, 35 (4): 1 – 41.

［13］Gordon, R. J. , *The Measurement of Durable Goods Prices*, University of Chicago Press, 1990.

［14］Gordon, R. J. , "Why Has Economic Growth Slowed When Innovation Appears to be Accelerating?", NBER Working Paper, 2018, No. 24554.

［15］Greenwood, J. , Z. Hercowitz and G. W. Huffman, "Investment, Capacity Utilization, and the Real Business Cycle", *The American Economic Review*, 1988, 78（3）: 402 – 417.

［16］Greenwood, J. , Z. Hercowitz and P. Krusell, "Long-run Implications of Investment-specific Technological Change", *The American Economic Review*, 1997, 87（3）: 342 – 362.

［17］Greenwood, J. , Z. Hercowitz and P. Krusell, "The Role of Investment-Specific Technical Change in the Business Cycle", *European Economic Review*, 1998, 44（1）: 91 – 115.

［18］Hulten, C. R. , "Growth Accounting When Technical Change is Embodied in Capital", *The American Economic Review*, 1992, 82（4）: 964 – 980.

［19］Humphrey, J. and H. Schmitz, "Does Insertion in Global Value Chains Affect Upgrading in Industrial Clusters", *Regional Studies*, 2002, 36（9）: 1017 – 1027.

［20］Licandro, O. , J. Ruizcastillo and J. Durán, "The Measurement of Growth under Embodied Technical Change", *Recherches Économiques De Louvain*, 2002, 68（1/2）: 7 – 19.

［21］Naghavi, A. , J. Spies and F. Toubal, "Intellectual Property Rights, Product Complexity and the Organization of Multinational Firms", *Canadian Journal of Economics*, 2015, 48（3）: 881 – 902.

［22］Sakellaris, P. and D. J. Wilson, "The Production-side Approach to Estimating Embodied Technological Change", Electronic Working Paper, 2000, No. 00 – 02.

［23］Scarpetta, S. , A. Bassanini, D. Pilat and P. Schreyer, "Economic Growth in the OECD Area: Recent Trends at the Aggregate and Sectoral Level", OECD Economics Department Working Papers, 2000, No. 248.

［24］Szirmai, A. , M. Timmer, R. V. Kamp, "Measuring Embodied Technological Change in Indonesian Textiles: The Core-Machinery Approach", *Journal of Development Studies*, 2002, 39（2）: 1 – 18.

［25］Tajoli, L. and G. Felice, "Global Value Chains Participation and Knowledge Spillovers in Developed and Developing Countries: An Empirical Investigation", *European Journal of Development Research*, 2018, 30（4）: 1 – 28.

［26］Tong, T. , W. He, Z. He and J. Lu, "Patent Regime Shift and Firm Innovation: Evidence from the Second Amendment to China's Patent Law", Academy of Management Proceedings, 2014, 1, No. 14174.

第四章 基于实时信息流的中国宏观经济不确定性测度[*]

第一节 引言

　　2008 年国际金融危机以来，大量学者关注了不确定性对宏观经济的影响。作为一个重要的经济测度指标，宏观经济不确定性反映了经济系统的不可预测程度。从经济理论上看，不确定性的增加使得消费者推迟消费行为、雇主减少雇佣人数、决策者谨慎决策，这不仅在微观层面上影响居民的资产配置和家庭决策、公司投资率和资产分配，而且在宏观层面上使得产出和消费显著下降、弱化宏观经济政策的调控效果。因此，研究经济不确定性，对于优化家庭资产配置、理解宏观经济波动、制定宏观调控政策以及提前预警经济金融风险等，有着重要的理论意义和实践价值。

　　宏观经济不确定性研究的关键问题之一就是其测度问题。根据奈特（Knight, 1921）的定义，不确定性是指人们无法预测的未来事件发生的可能性。现有文献从多个角度对其予以测度，大致可以分为金融市场波动角度、预测误差角度、新闻媒介信息的文本挖掘角度等。基于金融市场波动的测度方式是以金融市场与宏观经济的相关性为依据，采用金融市场波动率测度宏观经济不确定性，其中最具代表性的是

---

　　* 本章作者：王霞、郑挺国。原文发表于《经济研究》2020 年第 10 期。

芝加哥期权交易所的市场波动率指数（VIX）。布鲁姆（Bloom，2009）、卡吉亚诺等（Caggiano et al.，2014）均采用该指标度量宏观经济不确定性。预测误差角度是从经济不确定性的定义出发，基于关键宏观经济指标的预测误差度量宏观经济不确定性。例如，胡拉多等（Jurado et al.，2015）对 200 多个宏观变量构建因子预测模型，基于预测误差构建了不确定性指数；罗西和塞赫波西扬（Rossi and Sekhposyan，2015）借助 GDP 当前预测误差在已实现的 GDP 历史预测误差中的分位数构造了宏观经济不确定性指数；斯科蒂（Scotti，2016）基于关键宏观经济变量的彭博预测误差构造了宏观经济不确定性指数。近年来，随着文本挖掘技术的发展，齐林斯基（Dzielinski，2011）等部分学者从文本数据中提取信息，用于测度宏观经济不确定性程度。除了宏观经济不确定性指数外，现有文献还构造了与之密切相关的其他不确定性指数。贝克等（Baker et al.，2016）、戴维斯等（Davis et al.，2019）基于报纸上的关键词出现频率构造了经济政策不确定性指数（EPU）。有关不确定性的更多相关研究，可参考卡斯特尔诺沃等（Castelnuovo et al.，2017）的综述文章。

国内学者也在宏观经济不确定性测度方面进行了许多有益的探索。王义中、宋敏（2014）采用 GDP 的条件方差作为不确定性的度量指标，研究了宏观不确定性对公司投资的影响机制；黄卓、童晨和邱晗等（2018）采用 224 个月度指标构造了中国经济不确定性指数；马丹等（2018）采用环比混频动态因子随机波动模型测算了中国宏观经济不确定性指数；李华杰等（2018）梳理了国内外测度经济不确定性的文献。与此同时，国内学者也构造了金融不确定性指数（黄卓、邱晗和沈艳等，2018）、经济政策不确定性指数（Huang and Luk，2020）等与宏观经济不确定性相关的指数。进一步地，大量研究探讨了不确定性与经济各方面的关联。例如，李凤羽和杨墨竹（2015），李凤羽和史永东（2016）以及顾夏铭等（2018）采用贝克等（2016）构造的 EPU 指数探讨了不确定性对企业投资方案、现金持有策略以及企业创新激励效应的影响；鲁晓东、刘京军（2017）基于 VIX 探讨了不确定性对我国出口的影响。

尽管上述文献从多种角度提供了经济不确定性的测度方法，然而，关于我国宏观经济不确定性的研究，依然存在有待完善之处。其一，以 VIX 和 EPU 为代表的不确定性指标将宏观经济不确定性与其他形式的不确定性融合在一起，无法恰当测度宏观经济不确定程度（Scotti，2016）。其二，基础经济指标的选取问题。现有文献或者直接采用 GDP 构建季度不确定指数（Rossi and Sekhposyan，2015），或为了提高时效性，舍弃 GDP，基于月度宏观指标构建月度不确定性指数（Jurado et al.，2015；黄卓、童晨和邱晗等，2018）。显然，季度不确定性指数无法及时追踪经济运行态势，而忽略 GDP，则会因为损失重要信息影响不确定性的测度。其三，时效性问题。上述文献构造的宏观经济不确定性指数均是以"月度"或者"季度"为频率更新，时效性较差，无法为宏观经济政策的制定以及企业发展战略的实施等提供及时、可靠的经济预判。其四，数据修正和实时测度问题。大多数文献是基于最终数据的研究，忽略了数据修正和数据发布日期对经济不确定性的影响。另外，我国宏观经济数据经过了不断的修正，并且存在周期性缺失、碎尾数据等一系列问题。忽略这些问题，则使得研究者基于最终数据的测度结果与政策制定者作出决策时面临的不确定性不尽相同。

鉴于此，本章参照斯科蒂（2016）的研究，基于郑挺国和王霞（2013）提出的同比混频动态因子模型，构造了中国宏观经济意外指数和不确定性指数。本章选取我国季度 GDP 同比增速和月度指标同比增速等与宏观经济态势直接相关的七个指标，运用混频动态因子模型计算不同指标在宏观经济测度中的贡献，并以此为权重，对预测误差进行加总，形成宏观经济不确定性指数。本章构造宏观意外指数和不确定指数的方法还具有如下特点和优势：首先，考虑了 GDP 的重要作用，通过混频建模方法，综合利用与宏观经济态势直接相关的月度和季度数据；其次，通过实时分析，以"日度"为单位更新不确定性指数的度量值，这不仅考虑了数据修正的影响，而且允许不同指标发布时间存在差异，能够更加准确及时地刻画决策者在制定政策时获得的数据信息；再次，与其他学者（Jurado et al.，2015；黄卓、童晨和邱晗等，2018）不同的是，本章对不同指标赋予不同权重，考虑了不同指标在宏观经济监测中重要性的差异，并且该权重随着数据更新而动态调整；最后，本章构造的宏观经济不确定性指数是历史预测误差的加权累积，而非单期预测误差的加总，避免了单期预测不稳定性对不确定性指数的影响。在得到宏观经济不确定性指数后，本章进一步探讨了其对货币政策以及经济周期的影响。

第二节　指标选取与实时信息流的构建

一、数据选取与处理

参照中国经济景气监测中心构建一致指数时选取的基础指标，以及斯科蒂（2016）以及郑挺国和王霞（2013）等的研究，本章选择 5 个月度指标和 2 个季度指标作为建模时的基础序列。选取的月度指标为：工业增加值增速（IP）、固定资产投资完成额增速（INV）、社会消费品零售总额增速（TRADE）、进出口增速（IMEX）和税收总额增速（TAX）。选取的季度指标包括实际 GDP 同比增速（GDP）和城镇居民可支配收入增速（INC）。所有月度指标的样本区间为

1992 年 1 月至 2017 年 12 月，对应季度指标的样本区间为 1992 年第一季度至 2017 年第四季度。数据处理过程简要描述如下。

（一）2 个季度指标序列的构建

一是实际 GDP 季度同比增长率的构建。因为国家统计局自 2013 年开始才公布实际 GDP 季度同比增速，因此本章根据国家统计局公布的同比累计 GDP 增长率和名义 GDP 水平值推算出 1992 年第一季度至 2017 年第四季度以 1992 年为不变价的季度实际 GDP，从而得到 GDP 的季度同比增长率。二是城镇居民可支配收入季度同比增速的构建。本章对 2007 年以前的月度数据进行加总，得到季度城镇居民可支配收入，然后对该序列取对数，并进行 4 期差分，得到季度同比增速。2 个季度指标时间序列由图 4 - 1 （a）给出。

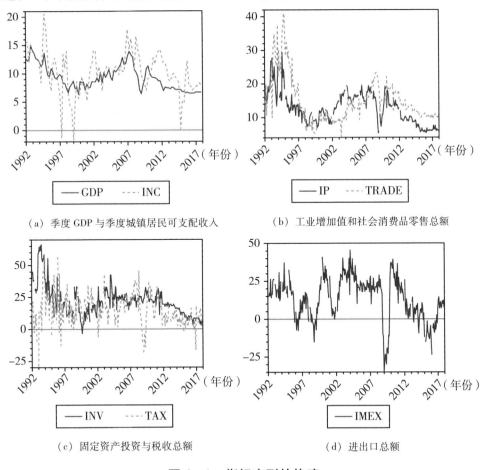

（a）季度 GDP 与季度城镇居民可支配收入　　（b）工业增加值和社会消费品零售总额

（c）固定资产投资与税收总额　　（d）进出口总额

图 4 - 1　指标序列的构建

（二）5 个月度指标序列的构建

一是缺失数据的处理。根据我国统计制度，12 月的财政数据和 1 月的工业行业数据（2006 年后）、投资数据不做统计。本章将 2006 年后工业增加值 1 月数据视作缺失值，将每年前两个月的固定资产投资累计同比增速作为每个月的同比增速，将年度税收总额与前 11 个月累计税收总额的差值作为 12 月的税收数据。二是异常数据的处理。本章将序列中因春节等因素而存在的异常点视作缺失值。三是得到月度同比增长率序列。对于工业增加值和社会消费品零售总额，[①]直接采用官方公布的月度同比增长率；对于其他 3 个月度指标，[②] 对原始序列进行 12 期对数差分，即可得到相应指标的月度同比增长率。所有 5 个指标对应的时间序列见图 4 – 1（b）至图 4 – 1（d）。由于同比增长率是当期相对于上年同期计算的，其在一定程度上抵消了季节效应的影响。因此，一般而言，同比增长率数据无需再进行季节调整。无需季节调整也是本章同比数据模型相对于现有文献中的环比数据模型的优势之一。

二、实时数据的搜集与实时信息流的构造

如克鲁肖尔和斯塔克（Croushore and Stark，2001，2003）所述，实时数据描述了在过去任意时点上，决策当局可获得的宏观数据信息。也就是说，实时数据由一系列的特定时期数据构成，其中每个特定时期数据与决策当局在该时期获得的数据信息集相对应。实时数据不仅能够反映数据发布的时效性，而且动态刻画了数据修正的全过程，体现了宏观经济实时信息流的变动。

根据《国家统计局经济统计信息发布日程表》《中国海关统计数据发布时间表》，以及官方网站（如国家统计局、海关总署、财政部等）发布数据的具体日期，[③] 我国各宏观指标的发布时间并不相同。根据历史资料，本章在 2001 年 2 月至 2018 年 1 月共确认了 687 个数据发布日。在每一个时间点，本章都收集了

---

① 2003 年我国社会消费品零售总额的统计口径发生了变化，致使该指标的水平值在 2003 年前后不具有可比性，因此本章采用官方公布的月度同比增长率。官方统计资料从 1995 年开始公布该数据，对于 1994 年之前的数据，为了与官方计算方式保持一致，本章采用公式 $[TRADE_t / TRADE_{t-12} - 1] \times 100$ 计算得到。

② 我国固定资产投资完成额的统计口径在 2004 年发生了变化，致使该指标的水平值在 2004 年前后不具有可比性。《中国经济景气月报》2004 年 1 ~ 10 月在公布当期数据的同时，根据调整后的统计口径对上一年同期数据进行了修正。因此，直接采用大多数数据库公布的投资完成额计算同比增速时，会高估 2004 年的月度同比增速。

③ 根据官方网站数据发布情况，数据的真实发布时间与发布日程表公布的日期有出入，此时以网站上数据真实发布时间为准。

1992 年 1 月截至该时点可获取的数据，并依次记为"V2001/2/9"至"V2018/1/25"。例如，"V2018/1/18"对应的数据表示在 2018 年 1 月 18 日可得的数据，包括截至 2017 年 12 月的 INC、IP、INV、TRADE、IMEX、截至 2017 年第三季度的 GDP 和截至 2017 年 11 月的 TAX。对于该数据集而言，"V2018/1/25"对应的数据被称作最终数据，涵盖了截至最后一个时点可获取的所有数据。除此之外，我们也考虑了 GDP 数据修正的过程，保证每个时点收集到的数据包含已经公布的 GDP 修正数据，而不包括尚未发布的 GDP 修正数据。以 2017 年下半年为例，我国部分指标的发布时间如表 4-1 所示。由表 4-1 可知，我国各宏观指标的发布时间并不同步，因此数据尾部出现参差不齐的特征，参照郑挺国和夏凯（2017）的研究，本章将其称为碎尾数据。这意味着分析人员要么需要等到所有指标数据都发布之后进行建模，要么需要面对非平衡数据集产生的数据缺失问题。为了充分利用数据信息，特别是最新发布数据携带的有效信息，本章将基于混频动态因子模型进行实时分析，使得决策者能够及时根据数据信息更新预测，并且进一步根据预测结果形成对宏观经济不确定性程度的判断。

表 4-1　　　　　　　2017 年下半年部分指标的数据发布日期

时期	GDP	INC	IP	INV	TRADE	IMEX	TAX
2017/7	—	—	2017/8/14	2017/8/14	2017/8/14	2017/8/8	2017/8/11
2017/8	—	—	2017/9/14	2017/9/14	2017/9/14	2017/9/8	2017/9/11
2017/9	2017/10/20	2017/10/19	2017/10/19	2017/10/19	2017/10/19	2017/10/13	2017/10/16
2017/10	—	—	2017/11/14	2017/11/14	2017/11/14	2017/11/8	2017/11/10
2017/11	—	—	2017/12/14	2017/12/14	2017/12/14	2017/12/8	2017/12/11
2017/12	2018/1/19	2018/1/18	2018/1/18	2018/1/18	2018/1/18	2018/1/12	2018/1/25

注："—"表示该时期的数据不做统计。

第三节　计量模型及测度方法

本节将基于郑挺国和王霞（2013）提出的混频动态因子模型构建宏观经济不确定性指数。

一、同比形式的混频动态因子模型

假设 N 个平稳的经济增长率序列中，有 N_1 个季度同比增长率序列，记为 $\{y_{1,t}\}_{t=-\infty}^{\infty}$。剩余 $N_2 = N - N_1$ 为月度同比增长率序列，记为 $\{y_{2,t}\}_{t=-\infty}^{\infty}$。对于季度同比增速序列 $y_{1,t}$，假设存在潜在的月度同比增长率序列，记为 $y_{1,t}^*$。根据郑挺国和王霞（2012，2013）的推导可知：

$$y_{1,t} = (y_{1,t}^* + y_{1,t-1}^* + y_{1,t-2}^*)/3 \tag{4.1}$$

记 $y_t^* = (y_{1,t}^{*\prime}, y_{2,t}^{*\prime})'$，存在一个不可观测的共同因子 f_t 主导着宏观经济的共同变动。因此，可以对 $\{y_t^*\}_{t=-\infty}^{\infty}$ 构建动态因子模型（Stock and Watson，1991）。参照郑挺国和王霞（2013）的研究，根据式（4.1），可以得到如下关于 $\{y_t\}_{t=-\infty}^{\infty}$ 的混频动态单因子模型：

$$\begin{pmatrix} y_{1,t} \\ y_{2,t} \end{pmatrix} = \begin{pmatrix} \mu_1 \\ \mu_2 \end{pmatrix} + \begin{pmatrix} \beta_1(f_t + f_{t-1} + f_{t-2})/3 \\ \beta_2 f_t \end{pmatrix} + \begin{pmatrix} (u_{1,t} + u_{1,t-1} + u_{1,t-2})/3 \\ u_{2,t} \end{pmatrix} \tag{4.2}$$

$$\phi_f(L)f_t = v_{1,t}, \quad \Phi_u(L)u_t = v_{2,t} \tag{4.3}$$

$$\begin{pmatrix} v_{1,t} \\ v_{2,t} \end{pmatrix} \sim NID\left(0, \begin{pmatrix} \sigma_1^2 & 0 \\ 0 & \Sigma_{22} \end{pmatrix}\right) \tag{4.4}$$

其中，L 为滞后算子，$\{f_t\}_{t=-\infty}^{\infty}$ 是一个平稳的共同因子序列，$\{u_t\}_{t=-\infty}^{\infty}$ 是 $N \times 1$ 维平稳的特定因子序列，β 为 $N \times 1$ 维因子载荷阵，$\phi_f(\cdot)$ 为 p 阶多项式，$\Phi_u(\cdot)$ 是 N 维空间上的 q 阶多项式。同时，本章参照此类文献的惯常做法，施加两个识别性约束条件：（1）假设因子载荷阵 β 的第一个元素为 1；（2）假设 $\Phi_u(\cdot)$ 和 Σ_{22} 均为对角阵，也就是各指标的特定因子之间不具有相关性，同时，记 Σ_{22} 的对角元素为 $\sigma_{2,i}^2, i = 1, 2, \cdots, N$。

由式（4.2）至式（4.4）组成的混频动态因子模型可重新表示为如下状态空间形式：

$$y_t = H_t x_t + u_t, \quad u_t \sim N(0, R) \tag{4.5}$$

$$x_t = F x_{t-1} + G v_t, \quad v_t \sim N(0, Q) \tag{4.6}$$

其中，y_t、H_t、x_t、u_t、v_t、F、G、R、Q、y_t、H_t 的表达式可参考郑挺国和王霞（2012）的研究。对于上述模型，可以基于极大似然估计和卡尔曼（Kalman）滤波迭代得到未知参数的一致估计量以及状态变量 x_t 的估计量。

二、权重的计算

参照基姆和尼尔森（Kim and Nelson，1999）的研究可知，卡尔曼滤波由预测和更新两步构成。记 $x_{t|s} = E[x_t \mid \Psi_s]$、$P_{t|s} = \mathrm{var}[x_t \mid \Psi_s]$，其中 Ψ_s 表示第 s 期可获得的数据信息，则有：

预测：

$$x_{t|t-1} = F x_{t-1|t-1}, \quad P_{t|t-1} = F P_{t-1|t-1} F' + G Q G' \tag{4.7}$$

更新：记卡尔曼增益为 $K_t = P_{t|t-1} H'_t (H_t P_{t|t-1} H'_t + R)^{-1}$，预测误差为 $\eta_{t|t-1} = y_t - H_t x_{t|t-1}$，则，

$$x_{t|t} = x_{t|t-1} + K_t \eta_{t|t-1}, \qquad P_{t|t} = P_{t|t-1} - P_{t|t-1} H'_t f_{t|t-1}^{-1} H_t P_{t|t-1} \qquad (4.8)$$

根据式（4.7）和式（4.8）可知：

$$x_{t+1|t} = F x_{t|t} = F[x_{t|t-1} + K_t(y_t - H_t x_{t|t-1})] = F K_t y_t + (F - F K_t H_t) x_{t|t-1} \quad (4.9)$$

定义 $L_t = F - F K_t H_t$，则可得 $x_{t+1|t} = F K_t y_t + L_t x_{t|t-1}$，逐步替代，可得：

$$x_{t+1|t} = \sum_{s=1}^{t} B_{t,s} F K_s y_s, \qquad B_{t,s} = \begin{cases} L_t L_{t-1} \cdots L_{s+1}, & s = 1, 2, \cdots, t-1 \\ I_k, & s = t \end{cases}$$

其中，I_k 表示 k 维单位阵。则 $k \times N$ 维矩阵 $w_s(x_{t+1|t}) = B_{t,s} F K_s$ 度量了 y_s 的每一个元素对状态变量在第 t 时期预测估计的贡献，本章称 $w_s(x_{t+1|t})$ 为预测权重。进一步地，由式（4.8）可知：

$$\begin{aligned} x_{t|t} &= x_{t|t-1} + K_t(y_t - H_t x_{t|t-1}) = K_t y_t + (I_k - K_t H_t) x_{t|t-1} \\ &= K_t y_t + \sum_{s=1}^{t-1} (I_k - K_t H_t) B_{t-1,s} F K_s y_s \end{aligned}$$

定义滤子权重为：

$$w_s(x_{t|t}) = \begin{cases} (I_k - K_t H_t) B_{t-1,s} F K_s, & s = 1, 2, \cdots, t-1 \\ K_t, & s = t \end{cases}$$

则有：

$$x_{t|t} = \sum_{s=1}^{t} w_s(x_{t|t}) y_s \qquad (4.10)$$

根据郑挺国和王霞（2013）的研究可知，状态变量 x_t 的第一个变量即为共同因子。因此，$k \times N$ 维矩阵 $w_s(x_{t|t})$ 的第一行度量了 y_s 的每一个元素对共同因子在 t 期滤子估计值的贡献。特别地，式（4.10）意味着共同因子 x_t 的滤子估计体现了宏观经济变量历史实现值的累积效应。

本章定义的滤子权重依赖于时间下标 t 和 s，考虑了数据更新、实时预测中的动态变化。首先，从指标层面横向比较而言，该权重考虑了不同指标在宏观经济监测中重要程度的差异，即对不同宏观经济指标赋予不同的权重，这不同于对所有指标赋予等权重（Jurado et al.，2015）。其次，从模型动态估计角度而言，每当有新数据发布，我们便实时更新数据集，重新估计混频动态因子模型。由于本章考虑的样本区间有 687 个数据发布日，因此，需要进行 687 次估计。每一次的参数估计结果都不尽相同，从而使得每一个固定时点的权重随着数据更新而变

化。再次，从单个指标不同时期的纵向比较而言，某个指标不同时期实现值的重要程度也存在差异。最后，所有指标的重要程度并不是恒定不变的，而是随着数据的更新状态发生改变。

三、意外指数与不确定性指数的构建

基于前面定义的权重函数，本部分将构建意外指数和不确定性指数。参照王霞和司诺（2018）的研究，可以得到第 i 个变量的 h 期向前预测 $E(y_{t+h}^i \mid \Psi_t)$。则预测误差为：$e_{t+h}^i = y_{t+h}^i - E(y_{t+h}^i \mid \Psi_t)$。本部分将首先对这些预测误差加总得到意外指数。记 $w_s(x_t \mid_t)$ 的第一行为 $w_{s,t}^{(1)}$，则该向量代表了不同变量在测算不可观测的共同因子时的重要程度。参照斯科蒂（2016）的研究，采用该权重对预测误差进行加总，可以构造如下意外指数：

$$S_t(h) = \sum_{s=1}^t w_{s+h,t+h}^{(1)} {}' e_{s+h} = \sum_{s=1}^t \sum_{j=1}^N w_{j(s+h),t+h}^{(1)} e_{s+h}^j \tag{4.11}$$

其中，$w_{j(s+h),t+h}^{(1)}$ 表示 $w_{(s+h),t+h}^{(1)}$ 的第 j 个元素。该意外指数表示决策者在第 t 时刻基于 h 期向前预测作出决策时，所面临的宏观经济不可预期成分。从该指数的定义可知，其一，与斯科蒂（2016）基于彭博预测中位数构造预测误差不同的是，本章基于混频动态因子模型对经济变量进行预测，并基于此计算预测误差。由于彭博经济学家可以在数据发布之前对数据进行预测，并且可以不断修正其预测结果，因此，不同经济学家在预测时采用的数据信息集并不相同。尽管斯科蒂（2016）基于数据发布情况构造了日度不确定性指数，但是该指数构造时采用的预测数据并没有进行日度更新。与之不同的是，本章基于实时数据对关键经济指标进行预测。其二，该意外指数综合考虑了不同指标在经济运行中重要程度的差异以及冲击的累积效应。一方面，决策者会基于历史预测误差综合考量当前经济存在的不确定性；另一方面，该意外指数是多个指标预测误差的加权平均。若该指数为正，则意味着经济状况比预期好；若该指数为负，则意味着经济状况比预期差。

进一步，可构造如下不确定性指数：

$$U_t(h) = \sqrt{\sum_{s=1}^t w_{s+h,t+h}^{(1)} {}' e_{s+h}^2} = \sqrt{\sum_{s=1}^t \sum_{j=1}^N w_{j(s+h),t+h}^{(1)} {}' e_{s+h}^{j}{}^2} \tag{4.12}$$

与胡拉多等（2015）的研究相比，该不确定性指数具有以下优势。一是采用了时变权重，而不是等权重 $1/N$。这不仅考虑了经济指标在宏观经济测度中重要程度的差异，而且考虑了数据发布非同步性导致的权重时变特征。二是综合考虑了 GDP 数据，将季度 GDP 数据与月度指标混频建模。三是更具时效性。该不确定性指数以"日度"为单位,在新数据发布当日进行实时更新,与胡拉多等(2015)构造的月度指标相比,更具时效性。

第四节 实证结果

一、基于混频动态因子模型的实时预测

基于前文整理的实时碎尾数据,本节将采用687个数据发布日可获取的数据信息,实时估计混频动态因子模型,对2001年2月至2017年12月的数据进行样本外预测。斯科蒂(2016)基于彭博预测数据的中位数构造了意外指数和不确定性指数。在数据发布前一小时,彭博预测专家可以随时提交并更新其预测值。一般而言,随着可获得数据的增加,预测者进行预测时基于的数据信息集也更丰富,从而有助于形成更准确的预测。然而,彭博预测数据的可修正性使得该数据无法刻画决策者在制定政策时所面临的不确定性。与之不同的是,本章将模拟决策者可获取数据信息集的增加过程,并且以"天"为单位,在数据发布当日,实时更新经济指标的预测结果。

图4-2以GDP为例,报告了混频一期向前预测结果与真实值的比较。作为对比,本章同时给出了AR模型的一期向前预测结果。从图4-2可以看出,基

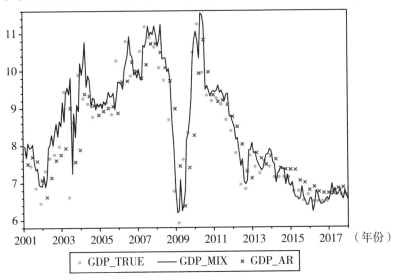

图4-2 GDP同比增速的混频动态因子模型预测结果

注:"GDP_TRUE"表示基于最初发布数据收集的实时GDP增长率序列,"GDP_AR"表示基于AR模型的一期向前预测结果,"GDP_MIX"表示基于混频动态因子模型的一期向前预测结果。

于混频动态因子模型的即时预测结果明显优于 AR 模型的预测结果，特别是在经济衰退和经济扩张等存在较大幅度调整的阶段。这主要是由于混频动态因子模型在进行预测时利用了更多的数据信息，不仅包含了其他指标的历史数据，而且利用了早于该指标发布的指标更新数据信息。

二、混频经济意外指数与不确定性指数的构造

混频经济意外指数和不确定性指数的构造涉及如下步骤。首先，采用 687 个数据发布日自 1992 年 1 月开始可获得的数据信息，实时估计式（4.2）至式（4.4）所示的混频动态因子模型，得到未知参数的估计结果以及 2001 年 2 月至 2017 年 12 月的各指标样本外一期向前预测结果；然后，基于第一步得到的参数估计结果，采用 2001 年 2 月开始的数据，按照式（4.7）至式（4.10），用卡尔曼滤波迭代状态空间模型，得到状态变量的滤子估计结果，并且计算滤子权重 $w_s(x_{t|t})$；最后，根据式（4.11）和式（4.12）计算得到意外指数和不确定性指数。因此，为了增加样本使得参数估计结果更加稳定可信，本章在第一步估计未知参数时，采用了 1992 年开始的数据信息；在第二步计算滤子权重矩阵时，由于样本外预测数据从 2001 年 2 月开始，因此采用了 2001 年 2 月开始的数据。意外指数和不确定性指数的计算结果从 2002 年 1 月开始。

为了探讨不同指标在构建意外指数以及不确定性指数上的贡献，本章首先分析权重 $w_{j(s+h),t+h}^{(1)}$。该权重矩阵代表了第 j 个变量的 $s+h$ 期值在共同因子第 $t+h$ 期滤子估计值的贡献。指标 i 在 $t+h$ 期的总贡献可由累积权重 $w_{j,t+h}^{(1)} = \sum_{s=1}^{t} w_{j(s+h),t+h}^{(1)}$ 计算得到。通过计算 2002～2017 年的平均累积权重 $w_j^{(1)} = \frac{1}{T}\sum_{t=1}^{T} w_{j,t+h}^{(1)}$ 可知，IP 和 GDP 在意外指数和不确定性指数的构建中所占权重最大。然而，与胡拉多等（2015）的研究不同的是，该累积权重并不是恒定的，而是受到不同指标数据发布日期差异等因素的影响。图 4-3 描述了 2007 年上半年各指标的累积权重。从图 4-3 可以看出，GDP 和 IP 在不确定性指数构建中所占权重最大，INC、INV 和 TRADE 次之，而 IMEX 和 TAX 的贡献微乎其微。这一方面可能与 GDP 和 IP 相对与之同频的指标波动较小有关；另一方面也与我国学者和研究者相对于其他指标更关注 GDP 和 IP 一致。当某一指标有新的数据发布后，该指标所占权重上升。由于 GDP 和 IP 占的权重之和超过 0.8，因此，我们将以 GDP 和 IP 的发布为例加以说明。从图 4-3 中可以看出，2007 年 1 月 25 日和 2007 年 4 月 19 日，GDP 所占权重存在明显上升，并且权重超过 IP，这两个时间点恰好对应于 2006 年第四季度和 2007 年第一季度的 GDP 数据发布日。2007

年 3 月 15 日、4 月 20 日、5 月 16 日和 6 月 14 日，IP 所占权重存在明显上升，这分别对应于 2007 年 1~2 月、3 月、4 月、5 月的 IP 数据发布日。最后，累积权重呈现周期性波动，其在数据发布后的一定日期内呈现波峰状态，随后随着其他指标数据的逐步发布而下降，到达波谷。

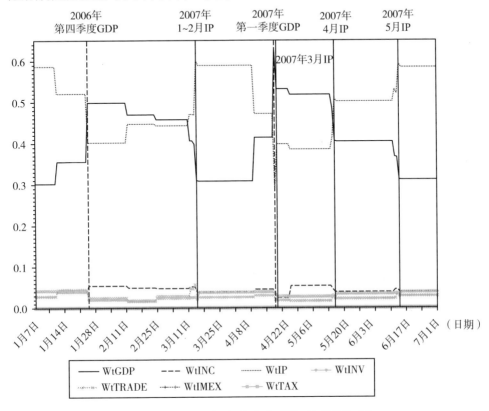

图 4-3　2007 年上半年各指标的累积权重

图 4-4 描述了我国 2002~2018 年日度意外指数的计算结果。意外指数为正，意味着经济的实际运行状态高于预期，即预测结果相对而言较为谨慎；反之，则说明经济运行态势低于预期，预测结果相对而言更为乐观。需要强调的是，该计算结果只是说明了预测结果相对于经济实际运行态势的高低，与经济实际处于扩张还是衰退状态没有必然联系。从图 4-4 可以看出，意外指数在 2003 年 7 月 29 日至 8 月 10 日以及 2008 年 12 月 5 日至 2009 年 1 月 12 日期间达到最低值，在 2004 年 1 月 20 日至 2 月 11 日以及 2010 年 1 月 10 日至 2010 年 1 月 20 日期间达到最高值。这两个阶段分别对应 2003 年初我国"非典"疫情暴发以及 2008 年底美国经济金融危机爆发两个重要事件。2003 年初，"非典"疫情的暴

发对我国经济产生了较大影响，使得实际经济增速低于预期。随着"非典"疫情得到控制，我国经济逐渐恢复，这使得民众基于历史数据的预测结果低于实际值，即意外指数为正。2008年，美国经济金融危机对我国经济的影响逐渐显现，使得意外指数探底，实际经济运行态势严重低于预期；随着我国出台的一系列经济刺激政策产生效果，意外指数逐步上升。此外，从图4-4可以看出，我国经济意外指数呈现较强的相关性，这主要是由于意外指数受到历史预测误差的影响。从经济意义上，这也说明了经济预期的逐步调整特征。决策者往往综合考虑多期历史数据的影响来作出决策。花旗集团与摩根集团自2004年开始发布中国经济意外指数（花旗经济意外指数）。为了与本章构造的意外指数做对比，本章对花旗经济意外指数做标准化处理，使之与本章构造的混频经济意外指数具有相同的标准差，将其标注于图4-4中。这两个意外指数走势较为接近，其相关系数为0.51。

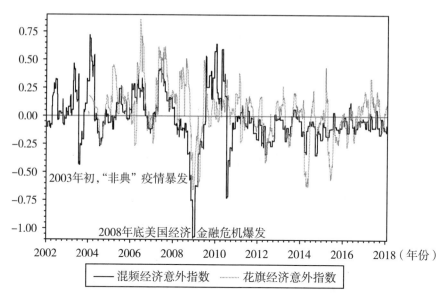

图4-4 2002~2018年中国混频经济意外指数与花旗经济意外指数

图4-5描述了本章基于实时信息流构造的宏观经济不确定性指数。该指数取值越高，说明当前宏观经济不确定性越高。该指数仅仅说明了宏观经济不确定性程度，与当前经济状态无关。从图4-5可以看出，混频宏观经济不确定性指数的两个峰值出现在2003年7~8月以及2008年9月至2009年1月，这分别对应于我国"非典"及"非典"后期经济恢复时期以及美国经济金融危机时期。从图4-5可以看出，本章构造的不确定性指数波动更为频繁，这与本章以日度

为单位更新实时信息流有关。

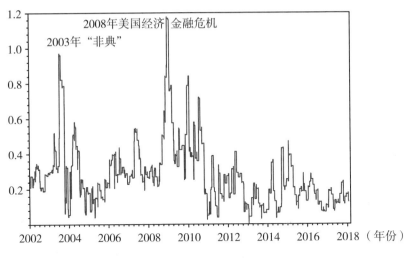

图 4 – 5   2002 ~ 2018 年中国宏观经济不确定性指数

三、与现有不确定性指数的比较

我们进一步整理计算了如下文献中的不确定性指数，并与本章的不确定性指数进行比较：（1）王义中和宋敏（2014）基于 GDP 条件方差计算的宏观经济不确定性指数，参照该文献的做法，我们对 GDP 同比增速先进行一阶自回归，然后通过 *GARCH*（1，1）得到条件方差，作为宏观经济不确定性度量指标；（2）黄卓、童晨和邱晗等（2018）构造的中国宏观经济不确定性指数；（3）马丹等（2018）基于混频动态因子随机波动模型构造的中国宏观经济不确定性指数；（4）贝克等（2016）基于《南华早报》构造的经济政策不确定性指数；（5）戴维斯等（Davis et al.，2019）基于《人民日报》和《光明日报》构建的经济政策不确定性指数；（6）黄和陆（Huang and Luk，2020）基于10 份中国报纸构造的经济政策不确定性指数。本章从指标含义、时效性、走势图、宏观经济指标的预测能力等方面对本章指标与上述指标予以比较。

首先，从指标含义来看，本章构造的不确定性指数主要测度中国宏观经济的不确定性，这与王义中和宋敏（2014），黄卓、童晨和邱晗等（2018），以及马丹等（2018）保持一致。贝克等（2016）、戴维斯等（2019）以及黄和陆（2020）则主要测度经济政策不确定性。虽然经济政策不确定性可能会导致经济不确定性，但是二者并不等价。现有文献（如黄卓、童晨和邱晗等，2018）指出，经济政策不确定性指数主要与政治相关的事件联系更为紧密，如中国共产党历次全国代表大会等。

其次，从时效性来看，本章构造的不确定性指数以及黄和陆（2020）构造的经济政策不确定性指数均是以日度为单位进行更新，因此能够及时反映宏观经济、经济政策或者金融市场面临的不确定性。黄卓、童晨和邱晗等（2018）以及马丹等（2018）构造的宏观经济不确定性指数与贝克等（2016）和戴维斯等（2019）构造的经济政策不确定性指数，均是以月度为频率予以更新。王义中和宋敏（2014）基于 GDP 条件方差计算的宏观经济不确定性指数是以季度为频率测算的。相对于以季度和月度为频率更新的指标，本章构造的宏观经济不确定性指数能够将最新的经济活动信息迅速地体现到宏观经济不确定性测度中，从而可以为宏观经济政策的制定以及企业发展战略的实施等提供更及时、可靠的经济预判。

再次，我们从这些不确定性指数的走势图上予以比较。图 4 - 6 描述了这些不确定性指数的基本走势。为了使得这些指标与本章构造的不确定性指数在尺度上可比，这里对这些指标做了适当的标准化处理。图 4 - 6（a）描述了本章不确定性指数与王义中和宋敏（2014），黄卓、童晨和邱晗等（2018）以及马丹等（2018）构造的宏观经济不确定性指数的走势。如前所述，这 4 个不确定性指数都是对我国宏观经济不确定性的测度。总体来看，这些不确定性指数基本走势大致相同，都在 2008 年底或者 2009 年初识别出了峰值的不确定性数据，揭示了该时期极高的不确定性和意外冲击。进一步比较发现，黄卓、童晨和邱晗等（2018）以及马丹等（2018）构造的不确定性指数相对本章构造的不确定性指数更加缓和，并没有充分反映出一些重要的经济冲击事件。例如，2003 年 3 ~ 5 月我国暴发"非典"疫情，本章构造的不确定性指数显著上升，揭示了这一"黑天鹅"事件对经济的冲击。随着我国及时遏制"非典"，经济迅速向好，经济增速超过预期，本章不确定性指数在 2003 年 7 ~ 8 月再次冲高。然而，马丹等（2018）构造的不确定性指数并没有捕获这一不确定性。再如，2004 ~ 2007 年，我国经济形势多次超预期，即出现经济过热，央行分别于 2004 年 4 月和 10 月，2006 年 4 月、7 月和 8 月，以及 2007 年全年连续多次上调存款准备金率，本章构造的不确定性指数均有所体现，而其他三个不确定性指数则没有明显变化。图 4 - 6（b）描述了本章不确定性指数与贝克等（2016）、戴维斯等（2019）以及黄和陆（2020）构造的经济政策不确定性指数的走势，从中可以看出，宏观经济不确定性指数与经济政策不确定性指数走势存在较大差异，前者主要与经济事件联系更为紧密，后者则与政策相关的事件更为吻合。这也意味着，若在实证研究中采用 EPU 指数测度中国宏观经济不确定性会存在较大偏差。

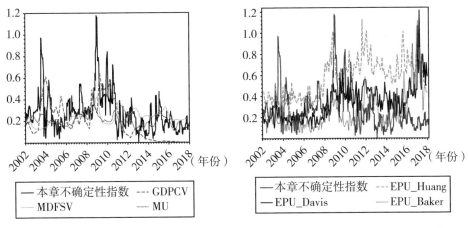

（a）与宏观经济不确定性指数的比较　　　（b）与经济政策不确定性指数的比较

图 4 – 6　本章不确定性指数与现有不确定性指数的比较

注："GDPCV""MDFSV""MU"分别表示王义中和宋敏（2014），马丹等（2018），黄卓、童晨和邱晗等（2018）提取的不确定性指数；"EPU_Baker""EPU_Davis""EPU_Huang"分别表示贝克等（2016）、戴维斯等（2019）、黄和陆（2020）构造的经济政策不确定性指数。

最后，我们进一步探讨不确定性指数对宏观经济变量的预测能力。除了本章采用的 5 个月度指标外，本章还引入了黄卓、童晨和邱晗等（2018）构建不确定性指数时采用的 69 个经济类变量（具体变量及数据可向作者索取）。所有指标均转化为月度同比增速形式，并且在估计模型时对缺失值以及因春节因素产生的异常值进行插值处理。另外，由于王义中和宋敏（2014）计算的宏观经济不确定性指数以季度形式出现，简便起见，此处预测效果分析时不再考虑该指标，并且将本章的日度不确定指数取算术平均，得到月度宏观经济不确定性测度，从月度层面分析各不确定性指数对宏观经济变量的预测能力。我们考虑如下线性预测模型：

$$Y_{t+h} = \alpha_0 + \alpha_1 Y_t + \cdots + \alpha_p Y_{t-p+1} + \beta_1 U_t + \beta_2 U_{t-1} + \cdots + \beta_q U_{t-q+1} + \varepsilon_{t+h}$$

其中，Y_t 表示待预测的宏观变量，U_t 表示不确定性指数。简便起见，假设滞后阶数 $p = q$，并且每一次样本内回归时均采用 BIC 选择最优滞后阶数。我们首先采用样本内数据估计上述模型，然后基于参数估计结果进行样本外预测，计算根号均方预测误差（RMSFE）。对于 74 个宏观经济变量以及 6 个月度不确定性指数，我们基于估计结果进行 $h = 1$，3，6，9，12 期样本外预测。此外，我们同时计算了 $AR(p)$ 模型的 RMSFE。表 4 – 2 报告了在 74 个宏观变量中，上述 6 个不确定性指数达到最小 RMSFE 的变量数量。如表 4 – 2 所示，当 $h = 1$ 时，黄和陆（2020）达到最优预测的变量数量高于本章构造的宏观经济不确定性指数，对于预测步长 $h = 3, 6, 9, 12$，本章构造的宏观经济不确定性指数达到最优预测的变量数量均高于其他不确定性指数。这说明在 $h = 1$ 的短期预测上，黄和陆（2020）构造的经济政策不确定性指数最优，本章构造的不确定性指数次之；而在 $h = 3$，6, 9, 12 等中长期预测上，本章构造的不确定性指数更具有优势。特别地，相对于黄卓、童晨和邱晗等（2018）以及马丹等（2018）基于高维数据构造的宏观经济不确定性指数，本章构造的宏观经济不确定性指数在本章考虑的所有预测步长上均具有显著优势。

表 4 – 2 6 个不确定性指数的样本外预测比较

期数	EPU_Baker	MDFSV	EPU_Davis	MU	EPU_Huang	DFMU	AR
$h = 1$	3	4	9	11	28	18	1
$h = 3$	4	9	5	10	19	25	2
$h = 6$	3	13	4	14	10	28	2
$h = 9$	3	7	2	17	8	36	1
$h = 12$	2	6	1	12	7	44	2

注：表中数字报告了在 74 个变量预测中，各不确定指数达到最小 RMSFE 的数量；"EPU_Baker""EPU_Davis""EPU_Huang""MDFSV""MU"分别表示贝克等（2016），戴维斯等（2019），黄和陆（2020），马丹等（2018），黄卓、童晨和邱晗等（2018）提取的不确定性指数，"DFMU"表示本章不确定指数，"AR"表示 AR 模型的预测评价结果。

第五节 宏观经济不确定性指数的应用

布鲁姆（2009）指出，不确定性冲击对货币政策、宏观经济波动等有着显著影响。从经济理论而言，经济不确定性增加会使得决策者的行为更加谨慎，其往往推迟作出决策以等待更明确的信息出现。这种行为使得决策者对经济环境的变化及经济政策的反应更弱。因此，本节将考虑经济不确定性与利率和宏观经济状态之间的影响关系。

一、宏观经济不确定性与利率的影响关系

本节将以短期利率为代表，探讨宏观经济不确定性与货币政策之间的影响关系。参照谢平、罗雄（2002），陆军、钟丹（2003）以及郑挺国、刘金全（2010）

等大多数国内学者的研究，本章选择到期日为 7 天的银行同业拆借利率作为市场利率的代理变量，样本区间为 2002 年 1 月至 2017 年 12 月。由于该变量为月度数据，本章对前面的日度宏观经济不确定性指数取平均值，得到月度宏观经济不确定性的测度，在同频率范畴下探讨宏观经济不确定性指数（EU）与利率（IR）的关系。

基于 BIC 准则，本章对 EU 和 IR 构建滞后 2 期的 VAR 模型，估计结果如表 4－3 所示。从表 4－3 可以得到如下结论：其一，不论利率还是宏观经济不确定性指数，都存在较高的持续性，其自相关系数均达到 0.75 以上；其二，在 5% 的显著性水平上，IR 的两期滞后项对 EU 的影响均是不显著的，这意味着货币当局通过加息、降息等货币政策影响经济运行态势时，并不会对宏观经济不确定性产生影响，即货币冲击并非宏观经济不确定性的影响因素；其三，EU 的两阶滞后项对 IR 的影响均是显著的。为了更清晰地探讨 EU 对 IR 的影响，图 4－7 给出了 IR 对 EU 的脉冲响应函数。从图 4－7 可以看出，EU 冲击对 IR 存在负向影响，该影响在第 4 期时达到最大，然后缓慢衰减。这意味着，当宏观经济不确定性增加时，央行将会降低利率，为宏观经济发展提供宽松的货币环境。

表 4－3   宏观经济不确定性指数（EU）与利率（IR）的 VAR（2）估计结果

变量	IR_t	EU_t
IR_{t-1}	0.659 (0.074)	0.008 (0.010)
IR_{t-2}	0.154 (0.073)	－0.016 (0.010)
EU_{t-1}	－1.267 (0.483)	1.253 (0.067)
EU_{t-2}	0.796 (0.490)	－0.465 (0.068)
C	0.659 (0.186)	0.080 (0.026)
R^2	0.686	0.798
$\overline{R}^2$	0.680	0.793
F 统计量	101.245	182.471

注：括号内数据为参数估计量的标准误。

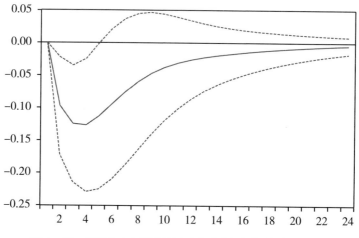

图 4 - 7　利率对宏观经济不确定性冲击的脉冲响应

二、宏观经济不确定性与宏观经济状况之间的影响关系

现有大量文献表明，宏观经济不确定性与经济运行状况之间存在较强的关联。布鲁姆（2009）和胡拉多等（2015）的研究均发现，宏观经济不确定性与实际经济运行态势之间存在较强的逆周期关系，宏观经济不确定性提高会导致经济活力下降，经济刺激政策效果减弱；而巴赫曼等（Bachmann et al.，2013）基于美国和德国的调查数据研究发现，经济衰退会导致宏观经济不确定性提高。

基于前面提取的宏观经济不确定性指数，这里进一步探讨其与经济运行状况之间的影响关系。我们选择中国经济景气监测中心发布的一致指数（CI）作为经济运行态势的测度，样本期间为 2002 年 1 月至 2017 年 12 月。首先，本节对 CI 和 EU 进行格兰杰因果关系检验。结果表明，二者在 10% 显著性水平上不存在格兰杰因果关系。这可能是因为二者之间存在非线性关系。如巴赫曼等（2013）所述，经济衰退会导致经济不确定性提高，而经济扩张和平稳状态则对经济不确定性没有显著影响。基于此，对 CI 和 EU 构建如下马尔科夫向量自回归（MSVAR）模型：

$$\begin{pmatrix} EU_t \\ CI_t \end{pmatrix} = \begin{pmatrix} \mu_{10} + \mu_{11}S_{1,t} \\ \mu_{20} + \mu_{21}S_{2,t} \end{pmatrix} + \sum_{k=1}^{p} \begin{pmatrix} \phi_{10}^{(k)} + \phi_{11}^{(k)}S_{1,t} & \psi_1^{(k)}S_{1,t} \\ \psi_2^{(k)}S_{2,t} & \phi_{20}^{(k)} + \phi_{21}^{(k)}S_{2,t} \end{pmatrix} \begin{pmatrix} EU_{t-k} \\ CI_{t-k} \end{pmatrix} + \begin{pmatrix} u_t \\ v_t \end{pmatrix}$$

$$(4.13)$$

$$\begin{pmatrix} u_t \\ v_t \end{pmatrix} \sim \text{i. i. d. } N\left(\begin{pmatrix} 0 \\ 0 \end{pmatrix}, \begin{pmatrix} \sigma_{u,S_{1,t},S_{2,t}}^2 & \rho_{S_{1,t},S_{2,t}}\sigma_{u,S_{1,t},S_{2,t}}\sigma_{v,S_{1,t},S_{2,t}} \\ \rho_{S_{1,t},S_{2,t}}\sigma_{u,S_{1,t},S_{2,t}}\sigma_{v,S_{1,t},S_{2,t}} & \sigma_{v,S_{1,t},S_{2,t}}^2 \end{pmatrix} \right)$$

在模型（4.13）中，$S_{1,t}, S_{2,t} = 0, 1$ 是两个相互独立的状态变量，决定了模型中变量 EU_t 与 CI_t 之间是否存在格兰杰因果关系，其中，$S_{1,t}$ 决定了 CI 是否为 EU 的格兰杰原因，而 $S_{2,t}$ 决定了 EU 是否为 CI 的格兰杰原因。进一步假设两个状态变量服从一阶马氏链，其转移概率矩阵分别为：

$$P = \begin{pmatrix} p_{11} & 1 - p_{11} \\ 1 - p_{00} & p_{00} \end{pmatrix}, Q = \begin{pmatrix} q_{11} & 1 - q_{11} \\ 1 - q_{00} & q_{00} \end{pmatrix}$$

其中，$p_{ij} = \Pr(S_{1t} = j \mid S_{1t-1} = i)$，$q_{ij} = \Pr(S_{2t} = j \mid S_{2t-1} = i)$，$i, j = 0, 1$。参照普萨拉达基斯等（Psaradakis et al., 2005）和王等（Wang et al., 2014）的研究，可以采用基于汉密尔顿（Hamilton, 1989）滤波的极大似然估计得到未知参数的一致估计量以及不可观测状态变量的滤子概率和平滑概率。相对于滤子概率，平滑概率利用了所有时期可获得的数据信息，对经济所处区制的判断也将更加准确。因此，本章将以平滑概率为准，测度我国宏观经济不确定性与经济状况之间的非线性影响关系。

本章对 EU 和 CI 构建 MSVAR 模型，并且根据 BIC 准则，选取滞后阶数 $p = 1$，具体估计结果如表 4-4 所示。根据表 4-4，可得出如下结论：首先，自回归系数 ϕ 的估计值在 5% 的显著性水平上显著异于零，说明 EU 和 CI 均存在一定的平滑性；其次，ψ_1 的估计值在 5% 的显著性水平上显著为负，说明在 $S_{1,t} = 1$ 时，CI 下降会导致 EU 增加；再次，ψ_2 的估计值在 5% 的显著性水平上也显著为负，说明在 $S_{2,t} = 1$ 时，EU 增加会导致经济下滑；最后，残差相关系数 $\rho_{1,1}$ 的估计结果显著异于零，这意味着若忽略两者之间的相关性，分别对 CI 和 EU 构建单方程模型，会降低参数估计的有效性。

表 4-4　　宏观经济不确定性指数（EU）与宏观经济一致
指数（CI）的 MSVAR（1）估计结果

变量	估计量	标准误	变量	估计量	标准误
μ_{10}	−0.096	0.024	μ_{20}	−0.000	0.019
μ_{11}	2.850	0.327	μ_{21}	−0.004	0.022
ϕ_{10}	0.789	0.458	ϕ_{20}	0.853	0.023
ϕ_{11}	−0.568	0.115	ϕ_{21}	0.065	0.025
ψ_1	−1.430	0.245	ψ_2	−0.043	0.010
$\sigma_{u,1,1}$	1.709	0.458	$\sigma_{v,1,1}$	0.143	0.038
$\sigma_{u,0,1}$	0.227	0.020	$\sigma_{v,0,1}$	0.078	0.007

变量	估计量	标准误	变量	估计量	标准误
$\sigma_{u,1,0}$	0.476	0.094	$\sigma_{v,1,0}$	0.326	0.070
$\sigma_{u,0,0}$	0.433	0.046	$\sigma_{v,0,0}$	0.165	0.014
$\rho_{1,1}$	− 0.185	0.012	$\rho_{0,1}$	− 0.033	0.128
$\rho_{1,0}$	0.277	0.284	$\rho_{0,0}$	− 0.118	0.121
p_{11}	0.816	0.091	q_{11}	0.953	0.027
p_{00}	0.976	0.013	q_{00}	0.948	0.028
$\log L$			37.77		

给定表 4 – 4 中的参数估计结果，可以计算出 $S_{1,t}=1$ 和 $S_{2,t}=1$ 的平滑概率值，如图 4 – 8 所示。为了进一步识别出 EU 格兰杰影响 CI 的时期，我们参照多数文献（如 Kim and Nelson，1998）的划分标准，若 $\Pr(S_{jt}=1\mid I_T)>0.5$，$j=1$，2，则认为经济处于区制 $S_{jt}=1$，$j=1,2$。根据这一准则，我们在图 4 – 8 中用阴影部分标注出 $S_{jt}=1$，$j=1,2$ 的时期。根据图 4 – 8（a），CI 格兰杰影响 EU 的区间主要有 2003 年 7 月至 2004 年 4 月、2008 年 9 月至 2009 年 1 月、2009 年 12 月至 2010 年 7 月。这些时期对应着经济出现较大波动的时期。例如，2003 年 7 月至 2004 年 4 月对应于"非典"暴发后的经济逐步恢复时期，2008 年 9 月至 2009 年 1 月和 2009 年 12 月至 2010 年 7 月则分别对应美国经济金融危机爆发时期和我国实施"四万亿"经济刺激政策时期等。根据图 4 – 8（b），EU 对 CI 产生影响的主要区间有 2003 年 10 月至 2004 年 11 月、2005 年 3 月至 2008 年 6 月、2012 年 7 月至 2014 年 2 月、2015 年 3 月至 2017 年 12 月，这些时期对应着经济

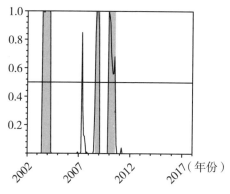

（a）CI 格兰杰影响 EU 的平滑概率

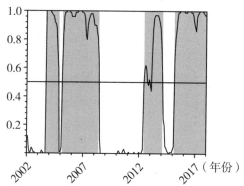

（b）EU 格兰杰影响 CI 的平滑概率

图 4 – 8 $S_{1,t}=1$ 和 $S_{2,t}=1$ 的平滑概率

运行比较平缓时期。这意味着，在经济正常运行时期，宏观经济不确定性冲击会对经济运行产生影响。比较图 4 - 8（a）和图 4 - 8（b）可以看出，除了"非典"时期以外，两个状态变量取值为 1 的区间并不具有重叠性。具体而言，在经济出现较大波动时期，经济运行状况的下滑会进一步增加宏观经济不确定性，而宏观经济不确定性不会对经济运行态势产生影响；反之，在经济平稳运行时期，宏观经济不确定性冲击会对经济运行产生干扰，而经济运行状况不会对宏观经济不确定性产生影响。

第六节　结论与启示

作为重要的宏观经济测度指标之一，宏观经济不确定性反映了经济参与者对经济形势预期看法与实际状态的不一致性。由于宏观经济不确定性不可观测，如何合理地测度宏观经济不确定性是经济学家关注的重要议题。本章基于混频动态因子模型，构造了我国宏观经济意外指数和不确定性指数。与现有不确定性指数相比，本章提出的不确定性指数具有如下优势：第一，该指数以日度为频率，在新数据发布时实时更新不确定性测度结果，将最新的经济活动信息迅速地体现在宏观经济不确定性测度中，从而能够更及时有效地监测宏观经济不确定性的变动；第二，考虑了 GDP 的重要作用，通过混频建模的方法，综合利用了月度数据和季度数据；第三，充分考虑了不同指标在宏观经济监测中重要程度的差异，对不同指标赋予不同权重，该权重不仅由数据内生决定，避免了人为设定权重的任意性，而且随着数据发布信息的差异而发生变化，反映了数据信息的累积对权重的影响；第四，综合考虑了历史预测误差的累积效果，而不仅仅是以当期预测误差为依据进行测算。进一步地，本章以利率市场以及宏观经济周期为例，阐述了该不确定性指数的应用价值。特别地，本章对不确定性指数与经济周期之间影响的研究表明，在经济出现较大波动时期，经济运行态势的下滑会进一步增加宏观经济不确定性，而宏观经济不确定性不会影响经济运行态势；在经济平稳运行时期，宏观经济不确定性冲击会对经济运行产生干扰，而经济运行态势不会对宏观经济不确定性产生影响。

本章基于实时信息流构建的中国宏观经济不确定性指数，能够以日度为单位，将最新的经济活动信息迅速地体现在宏观经济不确定性测度中。从宏观经济调控角度而言，央行可以基于最新数据实时更新对当前经济状况以及未来经济形势的判断，进而制定出更具有时效性、更合理的宏观调控政策；从企业微观决策角度而言，企业能够更加明晰地认识当前经济形势，从而调整投资方案和发展战略等。这无论是对于国家层面的宏观调控，还是对于市场层面的微观决策，都具有重要意义。另外，业界对于宏观数据的发布十分关注，并且会基于发布的数据调整对宏观经济的预期。行业研究报告等也会基于最新发布的数据信息更新对宏观经济的预测；彭博社发布的经济学家预测数据，允许经济学家在数据发布之前1小时对数据进行实时更新，因此，基于"实时信息流"测度经济态势和不确定性也是业界关注的热点之一。

参考文献

［1］顾夏铭、陈勇民、潘士远：《经济政策不确定性与创新——基于我国上市公司的实证研究》，载于《经济研究》2018 年第 2 期。

［2］黄卓、邱晗、沈艳等：《测量中国的金融不确定性——基于大数据的方法》，载于《金融研究》2018 年第 11 期。

［3］黄卓、童晨、邱晗等：《测量中国的经济不确定性：基于大数据的构建方法》，工作论文，2018 年。

［4］李凤羽、史永东：《经济政策不确定性与企业现金持有策略——基于中国经济政策不确定性指数的实证研究》，载于《管理科学学报》2016 年第 6 期。

［5］李凤羽、杨墨竹：《经济政策不确定性会抑制企业投资吗？——基于中国经济政策不确定性指数的实证研究》，载于《金融研究》2015 年第 4 期。

［6］李华杰、史丹、马丽梅：《经济不确定性的量化测度研究：前沿进展与理论综述》，载于《统计研究》2018 年第 1 期。

［7］鲁晓东、刘京军：《不确定性与中国出口增长》，载于《经济研究》2017 年第 9 期。

［8］陆军、钟丹：《泰勒规则在中国的协整检验》，载于《经济研究》2003 年第 8 期。

［9］马丹、何雅兴、翁作义：《大维不可观测变量的中国宏观经济不确定性测度研究》，载于《统计研究》2018 年第 10 期。

［10］王霞、司诺：《中国季度 GDP 的即时预测和混频分析》，工作论文，2018 年。

［11］王义中、宋敏：《宏观经济不确定性、资金需求与公司投资》，载于《经济研究》2016 年第 2 期。

［12］谢平、罗雄：《泰勒规则及其在中国货币政策中的检验》，载于《经济研究》2002 年第 3 期。

［13］郑挺国、刘金全：《区制转移形式的"泰勒规则"及其在中国货币政策中的应用》，载于《经济研究》2010 年第 3 期。

［14］郑挺国、王霞：《一种基于混频数据的中国经济景气一致指数》，收录于中国数量经济学会：《21 世纪数量经济学（第 12 卷）》，2011 年。

［15］郑挺国、王霞：《中国经济周期的混频数据测度及实时分析》，载于《经济研究》

2013 年第 9 期。

[16] 郑挺国、夏凯：《宏观数据发布与经济周期实时测度方法研究》，载于《系统工程理论与实践》2017 年第 4 期。

[17] Bachmann, R. , S. Elstner and E. R. Sims, "Uncertainty and Economic Activity: Evidence from Business Survey Data", *American Economic Journal: Macroeconomics*, 2013, 5 (2): 217 – 249.

[18] Baker, S. R. , N. Bloom and S. J. Davis, "Measuring Economic Policy Uncertainty", *The Quarterly Journal of Economics*, 2016, 131 (4): 1593 – 1636.

[19] Bloom, N. , "The Impact of Uncertainty Shocks", *Econometrica*, 2009, 77 (3): 623 – 685.

[20] Caggiano, G. , E. Castelnuovo, and N. Groshenny, "Uncertainty Shocks and Unemployment Dynamics in US Recessions", *Journal of Monetary Economics*, 2014, 67: 78 – 92.

[21] Castelnuovo, E. , G. Lim, and G. Pellegrino, "A Short Review of the Recent Literature on Uncertainty", *Australian Economic Review*, 2017, 50: 68 – 78.

[22] Croushore, D. and T. Stark, "A Real-time Data Set for Macroeconomists", *Journal of Econometrics*, 2001, 105 (1): 111 – 130.

[23] Croushore, D. and T. Stark, "A Real-time Data Set for Macroeconomists: Does the Data Vintage Matter?", *Review of Economics and Statistics*, 2003, 85 (3): 605 – 617.

[24] Davis, S. J. , D. Liu and X. Sheng, "Economic Policy Uncertainty in China since 1949: The View from Mainland Newspapers", Working paper, 2019.

[25] Dzielinski, M. , "Measuring Economic Uncertainty and Its Impact on the Stock Market", *Finance Research Letters*, 2012, 9 (3): 167 – 175.

[26] Hamilton, J. , "A New Approach to the Economic Analysis of Nonstationary Time Series and the Business Cycle", *Econometrica*, 1989, 57 (2): 357 – 384.

[27] Huang, Y. and P. Luk, "Measuring Economic Policy Uncertainty in China", *China Economic Review*, 2020, 59, Forthcoming.

[28] Jurado, K. , S. Ludvigson and S. Ng, "Measuring Uncertainty", *American Economic Review*, 2015, 105 (3): 1177 – 1216.

[29] Kim, C. and C. Nelson, *State-space Models with Regime Wwitching*, London: The MIT Press, 1999.

[30] Knight, F. H. , *Risk, Uncertainty, and Profit*, Chicago: University of Chicago Press, 1921.

[31] Psaradakis, Z. , M. Ravn, and M. Sola, "Markov Switching Causality and the Money-output Relationship", *Journal of Applied Econometrics*, 2005, 20: 665 – 683.

[32] Rossi, B. and T. Sekhposyan, "Macroeconomic Uncertainty Indices Based on Nowcast and Forecast Error Distributions", *American Economic Review*, 2015, 105 (5): 650 – 655.

[33] Scotti, C. , "Surprise and Uncertainty Indexes: Real-time Aggregation of Real-activity Macro-surprises", *Journal of Monetary Economics*, 2016, 82: 1 – 19.

［34］Stock，J. H. and M. W. Watson，"A Probability Model of the Coincident Economic Indicators"，in Lahiri，K. and Moore，G. H.（eds.），*Leading Economic Indicators：New Approaches and Forecasting Records*，Cambridge：Cambridge University Press，1991：63 – 89.

［35］Wang，X.，T. Zheng and Y. Zhu，"Money-output Granger Causal Dynamics in China"，*Economic Modelling*，2014，43：192 – 200.

第五章 中国股市和债市间避险对冲效应及其定价机制：基于条件协偏度和协峰度的证据*

第一节 引言

2008 年金融海啸席卷全球之际，恐慌的投资者抛售股票及其期货转而购买低风险的政府债券及其期货，美国的国债市场成为一个"避险"天堂。这说明一个发达的国债市场对于缓冲金融危机具有十分重要的作用。而经过三十多年的发展，中国股票和债券市场已经成为世界第二大市场，表现出全球"避风港"的潜力，新冠肺炎疫情以来，中国国债的表现与其他国家的资产相比较为平稳，吸引了很多新兴市场和发达市场的基金前来投资。[①] 因此，研究这两个大类资产间的避险对冲效应，探索中国特色社会主义市场经济体系中资本市场的运行规律和变化趋势，在此基础上为政府部门监管和政策创新提供科学依据，对中国经济学的构建具有重要的意义，也是中国经济学内涵的题中应有之义（洪永淼，2020）。

我国资本市场具有明显的新兴经济体加转型经济体的特

---

* 本章作者：周颖刚、林珊珊、洪永淼。原文发表于《经济研究》2020 年第 9 期。

① 2020 年 6 月 18 日，中国人民银行副行长、外汇局局长潘功胜在第十二届陆家嘴论坛上表示，我国债券和股票市场规模位居全球第二，超过 160 万亿元，已被纳入多个主流国际指数。同时，据《经济日报》报道，外资连续 18 个月增持中国债券，5 月份额度创新高。

征，相对发达国家来说，股市和债市发展时间仍相对较短，经历了较为曲折的发展历程。以债券市场为例，1997 年，商业银行全部退出交易所债券市场，直到 2010 年才重返。2015 年股灾发生后，大量资金流入债市，开始了之后一年的"配置牛"行情。2016 年由于信用违约事件接连爆发、债市刚兑打破等一系列利空事件的影响，债市呈现大幅波动。2018 年 10 月，全球主要股市重挫，国内 A 股市场连续下跌，大量资金流入债市寻求避险，推动债市出现连续上涨，国债收益率明显下行，股债"跷跷板"效应凸显。

股指期货和国债期货的发展过程遭遇更多的挫折、质疑和争论。上海证券交易所早在 1992 年 12 月就启动国债期货交易，但 1995 年发生的"327 事件"使国债期货交易被暂停，关键原因是包括国债在内的所有利率都没有实现市场化。随着利率市场化改革的不断深化，利率波动幅度也将不断加大，这必然使投资者利用利率衍生品进行风险管理的需求日益增强。2013 年 9 月、2015 年 3 月和 2018 年 8 月，5 年期、10 年期和 2 年期国债期货先后上市交易。但银行和保险机构长期被排除在外，使期货市场与现货市场交易主体不匹配。[①]

中国的股指期货始于 2010 年 4 月，首先以沪深 300 指数作为标的物，但一开始就被质疑是导致中国股市连续下跌的主要原因。2015 年 4 月，中国金融期货交易所又推出上证 50 和中证 500 股指期货交易。然而，2015 年股市的异常波动又引发了很多争论，不少人将其归咎于股指期货，从而对股指期货实施管控措施（如限制仓单、提高保证金、提高手续费），导致股指期货成交量和成交额都大幅萎缩，风险管理和资产配置等功能都无法正常发挥。近年来，中国金融期货交易所（以下简称"中金所"）逐渐放开对股指期货的管控措施，日均成交量和持仓量开始有所回升。

随着利率的逐步市场化，中国股市和债市间的良性互动成为可能，联动效应也日益明显。国内已经有不少文献对股市和债市的跨市场效应进行了研究，但都集中在股市和债市现货市场的线性关系上。首先，本章考察股指收益和国债收益之间的避险对冲效应及其定价机制，分析一个市场风险增大时另一个市场是否具有对冲功能，拓展跨市场效应和定价机制的研究；其次，本章不仅考察文献中研究比较成熟的协偏度，还加入了目前文献中经常被忽略的协峰度，更为全面地考察股指和国债市场间的跨市场效应；最后，本章同时将现货市场和期货市场纳入研究，而不是只关注两者其中之一，并比较其跨市场效应的差异。从实践意义看，本章对跨市场避险对冲效应及其定价机制的研究，不仅对

[①] 2018 年我国国债期货日均成交量和日均持仓量分别仅为美国的 1.3% 和 0.68%，与发达国家相比还存在较大差距。

于投资者在风险变大时进行跨市场资产配置和风险对冲具有重要的现实意义，也对政府继续发展和完善股票市场和债券市场、推动中国金融市场的良性互动发展提供了重要参考。

第二节　文献综述和本章贡献

一、文献综述

国外对发达国家股票和债券市场间的跨市场效应研究比较成熟。例如，康诺利等（Connolly et al.，2005，2007）发现股市风险的突然变化会导致两个市场收益率呈负相关关系；贝勒等（Baele et al.，2010）发现流动性可以解释相当一部分股市和债市间收益率的相关性；杨等（Yang et al.，2009）发现美国和英国的股市与它们的国债市场在过去150年间在高利率和通货膨胀率时期具有较高的相关性。

然而，相关性所刻画的线性关系只适用收益率服从多元正态分布，或者投资者具有均值—方差偏好的情况。由于金融资产的收益率通常具有长尾和厚尾的特征，以非线性关系体现的避险对冲效应越来越受到重视，如哈维和西迪克（Harvey and Siddique，2000）提出的协偏度、迪特马尔（Dittmar，2002）提出的协峰度、朗金和索尔尼克（Longin and Solnik，2001）提出的极端相关性、裴等（Bae et al.，2003）提出的协同超越、艾利安和布伦纳迈尔（Adrian and Brunnermeier，2016）提出的在险价值（CoVAR），以及布朗尼和恩格尔（Brownless and Engle，2017）提出的系统性风险指标（SRISK）等。

与其他风险对冲指标相比，协偏度和协峰度具有更好的经济学含义。对于协偏度而言，一方面，它直观地刻画某种资产收益率和另一种资产波动性（风险）之间的关系。正的协偏度意味着某种资产的收益会随着另一种资产的波动性（风险）上升而上升，从而起到对冲风险的作用。另一方面，协偏度与投资者偏度偏好联系在一起。当其他条件不变时，协偏度越高，资产组合的偏度越高，越受具有偏度偏好的投资者欢迎，他们愿意牺牲一部分收益来换取对冲风险的好处，从而接受较低的预期收益。金博（Kimball，1990）用"谨慎"来解释偏度偏好，即面对不确定性，人们会采取一些行动，如预防性储蓄，从而内生地降低厌恶风险的程度。而协峰度刻画的是一个市场收益率和另一个市场偏度的关系，偏度的大小衡量风险变大和极端事件出现的可能性。协峰度与投资者峰度厌恶（Dittmar，2002）联系在一起，可以用"节制"来解释（Denuit and Eeckhoudt，2010）。它和风险溢价呈现正相关的关系（Ang et al.，2006），当其他条件不变时，协峰度越高，对资产组合峰度的贡献越高，极端事件出现的可能性越大，具有峰度厌恶的投资者需要更高的收益来补偿高峰度导致的风险，要求较高的预期收益。

有一系列文献研究了协偏度和协峰度对预期收益的影响。哈维和西迪克（2000）的研究表明，单个股票与股票市场的协偏度显著反映在风险溢价中，其定价机制归因于偏度偏好。迪特马尔（2002）和安等（Ang et al.，2006）均发现，单个股票与股票市场的协偏度和协峰度均会对风险溢价产生显著影响，其中协偏度呈现负的风险溢价，协峰度呈现正的风险溢价。吉多林和蒂默尔曼（Guidolin and Timmermann，2008）分析了国际股票市场间协偏度与协峰度对风险溢价的影响，发现协峰度能赚取正的风险溢价，而协偏度具有负的风险溢价。杨等（2010）考察了英美两国150年间的股市和国债市场之间的协偏度，发现其定价机制符合偏度偏好。康拉德等（Conrad et al.，2013）发现事前的偏度与股票的预期收益呈反向关系。陈等（Chan et al.，2018）研究了全球股票市场和三大避险货币（美元、瑞郎、日元）之间的协偏度及定价机制，发现一种货币的收益率由汇率的变化和利差两部分构成，后者通常是国债收益率之差，这样就涉及股票、国债、外汇三个市场之间的跨市场关系及其定价机制。

对中国跨市场效应的研究大多是对股市和债市分别进行考察，如股指现货与期货之间（Yang et al.，2012）、中国股市与世界其他股市之间的关系（洪永森等，2004；李红权等，2011；杨子晖和周颖刚，2018），以及国债现货与期货之间（张劲帆等，2019）的关系，只有少数文献探讨了中国股市和债市间跨市场效应问题，如王茵田和文志瑛（2010），且基本集中在股市和债市的线性关系上，对于我国股市和债市间的协偏度和协峰度及其反映的定价机制的研究尚为空白。

根据偏度偏好和峰度厌恶理论，在股票市场的波动性变大或出现极端风险（收益呈现左偏）时，投资者为规避股市风险将资金转移至国债市场从而推高国债收益率，因而国债对股票的条件协偏度变大、条件协峰度则变小，国债的预期收益会随之下降；同样地，当国债市场的波动性变大或出现极端风险（收益呈现左偏）时，投资者将资金转移至股市从而推高股票收益率，股票对国债的条件协偏度变大、条件协峰度则变小，股票的预期收益会随之下降。如果上述理论假说成立的话，条件协偏度、条件协峰度分别和对应的条件风险溢价呈显著的反比和正比关系，因为国债（股票）市场为投资者提供规避股（债）市风险的场所，投资者愿意牺牲一部分收益来换取对冲风险的好处，从而接受较低的国债

（股票）预期收益。为此，本章将检验条件协偏度和条件协峰度是否能在统计意义和经济意义上解释相当一部分的股票和国债的条件风险溢价，并且在控制波动性、偏度、峰度等因素后是否仍然显著。

二、本章贡献

本章与已有文献的主要区别在于，利用条件协偏度和协峰度检验当一个市场风险增大和极端事件出现的可能性上升时另一个市场是否具有对冲功能，在此基础上研究协偏度和协峰度对资产预期收益的影响，拓展了股市和债市跨市场效应及定价机制的研究。

首先，本章利用协偏度和协峰度两个指标来考察股指（期货）和国债（期货）的跨市场间避险对冲效应。协偏度和协峰度可反映一种资产收益率与另一种资产的波动性（风险）或偏度（极端事件出现的概率）之间的互动，直接对应基于"谨慎"原则的偏度偏好和基于"节制"原则的峰度厌恶，具有较好的经济学含义。杨等（2010）和陈等（2018）曾研究了发达国家股票和国债现货市场之间的协偏度，本章不仅考察中国股票和国债市场之间的协偏度，还进一步考察协峰度，并拓展至对期货市场的研究。

其次，本章在控制相关性、波动性、偏度、峰度等常见风险因素的基础上，研究协偏度和协峰度对资产预期收益的影响，发现当股票对国债的条件协偏度上升时，股票能对冲国债波动性风险，股市的预期收益会随之下降；同样地，当国债对股票的条件协偏度上升时，国债的预期收益会随之下降，其跨市场定价机制符合偏度偏好。当股票对国债的条件协峰度下降时，股票能对冲国债极端风险，其预期收益会随之下降；同样地，当国债对股票的条件协峰度下降时，国债的预期收益会随之上升，其跨市场定价机制符合峰度偏好。但这种股市和债市互相避险对冲风险的效应只存在于现货市场间，而不存在于中国股指和国债期货市场。

最后，本章的发现为我国监管部门继续发展和完善股票市场和国债市场，进一步推动利率市场化改革，促进中国金融市场的良性互动发展提供了重要的科学依据。研究结果显示，利率的市场化有利于更大限度地发挥股市和债市之间互相避险对冲的效应。对期货市场而言，股市和债市间的协偏度和协峰度关系并不符合理性偏好，相互避险对冲效应无法显现。这可能是由中国金融市场的分割与限制、监管体系不完善导致的。未来应通过科学监管、制度改革和政策创新，发挥市场在资源配置中的决定性作用，同时更好地发挥政府作用，进一步有序放开国债期货和股指期货交易，继续深化利率市场化改革。

第三节　实证模型的设定

一、双变量两区制马尔科夫区制转换模型

我们参照安和贝凯特（Ang and Bekaert，2002）以及杨等（2010）的研究，采用双变量、两区制状态空间马尔科夫（Markov）区制转换模型：

$$r_t = \mu_i + \lambda_i r_{t-1}^s + \theta_i r_{t-1}^b + \varepsilon_{it}$$
$$\varepsilon_{it} \mid F_{t-1} \sim (0, H_{it}) \tag{5.1}$$
$$\text{var}(r_t \mid s_t = i, F_{t-1}) = \text{var}(\varepsilon_{it} \mid F_{t-1}) = H_{it}, i \in \{1, 2\}$$

其中，$r_t = (r_t^s, r_t^b)'$ 是一个 2×1 的股票和债券在 t 期的风险溢价向量，上标 s 代表股票、b 代表债券；$\mu_i = (\mu_i^s, \mu_i^b)'$ 是一个 2×1 的区制 i 下常数项向量；r_{t-1}^s 和 r_{t-1}^b 分别是股票收益和债券收益的一阶滞后；$\lambda_i = (\lambda_i^s, \lambda_i^b)'$ 是一个 2×1 的区制 i 下的回归系数向量，反映的是一阶滞后的股票收益对当期股票收益和债券收益的影响；$\theta_i = (\theta_i^s, \theta_i^b)'$ 是一个 2×1 的区制 i 下的回归系数向量，反映的是一阶滞后的债券收益对当期股票收益和债券收益的影响；$\varepsilon_{it} = (\varepsilon_{it}^s, \varepsilon_{it}^b)'$ 是一个 2×1 的基于过去信息集 F_{t-1} 在 t 时期区制 i 下的创新向量；H_{it} 是区制 i 的条件方差—协方差矩阵；s_t 是不可观测的在 t 期的区制，取值 1 或 2。

假设 ε_{it} 服从一个独立的双变量正态分布，r_t 的条件分布函数是两个独立双变量正态分布的混合，可以写成如下形式：

$$r_t \mid F_{t-1} \sim \begin{cases} IIN(\mu_{1t}, H_{1t}), \text{w. p.} \quad p_{1t} \\ IIN(\mu_{2t}, H_{2t}), \text{w. p.} \quad p_{2t} \end{cases} \tag{5.2}$$

因为正态分布的混合可以近似很多分布，所以独立双变量正态分布的假设不算太苛刻。而且，即使在每个区制下方差和相关系数为常数，我们也可以通过区制间的转换得到条件异方差。因此，我们将条件方差—协方差矩阵设定为：

$$H_{it} = D_{it} R_{it} D_{it}, \quad D_{it} = \begin{pmatrix} \sqrt{h_i^s} & 0 \\ 0 & \sqrt{h_i^b} \end{pmatrix}, \quad R_{it} = \begin{pmatrix} 1 & 0 \\ \rho_i & 1 \end{pmatrix}, \quad i \in \{1, 2\} \tag{5.3}$$

其中，h_i^s 和 h_i^b 是区制 i 下股票收益和债券收益的固定波动性，ρ_i 是区制 i 下股票收益和债券收益的固定相关系数。

条件区制概率 $p_{it} = Pr(s_t = i \mid F_{t-1}, \theta)$，它度量的是给定到 $t-1$ 期的信息，

t 期有多大可能是在区制 i 下，其推导是基于过去信息集 F_{t-1} 的时变转换概率：

$$P_r(S_t = j \mid s_{t-1} = i, F_{t-1}) = p_{ij,t}, \ i,j \in \{1,2\}, 0 \leqslant p_{ij,t} \leqslant 1$$

$$\sum_{j=1}^{2} p_{ij,t} = 1, \ 对所有 \ i \tag{5.4}$$

所隐含的区制通常用一阶马尔科夫链来参数化，区制之间的转换参考格雷（Gray，1996）的研究，允许其具有时变性而更加灵活，股票和国债风险溢价以及时变的转换概率是短期利率的函数（Ang & Bekaert，2002；Zhou，2014）：

$$p_{ii,t} = p(S_t = i \mid S_{t-1} = i, F_{t-1}) = \Phi(a_i + b_i Instrument_{t-1}), i \in \{1,2\} \tag{5.5}$$

其中，a_i 和 b_i 是未知参数，Φ 是累计正态分布函数，从而保证 $0 < p_{ii,t} < 1$。简单起见，我们使用短期利率作为工具变量，这个设定使转换概率与短期利率保持单调关系，有利于参数的解释（Zhou，2014）。

在这些模型识别下，即使两个不同区制下股票和国债风险溢价服从独立的多元正态分布，其混合的条件分布也不再是正态的，可以灵活地用区制均值、方差和转换概率等参数来刻画高阶矩。

二、条件矩和协矩

基于上述双变量的马尔科夫区制转换模型，我们可以推导条件矩和协矩的一般公式，然后得出所需要的时变指标，包括股票和债券收益的条件均值、波动性（用股票和债券收益各自标准差表示）、股票和债券收益各自的条件偏度、股票和债券收益各自的条件峰度、股票收益对债券市场的条件贝塔系数（用股票和债券收益的条件协方差与债券收益方差比值表示）、债券收益对股票市场的条件贝塔系数（用股票和债券收益的条件协方差与股票收益方差比值表示）。[①] 我们重点关注股票收益和债券收益间的协偏度和协峰度，因为股票和国债是两个大类资产，具体有以下四个指标。

一是股票对债券的条件协偏度，即股票收益与债券波动性构成的条件协偏度：

$$cos_t^s = E[(r_t^s - \mu_t^s)(r_t^b - \mu_t^b)^2 \mid F_{t-1}, \theta] \Big/$$

$$\left\{ \sqrt{E[(r_t^s - \mu_t^s)^2 \mid F_{t-1}, \theta]} E[(r_t^b - \mu_t^b)^2 \mid F_{t-1}, \theta] \right\} \tag{5.6}$$

其值为正，意味着股票收益会随着债券的波动性（风险）上升而上升。

---

① 因篇幅所限，此处省略各条件矩和协矩的推导过程和表达式，可联系作者索取。

二是债券对股票的条件协偏度，即债券收益与股票波动性构成的协偏度：

$$cos_t^b = E\left[\ (r_t^s - \mu_t^s)^2\ (r_t^b - \mu_t^b)\ \vert\ F_{t-1}, \theta\right] /$$

$$\left\{\ \sqrt{E\left[\ (r_t^s - \mu_t^s)^2\ \vert\ F_{t-1}, \theta\right]}\ E\left[\ (r_t^b - \mu_t^b)^2\ \vert\ F_{t-1}, \theta\right]\right\} \tag{5.7}$$

其值为正，意味着债券收益会随着股票资产的波动性（风险）上升而上升。

三是股票对债券的条件协峰度，即股票收益与债券偏度构成的条件协峰度：

$$cok_t^s = E\left[\ (r_t^s - \mu_t^s)\ (r_t^b - \mu_t^b)^3\ \vert\ F_{t-1}, \theta\right] /$$

$$\left\{\ \sqrt{E\left[\ (r_t^s - \mu_t^s)^2\ \vert\ F_{t-1}, \theta\right]}\ \left[\ \sqrt{E\left[\ (r_t^b - \mu_t^b)^2\ \vert\ F_{t-1}, \theta\right]}\ \right]^3\right\} \tag{5.8}$$

其值为负，意味着股票收益会随着债券的负偏而上升，从而对冲债券市场上小概率极端负收益事件的影响。

四是债券对股票的条件协峰度，即债券收益与股票偏度构成的协峰度：

$$cok_t^b = E\left[\ (r_t^s - \mu_t^s)^3\ (r_t^b - \mu_t^b)\ \vert\ F_{t-1}, \theta\right] /$$

$$\left\{\ \sqrt{E\left[\ (r_t^b - \mu_t^b)^2\ \vert\ F_{t-1}, \theta\right]}\ \left[\ \sqrt{E\left[\ (r_t^s - \mu_t^s)^2\ \vert\ F_{t-1}, \theta\right]}\ \right]^3\right\} \tag{5.9}$$

其值为负意味着债券收益会随着股票的负偏而上升，从而对冲股票市场上小概率极端负收益事件的影响。

三、条件协偏度和条件协峰度对预期收益的影响

在推导出条件协偏度和条件协峰度及其他时间序列后，我们检验条件协偏度和条件协峰度能否赚取一部分股票和国债的条件风险溢价。首先，根据条件矩从低阶到高阶进行正交分解（Menkhoff et al.，2012；Chan et al.，2018），从而将阶数较高因素的作用从阶数较低的因素中分离出来。然后，根据考虑在内的风险因素数量，分别建立两个正交分解后的时间序列回归方程。

第一个定价方程包括三个风险因素，即三因子模型：

$$\hat{\mu}_t^j = \alpha^j + \delta_1^j\ \hat{\beta}_t^j + \delta_2^j\ \widetilde{cos}_t^j + \delta_3^j\ \widetilde{cok}_t^j + e_t^j \tag{5.10}$$

其中，$\hat{\mu}_t^j, j = s, b$ 是股票和债券收益条件均值的估计，第一个风险因素 $\hat{\beta}_t^j$ 是条件贝塔系数[①]的估计值，表示股票和债券收益率变动之间的条件相关性；第二个风险因素 $\widetilde{cos}_t^j$ 是条件协偏度对条件贝塔系数进行回归得到的残差，反映的是比较纯粹、不受相关性影响的条件协偏度；第三个风险因素 $\widetilde{cok}_t^j$ 是条件协峰度对前两个因子正交分解后得到的回归残差，反映的是比较纯粹、不受相关性和条件协偏度

---

① 因篇幅所限，此处省略条件均值和条件贝塔系数的表达式，可联系作者索取。

影响的条件协峰度。

第二个定价方程包括六个风险因素，即六因子模型：

$$\hat{\mu}_t^j = \alpha^j + \delta_1^j \hat{\beta}_t^j + \delta_2^j \widetilde{sd}_t^j + \delta_3^j \widetilde{cos}_t^j + \delta_4^j \widetilde{skew}_t^j + \delta_5^j \widetilde{cok}_t^j + \delta_6^j \widetilde{kurt}_t^j + e_t^j \qquad (5.11)$$

其中，第一个因素 $\hat{\beta}_t^j$ 是条件贝塔系数的估计值，如上所述；第二个因素 $\widetilde{sd}_t^j$ 是预期收益标准差对条件贝塔系数进行回归得到的残差，代表独特波动性；第三个因素 $\widetilde{cos}_t^j$ 是条件协偏度对前两个因子进行正交分解后得到的回归残差，反映的是比较纯粹、不受相关性和波动性影响的条件协偏度；第四个因素 $\widetilde{skew}_t^j$ 是条件偏度对上述三个因子正交分解后得到的回归残差，代表独特性偏度；第五个因素 $\widetilde{cok}_t^j$ 是条件协峰度对前四个因子正交分解后得到的回归残差，反映的是比较纯粹、不受相关性、波动性、条件协偏度和偏度等因素影响的条件协峰度；第六个因素 $\widetilde{kurt}_t^j$ 是条件峰度[1]对前五个因子正交分解后得到的回归残差，代表独特性峰度。

一般而言，如果一个因素对于风险溢价具有重要意义，其参数估计在统计上应该显著不为零。为此，我们考察加入相关性、波动性等因素负荷量进行多元回归后，条件协偏度和条件协峰度的参数估计是否显著。在偏度偏好的假设下，条件协偏度的参数估计应显著为负；在峰度厌恶的假设下，条件协峰度的参数估计应显著为正。除了统计性显著，我们还关注经济性显著，即参数估计值的大小能够解释多大部分的股票和债券预期风险溢价。

第四节　数据和结果分析

为了考察我国股票市场和国债市场之间的跨市场关系及其定价机制，我们选取了 2013 年 9 月 6 日至 2018 年 12 月 31 日沪深 300 股指及其期货、中债 5 年期国债指数（净价指数）和 5 年期国债期货指数[2]的周度数据，共 274 个交易周，起始点是国债期货重新交易之时。

一、描述性统计

表 5－1 组 A 报告了主要的统计量。首先，股指及其期货收益的均值分别为

---

① 因篇幅所限，此处省略条件贝塔系数、条件偏度和条件峰度的表达式，可联系作者索取。

② 我们之所以选择 5 年期国债期货作为主要研究对象，是因为其样本期间较 10 年期和 2 年期国债期货更长。

0.0895 和 0.0882，大大高于国债及其期货收益的均值（0.0186 和 0.0198），说明股票市场收益比国债市场要高得多；但股指及其期货收益的波动幅度也较大，标准差分别为 3.203 和 3.529，高于国债及其期货收益的标准差（0.303 和 0.505），说明股票市场面临的风险也比国债市场大。其次，股指及其期货收益与国债及其期货收益均呈现超额峰度，即具有尖峰、厚尾的特征，说明它们都可能出现大涨或者大跌的极端事件；负偏度显示具有长尾的特征，说明它们都有可能出现大幅下跌的小概率事件。

表 5 - 1   股指和国债收益的描述性统计、自相关系数与相关系数

组 A：股指和国债收益的描述性统计					
项目	样本量	均值	标准差	偏度	超额峰度
股指现货周度收益	273	0.0895	3.203	− 0.810 ***	3.275 ***
国债现货周度收益	273	0.0186	0.303	− 0.305 **	2.530 ***
股指期货周度收益	273	0.0882	3.529	− 0.515 ***	2.432 ***
国债期货周度收益	273	0.0198	0.505	− 0.523 ***	3.768 ***

组 B：股指和国债收益的相关系数					
项目	股指现货周度收益	国债现货周度收益	股指期货周度收益	国债期货周度收益	7 天固定回购利率
国债现货周度收益	− 0.0331				
股指期货周度收益	0.929 ***	− 0.0496			
国债期货周度收益	0.0225	0.648 ***	− 0.0221		
7 天固定回购利率	0.0708	− 0.0515	0.0649	0.0378	
1 个月上海银行间同业拆借利率	0.0783	− 0.0390	0.0671	0.0151	0.859 ***

注：* 、** 和 *** 分别代表在 10%、5% 和 1% 的统计水平上显著。

基于刘金全和郑挺国（2006）的研究，我们选择 7 天固定回购利率和银行间同业拆借利率等作为短期利率的工具变量来预测区制转换的概率。表 5 - 1 组 B 报告了主要变量和工具变量的相关系数。股指现货和期货收益的相关系数为 0.929，国债现货和期货收益的相关系数为 0.648，且都在 1% 的水平上显著；股指及其期货与国债及其期货的相关性均不显著，但负值说明两类资产具有对冲风险的功能；两个工具变量的相关系数为 0.859，且在 1% 的水平上显著，与股市、债市有一定的相关性。

二、主要结果

表 5 - 2 报告了用 7 天固定回购利率预测转换概率的区制转换模型的估计结果。汉森（Hansen，1992）认为马尔科夫区制转移模型引入了噪声参数，传统的似然比检验统计量不适用于模型的有效性检验，因而需要进行修正。如表 5 - 2 所示，修正后似然比检验的 p 值均几乎为零，说明无约束模型（两区制）的估计结果要优于有约束模型（单区制）。7 天固定回购利率是驱动股指和国债收益在两个区制之间转换的显著因素，其中区制 1 是高风险区制，区制 2 是低风险区制。在现货市场中，股指收益的固定波动性 h_i^s 在区制 1 中为 20.679，在区制 2 中为 3.216，区制 1 的波动远远大于区制 2 的波动；而国债收益的固定波动性 h_i^b 在两个区制间的差异并不明显。期货市场方面，股指收益的固定波动性 h_i^s 在区制 1 中为 23.154，远大于区制 2 中的 3.562；国债收益的固定波动性 h_i^b 在区制 1 中为 0.501，远大于区制 2 中的 0.0814。

表 5 - 2　　时变转换概率的马尔科夫区制转换模型估计结果

变量	股指现货与国债现货			股指期货与国债期货		
	有约束模型	无约束模型		有约束模型	无约束模型	
		区制 1	区制 2		区制 1	区制 2
μ_i^s	0.0553 (0.192)	− 0.0939 (0.450)	0.158 (0.146)	0.0494 (0.212)	− 0.462 (0.482)	0.493 *** (0.167)
μ_i^b	0.0183 (0.0178)	0.0595 ** (0.0268)	− 0.00696 (0.0253)	0.0247 (0.0305)	0.0430 (0.0702)	0.00748 (0.0262)
λ_i^s	0.0999 * (0.0530)	0.140 (0.0959)	− 0.0454 (0.0882)	0.103 * (0.0573)	0.251 *** (0.0892)	− 0.211 *** (0.0633)
λ_i^b	− 0.00711 (0.00528)	− 0.0126 *** (0.00486)	0.0134 (0.0128)	− 0.0144 * (0.00838)	− 0.0194 (0.0156)	− 0.00274 (0.0111)
θ_i^s	0.307 (0.674)	0.796 (1.699)	0.134 (0.417)	0.452 (0.412)	0.0832 (0.871)	0.651 (0.426)
θ_i^b	0.144 ** (0.0561)	0.0266 (0.0950)	0.183 *** (0.0555)	− 0.104 * (0.0571)	− 0.129 (0.128)	− 0.0636 (0.0695)
h_i^s	10.043 *** (0.821)	20.679 *** (2.744)	3.216 *** (0.375)	12.152 *** (0.744)	23.154 *** (3.341)	3.562 *** (0.486)

变量	股指现货与国债现货			股指期货与国债期货		
	有约束模型	无约束模型		有约束模型	无约束模型	
		区制 1	区制 2		区制 1	区制 2
h_i^b	0.0883 *** (0.00676)	0.0664 *** (0.00770)	0.0983 *** (0.00770)	0.249 *** (0.0206)	0.501 *** (0.0582)	0.0814 *** (0.0124)
ρ_i	-0.0208 (0.0533)	-0.0127 (0.0859)	-0.00293 (0.0640)	0.0000268 (0.0478)	0.0496 (0.103)	-0.128 (0.101)
a_i^i		1.693 (0.299)	-1.665 *** (0.238)		1.995 *** (0.179)	-2.270 *** (0.154)
b_i^i		0.0734 (0.102)	-0.132 * (0.0712)		-0.423 *** (0.0602)	0.409 *** (0.0479)
观测值	272	272	272	272	272	272
似然值	-755.532	-207.925		-922.602	-360.052	
汉森 p 值	0.000			0.000		

注：*、** 和 *** 分别代表在 10%、5% 和 1% 的统计水平上显著。

从表 5-2 可以看出，对于现货市场而言，a_i^i 的估计值在区制 1 为正但不显著、在区制 2 则显著为负，说明当 7 天固定回购利率越接近 0 时，股指和国债收益停留或者转换到风险较小的区制 2 的概率越高。b_i^i 的估计值在区制 1 为正但不显著、在区制 2 显著为负，说明当 7 天固定回购利率下降时，股指和国债收益停留或者转换到风险较小的区制 2 的概率会上升。对于期货市场而言，一个不同之处是 b_i^i 的估计值在区制 1 显著为负，在区制 2 显著为正，说明当 7 天固定回购利率下降时，股指期货和国债期货收益停留或者转换到风险较小的区制 2 的概率会降低。

表 5-3 的组 A 显示了股指和国债现货市场之间一对条件协偏度和一对条件协峰度的均值与标准差，组 B 显示了股指和国债期货市场之间一对条件协偏度和一对条件协峰度的均值与标准差。如组 A 所示，对于现货市场来说，股票对国债的条件协偏度均值为 0.00182，国债对股票的条件协偏度均值为 0.0344。这两对条件协偏度的均值均为正，说明平均而言一种资产的收益会随着另一种资产的波动性（风险）上升而上升，从而起到对冲风险的作用；且股票对国债的条件协偏度均值小于国债对股票的条件协偏度均值，说明平均而言股票收益对冲国债波动性的幅度相对要小于国债收益对冲股票波动性变动的幅度。条件协峰度方

面，股票对国债的条件协峰度均值为 - 0.0345，国债对股票的条件协峰度均值为 - 0.0580，两者均为负数，说明平均而言一种资产的收益会随着另一种资产的偏度下降而上升，从而起到对冲风险的作用，且股票收益对冲国债极端风险的幅度相对小于国债收益对冲股票极端风险的幅度。

表 5 - 3 　　　　　　股票和国债现货市场间、期货市场间的
条件协偏度与条件协峰度

变量	组 A：现货市场				组 B：期货市场			
	均值	标准差	最小值	最大值	均值	标准差	最小值	最大值
股票对国债的条件协偏度	0.00182	0.00741	- 0.0147	0.0432	- 0.0839	0.120	- 0.483	0.263
国债对股票的条件协偏度	0.0344	0.0544	- 0.151	0.377	0.00634	0.0255	- 0.119	0.0759
股票对国债的条件协峰度	- 0.0345	0.0324	- 0.230	- 0.00941	0.154	0.0560	- 0.116	0.239
国债对股票的条件协峰度	- 0.0580	0.0539	- 0.600	- 0.0173	0.157	0.0573	- 0.0758	0.243

如表 5 - 3 组 B 所示，期货市场的均值情况与现货市场存在差异。股指期货对国债期货的条件协偏度均值为负（- 0.0839），而国债期货对股指期货的条件协偏度均值为正（0.00634），意味着平均而言国债期货能对冲股票波动性的风险，但股指期货无法对冲国债波动性的风险。而期货市场间一对条件协峰度的均值均为正数，意味着平均而言一种期货的收益会随着另一种期货的偏度下降而下降，相互间无法对冲极端风险。

在上述分析的基础上，我们进一步考察条件协偏度和条件协峰度与预期收益的关系。现货市场的回归结果如表 5 - 4 所示。组 A 的回归模型包括了三个风险因素，分别为条件贝塔系数、条件协偏度和条件协峰度。当被解释变量为股指现货的预期收益时，股票对国债的条件协偏度系数的估计值显著为负，符合偏度偏好的假设；股票对国债的条件协峰度系数的估计值显著为正，符合峰度厌恶的假设，说明对于现货市场而言，股票市场能够对冲债券市场的波动性和极端风险。就经济显著性而言，在控制了贝塔系数以后，当股票对国债的条件协偏度下降一个标准差（0.00741）或条件协峰度上升一个标准差（0.0324）时，股票预期收益分别上升 29.9% 和 24.3%。

表 5 - 4　　　　　股票和国债现货市场间条件协偏度、条件协峰度
与预期收益的回归结果

组 A：三因子模型						
模型	常数	条件贝塔系数	条件协偏度	条件协峰度	调整的 R^2	观测值
股指现货 条件收益	0.261 *** (0.0147)	1.326 *** (0.164)	- 40.381 *** (4.831)	7.506 *** (1.550)	0.648	273
国债现货 条件收益	0.0334 *** (0.00550)	12.561 *** (4.120)	- 0.603 *** (0.0643)	1.669 *** (0.211)	0.487	273

组 B：六因子模型									
模型	常数	条件贝塔系数	独特波动性	条件协偏度	独特性偏度	条件协峰度	独特性峰度	调整的 R^2	观测值
股指现货 条件收益	0.261 *** (0.0136)	1.326 *** (0.144)	0.179 *** (0.0295)	- 38.463 *** (5.167)	- 0.0455 *** (0.00582)	18.070 *** (5.805)	0.0384 ** (0.0155)	0.738	273
国债现货 条件收益	0.0334 *** (0.00490)	12.561 *** (4.521)	- 1.326 *** (0.154)	- 0.415 *** (0.0504)	- 2.331 *** (0.214)	0.848 *** (0.294)	0.289 ** (0.116)	0.584	273

注：** 和 *** 分别代表在 5% 和 1% 的统计水平上显著。

从表 5 - 4 可以看出，当被解释变量为国债现货的预期收益时，国债对股票的条件协偏度系数的估计值显著为负，与偏度偏好的假设也是一致的；国债对股票的条件协峰度系数的估计值显著为正，与峰度厌恶的假设同样保持一致，说明债券市场也能够对冲股票市场的波动性和极端风险。在控制了贝塔系数以后，当国债对股票的条件协偏度下降一个标准差（0.0544）或条件协峰度上升一个标准差（0.0539）时，国债预期收益分别上升 3.3% 和 9.0%。

表 5 - 4 组 B 的回归模型包括六个风险因素，分别为条件贝塔系数、独特波动性、条件协偏度、独特性偏度、条件协峰度和独特性峰度，除了条件协偏度和条件协峰度系数估计值的大小有所变动以外，系数符号和显著性与组 A 的回归结果均保持一致，即股票（国债）对国债（股票）的条件协偏度系数的估计值显著为负，条件协峰度系数的估计值显著为正，符合偏度偏好和峰度厌恶的假设。就经济显著性而言，在控制了其他因素对预期收益的作用以后，当股票对国债的条件协偏度下降一个标准差或条件协峰度上升一个标准差时，股票预期收益分别上升 28.5% 和 58.5%。而当国债对股票的条件协偏度下降一个标准差或条件协峰度上升一个标准差时，国债预期收益分别上升 2.3% 和 4.8%。

对于期货市场而言，条件协偏度和条件协峰度与预期收益的关系如表 5 - 5

所示。在组 A 三个风险因素的回归模型中，股票对国债的条件协偏度和条件协峰度的系数估计值均不显著，但符号与偏度偏好和峰度厌恶的假设相符合。而国债对股票的条件协偏度的系数估计值显著为正，国债对股票的条件协峰度的系数估计值显著为负，与偏度偏好和峰度厌恶的假设正好相反。在组 B 六个风险因素的回归模型中，股票对国债的条件协偏度的系数估计值显著为负，符合偏度偏好的假设；但股票对国债的条件协峰度显著为负，不符合峰度厌恶的假设。而国债对股票的条件协峰度显著为正，符合峰度厌恶的假设；但国债对股票的条件协偏度的系数估计值显著为正，背离了偏度偏好的假设。

表 5-5　　股票和国债期货市场间条件协偏度、条件协峰度与预期收益的回归结果

组 A：三因子模型

模型	常数	条件贝塔系数	条件协偏度	条件协峰度	调整的 R^2	观测值
股指期货条件收益	0.0380 (0.0381)	-0.522 (0.380)	-0.161 (0.473)	2.074 (1.400)	0.0384	273
国债期货条件收益	0.0190 *** (0.00389)	-2.397 (1.821)	1.248 *** (0.258)	-0.498 *** (0.165)	0.311	273

组 B：六因子模型

模型	常数	条件贝塔系数	独特波动性	条件协偏度	独特性偏度	条件协峰度	独特性峰度	调整的 R^2	观测值
股指期货条件收益	0.0380 (0.0276)	-0.522 *** (0.139)	-0.670 *** (0.0734)	-1.089 ** (0.500)	0.0772 (0.0577)	-7.610 *** (1.198)	0.432 ** (0.204)	0.564	273
国债期货条件收益	0.0190 *** (0.00247)	-2.397 *** (0.858)	0.701 *** (0.0565)	1.393 *** (0.121)	0.435 *** (0.151)	1.186 *** (0.164)	-0.0469 (0.0383)	0.694	273

注：** 和 *** 分别代表在 5% 和 1% 的统计水平上显著。

综上所述，回归结果显示，股票和国债互相对冲风险的作用存在于现货市场，在期货市场却并不存在。究其原因，一方面，因为银行和保险作为国债现货市场的最大持有者，却长期被排除在国债期货市场之外，导致交易主体不匹配，配置型机构较少，重要市场主体缺位，限制了国债期货的流动性和价格发现功能，从而未能充分发挥风险对冲作用；另一方面，由于 2015 年发生的股市异常波动，中国金融期货交易所对股指期货实施限制仓单、提高保证金、提高手续费等严格的管控措施，严重影响股指期货的流动性，限制其价格发现、风险管理和资产配置等基本功能。这些因素都制约了股指期货和国债期货市场风险对冲功能的发挥。

三、稳健性检验和进一步分析

我们还进行了一系列稳健性检验。首先考虑其他能预测区制转换概率的因素，在模型设定中加入时变转换因素时，由于短期利率等商业周期变量均有助于预测区制转换的概率，因此，这里选取 1 个月上海银行间同业拆借利率作为工具变量。区制转换模型的估计结果与表 5 – 2 类似，似然比值检验显著地拒绝了转换概率固定不变的原假设，说明 1 个月上海银行间同业拆借利率也是驱动股指和国债收益在两个区制之间转换的显著因素。进一步考察条件协偏度和条件协峰度与预期收益的关系，回归结果如表 5 – 6 和表 5 – 7 所示，与前面选取 7 天固定回购利率作为工具变量的结论基本一致，股市和债市互相避险的作用显著存在于现货市场，而在期货市场并不明显。

表 5 – 6　　　　以同业拆借利率为工具变量，现货市场间条件
协偏（峰）度与预期收益的回归结果

组 A：三因子模型						
模型	常数	条件贝塔系数	条件协偏度	条件协峰度	调整的 R^2	观测值
股指现货条件收益	0.203 *** (0.0218)	0.956 *** (0.201)	– 15.686 *** (4.547)	1.385 (2.193)	0.353	273
国债现货条件收益	0.0340 *** (0.00669)	14.037 *** (2.714)	– 0.328 *** (0.0499)	0.496 *** (0.123)	0.372	273

组 B：六因子模型								
模型	常数	条件贝塔系数	独特波动性	条件协偏度	独特性偏度	条件协峰度	独特性峰度	调整的 R^2	观测值
股指现货条件收益	0.203 *** (0.0211)	0.956 *** (0.173)	– 0.0993 *** (0.0212)	– 14.584 *** (4.043)	0.00898 (0.00820)	3.477 (2.479)	0.0212 (0.0136)	0.387	273
国债现货条件收益	0.0340 *** (0.00646)	14.037 *** (2.287)	0.709 (0.438)	– 0.336 *** (0.0422)	– 0.893 *** (0.210)	0.326 *** (0.0775)	0.240 (0.160)	0.472	273

注：*** 代表在 1% 的统计水平上显著。

表 5 - 7 以同业拆借利率为工具变量，期货市场间条件
协偏（峰）度与预期收益的回归结果

组 A：三因子模型

模型	常数	条件贝塔系数	条件协偏度	条件协峰度	调整的 R^2	观测值
股指期货条件收益	0.0225 (0.0440)	- 0.525 ** (0.216)	- 0.377 (0.476)	0.202 (0.929)	0.0373	273
国债期货条件收益	0.0211 *** (0.00489)	0.201 (1.254)	0.597 ** (0.302)	- 0.391 *** (0.122)	0.148	273

组 B：六因子模型

模型	常数	条件贝塔系数	独特波动性	条件协偏度	独特性偏度	条件协峰度	独特性峰度	调整的 R^2	观测值
股指期货条件收益	0.0225 (0.0293)	- 0.525 *** (0.125)	- 0.668 *** (0.0967)	- 1.894 *** (0.553)	0.0919 ** (0.0408)	- 6.060 *** (0.972)	0.236 * (0.142)	0.544	273
国债期货条件收益	0.0211 *** (0.00285)	0.201 (0.690)	0.780 *** (0.0886)	1.050 *** (0.107)	0.332 ** (0.163)	0.850 *** (0.142)	- 0.0566 ** (0.0284)	0.597	273

注：*、** 和 *** 分别代表在 10%、5% 和 1% 的统计水平上显著。

其次，我们还考虑了 2013 年 9 月 6 日国债期货重新上市交易之前一段时期内[①]现货市场跨市场对冲效应和定价机制，如表 5 - 8 所示。组 A 的三因子模型中，当被解释变量是股指现货条件收益时，股票对国债的条件协偏度的系数估计值显著为负，与预期一致，条件协峰度的系数估计值显著为负，符号与预期相反；当被解释变量是国债现货条件收益时，国债对股票的条件协偏度的系数估计值显著为负，与预期一致，条件协峰度的系数估计值为正但不显著。组 B 的六因子模型中，当被解释变量是股指现货条件收益时，股票对国债的条件协偏度的系数估计值为负但不显著，条件协峰度的系数估计值显著为负，符号与预期相反；当被解释变量是国债现货条件收益时，国债对股票的条件协偏度显著为负，但条件协峰度的系数估计值仅在 10% 的边际水平上显著。

① 即 2009 年 8 月 28 日至 2013 年 8 月 30 日，其中，2013 年 8 月 30 日为 2013 年 9 月 6 日国债期货重新上市交易日前一周的最后一个交易日。

表 5-8　　　国债期货重新上市交易之前现货市场间条件协偏度、条件协峰度的回归结果

组 A：三因子模型

模型	常数	条件贝塔系数	条件协偏度	条件协峰度	调整的 R^2	观测值
股指现货条件收益	-0.431*** (0.0233)	-0.220*** (0.0215)	-1.420*** (0.270)	-0.275*** (0.0941)	0.533	204
国债现货条件收益	-0.0927*** (0.00449)	-6.603*** (2.714)	-1.042*** (0.0580)	0.0132 (0.0619)	0.866	204

组 B：六因子模型

模型	常数	条件贝塔系数	独特波动性	条件协偏度	独特性偏度	条件协峰度	独特性峰度	调整的 R^2	观测值
股指现货条件收益	-0.431*** (0.0223)	-0.220*** (0.0212)	1.520*** (0.247)	-0.655 (0.623)	0.0221 (0.0369)	-0.508*** (0.0875)	-3.071 (4.266)	0.591	204
国债现货条件收益	-0.0927*** (0.00359)	-6.603*** (0.346)	0.0767 (0.0813)	-1.044*** (0.0552)	0.0228*** (0.00576)	0.130* (0.0744)	-0.00642 (0.00393)	0.874	204

注：* 和 *** 分别代表在 10% 和 1% 的统计水平上显著。

比较前面 2013 年 9 月 6 日后样本的回归结果，可以看出这种避险对冲效应在国债期货重新上市交易之后相对有所加强。这个时期也正是我国利率市场化改革深化的重要节点。2013 年 7 月，金融机构贷款利率管制全面放开，取消了金融机构贷款利率下限管制，这是利率市场化改革的重要里程碑；2015 年 10 月，央行对商业银行和农村合作金融机构等不再设置存款利率浮动上限，利率市场化改革取得重要进展。我们的研究发现说明，利率市场化促进市场在资金配置中发挥决定性作用，有利于投资者进行跨市场资产配置和风险对冲，能够更大限度地发挥我国股票市场和国债市场之间的避险对冲效应。

进一步地，我们还分析了股指现货与国债期货、股指期货与国债现货两两之间是否存在对冲风险的作用，如表 5-9 所示。其中组 B 显示，当被解释变量是国债现货的预期收益时，国债现货对股票期货的条件协偏度回归系数显著为负，条件协峰度显著为正，与偏度偏好和峰度厌恶的假设一致。结合前面的发现，说明国债现货不仅能够对冲股票现货市场的风险，而且能够对冲股票期货市场的风险。但其他交叉市场的结果（组 A、组 C 和组 D 所示）不显著或不完全符合偏度偏好和峰度厌恶的假设。

表 5-9　现货和期货交叉市场间条件协偏度、条件协峰度的回归结果

组 A：股指现货与国债期货波动性构成的条件协偏度、与国债期货偏度构成的条件协峰度和股指现货预期收益

模型	常数	条件贝塔系数	独特波动性	条件协偏度	独特性偏度	条件协峰度	独特性峰度	调整的 R^2	观测值
股指现货条件收益	0.155*** (0.0194)	-0.436*** (0.0927)	-0.740*** (0.0673)	0.441 (0.302)	0.000884 (0.0503)	-4.235*** (0.546)	1.016*** (0.236)	0.710	273

组 B：国债现货与股票期货波动性构成的条件协偏度、与股票期货偏度构成的条件协峰度和国债现货预期收益

模型	常数	条件贝塔系数	独特波动性	条件协偏度	独特性偏度	条件协峰度	独特性峰度	调整的 R^2	观测值
国债现货条件收益	0.0104*** (0.00165)	-5.273*** (1.584)	0.325*** (0.0964)	-0.498*** (0.0749)	-4.718*** (0.481)	0.227*** (0.0680)	0.000669 (0.0215)	0.589	273

组 C：股指期货与国债现货波动性构成的条件协偏度、与国债现货偏度构成的条件协峰度和股指期货预期收益

模型	常数	条件贝塔系数	独特波动性	条件协偏度	独特性偏度	条件协峰度	独特性峰度	调整的 R^2	观测值
股指期货条件收益	0.285*** (0.0230)	1.005*** (0.0747)	-0.262*** (0.0932)	-0.673* (0.393)	-0.327*** (0.0474)	-6.544*** (0.876)	-0.453*** (0.162)	0.668	273

组 D：国债期货与股票现货波动性构成的条件协偏度、与股票现货偏度构成的条件协峰度和国债期货预期收益

模型	常数	条件贝塔系数	独特波动性	条件协偏度	独特性偏度	条件协峰度	独特性峰度	调整的 R^2	观测值
国债期货条件收益	0.0376*** (0.00449)	-2.725*** (0.935)	0.575*** (0.0799)	0.474* (0.267)	0.750*** (0.0647)	0.629*** (0.169)	0.158*** (0.0538)	0.748	273

注：* 和 *** 分别代表在 10% 和 1% 的统计水平上显著。

第五节　结论与政策建议

本章利用双变量两区制马尔科夫区制转换模型，选取条件协偏度和条件协峰

度研究我国股市和国债市场间的避险对冲效应，并将两者同时纳入资产定价模型，拓展了股市和债市跨市场效应和定价机制的研究。结果表明，在控制了相关性、波动性、偏度、峰度等风险因素的影响后，当一种资产对另一资产的条件协偏度下降和条件协峰度上升时，其预期收益会随之上升，说明我国股票市场和国债市场之间可以互相对冲风险，其跨市场定价机制符合偏度偏好和峰度厌恶假设。同时，我们比较分析国债期货重新上市交易前后样本的回归结果，发现随着利率市场化的推进，股票和国债市场间的避险对冲效应有所加强。

本章还将研究拓展至期货市场，发现上述关系在期货市场间并不成立，即股票期货市场和国债期货市场之间互相对冲风险的关系并不显著，与偏度偏好和峰度厌恶的假设不一致。我们还进一步分析了交叉市场的结果，发现国债现货还能够对冲股票期货市场的波动性和极端风险，但相互避险的作用在其他现货和期货交叉市场间并不显著。

基于本章发现，我们提出以下几点政策建议。首先，进一步有序放开对国债期货和股指期货交易的限制，充分发挥市场在资金配置中的基础性作用。业界一直呼吁推动商业银行和保险机构参与国债期货交易。2020 年 2 月 21 日证监会与财政部、中国人民银行、银保监会联合发布公告，允许商业银行和保险机构参与国债期货交易。2020 年 4 月 10 日，工商银行、农业银行、中国银行、建设银行、交通银行五大国有银行作为第一批试点机构率先进入国债期货市场，保险资金也即将参与国债期货交易。这改变了长期以来我国国债期货和现货市场投资者结构不匹配，限制投资者进行跨市场资产配置对冲风险的局面。未来应逐步增加参与机构的数量和规模，完善风险对冲工具，充分发挥期货套期保值和价格发现的作用，健全国债收益率曲线，从而进一步增加市场流动性与深度，提升定价效率，增强市场活力与韧性，促进资本市场的良性互动。

其次，在深度分析的基础上科学监管，更好地发挥政府监管职能。坚持社会主义市场经济改革方向必须正确处理政府和市场的关系，兼顾市场这只"看不见的手"和政府这只"看得见的手"，这对于资本市场的发展尤为重要。将 2015 年股市的异常波动简单归咎于股指期货从而实施管控措施，说明了正确处理政府和市场关系的重要性，也体现了科学、有效、适度监管的必要性和迫切性。简单化、"一刀切"的过度监管违背金融发展规律，可能收效甚微、事倍功半，甚至事与愿违。正确合理的监管必须建立在科学研究和深度分析的基础上，中国人民银行行长易纲在 2018 年中国金融论坛上曾指出："我们对于定量进行分析的时候，所发生的结果，有可能和我们的直觉、印象有所不同。所以，我认为深度的分析很重要。"要更好地发挥政府作用，应该对资本市场运行规律、定价机制、联动效应等进行深度分析，并用于指导政府监管实践。

再次，继续深化利率市场化改革。利率市场化改革作为我国金融领域的核心改革之一，目的在于让市场在资金配置中发挥决定性作用，进而促进资源优化配置。中国人民银行分别于 2013 年 7 月和 2015 年 10 月放开对贷款和存款利率的直接管制，利率市场化改革已取得重大突破。未来应进一步推动包括贷款市场报价利率（LPR）改革在内的利率市场化改革，提高利率传导效率，完善利率衍生品结构，丰富风险管理工具，使投资者能通过跨市场资产配置对冲风险，更大限度地发挥我国股票市场和国债市场间的避险对冲效应。

最后，进一步放开境外投资者参与我国金融市场，推动我国金融市场积极稳妥对外开放。在经济全球化背景下，近些年来全球投资者对中国宏观经济长期向好的信心不断提升，对中国资本市场配置的需求也进一步加大。而且，随着当前全球新冠肺炎疫情演进的不确定性，国际金融市场脆弱性加剧，中国资本市场吸引了很多来自新兴市场和发达市场的资金，表现出全球投资者新"避风港"的潜力。未来应研究逐步开放境外投资者参与国债期货交易以对冲风险，消除其加速进入中国资本市场的制度障碍，提供有深度、弹性大的国债市场，以便全球投资者持有多类型人民币定值资产，并能够与其他货币定值资产实现有效配置，推动人民币国际化进程。

参考文献

［1］洪永森：《中国经济学的独创性与一般性》，载于《经济学动态》2020 年第 7 期。

［2］洪永森、成思危、刘艳辉、汪寿阳：《中国股市与世界其他股市之间的大风险溢出效应》，载于《经济学（季刊）》2004 年第 3 期。

［3］李红权、洪永森、汪寿阳：《我国 A 股市场与美股、港股的互动关系研究：基于信息溢出视角》，载于《经济研究》2011 年第 8 期。

［4］刘金全、郑挺国：《利率期限结构的马尔科夫区制转移模型与实证分析》，载于《经济研究》2006 年第 11 期。

［5］王茵田、文志瑛：《股票市场和债券市场的流动性溢出效应研究》，载于《金融研究》2010 年第 3 期。

［6］杨子晖、周颖刚：《全球系统性金融风险溢出与外部冲击》，载于《中国社会科学》2018 年第 12 期。

［7］张劲帆、汤莹玮、刚健华、樊林立：《中国利率市场的价格发现——对国债现货、期货以及利率互换市场的研究》，载于《金融研究》2019 年第 1 期。

［8］Adrian, T. and M. K. Brunnermeier, "CoVaR", *American Economic Review*, 2016, 106：1705 – 1741.

[9] Ang, A. and G. Bekaert, "International Asset Allocation with Regime Shifts", *Review of Financial Studies*, 2002, 15: 1137 – 1187.

[10] Ang, A., J. Chen and Y. Xing, "Downside Risk", *Review of Financial Studies*, 2006, 19: 1191 – 1239.

[11] Bae, K. H., G. A. Karolyi and R. M. Stulz, "A New Approach to Measuring Financial Contagion", *Review of Financial Studies*, 2003, 16: 717 – 763.

[12] Baele, L., G. Bekaert and K. Inghelbrecht, "The Determinants of Stock and Bond Return Comovements", *Review of Financial Studies*, 2010, 23: 2374 – 2428.

[13] Brownless, C. and R. F. Engle, "SRISK: A Conditional Capital Shortfall Measure of Systematic Risk", *Review of Financial Studies*, 2017, 30: 48 – 79.

[14] Chan, K., J. Yang and Y. Zhou, "Conditional Co-skewness and Safe-Haven Currencies: A Regime Switching Approach", *Journal of Empirical Finance*, 2018, 48: 58 – 80.

[15] Connolly, R., C. Stivers and L. Sun, "Commonality in the Time Variation of Stock-Bond and Stock-Stock Return Comovements", *Journal of Financial Markets*, 2007, 10: 192 – 218.

[16] Connolly, R., C. Stivers and L. Sun, "Stock Market Uncertainty and the Stock-Bond Return Relation", *Journal of Financial and Quantitative Analysis*, 2005, 40: 161 – 194.

[17] Conrad, J., R. F. Dittmar and E. Ghysels, "Ex Ante Skewness and Expected Stock Returns", *Journal of Finance*, 2013, 68: 85 – 124.

[18] Denuit, M. M. and L. Eeckhoudt, "A General Index of Absolute Risk Attitude", *Management Science*, 2010, 56: 712 – 715.

[19] Dittmar, R. F., "Nonlinear Pricing Kernels, Kurtosis Preference, And Evidence from the Cross Section of Equity Returns", *Journal of Finance*, 2002, 57: 369 – 403.

[20] Gray, S. F., "Modeling the Conditional Distribution of Interest Rates as A Regime-Switching Process", *Journal of Financial Economics*, 1996, 42: 27 – 62.

[21] Guidolin, M. and A. Timmermann, "International Asset Allocation under Regime Switching, Skew, And Kurtosis Preferences", *Review of Financial Studies*, 2008, 21: 889 – 935.

[22] Hansen, B. E., "The Likelihood Ratio Test under Nonstandard Conditions: Testing the Markov Switching Model of GNP", *Journal of Applied Econometrics*, 1992, 7: S61 – S82.

[23] Harvey, C. and A. Siddique, "Conditional Skewness in Asset Pricing Tests", *Journal of Finance*, 2000, 55: 1263 – 1295.

[24] Kimball, M. S., "Precautionary Saving in the Small and in the Large", *Econometrica*, 1990, 58: 53 – 73.

[25] Longin, F. and B. Solnik, "Extreme Correlation of International Equity Markets", *Journal of Finance*, 2001, 56: 649 – 676.

[26] Menkhoff, L., L. Sarno, M. Schmelling and A. Schrimpf, "Carry Trades and Global Foreign Exchange Volatility", *Journal of Finance*, 2012, 67: 681 – 718.

[27] Yang, J., Y. Zhou and Z. Wang, "Conditional Co-Skewness between Stock and Bond

Markets: Time Series Evidence", *Management Science*, 2010, 56: 2031 – 2049.

［28］ Yang, J., Y. Zhou and Z. Wang, "The Stock-Bond Correlation and Macroeconomic Conditions: One and A Half Centuries of Evidence", *Journal of Banking and Finance*, 2009, 33: 670 – 680.

［29］ Yang, J., Z. Yang and Y. Zhou, "Intraday Price Discovery and Volatility Transmission in Stock Index and Stock Index Futures Markets: Evidence from China", *Journal of Futures Markets*, 2012, 32: 99 – 121.

［30］ Zhou, Y., "Modeling the Joint Dynamics of Risk-Neutral Stock Index and Bond Yield Volatilities", *Journal of Banking & Finance*, 2014, 38: 216 – 228.

第六章 中国资本产出、资本回报与资本流向之谜：基于劳动力价格扭曲视角*

第一节 引言

改革开放以来，中国经济取得了举世瞩目的成就，并在近年一跃成为世界第二大经济体，引发了世界性的关注。但中国的资本驱动型经济增长模式总是受到"低效"与"不可持续"的抨击，这些抨击多数依据克鲁格曼（Krugman，1994）对东亚经济模式的批判。克鲁格曼认为"东亚奇迹"依赖于要素投入而非全要素生产率的经济增长模式，必然受到要素边际产出递减规律的制约。资本边际产出递减表现为资本回报率的下滑，这必然阻碍资本积累进一步扩张的顺利进行，从而使得经济增长模式"不可持续"。然而，以日本、新加坡、韩国和中国为代表的东亚经济体的增长表现却打破了克鲁格曼的悲观预言，可见东亚模式及中国经济增长模式必然从某种渠道突破了资本边际产出递减规律制约。

部分文献试图以"二元经济结构"（Lewis，1954）的劳动力供给特征解释这种突破渠道。蔡昉（2013）认为，正是"二元经济结构"下的劳动力无限供给使得快速积累

---

* 本章作者：柏培文、杨伊婧。原文发表于《金融研究》2020 年第 1 期。

的资本能够得到源源不断的劳动力等比例扩张，减缓了资本边际报酬递减现象。刘晓光和卢锋（2014）也认为，是"二元经济"下的农村劳动力转移放松了资本克服边际报酬递减规律的技术溢出要求。但根据李文溥和李静（2011）的研究，资本与劳动的等比例扩张并不能实现，资本深化（劳均资本积累）在中国经济快速增长过程中实际是不断加剧的，但在资本深化不断加剧的情况下，预期的资本边际报酬递减作用却并没有到来。改革开放以来，中国资本回报率一直处于高位（张勋和徐建国，2016），说明资本积累的引擎在中国能够长期运转发力，保障了经济持续高速增长。

可见"二元经济结构"的劳动力等比扩张并不能解释中国高水平资本回报率对资本边际产出递减规律的突破渠道，但"二元经济结构"却也提供了从另一角度解释此问题的可能。大量农村剩余劳动力的存在与再配置在中国形成了规模巨大的劳动力流动就业，但户籍制度的存在又给劳动力流动造成了巨大的迁移成本，使得分割市场内的劳动力无限供给无法实现。托宾（Tobin，1972）认为，市场分割在要素流动过程中制造了一定壁垒，无法实现新古典宏观经济学所强调的要素自由流动情况下的市场出清价格。罗宾逊（Robinson，1969）认为，这种价格的偏离是由于劳动力迁移成本导致劳动力供给出现了不够完全富有弹性的情况，因为企业想在生产扩张下跨越市场壁垒吸引异地就业的劳动力就必须支付更高的迁移成本。当劳动力供给不完全富有弹性时，厂商的最大化决策条件就会使得劳动力价格出现负向扭曲，即劳动力工资低于其边际产出水平，劳动者在大量剩余劳动力产业后备军压力下的"工资谈判"劣势更强化了这种扭曲；此外，严格的利率管控又造成了一定的资本价格扭曲。中国资本及劳动力要素价格存在负向扭曲已得到了众多文献的证实（徐长生和刘望辉，2008；冼国明和徐清，2013；王宁和史晋川，2015a，2015b）。这种要素价格的负向扭曲为企业提供了要素市场买方垄断利润来源，劳动力价格扭曲所创造的垄断利润补贴了企业资本回报，同时由于利率管制下资本价格扭曲的存在，劳动力与资本的垄断利润又能够留存在企业中，保持了投资者的高回报水平，进而促进企业资本积累的持续进行。可见劳动力价格扭曲对企业资本的超额利润补贴才是中国经济抵消资本边际报酬递减的真正渠道。

已有部分文献从超额利润补贴的角度探讨了要素价格扭曲的作用（林毅夫，2014；黄益平，2014）。还有部分文献进一步将超额利润补贴纳入市场均衡模型以研究要素价格扭曲的影响（戴魁早和刘友金，2016；盖庆恩等，2015；王宁和史晋川，2015b），然而以上文献的模型设定都并未对超额利润补贴的产生机制进行探讨。超额利润补贴必须来源于企业的垄断势力，本章认为，企业的垄断势力在于获得了要素市场的买方垄断条件，即要素价格扭曲是不完全富有弹性的要素供给的表现，也是企业垄断利润的来源。

要素价格扭曲及其作为价格表现的资源错配对产出效率和全要素生产率的损害是毋庸置疑的，这已得到了各文献的广泛讨论（Aoki，2012；Hsieh and Klenow，2009；赵自芳和史晋川，2006；毛其淋，2013；盖庆恩等，2015）。然而，劳动力价格扭曲对企业资本的超额利润补贴是中国经济抵消资本边际报酬递减的重要渠道，却鲜有文献关注其在经济增长赶超时期所发挥的特定作用。劳动力价格扭曲造成的效率损失并不能掩盖垄断对资本所有者的直接补贴，从而支持了中国高资本回报水平得以长期持续。而较高的资本报酬也推动了资本积累的快速进行，高速资本积累一直被认为是中国经济增长最大的贡献因素（蔡昉，2016）。此外，在投资渠道受限的情况下，由劳动者向资本所有者转移的利润又提升了实体经济相对以房地产业为代表的非生产性投资领域的竞争力，能够抑制资本"脱实向虚"，同时劳动力价格扭曲作为中国劳动力成本优势的重要体现，还构成了对外资流入的强大吸引力。可见，劳动力价格扭曲带来的高资本回报、高资本积累水平和优质资本流向结构在经济增长赶超时期对中国经济高速增长起到了重要支撑作用。但随着"人口红利"衰竭和要素市场化改革对劳动力价格扭曲空间的挤压，劳动力价格扭曲必将逐步得到矫正。如果忽视劳动力价格扭曲在中国经济增长赶超阶段所发挥的作用，不采取措施加以应对，矫正劳动力价格扭曲在提升产出的同时也可能致使资本回报下降并改变资本流向，进而对经济增长产生不利影响，亟须得到重视。

因此，本章通过建立生产部门的要素买方垄断市场均衡模型分析劳动力价格扭曲对资本产出、资本回报和资本流向的作用并提出理论假说，同时以 1996 ~ 2016 年省级面板数据为样本度量劳动力价格扭曲指标，并利用固定效应模型（FE）和面板固定效应的工具变量（IV）估计方法对假说加以验证，据此从劳动力价格扭曲视角解答中国资本产出、资本回报与资本流向之谜，以此警示在人口结构转变进程和要素市场化改革推进中矫正劳动力价格扭曲可能对宏观经济造成的不利影响。

第二节 理论假说

一、基本假设

本章考虑以一个产品市场完全竞争、要素市场存在买方垄断的市场结构解释劳动力价格扭曲的生成与影响。本章将产品价格标准化为 1；假设劳动力价格为 $w(L)$；资本价格为 $r(K)$；将代表性厂商产出设定为 C-D 生产函数，并假设为如下规模报酬不变形式：

$$Y = AK^{\alpha}L^{1-\alpha} \tag{6.1}$$

则代表性厂商的利润函数为：

$$\pi = AK^{\alpha}L^{1-\alpha} - w(L)L - r(K)K \tag{6.2}$$

二、厂商的选择

利润函数对 L 与 K 分别求偏导，可以得到代表性厂商利润最大化问题的一阶条件：

$$MPL = w(L) + L \cdot \frac{\mathrm{d}w(L)}{\mathrm{d}L} \tag{6.3}$$

$$MPK = r(K) + K \cdot \frac{\mathrm{d}r(K)}{\mathrm{d}K} \tag{6.4}$$

同时，参照博尔和兰塞姆（Boal and Ransom，1997）的做法，[①] 设定要素市场的买方势力，假设劳动力的边际产品价值为 $VMPL$，代表劳动力市场买方势力的买方勒纳指数为 μ，且 $\mu > 0$，则：

$$\mu = \frac{VMP_L - w(L)}{w(L)} = \frac{w(L) + L \cdot \dfrac{\mathrm{d}w(L)}{\mathrm{d}L} - w(L)}{w(L)} = \frac{L}{w(L)} \cdot \frac{\mathrm{d}w(L)}{\mathrm{d}L} \tag{6.5}$$

同理，假设资本的边际产品价值为 $VMPK$，资本市场的买方勒纳指数为 τ，且 $\tau > 0$，则：

$$\tau = \frac{VMP_K - r(K)}{r(K)} = \frac{r(K) + K \cdot \dfrac{\mathrm{d}r(K)}{\mathrm{d}K} - r(K)}{r(K)} = \frac{K}{r(K)} \cdot \frac{\mathrm{d}r(K)}{\mathrm{d}K} \tag{6.6}$$

由式（6.5）和式（6.6）设定可得劳动力价格满足 $w(L) = C_1 L^{\mu}$；资本价格满足 $r(K) = C_2 K^{\tau}$。[②]

在常用的要素价格扭曲定义方法中，相较于生产前沿分析法，生产函数法更

---

① 博尔和兰塞姆（1997）设定要素的供给弹性以表示要素市场的买方势力，且设定不同厂商面临不同的要素供给弹性。本章为计算便捷，改为设定要素供给弹性的倒数即要素买方勒纳指数，此外为简化起见，假设同一地区的厂商由于处于相同的要素流动壁垒中，因此具有相同的要素市场条件，即面临相同的买方勒纳指数及要素价格扭曲值。

② C_1、C_2 为常数，表示市场势力不存在条件下（即 $\mu = 0$、$\tau = 0$ 的初始条件）厂商所接受的劳动力价格与资本价格。

能够分门别类地给出本章所需各种要素具体的价格扭曲程度，因此本章使用生产函数法定义要素价格扭曲，即要素价格扭曲为其边际产出与价格之比。对式（6.3）两边同除 $w(L)$ 并结合式（6.5）可得劳动力价格扭曲与劳动力买方勒纳指数的关系：

$$LPD = \frac{MPL}{w(L)} = 1 + \frac{L}{w(L)} \cdot \frac{\mathrm{d}w(L)}{\mathrm{d}L} = 1 + \mu \qquad (6.7)$$

同理，对式（6.4）两边同除 $r(K)$ 并结合式（6.6）可得资本价格扭曲与资本买方勒纳指数的关系：

$$KPD = \frac{MPK}{r(K)} = 1 + \frac{K}{r(K)} \cdot \frac{\mathrm{d}r(K)}{\mathrm{d}K} = 1 + \tau \qquad (6.8)$$

由式（6.7）和式（6.8）可得，当要素市场的买方势力存在时，$LPD > 1$ 且 $KPD > 1$，即要素价格存在负向扭曲。将式（6.5）、式（6.6）以及 $w(L) = C_1 L^\mu$，$r(K) = C_2 K^\tau$ 代入一阶条件式（6.3）、式（6.4）中可得：

$$A(1 - \alpha) \left(\frac{K}{L} \right)^\alpha = (1 + \mu) C_1 L^\mu \qquad (6.9)$$

$$A\alpha \left(\frac{K}{L} \right)^{\alpha - 1} = (1 + \tau) C_2 K^\tau \qquad (6.10)$$

三、劳动力价格扭曲与资本产出

设定资本产出为产出资本比，则资本产出 CO 为：

$$CO = \frac{Y}{K} = \frac{A K^\alpha L^{1-\alpha}}{K} = A \left(\frac{K}{L} \right)^{\alpha - 1} \qquad (6.11)$$

令 $\theta = \mu\tau + \alpha\tau + \mu - \mu\alpha = LPD \cdot KPD - (1 - \alpha) KPD - \alpha LPD$，同时联立式（6.9）、式（6.10）并将式（6.7）、式（6.8）代入，可以得到资本深化与要素价格扭曲的关系为：

$$\frac{K}{L} = C_1^{\frac{-LPD}{\theta}} C_2^{\frac{KPD}{\theta}} A^{\frac{LPD - KPD}{\theta}} \alpha^{\frac{LPD - 1}{\theta}} (1 - \alpha)^{\frac{1 - KPD}{\theta}} (LPD)^{\frac{KPD - 1}{\theta}} (KPD)^{\frac{1 - LPD}{\theta}} \qquad (6.12)$$

由式（6.11）易知资本产出 CO 与资本深化 $\frac{K}{L}$ 成反比，而由式（6.12）可知资本深化 $\frac{K}{L}$ 受劳动力价格扭曲 LPD 与资本价格扭曲 KPD 影响，但影响方向不确定。当要素市场存在买方势力时，对某种要素越强的垄断势力会导致本种要素的投入减少，因此本章推断，劳动力与资本价格扭曲对资本深化的作用是相反的，即劳动力价格扭曲会加剧资本深化，而资本价格扭曲会缓解资本深化。结合式（6.11）与式（6.12）可知，*LPD* 与 *KPD* 主要通过资本深化的中介效应对资本产出造成影响。则式（6.11）与式（6.12）共同反映了劳动力价格扭曲的要素错配效应，当劳动力价格不能反映其真实的市场供求信息时，市场便无法完成要素的最优配置，资本深化程度受到扭曲，造成要素配置效率损失，进而导致产出损失。由此，本章提出假说6.1。

假说6.1a：劳动力价格扭曲削减了资本产出。

假说6.1b：资本深化是劳动力价格扭曲影响资本产出的中介机制，劳动力价格扭曲通过加剧资本深化削减了资本产出。

但需要强调的是，在造成产出损失的同时，劳动力价格扭曲也在中国经济增长赶超阶段对维持资本回报水平和优化资本流向起到了重要作用，以下将对此进行探讨。

四、劳动力价格扭曲与资本回报

由于生产函数为一次齐次，同时代入式（6.3）、式（6.4）、式（6.5）和式（6.6），则厂商利润函数可表示为：

$$\pi = MPL \cdot L + MPK \cdot K - w(L)L - r(K)K$$
$$= \mu w(L)L + \tau r(K)K \tag{6.13}$$

设定资本回报为受到超额利润补贴之后的资本回报率，则资本回报 *CR* 为：

$$CR = \frac{\pi + r(K) \cdot K}{K} = \mu w(L)\left(\frac{K}{L}\right)^{-1} + (1 + \tau) \cdot r(K) \tag{6.14}$$

将一阶条件式（6.3）、式（6.4）以及式（6.5）、式（6.6）、式（6.7）、式（6.11）代入式（6.14），可得资本回报为：

$$CR = \frac{LPD - 1 + \alpha}{LPD}CO \tag{6.15}$$

由式（6.15）易知资本回报与劳动力价格扭曲 *LPD* 成正比，且劳动力价格扭曲同时也与资本产出 *CO* 成正比，结合式（6.11）与式（6.15）可知，*LPD* 除了以乘数形式直接影响资本回报外，还会通过资本产出的中介效应对资本回报造成影响。劳动力价格扭曲对资本回报的直接影响反映了劳动力价格扭曲以超额利润形式对资本回报的补贴。汤向俊和任保平（2010）认为，劳动力不能获得竞争意义的工资水平使得部分有效劳动产出向资本所有者转移；但资本产出的中介效应又反映了劳动力价格扭曲的产出效率损失对资本回报产生的负面作用，因此劳动力价格扭曲对资本回报的影响方向取决于二者作用力的相对大小。由于超额利润补贴直接提升了企业的资本回报，而产出效率的下降可能被其他因素所弱化，因此本章认为，资本产出下降的负向作用总体弱于超额利润补贴的正向作用，即劳动力价格扭曲会带来资本回报上升。由此，本章提出假说6.2。

假说6.2a：劳动力价格扭曲提升了资本回报。

假说6.2b：资本产出是劳动力价格扭曲影响资本回报的中介机制，其削弱了劳动力价格扭曲对资本回报的提升作用。

五、劳动力价格扭曲与资本流向

对于资本流向的速率问题，劳动力价格扭曲带来的资本回报上升必然提升企业的再投资能力，促进资本积累的进行（汤向俊和任保平，2010）。但除资本回报渠道外，关于劳动力价格扭曲对资本积累的其他作用则存在争议。徐长生和刘望辉（2008）认为，劳动力价格扭曲削弱了劳动者的消费能力，劳动者消费能力的不足导致企业将生产向投资品方向扩展，进一步促进投资的增长；但冼国明和徐清（2013）则认为，劳动力价格扭曲所意味的投资风险提升、劳动力就业意愿降低等因素会抑制资本流入。根据王宁和史晋川（2015b）的研究，劳动力价格扭曲总体呈现刺激投资的作用。因此，本章认为，劳动力价格扭曲主要通过提升资本回报以加快资本积累，其他渠道对资本积累的影响可能并不显著。由此，本章提出假说6.3。

假说6.3a：劳动力价格扭曲促进了资本积累。

假说6.3b：资本回报是劳动力价格扭曲影响资本积累的中介机制，劳动力价格扭曲通过提升资本回报促进了资本积累。

对于资本流向的结构问题，本章计划从以下两个方面进行探讨。一方面，就资本的"虚实"结构而言，劳动力价格扭曲可能抑制了资本的"脱实向虚"趋势，对将资本保留在实际经济领域起到了重要作用。劳动力价格扭曲将部分劳动者收入以超额利润的形式对企业利润进行了补贴，反之劳动力价格扭曲的矫正则会削减这部分补贴并提升劳动者收入，从而削弱以制造业为典型的实体经济回报率，而矫正劳动力价格扭曲提高的居民收入又在投资渠道受限情况下大多流向了以房地产业为典型的非生产性投资领域。中国经济增长前沿课题组（2013）认为，这种收入分配格局的变化可能造成非生产性投资膨胀对实体经济更新能力的严重挤压。另一方面，就资本的外商投资占比结构而言，劳动力价格扭曲可能构成了对外商投资的强烈吸引力。小岛（Kojima，1978）认为，发展中国家依靠其低廉的劳动力成本优势承接发达国家的劳动密集型产业，从而获得大量外商投资。冼国明和徐清（2013）也认为，劳动力市场扭曲通过强化劳动力成本优势促进了外商投资流入。而劳动力价格扭曲的矫正必然削弱中国劳动力成本优势，导致外商投资撤出，低端产业流向东南亚等周边国家，而高端产业则随发达国家"再工业化"战略回流母国。本章据此提出假说6.4。

假说6.4a：劳动力价格扭曲能够抑制资本"脱实向虚"。

假说6.4b：劳动力价格扭曲能够吸引外商投资流入。

第三节　模型、变量与描述性统计

一、变量说明与描述性统计

本章采用1996～2016年省级面板数据构建计量模型，对要素价格扭曲、资本产出、资本回报与资本流向进行测度并检验前述假说。所有数据除特殊说明外均来源于《中国统计年鉴》及各省（自治区、直辖市）[①] 统计年鉴。指标说明如下。

（一）劳动力价格扭曲

本章使用生产函数估计方法测算中国各省劳动力价格扭曲程度（LPD）。在式（6.1）柯布－道格拉斯（C-D）生产函数的基础上参考冼国明和徐清（2013）的做法，将人力资本存量及产业结构纳入生产函数以减少模型误设带来的估计误差。生产函数设定如下：

$$Y_{it} = A_{i0} e^{\gamma_1 HC_{it} + \gamma_2 MS_{it} + \lambda_{it}} K_{it}^{\alpha_t} L_{it}^{1-\alpha_t} \tag{6.16}$$

其中，i 为省份；t 为年份；Y_{it} 为产出水平，使用各省份的地区 GDP 表示，并按各省份居民消费价格指数调整为2000年的水平；A_{i0} 为初始生产技术；HC_{it} 为人力资本存量，参考胡鞍钢（2002）的做法，使用各省份15岁以上人口平均受教育年限表示；MS_{it} 为产业结构，参照干春晖等（2011）的做法，以各省份第三产业总产值与第二产业总产值的比值表示；λ_{it} 为外生技术变迁；K_{it} 为资本存量，参照张军等（2004）的研究方法进行估算，并按各省份固定资产投资价格指数调整为2000年的水平；L_{it} 为劳动投入量，使用各省份从业人数表示。将式（6.16）两边同除以 L_{it} 并进行对数线性化处理，将 A_{i0} 归入常数项 c，将 λ_{it} 归入随机误差项 ε_{it}，得到计量模型：

$$\ln \frac{Y_{it}}{L_{it}} = c + \gamma_1 HC_{it} + \gamma_2 MS_{it} + \alpha_t \ln \frac{K_{it}}{L_{it}} + \varepsilon_{it} \tag{6.17}$$

[①] 为行文及阅读方便，以下"省（自治区、直辖市）"简称"省份"。

使用各年横截面数据对式（6.17）进行估计，可以得到各年全国总体资本与劳动力的产出弹性 α_t 与 $1-\alpha_t$，估计结果如图 6-1（a）所示。使用以上全国横截面产出弹性回归数据，再根据 $MPK_{it}=\alpha_t Y_{it}/K_{it}$、$MPL_{it}=(1-\alpha_t)Y_{it}/L_{it}$ 便可计算出资本与劳动力的边际产出。在要素价格方面，本章的工资 w_{it} 使用实际平均工资表示，参考王宁和史晋川（2015a）的计算方法，使用《中国农村统计年鉴》农村居民纯收入构成中的农村人均工资性收入乘以农村人口数量估计各省份农村工资总额，再与各省份城镇单位工资总额加总得到各省份工资总额，最后以各省份工资总额除各省份从业人数，并用历年各省份居民消费价格指数调整为 2000 年的水平，得到各省份实际平均工资。由于资本价格的准确测度难以实现，且资本价格扭曲并不是本章主要考察部分，因此本章将资本价格指标简单设定为利率 r_t，同样参考王宁和史晋川（2015a）的计算方法，以中国人民银行网站公布的 6 个月到 1 年期贷款基准利率的加权平均值表示。

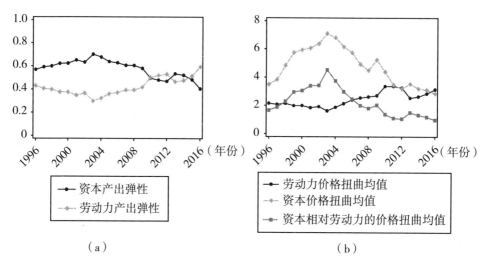

图 6-1　要素产出弹性与要素价格扭曲估计结果各年均值

根据要素边际产出与要素价格便可估算劳动力价格扭曲 $LPD_{it}=MPL_{it}/w_{it}$ 和资本价格扭曲 $KPD_{it}=MPK_{it}/r_t$。当劳动力价格无扭曲时，工资等于劳动力边际产出，$LPD_{it}=1$；当劳动力价格存在负向扭曲时，工资低于劳动力边际产出，$LPD_{it}>1$；当劳动力价格存在正向扭曲时，工资高于劳动力边际产出，$LPD_{it}<1$，资本价格扭曲方向可同理判断。根据 $K\_LPD_{it}=KPD_{it}/LPD_{it}=MPK_{it}/MPL_{it}\cdot w_{it}/r_t$ 可估算资本相对劳动力的价格扭曲，其衡量了资本与劳动力价格的相对扭曲程度。上述要素价格扭曲各年份指标均值如图 6-1（b）所示。由图 6-1（b）可

知，劳动力价格与资本价格均呈现负向扭曲，且资本价格扭曲长期高企，但其矫正速度也远快于劳动力价格扭曲。

（二）资本深化

本章使用劳均资本存量衡量资本深化程度（CD），即 $CD = K/L$，以反映二者的相对配置情况。

（三）资本产出

本章使用产出资本比衡量资本产出（CO），即 $CO = Y/K$，以反映资本的产出效率。

（四）资本回报

本章使用白等（Bai et al., 2006）的估计方法对资本回报率（CR）进行测算。实际资本回报率计算公式为：

$$CR_t = \frac{\zeta_t}{P_{Kt}K_t / P_{Yt}Y_t} + (\hat{P}_{Kt} - \hat{P}_{Yt}) - \delta_t \qquad (6.18)$$

其中，ζ_t 为总产出中的资本报酬份额，$P_{Kt}K_t$ 为总资本的名义价值，$P_{Yt}Y_t$ 为总产出的名义价值，$\hat{P}_{Yt}$ 和 $\hat{P}_{Kt}$ 分别为产出平减指数和投资平减指数的变化率，δ_t 为总资本折旧率。

由于《中国统计年鉴》中公布的收入法地区生产总值中营业盈余数据已扣除折旧，因此根据式（6.18）计算的资本回报率指标相当于资本报酬实际值与资本存量实际值之比。本章据此以收入法地区生产总值中的营业盈余数据按居民消费价格指数调整到 2000 年的水平，比各省资本存量得到资本回报率指标，保证了与资本产出测算的一致性。需要说明的是，白等（2006）的估计方法中资本报酬部分未扣除资本所缴税负，而本章主要考察对企业投资决策产生重要作用的税后资本回报率，因此参考柏培文和许捷（2017）的做法，选用已扣除资本负担生产税部分的营业盈余数据作为资本报酬，估算结果会普遍低于衡量资本回报率文献的估算结果，但大体变化趋势基本保持一致。

（五）资本流向

反映资本流向速率的资本增长率（CG）指标以全社会固定资产投资额按固定资产价格指数调整到 2000 年水平再比资本存量所得，衡量地区资本积累情况。

反映资本流向"虚实结构"的虚拟实体经济投资比（RM）指标以全社会固

定资产投资中房地产业投资比制造业投资表示，衡量资本流向的"脱实向虚"程度。①

反映资本流向"外商投资占比结构"的外商投资占比（*FI*）指标以全社会固定资产投资中利用外资的占比表示，衡量资本流向的外商投资流入水平。

（六）控制变量

本章使用的控制变量包括：产业结构（*MS*），以第三产业增加值与第二产业增加值之比表示；对外开放（*Open*），以进出口贸易总额与 GDP 之比表示；政府规模（*Gov*），以政府财政支出与 GDP 之比表示；国有化水平（*SE*），以国有企业工业总产值与工业总产值之比表示；金融危机的虚拟变量（*Fcri*），2008 年之前设为 0，之后设为 1；交通基础设施（*Infra*），以等级公路、铁路和内河航道里程之和比该省份国土面积表示（杜两省和刘发跃，2014）；经济发展水平（ln*GDPP*），以实际人均 GDP 的对数表示。

二、回归模型设定

本章使用逐步法（Baron and Kenny，1986）构建计量模型对假说所涉中介效应进行检验。检验假说6.1的基准模型和中介效应模型设定如下：

$$CO_{it} = \alpha_0 + \alpha_1 LPD_{it} + \sum_{l=1}^{n} \chi_l X_{it} + f_i + \varepsilon_{it} \qquad (6.19)$$

$$CO_{it} = \beta_0 + \beta_1 LPD_{it} + \beta_2 CD_{it} + \sum_{l=1}^{n} \delta_l X_{it} + f_i + \varepsilon_{it} \qquad (6.20)$$

$$CD_{it} = \alpha_0 + \alpha_1 LPD_{it} + \alpha_3 KPD + \sum_{l=1}^{n} \chi_l X_{it} + f_i + \varepsilon_{it} \qquad (6.21)$$

其中，被解释变量（*CO*）为资本产出；核心解释变量为劳动力价格扭曲（*LPD*）；中介变量为资本深化（*CD*），考察劳动力价格扭曲是否主要通过扭曲要素配置即加剧资本深化削减了资本产出效率；*X* 是控制变量向量，包括产业结构（*MS*）、对外开放（*Open*）、政府规模（*Gov*）、国有化水平（*SE*）、金融危机的虚拟变量（*Fcri*）。如果劳动力价格扭曲的效应主要通过中介机制产生，则必须满足：首先，*LPD* 在式（6.19）中对资本产出 *CO* 具有负向显著影响；其次，*LPD* 在式（6.21）中对中介变量 *CD* 具有正向显著影响；最后，在式（6.20）中中介变量 *CD* 具有负向显著影响，且引入中介变量后，*LPD* 的系数由式

---

① 由于中国自 1998 年全面停止实物分房并开始住房商品化改革，因此本指标的时间范围缩短为 1998~2016 年。

（6.19）中的负向显著变为在式（6.20）中的不显著。

检验假说 6.2 的基准模型和中介效应模型设定如下：

$$CR_{it} = \alpha_0 + \alpha_1 LPD_{it} + \sum_{l=1}^{n} \chi_l X_{it} + f_i + \varepsilon_{it} \tag{6.22}$$

$$CR_{it} = \beta_0 + \beta_1 LPD_{it} + \beta_2 CO_{it} + \sum_{l=1}^{n} \delta_l X_{it} + f_i + \varepsilon_{it} \tag{6.23}$$

其中，被解释变量（CR）为资本回报率。核心解释变量为劳动力价格扭曲（LPD）。中介变量为反映资本效率的资本产出（CO），考察降低资本产出的中介效应是否削弱了劳动力价格扭曲对资本回报的提升作用。X 是控制变量向量，与前面一致。在中介效应模型中，如果间接效应和直接效应符号相反，总效应就出现了被遮掩的情况，称之为"遮掩效应"（MacKinnon et al.，2000）。如果劳动力价格扭曲通过中介机制产生的部分效应削减了其对资本回报的作用，则必须满足：首先，LPD 在式（6.22）中对资本回报 CR 具有正向显著影响；其次，LPD 对中介变量 CO 具有负向显著影响，这已在式（6.19）中呈现；最后，在式（6.23）中中介变量对 CR 具有正向显著影响，且引入中介变量后，LPD 的系数仍为正向显著并在式（6.23）中相较式（6.22）有所提升。

检验假说 6.3 的基准模型和中介效应模型设定如下：

$$CG_{it} = \alpha_0 + \alpha_1 LPD_{it} + \sum_{l=1}^{n} \chi_l X_{it} + f_i + \varepsilon_{it} \tag{6.24}$$

$$CG_{it} = \beta_0 + \beta_1 LPD_{it} + \beta_2 CR_{it} + \sum_{l=1}^{n} \delta_l X_{it} + f_i + \varepsilon_{it} \tag{6.25}$$

其中，被解释变量（CG）为资本增长率。核心解释变量为劳动力价格扭曲（LPD）。中介变量为资本回报（CR），考察劳动力价格扭曲是否主要通过提升资本回报推高了资本增速。X 是控制变量向量，与前面一致。如果劳动力价格扭曲的效应主要通过中介机制产生，则必须满足：首先，LPD 在式（6.24）中对资本增长率 CG 具有正向显著影响；其次，LPD 对中介变量 CR 具有正向显著影响，这已在式（6.22）中呈现；最后，在式（6.25）中中介变量 CR 具有正向显著影响，且引入中介变量后，LPD 的系数由式（6.24）中的正向显著变为在式（6.25）中不显著。

检验假说 6.4 的回归模型设定如下。

首先是劳动力价格扭曲对资本"脱实向虚"作用的基准模型：

$$RM_{it} = \alpha_0 + \alpha_1 LPD_{it} + \sum_{l=1}^{n} \chi_l Z_{it} + f_i + \varepsilon_{it} \tag{6.26}$$

其中，被解释变量（*MR*）为虚拟实体经济投资比，表示资本的"脱实向虚"程度。核心解释变量为劳动力价格扭曲（*LPD*）。*Z* 是控制变量向量，包括对外开放（*Open*）、政府规模（*Gov*）、国有化水平（*SE*）、金融危机的虚拟变量（*Fcri*），由于交通便利程度对房地产业而言极其重要，增加控制交通基础设施（*Infra*），同时增加控制经济发展水平（ln*GDPP*），由于制造业与房地产业分属第二、第三产业，为避免共线不再控制产业结构。

其次是劳动力价格扭曲对外商投资占比的基准模型：

$$FI_{it} = \alpha_0 + \alpha_1 LPD_{it} + \sum_{l=1}^{n} \chi_l Z_{it} + f_i + \varepsilon_{it} \qquad (6.27)$$

其中，被解释变量（*FI*）为外商投资占比。核心解释变量为劳动力价格扭曲（*LPD*）。*Z* 是控制变量向量，包括产业结构（*MS*）、对外开放（*Open*）、政府规模（*Gov*）、金融危机的虚拟变量（*Fcri*）、交通基础设施（*Infra*）、经济发展水平（ln*GDPP*），由于外资为非国有经济，为避免共线不再控制国有化水平。

第四节　计量结果与分析

一、基准回归结果

本章采用固定效应模型（FE）进行回归估计，回归结果报告如下所示。

表 6-1 报告了假说 6.1 的检验结果。其中，第（3）列和第（4）列的 *VIF* 最大值分别为 2.77 和 2.29，远小于 10，因此可以认为模型设定不存在多重共线性问题。

表 6-1　　　引入劳动力价格扭曲与资本产出的回归结果

变量	FE				2SLS	
	（1）	（2）	（3）	（4）	（5）	（6）
	CO	*CD*	*CD*	*CO*	*CD*	*CO*
LPD	-0.0309 ***	4.1970 ***	4.1694 ***	-0.0055	24.8433 ***	-0.4214 ***
	(0.0068)	(0.3793)	(0.3952)	(0.0070)	(4.5124)	(0.0845)
KPD			-0.0381			
			(0.1516)			
CD				-0.0060 ***		
				(0.0007)		

变量	FE				2SLS	
	(1)	(2)	(3)	(4)	(5)	(6)
	CO	CD	CD	CO	CD	CO
Controls[a]	Yes	Yes	Yes	Yes	Yes	Yes
Province fixed effects	Yes	Yes	Yes	Yes	Yes	Yes
Observations	651	651	651	651	651	651
R^2	0.5659	0.7337	0.7337	0.6158	−0.5515	−1.7934
F-stat of excl. instrument					26.092	26.092
Anderson canon. corr. LM statistic					25.273 [0.0000]	25.273 [0.0000]
Durbin-Wu-Hansman					127.130 [0.0000]	143.180 [0.0000]

注：a 限于篇幅，此处不再报告控制变量及常数项回归结果，下同。

*、** 和 *** 分别代表在 10%、5% 和 1% 的统计水平上显著；小括号中的数值为标准差；中括号中的数值为检验统计量的 p 值。Province fixed effects 为省固定效应；Observations 为观测值；F-stat of excl. instrument 为一阶段工具变量回归中工具变量对内生解释变量的显著性检验；Anderson canon. corr. LM statistic 为识别不足检验，原假设是"工具变量为识别不足"；Durbin-Wu-Hausman 为内生性检验，原假设是"解释变量为外生"。下同。

如表 6-1 所示，第（1）列是在不考虑资本深化的情况下单独检验劳动力价格扭曲（LPD）与资本产出（CO）的相关关系。回归结果显示，劳动力价格扭曲系数为负且在 1% 水平上显著，说明劳动力价格扭曲削减了资本产出，假说 6.1a 得到验证。此外，根据前面的分析，还需要考察劳动力价格扭曲是否主要通过加剧资本深化以削减资本产出水平。

第（2）列和第（3）列检验了劳动力价格扭曲（LPD）、资本价格扭曲（KPD）与资本深化（CD）的相关关系。回归结果显示，劳动力价格扭曲系数均为正且在 1% 水平上显著，说明劳动力价格扭曲加剧了资本深化；而资本价格扭曲系数为负但不显著，说明对于企业而言，利率管制下的银行信贷资金并不容易获得，利率管制所创造的资本价格扭曲作用实际是有限的，企业真实平均资金成本可能远高于管制利率水平。

第（4）列则同时引入劳动力价格扭曲与资本深化二者对资本产出的作用，回归结果显示，劳动力价格扭曲的系数由第（1）列中的负向1%水平显著变为不显著，资本深化的系数为负且在1%水平上显著，说明资本深化作为劳动力价格扭曲影响资本回报的中介机制得到了实证结果的支持，即劳动力价格扭曲主要通过加剧资本深化的中介机制削减资本产出，假说6.2b得到验证。

表6-2报告了假说6.2和假说6.3的检验结果。其中，第（2）列和第（4）列VIF最大值分别为2.31和2.23，远小于10，因此可以认为模型设定不存在多重共线性问题。

表6-2　　　　引入劳动力价格扭曲、资本回报与资本增长率的回归结果

变量	FE				2SLS	
	（1）	（2）	（3）	（4）	（5）	（6）
	CR	*CR*	*CG*	*CG*	*CR*	*CG*
LPD	0.0050*	0.0110***	0.0074	0.0064	0.0128	0.1528***
	(0.0029)	(0.0026)	(0.0046)	(0.0046)	(0.0144)	(0.0367)
CO		0.1944***				
		(0.0154)				
CR				0.1938***		
				(0.0634)		
Controls	Yes	Yes	Yes	Yes	Yes	Yes
Province fixed effects	Yes	Yes	Yes	Yes	Yes	Yes
Observations	651	651	651	651	651	651
R^2	0.1951	0.3606	0.4025	0.4114	0.1856	−0.5774
F-stat of excl. instrument					26.092	26.092
Anderson canon. corr. LM statistic					25.273 [0.0000]	25.273 [0.0000]
Durbin-Wu-Hansman					0.312 [0.5762]	43.204 [0.0000]

如表6-2所示，第（1）列是在不考虑资本产出的情况下单独检验劳动力价格扭曲（*LPD*）与资本回报（*CR*）相关关系的回归结果。回归结果显示，劳

动力价格扭曲的系数为正，且在10%水平上显著，说明劳动力价格扭曲在总体上提升了资本回报。假说6.2a得到验证。

第（2）列则同时引入劳动力价格扭曲与资本产出二者对资本回报的作用，回归结果显示，劳动力价格扭曲的系数仍然为正且在1%水平上显著，并相对第（1）列结果出现了很大提升，而资本产出的系数为正且在1%水平上显著。上述回归结果结合表6-1第（1）列的结论，说明资本产出作为劳动力价格扭曲影响资本回报的中介机制得到了实证结果的支持，即削减资本产出的中介机制大大削弱了劳动力价格扭曲对资本回报的提升作用，假说6.2b得到验证。但与此同时，劳动力价格扭曲对资本回报的补贴作用大于资本产出下滑带来的负面影响，劳动力价格扭曲总体而言仍提高了资本回报。

第（3）列是在不考虑资本回报的情况下单独检验劳动力价格扭曲（*LPD*）与资本增长率（*CG*）相关关系的回归结果。回归结果显示，劳动力价格扭曲的系数为正但不显著，说明劳动力价格扭曲在总体上可能对资本积累有一定促进作用，假说6.3a得到初步验证。但由于模型内生性问题可能造成固定效应估计结果偏误，因此本章将在内生性分析中对此结果进行进一步验证。

第（4）列则同时引入劳动力价格扭曲与资本回报二者对资本增长率的作用，回归结果显示，劳动力价格扭曲的系数仍然为正且不显著，并相对第（3）列结果出现了部分下滑，而资本回报的系数为正且在1%水平上显著。上述回归结果结合表6-2第（1）列的结论，说明资本回报作为劳动力价格扭曲影响资本增长率的中介机制得到了实证结果的支持，即劳动力价格扭曲主要通过提高资本回报的中介机制加速资本积累，假说6.3b得到验证。

表6-3报告了假说6.4的检验结果。其中，第（1）列和第（2）列*VIF*最大值分别为5.39和5.36，远小于10，因此可以认为模型设定不存在多重共线性问题。

表6-3　　　　　引入劳动力价格扭曲与资本流向结构的回归结果

变量	FE		2SLS	
	（1）	（2）	（3）	（4）
	RM	*FI*	*RM*	*FI*
LPD	-0.8169***	0.0091***	-3.8257***	0.0541***
	(0.1381)	(0.0028)	(0.6465)	(0.0184)
Controls	Yes	Yes	Yes	Yes
Province fixed effects	Yes	Yes	Yes	Yes

变量	FE		2SLS	
	(1)	(2)	(3)	(4)
	RM	*FI*	*RM*	*FI*
Observations	539	651	539	651
R^2	0.1150	0.4496	−0.7241	0.2124
F-stat of excl. instrument			48.116	20.348
Anderson canon. corr. LM statistic			44.513 [0.0000]	19.919 [0.0000]
Durbin-Wu-Hansman			46.253 [0.0000]	8.872 [0.0029]

如表 6 - 3 所示，第（1）列报告了劳动力价格扭曲（LPD）对虚拟实体经济投资比（RM）的影响。回归结果显示，劳动力价格扭曲对虚拟实体经济投资比的影响为负，且在 1% 水平上显著，说明劳动力价格扭曲对将资本保留在实体经济中具有一定的积极引导作用，劳动力价格扭曲部分抑制了资本"脱实向虚"，假说 6.4a 得到验证。

第（2）列报告了劳动力价格扭曲（LPD）对外商投资占比（FI）的影响。回归结果显示，劳动力价格扭曲对外商投资占比的影响为正且在 1% 水平上显著，说明劳动力价格扭曲的劳动力低成本优势对外商投资的吸引力大于本国投资，假说 6.4b 得到验证。

二、内生性分析

固定效应模型能在一定程度上缓解遗漏变量产生的内生性问题，但固定效应模型估计的一致性要求解释变量均为外生，否则将导致固定效应估计结果有偏或非一致。饶莫特和泰特兰（Jaumotte and Tytell，2007）认为，全球化，包括外商投资强化了资本的"谈判力量"，从而压低了劳动收入，而本章的核心解释变量劳动力价格扭曲对资本产出、资本回报和资本流向产生影响之后，这些改变同样可能通过强化资本的"谈判力量"反过来固化劳动力价格扭曲，因此本章的核心解释变量劳动力价格扭曲与各个被解释变量之间可能存在联立性偏误导致的内生性问题。同时，根据前文分析，各模型的个体固定效应十分显著不可忽略，因此本章选取面板固定效应的工具变量（IV）估计方法对表 6 - 1 第（1）列和第（2）列、表 6 - 2 第（1）列和第（3）列、表 6 - 3 第（1）列和第（2）列进行重新估计以解决内生性问题。

合格的工具变量必须满足两个条件：一是其与内生变量相关；二是其本身是外生的。本章对于表 6-1 第（1）列和第（2）列、表 6-2 第（1）列和第（3）列构建劳动力转移程度（*Transfer*）作为工具变量，使用全国农民工就业人数比总就业人数表示，1995~1997 年数据来自杜建军等（2015）的研究，1998~2014 年数据来自历年《农民工监测调查报告》。从相关性来看，农村剩余劳动力的流动就业及劳动力市场分割是劳动力价格扭曲的主要成因。而由于户籍制度的存在，劳动力的重新配置过程又体现为农民工流动就业的增长，因此劳动力转移程度的上升便反映了企业需要跨越劳动力市场分割壁垒所吸收的劳动力比例，这将提升劳动力价格扭曲水平。从外生性来看，各省份资本产出、资本回报与资本流向速率的变化基本不会改变全国劳动力产业间重新配置进程，也不会改变大部分由制度决定的全国劳动力市场分割程度，说明工具变量是合理的。

由于资本流向结构的变化很可能影响就业结构，本章对于表 6-3 第（1）列和第（2）列另外构建失业保障（*UI*）作为工具变量，使用各省份失业保险参保人数占从业人数的比例表示。从相关性来看，失业保障程度越高，说明地区对低端和转移劳动力的歧视越弱，劳动力市场分割程度越低，因此该指标与劳动力市场扭曲具有较强的相关性。从外生性来看，失业保险参保人数由社会保障制度外生决定，资本流向结构的改变并不会促使企业增减就业保险的参保人数，说明工具变量是合理的。

当然，所选工具变量与各省份资本产出、资本回报和资本流向指标可能无法同时满足严格的外生性条件。但是，工具变量回归在外生性与相关性之间存在一定的权衡，若工具变量与内生解释变量之间相关性较强，即二者的协方差数值较大，那么即使工具变量与扰动项的协方差不严格等于零，由于不严格满足外生性条件所造成的偏差也比较小。而根据关于弱工具变量的 F 检验结果可知，本章所选的工具变量与劳动力扭曲相关性较强。因此，可以认为本章的工具变量回归结果是可信的。

由表 6-1 第（5）列和第（6）列、表 6-2 第（5）列和第（6）列、表 6-3 第（3）列和第（4）列可知，除表 6-2 第（5）列外，所有回归都显著拒绝 Durbin-Wu-Hausman 内生性检验，说明劳动力价格扭曲这一解释变量对于绝大部分回归模型都是内生的。除表 6-2 第（5）列和第（6）列外，工具变量的回归结果与基准回归系数符号和显著性基本保持一致。表 6-2 第（6）列显示劳动力价格扭曲（*LPD*）对资本增长率（*CG*）的影响由正向不显著变为正向且在 1% 水平上显著，说明劳动力价格扭曲总体而言促进了资本积累，假说 6.3a 得到进一步验证，而内生性使前面的固定效应回归产生了明显下偏。

三、异质性检验

本章考虑对假说验证主要所涉及的表6-1第（1）列和第（2）列、表6-2第（1）列和第（3）列、表6-3第（1）列和第（2）列固定效应回归的异质性进行检验，选择在人口流入与流出的东部地区和非东部地区子样本上进行相应的固定效应回归（见表6-4）。

表6-4　　　　　　　　　　　异质性检验回归结果

变量	样本1：东部地区					
	（1）	（2）	（3）	（4）	（5）	（6）
	CD	CO	CR	CG	RM	FI
LPD	3.9382 *** (0.6512)	− 0.0153 * (0.0091)	0.0118 *** (0.0039)	0.0210 *** (0.0042)	− 0.3247 (0.2609)	0.0186 *** (0.0047)
Controls	Yes	Yes	Yes	Yes	Yes	Yes
Province fixed effects	Yes	Yes	Yes	Yes	Yes	Yes
Observations	231	231	231	231	192	231
R^2	0.7663	0.4833	0.3712	0.5435	0.5008	0.7486
变量	样本2：非东部地区					
	（7）	（8）	（9）	（10）	（11）	（12）
	CD	CO	CR	CG	RM	FI
LPD	4.3628 *** (0.4492)	− 0.0471 *** (0.0093)	0.0007 (0.0039)	0.0043 (0.0068)	− 0.4217 *** (0.0898)	0.0006 (0.0020)
Controls	Yes	Yes	Yes	Yes	Yes	Yes
Province fixed effects	Yes	Yes	Yes	Yes	Yes	Yes
Observations	420	420	420	420	347	420
R^2	0.7388	0.6205	0.2081	0.4404	0.1504	0.4384

表6-4回归结果显示，劳动力价格扭曲（LPD）在东部样本和非东部样本中对资本深化（CD）均存在正向显著影响；对资本产出（CO）则均存在负向显著影响，与前面的基准回归保持一致。而劳动力价格扭曲（LPD）对资本回报（CR）和资本增长率（CG）的影响，在东部样本中均变为正向且在1%水平上显著，在非东部样本中则都变为正向不显著。检验结果说明，在东部地区，劳动

力价格扭曲对资本的超额利润补贴作用大于其对资本产出的削减作用，总体提升了资本回报，因此进一步促进了资本积累；但对于非东部地区而言，资本产出削减效应完全掩盖了超额利润补贴效应，使得劳动力价格扭曲无法实现对资本回报的提升作用，从而也无法实现对资本积累的促进效应，也侧面验证了劳动力价格扭曲只通过提升资本回报的中介效应促进资本积累。表6-4第（5）列和第（11）列的异质性检验结果说明，劳动力价格扭曲对资本"脱实向虚"的抑制作用主要在非东部地区实现；表6-4第（6）列和第（12）列的异质性检验结果说明，劳动力价格扭曲对外资的吸引力主要在东部地区实现。

四、稳健性检验

本章考虑对假说验证主要所涉及的表6-1第（5）列和第（6）列、表6-2第（5）列和第（6）列、表6-3第（3）列和第（4）列工具变量回归的稳健性进行检验。由于本章的资本存量指标测度结果将对回归所涉产出弹性、要素价格扭曲、资本产出、资本回报和资本流向指标都产生较大影响，本章计划更换估计方法对资本存量指标进行重新测度以对前面工具变量回归进行稳健性检验。前面资本存量数据参照张军等（2004）的研究方法进行估算，此处更换为参照单豪杰（2008）的研究方法，同时改变折旧率、基期及基期资本存量确定方法对资本存量进行重新估算。更新资本存量估计方法后的工具变量回归结果如表6-5所示。从表6-5可以看出，估计结果中各变量符号和显著性与前面工具变量回归结果基本一致，可以认为前面的工具变量回归是较为稳健的。

表6-5　　　　　　　　　更换资本存量计算方法的工具变量回归结果

变量	(1)	(2)	(3)	(4)	(5)	(6)
	CD	CO	CR	CG	RM	FI
LPD	22.4417***	− 0.4232***	− 0.0111	0.1188***	− 4.8916***	0.0482***
	(3.0524)	(0.0668)	(0.0145)	(0.0246)	(0.8336)	(0.0148)
Controls	Yes	Yes	Yes	Yes	Yes	Yes
Province fixed effects	Yes	Yes	Yes	Yes	Yes	Yes
Observations	651	651	651	651	539	651
R^2	0.0185	− 0.9429	0.1669	0.1506	− 0.7536	0.3546
F-stat of excl. instrument	43.586	43.586	43.586	43.586	46.905	35.590
Anderson canon. corr. LM statistic	41.094 [0.0000]	41.094 [0.0000]	41.094 [0.0000]	41.094 [0.0000]	43.489 [0.0000]	34.021 [0.0000]
Durbin-Wu-Hansman	109.224 [0.0000]	132.369 [0.0000]	0.915 [0.3387]	33.115 [0.0000]	46.579 [0.0000]	6.748 [0.0094]

第五节　结论

本章利用 1996~2016 年省级面板数据测算中国劳动力价格扭曲程度，结果表明，虽然劳动力工资占比实现了一定增长，但增速却一直低于劳动力边际产出增速，因此中国劳动力工资实际是被普遍压低的，劳动力价格扭曲仍普遍存在。劳动力价格扭曲所造成的产出效率损失一直是国内外学者所关注的焦点，但其在经济增长赶超阶段所发挥的特殊作用却被忽视了，对于中国经济而言，正是劳动力价格扭曲向资本所有者转移的超额利润破除了资本边际报酬递减规律的制约，从而保障了资本积累引擎的持续高速运转。本章通过理论分析与实证研究验证了：劳动力价格扭曲造成的资本产出损失并不能掩盖超额利润转移补贴对资本回报水平的直接提升作用；劳动力价格扭曲通过高资本回报水平形成了地区对投资的持续吸引力，推动高速资本积累；劳动力价格扭曲对资本流向的作用还表现为抑制资本"脱实向虚"和吸引外资流入。

当然，我们也必须清醒地认识到，劳动力价格扭曲只是赶超阶段的剩余劳动力流动与市场分割等特殊条件所创造的一种中间状态，必将在跨越"二元经济"发展阶段与要素市场化改革的进程中逐渐消解。劳动力价格扭曲在分配阶段的超额利润转移作用虽然维持了高水平的资本回报，却也削弱了劳动力购买力水平，造成投资消费结构的大幅失衡，国内消费需求不足使得资本扩张所提供的产品缺乏市场消化，经济内部失衡在开放经济条件下又表现出了经济外部失衡的特征，使得 2008 年全球金融危机之后外需收缩下的中国经济更加脆弱。可见，劳动力价格扭曲虽在赶超阶段对破除资本边际报酬递减规律制约起到了重要作用，但扭曲现象及其效应都是不可持续的。

中国经济迈入"新常态"后，劳动力价格扭曲的消解将给经济持续增长带来新挑战。劳动力价格扭曲的矫正将会带来产出效率的提升，却也同时将削减资本回报并改变资本流向，导致资本增速下滑，驱使资本"脱实向虚"并加剧国际资本流出风险，进而对经济增长产生不利影响。因此，中国需要在扭曲矫正的过程中积极采取措施规避其对资本回报和资本流向的不利影响，如循序渐进、因地制宜地推进要素市场化改革，更要加大教育和科研投入，创造破除资本边际报酬递减制约的新渠道，使经济增长模式实现由资本驱动型向全要素生产率驱动型转型，保障国民经济健康有序发展。

参考文献

[1] 柏培文、许捷：《中国省际资本回报率与投资过度》，载于《经济研究》2017 年第 10 期。

[2] 蔡昉：《理解中国经济发展的过去、现在和将来——基于一个贯通的增长理论框架》，载于《经济研究》2013 年第 11 期。

[3] 蔡昉：《认识中国经济减速的供给侧视角》，载于《经济学动态》2016 年第 4 期。

[4] 戴魁早、刘友金：《要素市场扭曲与创新效率——对中国高技术产业发展的经验分析》，载于《经济研究》2016 年第 7 期。

[5] 单豪杰：《中国资本存量 K 的再估算：1952—2006 年》，载于《数量经济技术经济研究》2008 年第 10 期。

[6] 杜建军、汪伟、丁晓钦：《中国农村转移劳动力价格扭曲与城市经济增长（1980—2011）》，载于《中国经济史研究》2015 年第 4 期。

[7] 杜两省、刘发跃：《人力资本存量难以解释西部地区低投资效率的原因分析》，载于《中国人口科学》2014 年第 4 期。

[8] 盖庆恩、朱喜、程名望、史清华：《要素市场扭曲、垄断势力与全要素生产率》，载于《经济研究》2015 年第 5 期。

[9] 干春晖、郑若谷、余典范：《中国产业结构变迁对经济增长和波动的影响》，载于《经济研究》2011 年第 5 期。

[10] 胡鞍钢：《从人口大国到人力资本大国：1980—2000 年》，载于《中国人口科学》2002 年第 5 期。

[11] 黄益平：《金融市场扭曲最严重》，载于《英才》2014 年第 3 期。

[12] 李文溥、李静：《要素比价扭曲、过度资本深化与劳动报酬比重下降》，载于《学术月刊》2011 年第 2 期。

[13] 林毅夫：《消除市场扭曲要素》，载于《资本市场》2014 年第 5 期。

[14] 刘晓光、卢锋：《中国资本回报率上升之谜》，载于《经济学（季刊）》2014 年第 2 期。

[15] 毛其淋：《要素市场扭曲与中国工业企业生产率——基于贸易自由化视角的分析》，载于《金融研究》2013 年第 2 期。

[16] 汤向俊、任保平：《投资消费结构转变与经济增长方式转型》，载于《经济科学》2010 年第 6 期。

[17] 王宁、史晋川（2015a）：《中国要素价格扭曲程度的测度》，载于《数量经济技术经济研究》2015 年第 9 期。

[18] 王宁、史晋川（2015b）：《要素价格扭曲对中国投资消费结构的影响分析》，载于《财贸经济》2015 年第 4 期。

[19] 冼国明、徐清：《劳动力市场扭曲是促进还是抑制了 FDI 的流入》，载于《世界经济》2013 年第 9 期。

［20］徐长生、刘望辉：《劳动力市场扭曲与中国宏观经济失衡》，载于《统计研究》2008 年第 5 期。

［21］张军、吴桂英、张吉鹏：《中国省际物质资本存量估算：1952—2000》，载于《经济研究》2004 年第 10 期。

［22］张勋、徐建国：《中国资本回报率的驱动因素》，载于《经济学（季刊）》2016 年第 3 期。

［23］赵自芳、史晋川：《中国要素市场扭曲的产业效率损失——基于 DEA 方法的实证分析》，载于《中国工业经济》2006 年第 10 期。

［24］中国经济增长前沿课题组，张平、刘霞辉、袁富华：《中国经济转型的结构性特征、风险与效率提升路径》，载于《经济研究》2013 年第 10 期。

［25］Aoki, S., "A Simple Accounting Framework for the Effect of Resource Misallocation on Aggregate Productivity", *Journal of the Japanese and International Economies*, 2012, 26 (4): 473 – 494.

［26］Bai, C. E., C. T. Hsieh and Qian Y. Y., "The Return to Capital in China", *Brooking's Papers on Economic Activity*, 2006 (2): 61 – 68.

［27］Baron R. M. andD. A. Kenny, "The Moderator-Mediator Variable Distinction in Social Psychological Research：Conceptual, Strategic, and Statistical Considerations", *Journal of Personality and Social Psychology*, 1986, 51 (6): 1173 – 1182.

［28］Boal, W. M. and M. R. Ransom, "Monopsony in the Labor Market", *Journal of Economic Literature*, 1997, 35 (1): 86 – 112.

［29］Hsieh, C. T. and P. J. Klenow, "Misallocation and Manufacturing TFP in China and India", *The Quarterly Journal of Economics*, 2009, 124 (4): 1403 – 1448.

［30］Jaumotte, M. F. and I. Tytell, "How has the Globalization of Labor Affected the Labor Income Share in Advanced Countries?", *International Monetary Fund*, 2007, No. 7 – 298.

［31］Kojima, K., *Direct Foreign Investment：A Japanese Model of Multi-National Business Operations*, London：Croom Helm, 1978.

［32］Krugman, P., "The Myth of Asia's Miracle", *Foreign Affairs*, 1994, 73 (6): 62 – 78.

［33］Lewis. W. A., "Economic Development With Unlimited Supplies Of Labour", *Manchester School of Economic & Social Studies*, 1954, 22 (2): 139 – 191.

［34］MacKinnon, D. P., J. L. Krull and C. M. Lockwood, "Equivalence of the Mediation, Confounding and Suppression Effect", *Prevention Science*, 2000, 1 (4): 173 – 181.

［35］Robinson, J., *The Economics of Imperfect Competition*, 2nd ed, London：Macmillan, 1969.

［36］Tobin J., "Inflation and Unemployment", *American Economic Review*, 1972, 62 (1): 1 – 18.

第七章 我国财政政策的调控效果分析：基于政策不确定性视角[*]

第一节 引言

新中国成立以来，财政政策长期坚持走的是一条平衡或者紧缩的道路。1998 年在亚洲金融危机的影响下，我国经济增速显著减缓，固定资产投资、消费和居民收入等多项重要经济指标的增速明显下滑。在严峻的国内外经济形势下，我国政府实施了第一轮积极财政政策（1998 ~ 2004 年）。2008 年在由美国"次贷危机"引发的全球性金融危机的背景下，我国政府开始实施新一轮积极财政政策。积极财政政策的实施开创了我国反周期财政政策的先河，填补了政策实践领域中的空白，丰富了政府宏观调控工具的内涵。

我国政府实施的财政政策在稳定经济增长、熨平经济波动等方面取得了显著的成效，同时也促进了产业结构与区域结构的优化以及经济发展方式的转变，使得我国经济增长的质量和效益不断提升。在该现实背景下，许多学者就财政政策的调控效果展开了研究。在这些研究的基础上，政策不确定性对宏观经济运行的影响成为近年来学术界的研究热点。黄宁和郭平（2015）、陈国进和王少谦（2016）、饶品贵等（2017）学者就中国政策不确定性问题展开了丰富的研究，

---

* 本章作者：胡久凯、王艺明。原文发表于《财政研究》2020 年第 1 期。

多数已有研究都认为政策不确定性会对宏观经济产生负面影响。

虽然政策不确定性对宏观经济的影响越来越受到社会各界的关注，但是学者们在对政策不确定性的影响进行实证分析时普遍忽视了其背后的政策内涵。通过对已有实证文献的梳理，我们发现尚没有文献将财政政策冲击与政策不确定性这二者结合起来对财政政策的效果进行评价。事实上，政府部门在采用财政政策对宏观经济进行调控时政策立场经常发生变动，常在多目标之间切换，并且会对政策的松紧、力度和组合进行调整，从而引致了政策不确定性的变化。如果政府部门在实施财政政策时，以化解公共风险、稳定预期和增强市场信心为目标，通过合理规划和提前释放政策的有关信号等措施来降低政策的不确定性水平，能否减小政策冲击对投资的挤出效应或者有效地平滑消费等经济行为，从而进一步有助于减小经济波动和实现"稳增长"的政策目标？不同政策不确定性背景下财政政策冲击对宏观经济的影响有何差异？这些具有重要理论与现实意义的问题正是本章所重点关注的。

本章运用符号约束结构向量自回归（SVAR）模型来识别不同政策不确定性背景下的财政收入和支出冲击，再进一步由它们的线性组合来构建积极财政政策冲击。研究发现：不同政策不确定性背景下的财政政策冲击对宏观经济变量的影响具有非对称性，政策不确定性上升情形下的积极财政政策会导致我国的经济波动加剧。本章主要的创新点和贡献在于：第一，本章的研究填补了已有的实证分析文献在将财政政策冲击与政策不确定性相互结合来进行政策效果评价方面的研究空白，为政策不确定性对宏观经济的影响等方面的研究提供了更具政策内涵的新的解释；第二，本章不仅研究了不同政策不确定性背景下的财政政策冲击对宏观经济变量水平值的直接影响，还采用前沿计量方法测算了我国的宏观经济不确定性指数，并进一步分析了政策不确定性的上升是否会传导到宏观经济中，从而加剧整个经济社会的不确定性水平的间接作用机制；第三，本章构建了包含不确定性指标变量的 SVAR 模型并根据研究的实际需求来施加符号约束进行识别，进而研究我们所关注的不同政策不确定性背景下的财政政策冲击，这是对芒福德和乌利希（Mountford and Uhlig, 2009）已有模型的一次创新性应用，为如何科学地应用前沿计量方法进行政策效果评价提供了一个新的思路。

第二节　文献综述

20 世纪末以来，我国政府实行的财政政策主要包括财政支出和财政收入两方面的政策。财政支出方面的政策主要包括：调整投入到基础设施和公用项目建设中的财政资金规模，调整对教育、医疗、卫生等各领域的投资结构，以及对社会的消费和投资等进行补贴等。财政收入方面的政策主要包括：发行债券提高财政赤字率，调整关税、增值税等的税率和纳税主体范围，减免政府性基金收费和行政事业性收费项目等。综合来看，政府过去实施的积极财政政策的实践主要是通过提高财政赤字率来扩大政府投资，"减税降费"是近年来值得关注的重要措施。这些财政政策的实践经验为学者们研究财政政策对宏观经济的影响提供了现实依据。

在财政支出对经济增长的影响方面，刘贵生和高士成（2013）研究发现财政支出政策可以拉动经济增长，并且对私人支出存在挤出效应；刘达宇等（2016）认为尽管财政政策会对投资和消费产生一定的挤出效应，但它会在长期拉动经济增长，是一项较为稳健的宏观调控手段；王艺明和胡久凯（2018）发现我国的财政扶贫政策取得了显著的绩效。在财政支出对CPI的影响方面，郭长林（2016）将政府生产性支出引入动态随机一般均衡（DSGE）模型进行分析，发现财政支出冲击对CPI的影响由它对总需求和总供给两方面作用的相对大小共同决定，随着政府支出生产性的增强，它对通货膨胀的抑制作用也更明显；杨子晖等（2014）发现我国的财政赤字具有较强的货币供给效应，赤字的融资需求一定程度上决定了货币供应量的增长从而加大经济中的通货膨胀风险。从财政收入的角度出发，庞凤喜和张丽微（2016）发现我国的货币供应、价格水平和税收收入之间存在正向联动关系；杨君茹和戴沐溪（2012）认为增值税、消费税和营业税三项流转税与CPI存在正向影响的关系。李永友（2006）、饶晓辉和刘方（2014）、杨灿明和詹新宇（2016）就财政政策在稳定经济增长、熨平经济波动等方面的表现进行了研究。

除了研究财政政策变量的水平值对宏观经济变量的影响之外，政策不确定性对宏观经济运行的影响成为近年来学术界的研究热点。本章将政策不确定性定义为未来经济政策的不可预知性，它表现为政策实施过程中的承诺不一致，以及由政策多变造成的市场预期紊乱和信心缺失。政策不确定性的成因主要包括：第一，在复杂多变的经济形势下，政府相机抉择而带来的政策多变性；第二，由政府官员变更引致的政策力度或方向等的变化；第三，由中央银行和财政部等政府部门之间协调配合不够充分导致的调控效率的损失。政策变量的波动性与政策不确定性密切相关，国内外学者们通过自回归模型、广义的自回归条件异方差（GARCH）模型等多种方法来测算政策变量的波动率，并对其经济影响展开了广泛的研究。贝克等（Baker et al.，2016）收集整理了美国十大报刊上的政策不确定性方面的词频来计算美国的政策不确定性指数，并用相同的方法计算了中国等主要经济体的政策不确定性指数。在贝克等（2016）的研究基础上，大量国内学者就中国的政策不确定性问题展开了研究。黄宁和郭平（2015）发现政策不确定性对经济增长、投资、消费、CPI 等均产生了负向影响；陈国进和王少谦（2016）发现政策不确定性对企业投资行为具有抑制作用；饶品贵等（2017）发现政策不确定性上升会导致企业投资显著下降且投资效率显著提高；朱军（2017）、朱军和蔡恬恬（2018）采用与贝克等（2016）类似的方法构建了中国的财政政策不确定性指数并展开了分析。除了基于贝克等（2016）的政策不确定性指数的研究以外，杨海生等（2014）、罗党论等（2016）研究了由官员变更引致的政策不确定性，发现政策不确定性的上升会加剧企业的市场风险，对经济增长有显著的抑制作用；郭长林（2016）将消息冲击和生产性政府支出引入DSGE 模型，研究发现政府提前释放与政策有关的信号能够减少政策所带来的经济波动。

总体来看，学者们对我国财政政策及其不确定性对宏观经济的影响开展了广泛的研究，也达成了许多一致的观点：大多数已有文献都发现政府支出对私人投资和居民消费产生了挤出效应，政府部门实施的财政政策在稳定经济增长、熨平经济波动等方面取得了一定的成效，政策不确定性会对宏观经济产生一定的负面影响等。但是，已有文献很少把财政政策冲击与政策不确定性这二者结合起来对政策的效果进行评价。如果政府在实施财政政策时，以化解公共风险、稳定预期和增强市场信心为目标，实行具有持续性和透明性的政策措施，那么政策不确定性会随着政策的实施而逐渐下降。例如，在 2008 年政府推出"4 万亿"经济刺激计划之前，经济政策的不确定性是相对较高的。而"4 万亿"政策出来以后，政府释放了明确的政策信号，政策指向明确、政策强度确定，因此经济政策的不确定性大大降低（饶品贵等，2017）。研究不同政策不确定性背景下的财政政策冲击可以为政策不确定性对宏观经济的影响等方面的研究提供更具政策内涵的解释，并且对政府部门的政策制定等实践活动具有更加深刻的指导意义。

第三节　符号约束 SVAR 模型的识别与估计

一、模型的基本设定

本章参考芒福德和乌利希（2009）的方法，构建施加了符号约束的 SVAR 模型来识别不同政策不确定性背景下的财政政策冲击。具体来说，模型的构建方法如下。

首先，简化形式的 VAR 模型可以表示为：

$$Y_t = \sum_{k=1}^{p} \Phi_k Y_{t-k} + u_t, E[u_t u_t'] = \sum_u \qquad (7.1)$$

其中，Y_t 是 $n \times 1$ 阶的向量，p 是向量自回归（VAR）模型的滞后期数，Φ_k 是系数矩阵，u_t 是简化式的扰动项。式（7.1）也可以写成无穷阶的向量移动平均形式：

$$Y_t = \sum_{h=0}^{\infty} B(h) u_{t-h}, \quad B(0) = I \tag{7.2}$$

因为 u_t 的元素没有明确的经济意义，所以有必要引入 SVAR 模型。假设 ε_t 是结构冲击，并且 $u_t = A_0 \varepsilon_t$、$E[\varepsilon_t \varepsilon_t'] = I$、$[A_0 A_0'] = \sum_u$。可以发现，识别结构冲击 ε_t 的关键在于识别冲击矩阵 A_0。[①] 在本章的符号约束识别方法下，可以将 A_0 写为：

$$A_0 = \tilde{A}_0 Q \tag{7.3}$$

其中，$\tilde{A}_0$ 是 $\sum_u$ 的任意正交化分解 [如乔利斯基（Cholesky）分解]，且 $QQ' = I$。此时，识别结构冲击 ε_t 的关键转化成了识别矩阵 Q。为了详细分析脉冲响应函数，将式（7.1）、式（7.2）和式（7.3）相结合，可得：

$$Y_t = \sum_{h=0}^{\infty} R(h) \varepsilon_{t-h} \tag{7.4}$$

其中，$R(h) = C(h)Q$，且 $C(h) = B(h)\tilde{A}_0$。则第 i 个变量对于第 j 个结构冲击在第 h 期的脉冲响应 $r_i^{(j)}(h)$ 为：

$$r_i^{(j)}(h) = C_i(h) q^{(j)} \tag{7.5}$$

其中，$C_i(h)$ 是 $C(h)$ 的第 i 行，$q^{(j)}$ 是 Q 的第 j 列。

二、基于惩罚函数的符号约束方法

在以上模型设定的基础上，我们试图通过找到一个向量 q 来构造结构冲击，并且各变量对于该冲击的响应在约束期内需要符合预期的符号约束。在乌利希（2005）的思想下，向量 q 的求解应该满足如下的最小化问题：

$$q^* = \mathrm{argmin}_q \Psi(q), \text{ s. t. } q'q = 1 \tag{7.6}$$

其中：

$$\Psi(q) = \sum_{i \in I_{S+}} \sum_{h=\underline{h_i}}^{\overline{h_i}} f\left[-\frac{C_i(h)q}{\sigma_i} \right] + \sum_{i \in I_{S-}} \sum_{h=\underline{h_i}}^{\overline{h_i}} f\left[\frac{C_i(h)q}{\sigma_i} \right] \tag{7.7}$$

---

① 值得说明的是，本部分的模型预设与陈浪南和田磊（2015）是一致的，他们在该设定下对多种识别方法进行了详细讨论。

$$f(x) = \begin{cases} x & (x < 0) \\ 100x & (x \geqslant 0) \end{cases} \tag{7.8}$$

其中，$f(x)$ 是惩罚函数，由于求解的是最小化问题，因此它会对正数进行惩罚。I_{S_+} 表示的是预期会由这项冲击带来正向脉冲响应的变量组成的集合，f 会惩罚正数，因此在中括号内加上了个负号，变成对负向的冲击进行惩罚；同理，I_{S_-} 表示的是施加的脉冲响应的符号约束为负的变量组成的集合。h_i 和 $\overline{h_i}$ 表示对某变量 i 施加符号约束的起止期间。σ_i 是变量 i 的标准差，除以 σ_i 是为了增强不同变量之间的可比性。

在现实的估计过程中，本章采用贝叶斯方法来获得结构冲击的脉冲响应和其他统计量。具体来说，首先，从参数 (Φ, Σ_u) 的正态 - 威沙特（Wishard）后验分布中抽取参数值；其次，在获得参数的抽样后，通过求解式（7.6）的最小化问题得到向量 q 以及相应的脉冲响应函数；最后，通过多次抽样得到的结果来获得最终的脉冲响应和置信区间等统计量。[①] 符号约束识别方法是根据经典经济学模型或广被接受的经验事实明确设定识别假设，而不是采用依附于内生变量排序的传统的递归识别假设，脉冲响应结果不会因变量顺序的变化而变化，并且贝叶斯估计方法对非平稳数据是免疫的（陈浪南和田磊，2014）。

第四节　实证分析

一、变量选择与处理

（一）符号约束 SVAR 模型中的变量选择与处理

本章通过符号约束 SVAR 模型来分析不同政策不确定性背景下财政政策冲击对宏观经济的影响。模型中总共包含 10 个变量，样本区间为 2001 年 1 月至 2017 年 10 月，具体的变量选择和数据处理方法介绍如下。

在变量选择方面：第一，产出、消费和投资变量的选择上，考虑到月度数据的可得性，本章选取工业增加值作为产出的代表变量，并采用消费品零售总额和固定资产投资完成额来表示消费和投资；第二，利率、货币供应和物价变量的选择上，本章参考陈浪南和田磊（2014）的研究，选取银行间隔夜拆借利率、M1 和 CPI 作为采用符号约束方法识别货币政策的代表变量；第三，选择财政支出和

---

① 符号约束识别方法是通过多次抽样，保留满足符号约束条件的冲击并对它们加以平均综合才得到最终的脉冲响应函数。因此，得到的脉冲响应结果的含义与传统识别方法有所不同。

财政收入作为财政政策变量；第四，分别采用贝克等（2016）和胡拉多等（2015）的方法构建我国的政策不确定性指数与宏观经济不确定性指数。中国的政策不确定性指数是基于《南华早报》每月探讨与"经济政策不确定性"相关的文章占当月文章总数的比重来构建的。具体来说，在界定探讨"经济政策不确定性"的相关文章时，首先要求这类文章同时包含 {China, Chinese}、{economy, economic}、{uncertain, uncertainty} 这三类词组中的一个或多个词。其次在满足上述要求的基础上，进一步要求这类文章是讨论政策问题的文章，即至少符合以下两项条件中的一项：一是文章中需要出现 {government, Beijing, authorities} 中的一个或多个词，且必须同时出现 {policy, spending, budget, political, "interest rates", reform} 中的一个或多个词；二是文章中需要出现 {tax, regulation, regulatory, "central bank", "People's Bank of China", PBOC, deficit, WTO} 中的一个或多个词。

在数据处理方面，本章将产出、消费、投资和财政收支等变量均调整为2000年为基期的不变价，然后参照弗纳尔德特等（Fernald et al.，2014）的方法对变量在1月、2月的取值进行"新年效应"处理和季节调整，并对除了利率之外的变量进行了取对数的处理。除了政策不确定性指数和宏观经济不确定性指数之外，其余变量的数据来源于国家统计局、CEIC 数据库和万德数据库。

（二）宏观不确定性指数的构建

1. 模型设计

本章采用胡拉多等（2015）的方法，基于动态因子模型的预测误差来构建我国的宏观经济不确定性指数。令 $X_t = \{X_{it}\}_{i=1}^{N}$ 表示用来作为预测模型解释变量的总经济信息集合，该集合中的各变量 X_{it} 在经过相应的对数差分变换等处理后都是平稳的。$Y_t^{mac} = \{y_{jt}\}_{j=1}^{N_y}$ 是可以反映中国宏观经济总体运行情况的变量组成的宏观变量集合，该集合中的各变量是被预测的目标变量。本章采用动态因子模型方法通过对 X_t 提取共同因子来预测目标变量 y_{jt}，并通过预测误差来构建该变量的不确定性的衡量指标，然后通过加权平均得到整个被预测变量集合 Y_t^{mac} 的不确定性。本章的模型设计具体如下：

$$X_{it} = \Lambda_i^{F\prime} F_t + e_{it}^X \tag{7.9}$$

$$y_{jt+1} = \phi_j^y(L) y_{jt} + \gamma_j^F(L) F_t + \gamma_j^W(L) W_t + v_{jt+1}^y \tag{7.10}$$

在式（7.9）中，F_t 是 $r_f \times 1$ 维的共同因子，反映了总经济信息集合中各变量的协同变动；Λ_i^F 是相应的因子载荷；e_{it}^X 是误差项。式（7.10）中的 W_t 是用来构建预测模型的其他解释变量，在本章的实证分析过程中，它包含了 X_t 的第一主成分的平方及 X_t 中各变量的平方的第一主成分。

本章采用的预测模型的一个重要特点是：令解释变量 F_t、W_t 服从自回归过程，并且在对目标变量 y_{jt+1} 和 F_t、W_t 中的每一个解释变量进行提前一步预测时，每一个预测模型都允许其有时变方差。在该设定下，各解释变量的预测误差和不确定性对于目标变量的预测误差有重要影响。

将上述动态因子预测模型采用因子增广的向量自回归模型（FAVAR）来表达，令 $Z_t = (\hat{F}_t', W_t')'$，定义 $Z_t = (Z_t', \cdots, Z_{t-q+1}')'$，$Y_{jt} = (y_{jt}, y_{jt-1}, \cdots, y_{jt-q+1})'$，则：

$$\begin{pmatrix} Z_t \\ Y_{jt} \end{pmatrix} = \begin{pmatrix} \Phi^Z & 0 \\ \Lambda_j' & \Phi_j^Y \end{pmatrix} \begin{pmatrix} Z_{t-1} \\ Y_{jt-1} \end{pmatrix} + \begin{pmatrix} V_t^Z \\ V_{jt}^Y \end{pmatrix} \tag{7.11}$$

令 $y_{jt} = \begin{pmatrix} Z_t \\ Y_{jt} \end{pmatrix}$，可得 $y_{jt} = \Phi_j^y y_{jt-1} + V_{jt}^y$。

通过式（7.11）的 FAVAR 系统可以进行提前任意 h 期的预测，得到提前任意 h 期的最优预测为：

$$E_t y_{jt+h} = (\Phi_j^y)^h y_{jt} \tag{7.12}$$

在时点 t 的预测方差为：

$$\Omega_{jt}^y(h) = E_t [(y_{jt+h} - E_t y_{jt+h})(y_{jt+h} - E_t y_{jt+h})'] \tag{7.13}$$

当 $h = 1$ 时，将式（7.11）、式（7.12）带入式（7.13），可得：

$$\Omega_{jt}^y(1) = E_t(V_{jt+1}^y V_{jt+1}^{y'}) \tag{7.14}$$

当 $h > 1$ 时，可得：

$$\Omega_{jt}^y(h) = \Phi_j^y \Omega_{jt}^y(h-1) \Phi_j^{y'} + E_t(V_{jt+h}^y V_{jt+h}^{y'}) \tag{7.15}$$

定义目标变量 y_{jt} 的不确定性为 $U_{jt}^y(h)$，给定预测步长 h 的情形下，可以通过 $\Omega_{jt}^y(h)$ 求得该目标变量的不确定性。令 1_j 为选择向量，则：

$$U_{jt}^y(h) = \sqrt{1_j' \Omega_{jt}^y(h) 1_j} \tag{7.16}$$

在得到每个目标变量的不确定性的基础上，可以通过加权平均得到整个被预测变量集合 Y_t^{mac} 的不确定性，即本章关注的宏观不确定性：$\sum_{j=1}^{N_y} w_j U_{jt}^y(h)$。本章研究过程中对目标变量赋予了相同的权重：$w_j = 1/N_y$。

2. 指标选择与处理

本章选择了 19 个可以反映中国宏观经济总体运行情况的变量组成宏观变量集合 Y_t^{mac} [指标的选择参考了弗纳尔德特等（2014）的研究，具体变量名称见表 7-1]。总经济信息集合 X_t 中各变量的选择与处理参考王少平等（2012）的研究，选取了 7 大类共计 55 个变量，主要包括：（1）产出和进出口类；（2）房地产开工与销售类；（3）消费和投资类；（4）资产和股票价格类；（5）利率和汇率类；（6）价格类；（7）货币和信贷类等。然后，本章基于 55 维的总经济信息集合 X_t 构建预测模型对 19 维宏观变量集合 Y_t^{mac} 中的各变量进行预测，并基于前面的模型设计来测算中国的宏观经济不确定性指数。在采用主成分分析方法（PCA）对总经济信息集合 X_t 提取共同因子时，因子个数 r_f 的选择采用白和恩（Bai and Ng，2002）的方法确定为 4 个。

表 7-1 宏观变量集合的构成

变量名称	数列编码	变量名称	数列编码
工业增加值	3640701	消费品零售	5190001
发电量	3662501	出口	5823501
贸易差额	6094301	石油产品进口	6168101
外汇储备	7012201	固定资产投资（总额）	7872901
固定资产投资（新建）	7876701	房地产开发投资（住宅）	3948701
铁路货物运输量	12915101	消费者预期指数	5198601
消费者信心指数	5198401	美元汇率	7058001
商品房新开工面积	3963901	深圳证券交易所市盈率	13074901
上海证券交易所市盈率	13100801	深圳证券交易所综合指数	66006801
上海证券交易所综合指数	13092401		

注：宏观变量集合中的各变量来源于 CEIC 数据库，数列编码为各变量所对应的检索编码。

宏观不确定性指数构建中采用的各变量指标均为月度数据，数据来源于国家统计局、中国经济景气月报和 CEIC 数据库。本章在分析之前首先对上述信息集合中的变量进行了"新年效应"处理，使得各变量从上年 12 月到当年 1 月的增长率等于当年 1 月到 2 月的增长率。对于个别变量在某些年份存在的 1 月和 2 月合并公布数据的情形，通过设定上年12月至当年1月和当年1月至2月的增长率相同，以及当年1月、2月的取值之和等于2月公布的数据值来求出1月、2月的取值。对需要季节调整的序列，采用X12-ARIMA进行季节调整。采用因子模型进行预测分析需要各变量是平稳的，对非平稳变量采用对数差分变换等方法进行处理，ADF（augmented Dickey-Fuller）和PP（Phillips and Perron）单位根检验表明经过处理后的各变量都是平稳的，然后根据模型需要对处理后的各变量进行了标准化。

为了使各不确定性指数之间具有可比性和便于分析，本章将政策不确定性指数与宏观经济不确定性指数处理为以10为均值并且具有单位方差，处理后的政策不确定性指数与宏观经济不确定性指数如图7-1所示。从图7-1可以发现，政策不确定性指数与宏观经济不确定性指数有较强的正相关性，这是因为政策的不确定性情况可以传导到宏观经济运行中，而当宏观经济不确定性上升时政府会根据市场的运行状况对政策松紧、力度和组合进行调整，从而引致了政策不确定性的变化。值得说明的是，在本章的样本后期政策不确定性指数与宏观经济不确定性指数的变动出现了相互偏离的态势，这是因为，2016年之后受"降杠杆"、地方政府性债务风险和新常态下政府政策的调整等原因的影响，我国政策不确定性指数快速上升；而宏观经济不确定性具有明显的逆经济周期的性质，2016年我国工业增加值、发电量、铁路货运量和出口等经济指标的同比增长率显著回升，整个宏观经济走势开始企稳回升，相应的宏观经济不确定程度也随之减小。

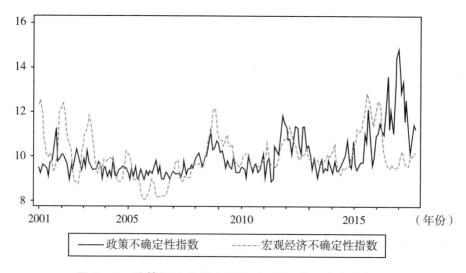

图7-1　政策不确定性指数与宏观经济不确定性指数

二、财政收入与支出冲击的识别与分析

(一) 财政收支冲击的识别

本章与芒福德和乌利希 (2009)、刘金全等 (2014)、王文甫等 (2015) 等已有研究一致，首先识别出经济周期冲击和货币政策冲击，然后将财政收入与支出冲击设定为与它们正交并且能够使得相应的政策变量在约束期内对于该冲击的响应符合预期的符号约束的冲击。将财政收支冲击约束为与经济周期冲击和货币政策冲击正交是为了在分析财政政策冲击时分离出由经济周期冲击和货币政策冲击带来的影响，从而更加客观地评价财政政策冲击的效果。该正交化设定的优点正如刘金全等 (2014) 所描述的："政府收入的增加既可以归因于政策的改变，也可以归因于经济周期情况的好转""尽可能分离经济周期冲击、货币政策冲击的影响，余下部分将更接近于真实的财政政策冲击效果"。

本章构造了包括工业增加值、消费、投资、利率、M1、CPI、财政支出、财政收入、政策不确定性和宏观经济不确定性等 10 个变量的 VAR 系统进行分析。VAR 模型的滞后阶依据信息准则设定为 4 阶，符号约束的期限设定为 4 个月。

表 7-2 呈现了经济周期冲击、货币政策冲击和财政收支冲击对相应经济变量影响的符号约束。具体来说，本章将经济周期冲击定义为能够使产出、消费、投资和财政收入在冲击发生后 4 个月内同方向变化的冲击。货币政策冲击定义为使利率变量与 M1 和 CPI 在冲击发生后 4 个月内反向变动的冲击。依据讨论情形的不同，本章将政策不确定性上升情形下的财政支出冲击定义为与经济周期冲击和货币政策冲击正交，并且使得冲击发生后 4 个月内财政支出和政策不确定性上升的冲击；将政策不确定性下降情形下的财政支出冲击定义为满足正交约束，并且使得冲击发生后 4 个月内财政支出上升而政策不确定性下降的冲击。同理，可以定义政策不确定性上升或下降情形下的财政收入冲击。

表 7-2　　　　　　　　　识别各种冲击的符号约束

项目	财政支出	财政收入	产出	消费	投资	利率	M1	CPI	政策不确定性	宏观不确定性
经济周期冲击		+	+	+	+					
货币政策冲击						+	−	−		
财政支出冲击	+								+ (−)	
财政收入冲击		+							+ (−)	

值得说明的是，本章在识别财政收支冲击的过程中，一方面，在识别财政支

出冲击时没有对财政收入进行约束，在识别财政收入冲击时也没有对财政支出进行约束；另一方面，只对相应经济变量受到冲击后的脉冲响应函数的符号进行约束，而没有对其大小进行约束。这样的设定会使得不同政策不确定性背景下的财政收支冲击不具有严格意义上的可比性，而这恰好是本章所关注的一个重点问题。事实上，财政收入与支出冲击是本章进行进一步分析的基石，后面的研究中我们将构造在不同政策不确定性背景下更具有可比性的积极财政政策冲击并对其展开分析。

（二）政策不确定性上升情形下的财政收支冲击

图 7 - 2 呈现了政策不确定性上升情形下的财政支出冲击对宏观经济变量的

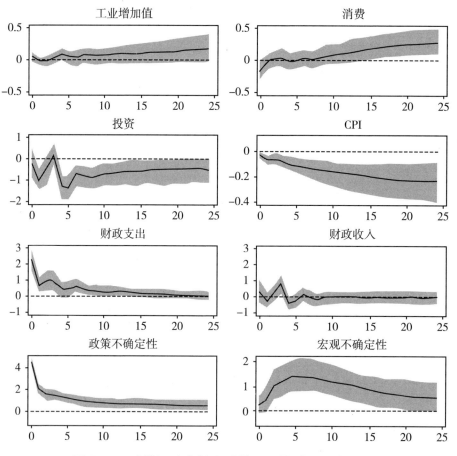

图 7 - 2　政策不确定性上升情形下的财政支出冲击

注：此图汇报的是各经济变量受到冲击后 0 ~ 24 个月的脉冲响应函数，脉冲响应函数为正（或负）代表冲击的影响使得该变量上升（或下降）。图中纵坐标表示变量上升或下降的百分比，实线表示脉冲响应函数后验抽样的中位数，阴影部分表示 16% ~ 84% 的分位点。下同。

影响。不难发现，在本章的符号约束设定下，该项冲击使得财政支出即期增长了2.3%，随后增长率逐渐衰减并趋向于0；政策不确定性即期增长了4.4%，随后逐渐回落到一个稳定的水平。面对财政支出的正向冲击，工业增加值持续上升，说明财政支出冲击可以促进产出的提升；消费在受到财政支出冲击后脉冲响应函数的即期反应为负值，随后快速上升并显著为正，这与刘金全等（2014）的研究结论一致，即财政支出冲击在短期内会对消费产生一定的挤出，在约束期后随时间推移会促进消费上升；财政支出冲击在冲击发生后的半年内极大地挤出了投资并促使宏观经济不确定性大幅上升，随后冲击的影响逐渐衰减。宏观经济不确定性较大时企业会暂缓其投资行为（Bloom，2009），因此，财政政策冲击不仅会直接影响到投资的水平数值，还会通过政策不确定性对宏观经济不确定性的传导从而间接地影响投资的变化。财政支出冲击发生后，CPI持续下降，这可以从两方面进行解释。一方面，本章将财政支出冲击设定为与经济周期冲击和货币政策冲击正交，因此在分析财政支出冲击时已经剥离了货币政策冲击带来的影响，而在政府支出扩张时可能观察到的物价上涨很可能是由配套的货币政策造成的。另一方面，财政支出冲击对CPI的影响应该由它对总需求和总供给两方面作用的相对大小共同决定，政策不确定性上升情形下的财政支出冲击的背后通常是一种应对经济下行的反向调节措施，有相当一部分资金投向了基础设施建设等方面，具有较高的生产性。而政府支出的生产性越强，对通货膨胀的抑制作用也越显著（杨子晖等，2014；郭长林，2016）。

图7-3呈现了政策不确定性上升情形下的财政收入冲击对宏观经济变量的影响。在符号约束SVAR模型的设定下，该项冲击使得财政收入即期增长了2.3%，增长率在随后半年内震荡衰减并趋向于0；政策不确定性即期增长了3.8%，随后逐渐回落到一个稳定的水平。值得指出的是，该冲击使得财政支出在约束期内也有较大程度的上涨。对于财政收入的正向冲击，工业增加值的反应并不显著。与图7-2的情形相比，在受到财政收入冲击后消费在短期内呈现出更加显著的下降，这可能是因为政府债券的发行和税收的增加会造成居民收入的减少；使政策不确定性上升的财政收入冲击使宏观经济不确定性在冲击发生后的半年内大幅上升，随后冲击的影响逐渐减弱；财政收入冲击使得投资在短期内大幅下降；CPI在冲击发生后持续下降，但在短期内影响并不显著，直到冲击发生的一年之后才产生显著的负向影响。

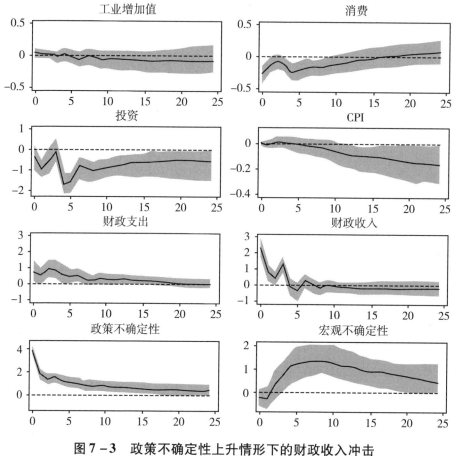

图7-3　政策不确定性上升情形下的财政收入冲击

（三）政策不确定性下降情形下的财政收支冲击

图7-4报告了政策不确定性下降情形下的财政支出冲击对宏观经济变量的影响。在符号约束SVAR模型的设定下，该项冲击使得财政支出即期增长了3%，并且在约束期过后其增长率快速回落并趋向于0；政策不确定性即期下降了3%，随后其增长率逐渐趋近于0。值得注意的是，该冲击使得财政收入在约束期内也有较大程度的上涨。基于政策不确定性指数的计算方法可以推断出使得政策不确定性下降的财政收支政策是一种公开透明、提前释放了政策相关信号的政策，因此在统筹安排之下，当财政收支的一方规模扩大时，另一方也会做出相同变动方向的适应性反应。从图7-4可以看出，工业增加值在受到使政策不确定性下降的财政支出冲击后的脉冲响应函数的即期反应为负值，随后快速上升变

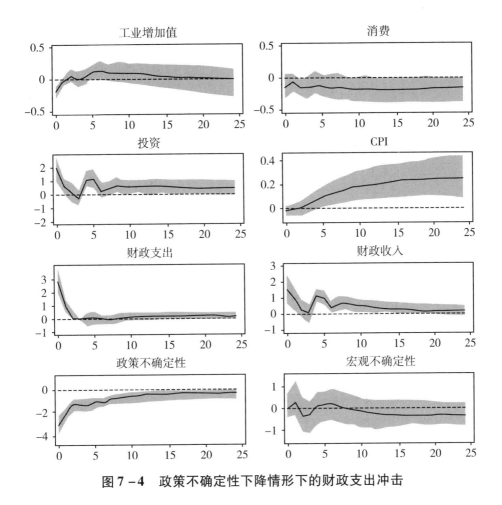

图 7 - 4 政策不确定性下降情形下的财政支出冲击

得不再显著。这主要是由于该项冲击使得财政支出和收入在约束期内均有较大的
上涨，因此该冲击类似于平衡预算的支出冲击，所以不会对产出产生太大的刺激
作用；消费在受到冲击后的脉冲响应是一个非常平稳的负数并且不太显著，与政
策不确定性上升情形下的财政支出冲击相比，使政策不确定性下降的财政支出冲
击具有平滑消费波动的效果；宏观经济不确定性对于财政支出冲击的反应并不显
著；在冲击发生后的半年内，投资的脉冲响应呈现出震荡性的正向响应，随后缓
慢减小；CPI 在冲击发生后持续显著上升，但上升的速度逐渐减小。CPI 在受到
冲击后出现的响应与图 7 - 2 相反，这是由两方面的原因造成的：一方面，使政
策不确定性下降的财政支出冲击的生产性相对较弱；另一方面，在该冲击之下财
政收入也出现了适应性的增长，在我国当前以间接税为主的税制结构下，财政收

入的正向冲击容易造成 CPI 上升。[①]

图 7-5 报告了政策不确定性下降情形下的财政收入冲击对宏观经济变量的影响。从图 7-5 可以看出，在符号约束 SVAR 模型的设定下，该项冲击使得财政收入即期增长了 2.7%，增长率在随后半年内震荡衰减并趋向于 0；政策不确定性即期下降了 3.8%，随后其增长率逐渐向 0 趋近；在冲击发生的初期，财政支出也出现了适应性的增长。与图 7-4 不同的是，工业增加值在受到财政收入冲击后脉冲响应的即期反应为负值，并且在一年半后又出现了持续性的负向响应；消费在受到冲击后呈现出非常平稳并且显著的负向的脉冲响应；投资在短期

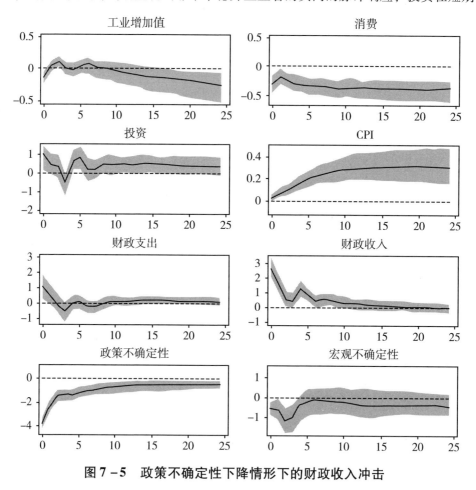

图 7-5　政策不确定性下降情形下的财政收入冲击

①　这主要是因为税收等政府收入的上升一方面导致了企业生产成本的上升和供给水平的下降，另一方面通过税负转嫁而提高了消费物价指数。参见杨君茹和戴沐溪（2012）、庞凤喜和张丽微（2016）的研究。

内仍呈现出震荡性的正向响应，但在显著性上大大降低；CPI 在冲击发生后呈现出更大程度的正向响应，这主要是由财政收入的上升造成的，对比图 7-2 和图 7-3 以及图 7-4 和图 7-5 不难发现，财政收入的上升对 CPI 产生了一定程度的正向拉动的作用。

通过对图 7-2 至图 7-5 的结果进行对比分析，有两个主要发现。第一，政策的不确定性会传导到整个宏观经济：与政策不确定性下降的情形相比，一项伴随着政策不确定性大幅提升的财政支出的正向冲击会对投资产生显著的挤出效应，消费和投资等宏观经济变量对于冲击的脉冲响应具有更强的震荡性。第二，不同政策不确定性背景下的财政收支冲击对于 CPI 具有不同的影响：使政策不确定性上升的财政支出政策会表现出较高的生产性，从而对通货膨胀产生抑制作用；在我国当前以间接税为主的税制结构下，财政收入的正向冲击会造成 CPI 上升。

三、积极财政政策冲击的识别与分析

（一）积极财政政策冲击的识别

在识别出不同政策不确定性背景下的财政支出和收入冲击之后，可以由它们的线性组合来构建具体财政政策的冲击。在本章的样本期间内我国实行了两轮积极财政政策，不同时点上我国经济运行的背景环境与调控政策实施的力度和方式等都不尽相同。在这样的现实背景下，本章重点对赤字融资的积极财政政策在宏观调控中的效果进行评价。参考芒福德和乌利希（2009）、刘金全等（2014）的研究，本章将积极财政政策冲击定义为在约束期内财政收入水平不变而财政支出每期都上升 1% 的冲击，即需要满足如下约束条件：

$$0.01 = \sum_{j=0}^{k} \left[r_{GS,BGS}(k-j) \, BGS_j + r_{GS,BGR}(k-j) \, BGR_j \right], \ k = 0, \cdots, K$$

$$\tag{7.17}$$

$$0 = \sum_{j=0}^{k} \left[r_{GR,BGS}(k-j) \, BGS_j + r_{GR,BGR}(k-j) \, BGR_j \right], \ k = 0, \cdots, K \quad (7.18)$$

其中，$K=4$，GS 和 GR 分别代表财政支出变量和财政收入变量；$r_{GS,BGS}$ 表示财政支出变量对于前面所识别的财政支出冲击的脉冲响应，$r_{GS,BGR}$ 表示财政支出变量对于财政收入冲击的脉冲响应；BGS_j 和 BGR_j 表示财政支出冲击和财政收入冲击的脉冲响应函数的标准化系数。

（二）不同政策不确定性背景下的积极财政政策冲击

图 7-6 汇报了政策不确定性上升情形下的积极财政政策冲击对宏观经济变

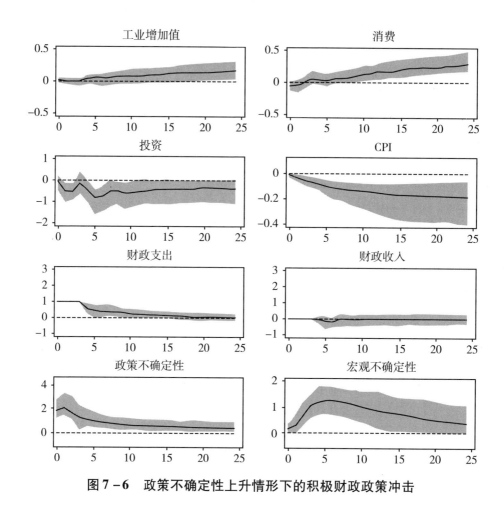

图7-6　政策不确定性上升情形下的积极财政政策冲击

量的影响。可以看出，该冲击使得在约束期内财政收入水平保持不变而财政支出每期都上升1%；政策不确定性即期增长了1.8%，随后逐渐回落到一个稳定的水平。该冲击在约束期内对政策不确定性产生了显著的正向影响，这是因为该项积极财政政策冲击是由使政策不确定上升的财政收入和支出冲击的线性组合构成的。受到积极财政政策冲击的影响，工业增加值逐渐上升，其脉冲响应函数在冲击发生的一年半之后显著为正，在长期积极财政政策冲击使得工业增加值每期都上升约0.14%，说明积极财政政策可以持续性地提升产出水平；消费在受到冲击之后的即期响应为负，随后逐渐上升并显著为正，并且通过与图7-2中消费的脉冲响应函数图进行对比可以得出与刘金全等（2014）相似的发现：积极财政政策冲击一方面减小了冲击初期对私人消费的挤出，另一方面在约束期后对消费的促进作用更加显著且收效更快；宏观经济不确定性在冲击发生后的半年内大幅上升，增长率迅速达到了 1.3%，随后缓慢回落；投资在冲击发生后的半年内产生了显著的挤出效应，随后冲击的影响逐渐减小；政策不确定性上升情形下的财政支出具有较强的生产性，因此通货膨胀的脉冲响应呈现出与图 7-2 类似的持续下降的特征。

图 7-7 汇报了政策不确定性下降情形下的积极财政政策冲击对宏观经济变量的影响。图 7-7 中的积极财政政策冲击与图 7-6 相比主要有两个方面的不同之处。首先，该冲击使政策不确定性在约束期内每期都发生了小幅并且显著的持续下降，在第 3 期达到最大降幅，下降了 0.9%，随后逐渐向 0 趋近。这主要是由于该项冲击是由使政策不确定下降的财政收入和支出冲击的线性组合构成的。其次，约束期之后，在该冲击影响下财政收入表现出持续显著的小幅上升，这是对于财政支出规模扩大的一种适应性的增长。对比图 7-6 和图 7-7 可以发现，

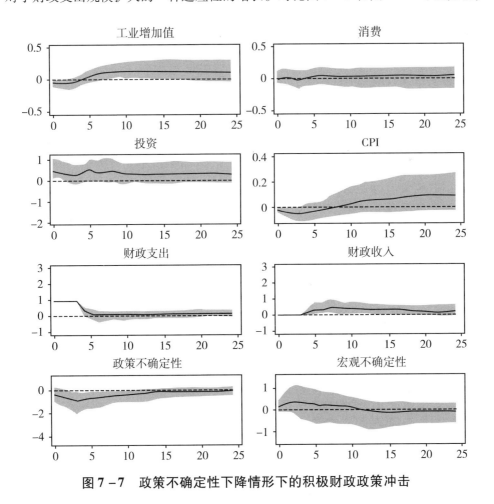

图 7-7　政策不确定性下降情形下的积极财政政策冲击

不同政策不确定性背景下的积极财政政策对工业生产都产生了正向刺激作用，但是在政策不确定性下降情形下该作用的收效更快：工业增加值在受到冲击后的脉冲响应在半年之后就显著为正，增长率迅速达到并维持在 0.11% 的水平。政策不确定性下降情形下的积极财政政策冲击对消费和宏观经济的不确定水平没有显著影响；对于投资而言，该冲击不仅不会挤出投资，还会对投资产生一定程度的正向拉动作用；该冲击在约束期内使得 CPI 出现小幅下降，随后冲击的影响变得不显著。

第五节　结论

习近平总书记在十九大报告中指出："世界面临的不稳定性不确定性突出，世界经济增长动能不足""人类面临许多共同挑战"。政府部门在坚持"稳中求进"的工作总基调、通过实施财政政策推进"稳增长、促改革、调结构、惠民生、防风险"各项工作的进程中面临着新的更加严峻的挑战。我国政府在实施财政政策时应当为经济注入确定性，引导社会形成良好的预期，推动实现新的供求动态平衡。为此，我们需要"增强财政政策的预见性和预防性"，充分考虑现实中的各种不确定性因素，"防止政策多变、频出而扰乱预期"（刘尚希，2018）。但是，目前学界关于如何科学运用财政政策来促进经济稳定仍然存在着许多争议，分析和总结 20 世纪末以来我国政府实施的两轮积极财政政策的历史经验，对于政府部门的政策制定等实践活动具有重要的参考价值和指导意义。

本章采用符号约束 SVAR 模型来对不同政策不确定性背景下的财政政策冲击进行研究。具体来说，本章首先运用基于惩罚函数的符号约束方法来识别不同政策不确定性背景下的财政收入和支出冲击，然后再进一步由它们的线性组合来构建赤字融资的积极财政政策冲击。研究发现：第一，政策的不确定性会传导到整个宏观经济，并进一步影响宏观经济的运行；第二，不同政策不确定性背景下的财政收支冲击对于 CPI 具有不同的影响，这与财政支出的生产性程度以及税制结构有关；第三，不同政策不确定性背景下的积极财政政策冲击对宏观经济变量的影响有明显差异，政策不确定性下降情形下的积极财政政策可以有效地减小对投资的挤出效应，平滑消费的波动，并且对工业生产的正向刺激作用收效更快。政府部门在政策制定的过程中有必要对当前的宏观经济运行状况、宏观经济中的不确定性水平以及政策自身可能带来的不确定性等问题进行充分的研究，提前对宏观调控政策进行合理规划，并通过各种渠道将政策的有关信号传递给公众，从而稳定市场预期，促进经济社会的持续健康发展。

参考文献

[1] 陈国进、王少谦:《经济政策不确定性如何影响企业投资行为》,载于《财贸经济》2016 年第 5 期。

[2] 陈浪南、田磊:《基于政策工具视角的我国货币政策冲击效应研究》,载于《经济学》(季刊) 2014 年第 10 期。

[3] 郭长林:《被遗忘的总供给:财政政策扩张一定会导致通货膨胀吗?》,载于《经济研究》2016 年第 2 期。

[4] 黄宁、郭平:《经济政策不确定性对宏观经济的影响及其区域差异——基于省级面板数据的 PVAR 模型分析》,载于《财经科学》2015 年第 6 期。

[5] 李永友:《中国改革开放以来财政政策平滑经济波动的能力——基于传统 IS-LM 模型的实证分析》,载于《财经研究》2006 年第 7 期。

[6] 刘达禹、刘金全、赵婷婷:《中国经济"新常态"下的宏观调控——基于世界经济景气变动的经验分析》,载于《经济学家》2016 年第 10 期。

[7] 刘贵生、高士成:《我国财政支出调控效果的实证分析——基于财政政策与货币政策综合分析的视角》,载于《金融研究》2013 年第 3 期。

[8] 刘金全、印重、庞春阳:《中国积极财政政策有效性及政策期限结构研究》,载于《中国工业经济》2014 年第 6 期。

[9] 刘尚希:《积极财政政策为经济注入确定性》,载于《人民日报》2018 年 8 月 7 日。

[10] 罗党论、廖俊平、王珏:《地方官员变更与企业风险——基于中国上市公司的经验证据》,载于《经济研究》2016 年第 5 期。

[11] 庞凤喜、张丽微:《论货币量、价格水平与税收的联动关系》,载于《中南财经政法大学学报》2016 年第 2 期。

[12] 饶品贵、岳衡、姜国华:《经济政策不确定性与企业投资行为研究》,载于《世界经济》2017 年第 2 期。

[13] 饶晓辉、刘方:《政府生产性支出与中国的实际经济波动》,载于《经济研究》2014 年第 11 期。

[14] 王少平、朱满洲、胡朔商:《中国 CPI 的宏观成分与宏观冲击》,载于《经济研究》2012 年第 12 期。

[15] 王文甫、张南、岳超云:《中国财政政策冲击的识别与效应——符号约束方法下的 SVAR 分析》,载于《财经研究》2015 年第 6 期。

[16] 王艺明、胡久凯:《马克思主义财政扶贫理论与政策:十九大精神下的探索》,载于《世界经济》2018 年第 7 期。

[17] 杨灿明、詹新宇:《中国宏观税负政策偏向的经济波动效应》,载于《中国社会科学》2016 年第 4 期。

[18] 杨海生、陈少凌、罗党论、佘国满:《政策不稳定性与经济增长——来自中国地方官员变更的经验证据》,载于《管理世界》2014 年第 9 期。

［19］杨君茹、戴沐溪：《流转税对于 CPI 的影响——基于省际面板数据的协整分析》，载于《财政研究》2012 年第 11 期。

［20］杨子晖、周天芸、黄新飞：《我国财政赤字是否具有通货膨胀效应——来自有向无环图研究的新证据》，载于《金融研究》2014 年第 12 期。

［21］朱军：《中国财政政策不确定性的指数构建、特征与诱因》，载于《财贸经济》2017 年第 10 期。

［22］朱军、蔡恬恬：《中国财政、货币政策的不确定性与通货膨胀预期——基于中国财政—货币政策不确定性指数的实证分析》，载于《财政研究》2018 年第 1 期。

［23］Bai，J. and S. Ng，"Determining the Number of Factors in Approximate Factor Models"，*Econometrica*，2002，1：191 – 221.

［24］Baker，S. R.，N. Bloom and S. J. Davis，"Measuring Economic Policy Uncertainty"，*The Quarterly Journal of Economics*，2016，4：1593 – 1636.

［25］Bloom，N.，"The Impact of Uncertainty Shocks"，*Econometrica*，2009，3：623 – 685.

［26］Fernald，J. G.，M. M. Spiegel and E. T. Swanson，"Monetary Policy Effectiveness in China：Evidence from a FAVAR Model"，*Journal of International Money and Finance*，2014：83 – 103.

［27］Jurado，K.，S. C. Ludvigson and S. Ng，"Measuring Uncertainty"，*The American Economic Review*，2015，3：1177 – 1216.

［28］Mountford，A. and H. Uhlig，"What are the Effects of Fiscal Policy Shocks?"，*Journal of Applied Econometrics*，2009，6：960 – 992.

［29］Uhlig H.，"What are the Effects of Monetary Policy on Output? Results from an Agnostic Identification Procedure"，*Journal of Monetary Economics*，2005，2：381 – 419.

第八章 高居民债务下的财政政策效应嬗变[*]

* 本章作者：王燕武、蔡欢、李文溥。原文发表于《中国工业经济》2020年第12期。

第一节　引言

2016年下半年以来，降低金融机构、地方政府以及非金融企业（主要是国有企业）快速上升的债务率，防控系统性金融危机爆发，成为宏观经济调控的重要任务。然而，在政府和企业部门"去杠杆"的同时，住房贷款快速上升却促使居民家庭债务规模和负债率迅速提高。[①] 国际清算银行的数据显示，2016年第一季度到2019年第四季度，中国居民家庭部门负债率由39.9%提高到55.2%，涨幅高达15.3个百分点。而同期所有报告国家居民家庭部门平均负债率仅由59.7%提高到61.6%，涨幅为1.9个百分点；发达国家居民家庭部门平均负债率甚至出现下降，由74.7%下降为73.5%。中国成为这一时期世界主要经济体中居民家庭部门负债率增长最快的国家。

从以往的经验看，居民家庭部门负债率在短期内如此快速地增长，绝非好事。（1）居民消费后续可能会大幅下滑。

① 2008年全国个人住房贷款总额约为2.98万亿元，占全部贷款总额的9.8%；2018年第一季度，个人住房贷款总额涨至22.86万亿元，占全部贷款总额的18.3%。住房、汽车贷款为主的中长期贷款占全部新增居民贷款比重在2009年仅为44.4%，到2016年第四季度提高到89.7%，2018年第一季度仍高达73.7%。

格利克和兰辛（Glick and Lansing，2010）发现，那些在 2007 年之前房价高涨、居民家庭负债率迅速提高的国家，在 2008 年国际金融危机后几乎都经历了居民消费的大幅下降；国际货币基金组织（2012）指出，居民家庭部门债务的快速提升是造成国际金融危机爆发的重要原因之一，在 2008 年国际金融危机发生的前 5 年，发达国家居民家庭债务与收入比值平均由 39% 上升到 138%。（2）居民消费下降或许只是居民家庭在高负债压力下的一个显性行为反映，更大的麻烦还在于高负债压力下居民家庭特征变化的隐性影响。例如，高债务压力下，居民家庭的债务违约风险会提升，边际消费倾向会下降。这些特征变化可能使严重依赖居民行为特征的宏观经济政策失效。苏菲（Sufi，2015）指出，发达国家的货币政策在 2008 年国际金融危机之后基本失效。原因主要在于，那些具有较高边际消费倾向的居民主体负债压力较大，他们不愿意也无能力持续增加消费，最终严重影响货币政策的信贷扩张，削弱货币政策有效性。

与美国（75.4%）、日本（59.0%）等发达经济体相比，目前中国居民家庭部门的负债率（55.2%）还较低，但是，综合考虑经济发展程度和居民收入水平，则已属较高水平。中国人民银行课题组（2020）一项关于中国城镇居民家庭资产负债情况的统计调查显示，2019 年中国居民家庭债务收入比为 1.02，已略超过美国（0.93）。其中，负债居民家庭的债务收入比均值达到 1.6，偿债收入比均值为 29.5%，表明负债家庭每月收入有近三成用于偿还债务。这无疑会挤占居民家庭的消费支出。潘敏和刘知琪（2018）的经验研究发现，中国居民家庭杠杆率上升没有促进居民消费增加，反而抑制了家庭总支出。与此同时，快速上升的居民家庭部门负债率是否对中国宏观经济政策产生影响？这一问题对现阶段中国经济的重要程度甚于居民消费下降。因为，如果影响为负且显著，决策当局在短期内通过逆周期政策来刺激居民消费进而稳住经济增长的难度将进一步加大。而受新冠肺炎疫情全球性蔓延的冲击，中国经济稳增长、保就业以及全面完成小康社会建设的任务艰巨，亟须宏观经济政策有所作为，宏观政策是否有效，关系重大。

居民家庭部门债务急剧膨胀是 2016 年后逐渐出现的，除少量理论研究外（伍再华等，2017；刘哲希和李子昂，2018），对居民家庭债务与宏观政策有效性关系的国内经验研究较少，也缺少对相关作用机理的分析。本章拟对居民家庭部门债务变化对财政政策有效性的影响进行研究。其考虑是：（1）为应对疫情冲击，2020 年 3 月 27 日召开的中共中央政治局会议明确提出要通过适当提高财政赤字率、发行特别国债和专项债、合理增加公共消费等手段，实施更加积极有为的财政政策，以扩内需、稳增长。此时，厘清居民家庭债务对财政政策有效性的可能影响，将有助于优化政策的组合设计，提高资金使用效率，促进政策目标实现。（2）在货币政策上，国外已有较多文献（Bernanke et al.，1999；Iacoviello，2005；Iacoviello and Neri，2010；Beraja et al.，2015；Alpanda and Zubairy，2019），而在财政政策方面，却少有研究涉及，特别是针对发展中国家的研究，几乎是空白。作为政府主导型经济，中国在财政政策方面具有丰富的实践经验，以中国为样本的研究将兼具学术价值和现实应用价值。

本章的主要工作包括两个方面：（1）利用中国地级及以上城市数据，结合乔丹（Jorda，2005）局部投影法（local projection，LP）[①]，测算样本期内不同居民债务状态下的财政政策作用效果，建立理论分析的经验证据前提；（2）构建包含住房消费属性和居民贷款违约风险差异的动态随机一般均衡模型（DSGE），结合贝叶斯参数估计法，从理论上解释居民债务是如何影响财政政策效果，揭示其传递机制的。本章的主要观点是：（1）样本期内，高居民债务率会抑制财政政策的产出效应；（2）居民债务可以通过利率、通货膨胀、住房资产价格以及贷款违约风险等中介变量影响财政扩张对投资和居民消费的作用，进而影响财政政策效果；（3）不同居民负债率下财政扩张对一般消费品与住房消费作用出现分化，这种分化表现使得居民负债对不同产品消费的作用更加复杂化；（4）影响居民消费和投资行为的因素不仅仅来自居民边际借贷能力，还来自居民贷款违约风险。

本章的主要新意在于：（1）既有研究更多关注宏观政策主体设计对其政策效果的影响，本章则从被调控者的视角及居民家庭债务状况及其行为特征变化的视角来剖析宏观政策的调控效果，提出在宏观经济理论研究中，必须重视宏观经济环境变化、各类市场主体行为特征变化对宏观政策效果的影响；（2）基于中国宏观数据的现实，本章以居民负债率作为状态转移变量，使用 LP 方法实证检验不同居民债务状态下的即期和长期财政支出乘数差异，在方法应用上具有先进性，也更契合中国宏观计量研究的现实需求；（3）考虑住房消费属性和贷款违约风险之后，本章的理论模型分析结果发现，居民债务变化对不同类型消费的影响不同。同时，贷款违约风险会经由借贷约束能力变化影响居民消费和投资，进一步丰富了现有理论研究的结论。

第二节　文献综述

自法维罗和贾瓦齐（Favero and Giavazzi，2007）提出债务反馈效应会对财

---

① 局部投影法是乔丹（Jorda，2005）提出来的，用于克服传统 VAR 和 SVAR 模型在估计脉冲响应函数时面临的严格数据要求、模型识别设定误差以及难以处理同期或跨期自相关、非线性变化等问题，适用于小样本面板数据、非线性结构转变等。

政冲击的动态效果产生重要影响之后，国外不少研究开始关注债务与财政政策的关系（Reinhart and Rogoff，2010；Adam，2010；Cecchetti et al.，2011；Eggertsson and Krugman，2012；Corsetti et al.，2012；Ilzetzki et al.，2013；Bruckner and Tuladhar，2014；Andres et al.，2015；Jorda et al.，2016；Chairul Adi，2017）。不过，目前多数研究关注的是公共部门债务对财政政策效果的影响，对私人部门尤其是居民家庭部门债务则关注较少（Chairul Adi，2017）。然而，私人部门经济规模比政府部门大得多，私人部门债务对财政政策实施效果的影响也会更大。哈伊尔·艾迪（Chairul Adi，2017）利用 16 个国家 1996～2012 年的相关数据，检验了公共部门和私人部门债务对政府支出和收入产出乘数的作用，发现：样本期内，私人部门债务显著缩小政府支出的产出乘数，对收入产出乘数的影响则不显著；而公共部门债务对政府支出和收入的产出乘数的影响不显著。这一研究结论证实私人部门债务可能对宏观政策产生更大影响的判断。

与经验研究相比，理论研究的结果似乎有所不同。埃格特松和克鲁格曼（Eggertsson and Krugman，2012）发现，受约束贷款主体的存在会增强财政政策效果。原因在于，增加财政支出会推高居民收入，同时提升通货膨胀，降低实际债务价值，促进居民消费增长，从而比不考虑债务的模型多一条刺激消费的渠道，放大财政政策效果。但埃格特松和克鲁格曼（2012）也指出，这一作用是暂时的，随着债务达到限定水平，强制的债务"去杠杆"会引发债务驱动型的经济萧条，进而削弱货币或财政政策效果，不断增加债务是解决债务驱动型经济萧条的方法之一。债务问题的关键不在于债务规模，而在于债务能否持续增加。安德烈斯等（Andres et al.，2015）在埃格特松和克鲁格曼（2012）研究的基础上，对债务限定水平做了约束处理，通过引入亚科维耶洛（Iacoviello，2005）的抵押住房价值约束机制，将债务总量限定在抵押住房价值的范围内。由于财政政策的冲击会影响住房资产价值，因此，债务限定水平是可变的，但贷款总额与住房净值的比值仍然是外生给定的。安德烈斯等（2015）的研究结果显示，与无债务模型相比，负债家庭会增加财政政策乘数，这有助于提升财政政策效果。同时，当信贷条件恶化、负债家庭面临信贷紧缩时，负债家庭消费会明显下降，进而使支出乘数下降。这些结论与埃格特松和克鲁格曼（2012）的结论基本上一致。埃格特松和克鲁格曼也认为，影响负债家庭消费行为进而影响财政政策效应的关键不是债务水平，而是负债家庭的边际借贷能力。不同的是，安德烈斯等（2015）的研究将家庭债务具体化为住房抵押贷款，并以住房价值来内生限制债务总量。伍再华等（2017）在安德烈斯等（2015）和亚科维耶洛（2005）模型的基础上讨论了中国家庭借贷约束与财政支出乘数之间的关系，指出中国家庭借贷扩张有利于扩大财政支出乘数，而当家庭借贷能力受到限制时，会导致暂时性消费和投资减少，造成财政支出乘数下降。这一结论基本沿袭了安德烈斯等（2015）的观点。

　　一般而言，债务人增加债务，前提是其对消费或投资的短期偏好超过长期偏好，但却受限于短期收入，只能通过举债以满足短期偏好。但是，单位债务增加对消费和投资的边际激励效应会下降；同时，债务总量增加也会使债务人贷款违约风险提高，再融资能力下降，消费和投资欲望减弱，抑制经济增长，居民家庭债务对财政政策的作用很可能是一个"先促进，后抑制"的过程。然而，这一结论却无法用于判断现实情景。因为，它无法明确告知居民家庭债务对财政政策的作用究竟处于哪一个阶段：正向抑或负向作用，还是处于拐点状态。因此，本章认为，在研究中国居民家庭债务对财政政策效果的作用方面，当务之急是进行类似阿迪（Adi，2017）的经验研究，随后才是理论机制的探讨。所以，与埃格特松和克鲁格曼（2012）、安德烈斯等（2015）以及伍再华等（2017）的研究不同，本章研究的重点是：（1）实证检验中国居民家庭债务规模是否已经扭曲财政政策的作用；（2）在此基础上，结合中国经济特征，构建理论模型，探讨居民家庭债务影响财政政策效果的传递机制。

　　在凯恩斯理论框架下，居民债务问题并不存在。无论是凯恩斯消费函数、投资函数，还是有效需求理论，都没有考虑居民债务的影响。因为，从宏观总量上看，债务人债务增加对应的是债权人可支配收入减少，债务增加并没有增加或减少总的可支配收入。因此，居民债务增加对消费或投资并不会产生"总收入效应"，也不会对总消费和总投资产生影响。实际上，不仅是凯恩斯理论，后续的新古典经济学、新凯恩斯经济学也较少涉及居民债务问题。正如埃格特松和克鲁格曼（2012）所指出的，尽管居民债务问题的重要性可以追溯到费雪（Fisher，1933）对"大萧条"起因的论述，但除个别文献外（Bernanke and Gertler，1989；Kiyotaki and Moore，1997），主流宏观经济模型几乎不考虑居民债务问题，甚至在金融危机之后，依然少有模型涉及。其根源在于，过往的主流宏观模型基本用的是代表性居民主体模型，不考虑异质性居民主体的情况，因而也就无法区分债权人和债务人的不同，而后者对于分析居民债务对宏观经济政策冲击效果的影响至关重要。马吉欧等（Maggio et al.，2014）指出，当面对相同的利率冲击时，具有较高贷款抵押物价值比的居民家庭耐用品消费支出将超过贷款抵押物价值比较低的居民家庭两倍多；克洛因等（Cloyne et al.，2020）对英国的研究表明，当面对非预期的利率变化冲击时，具有抵押贷款的债务人家庭会显著地调整消费支出，特别是在耐用品方面；债权人家庭的消费变化则相对较少；而那些没有负债的家庭则完全没有消费反应。家庭债务状态的异质性对货币政策的效应传递具有重要作用。此外，克洛因和苏里科（Cloyne and Surico，2017）指出，在面临收入税的变化冲击时，那些存在抵押贷款的家庭会产生更大的消费反应；卡普兰等（Kaplan et al.，2014）发现，那些具有较多固定资产、较少流动性资产的家庭在面对短暂性收入变化冲击时，会有更高的消费倾向，更容易增加消费。这些经验研究表明，研究居民家庭债务问题需要从异质性主体的设定入手，其对宏观政策效果的作用传递渠道也蕴藏在异质性家庭债务状态的设定中。

大致总结，现有文献中异质性家庭债务影响财政政策效果的传递渠道主要有三个。（1）费雪通胀效应。财政支出扩张会引发不可预期的通货膨胀，使债务人受益、债权人受损。由于债务人的边际消费倾向高于债权人，债务人实际债务下降会诱发消费增加，从而增强财政扩张的经济效应。这一渠道的讨论发扬自埃格特松和克鲁格曼（2012）的研究。（2）资产价格效应。安德烈斯等（2015）认为，财政支出扩张会引发住房价格下降，降低住房抵押价值，抑制债务人的再融资能力，降低债务人消费，削弱财政支出扩张效应。财政支出扩张之所以会抑制住房价格，原因是财政支出扩张会提高实际利率水平，抑制住房投资需求（Agnello and Sousa，2012）。因此，考虑了债务后，财政支出扩张对实际利率水平的提升，不仅会对投资产生传统意义上的"挤出"效应，还会因住房价格下降对债务人债务融资能力产生负向冲击，抑制债务人消费增长。（3）信贷资源再配置效应。主要体现在财政支出扩张引起实际利率水平上升后，债务人会降低资金需求，减少贷款总额，从而导致债权人更多地留存资金。这一减一增，尽管总量上资金持平，但会使资金更多地从边际消费倾向高的债务人转向边际消费倾向低的债权人，导致消费下降。苏菲（2015）将这一效应定义为利率变化的敞口效应。这三者作用方向不一，最终结果要取决于三者形成的合力。

为较全面地反映居民债务对财政政策作用机制的影响，本章的理论模型将纳入上述三个传递渠道。同时，根据对中国经济的观察，还将考虑两个额外因素。（1）住房资产的消费属性。既有模型对住房的处理基本沿袭亚科维耶洛（2005）的住房模型设定，视住房为资产，并作为抵押物获取贷款，形成借贷能力约束。其优点在于将债务与住房资产相联系，内生化债务规模和极限值；不足在于忽略了住房的消费属性。在中国，大多数住房是消费品而非投资品。李涛和陈斌开（2014）的经验研究指出，中国居民住宅主要是消费品，"资产效应"微弱，"财富效应"不存在。当财政支出扩张引发住房资产价格下降时，除了导致债务人融资能力受限进而抑制消费（资产价格效应渠道）外，还可能激励住房消费增长，拉动总消费增长。（2）考虑住房抵押贷款的违约风险。自1998年城镇住房市场化改革之后，中国的房价一路上涨。这既有过去20多年来中国经济快速增长、城市化带来的发展红利因素（中国经济增长前沿课题组，2011），又有中国经济严重依赖"土地财政""房地产经济"的因素（周彬和杜两省，2010），以及居民家庭投资渠道狭窄、信贷部门过度支持（周京奎，2006）、人口结构变迁（徐建炜等，2012）等多种因素。房价"只涨不跌"使多数理论研究不重视住房贷款的违约风险。然而，2016年后，情况发生重大转变：（1）政策层面，明确了"房住不炒"的基调；（2）不同类型城市的房地产市场呈现"分化"现象，三四线城市的房价开始逐步"退潮"，一二线城市不同地区的房价也出现分化；（3）快速增长的债务水平意味着有较高边际消费倾向的债务人家庭正在接近债务极限，加深对银行的依赖程度。一旦房价大幅下行，抑或发生重大负向流动性冲击（新冠肺炎疫情引发就业危机），居民住房贷款的违约风险将急剧攀升，使得银行信贷部门更早地出现"惜贷"行为，不再限于抵押住房价值的数量限制。换言之，贷款违约风险的提升将产生更为严格的借贷约束条件（Adam，2010；Cecchetti et al.，2011），债权人不仅会依据抵押物住房的价值来施加贷款约束，还会根据贷款违约风险来调整贷款规模。当债务人违约风险较大时，即使住房价值未明显下降，债权人也可能不愿意增加贷款。

综上所述，本章的模型将在已有传递渠道的基础上增加两个传递渠道：住房消费效应和贷款违约风险效应。其中，前者有利于财政政策作用发挥，在财政支出扩张引起住房相对价格下降时，居民会增加住房消费，从而强化财政政策效果；后者则不利于财政政策作用发挥，当居民住房贷款违约风险较高时，债权人贷款意愿会下降，使得贷款规模减少，信贷资源的再配置效应弱化，进而降低财政政策的效果。因此，本章认为，影响负债家庭消费行为进而影响财政政策效应的关键不仅在于负债家庭的边际借贷能力，也在于居民债务的违约风险。二者之间既有联系又存在差别。相对而言，违约风险的冲击更为广泛，不限于住房资产价值的变化。这是本章与埃格特松和克鲁格曼（2012）、安德烈斯等（2015）研究结论的主要区别之处。

第三节　经验检验：居民家庭债务对财政
政策作用效果的影响

一、计量方法的选择

财政政策与经济增长之间存在强烈的内生性，以往测算财政政策效应时一般采用 VAR、SVAR 等方法，通过经济增长对财政冲击的脉冲响应函数来测算财政政策乘数（Blanchard and Perotti，2002；Mountford and Uhlig，2009）。其缺点是：（1）数据样本必须足够大，估计结果才会一致有效；（2）需要对估计系数矩阵的部分参数进行赋值或约束，具有一定主观性，一旦模型误设，脉冲响应函数分析将是无效的；（3）VAR 方法本质上是线性方程估计，较难处理非线性或存在结构转换的方程；（4）在使用面板数据时，VAR 方法难以处理截面主体之间的同期或跨期相关性。

为克服这些不足，乔丹（2005）建议使用局部投影（LP）法对不同预测时期的脉冲响应函数进行估计和匹配。相比 VAR 方法，LP 法的优点在于：（1）估算脉冲响应函数值时，只需进行单方程估计。这样，既节省了数据样本，又可以只针对关注的变量进行脉冲响应函数估计，节约估计时间。（2）不会将模型设定的误差叠加到后期的预测。VAR 方法下，如果模型设定出现误差，不仅会影响当期预测，还会通过迭代，将误差不断累加到后期的预测；而 LP 法下的每一步预测都是基于模型设定的当期预测，尽管也有误差，但不会产生误差叠加效应，预测结果相对稳健。（3）考虑到每一次估计均是单方程估计，因此，一些异方差、自相关及内生性问题的处理方法就可以在估计方程时使用。特别是使用面板数据时，LP 法会比面板 VAR 方法更有效地处理同期或跨期截面自相关问题。LP 法的缺点是：由于每期都是重新估计方程，其不能得到与使用迭代方法的 VAR 或 SVAR 一样平滑的脉冲响应函数曲线。拉梅（Ramey，2014）指出，LP 法估计出来的脉冲响应函数会不太稳定，长期会趋于振荡。因此，较长时期的脉冲响应结果可能不太准确。整体上，由于 LP 法仅需要进行单方程估计，奥尔巴赫和戈罗德尼琴科（Auerbach and Gorodnichenko，2013）认为，该方法适合数据样本较少的回归；拉梅和祖巴里（Ramey and Zubairy，2018）则指出，LP 法适用于结构转换的非线性方程回归。

本章的研究目的是揭示现阶段不同居民家庭负债规模对财政政策效果的影响。同时，在数据样本方面，为体现城市特征和克服中国宏观数据时限较短的问题，本章拟使用地级市面板数据进行回归分析。因此，本章拟进行的实证检验是以居民家庭债务作为状态转换变量的非线性面板 VAR 回归，契合 LP 法的使用前提。

二、估计式子、变量选择及数据来源

结合巴赫和戈罗德尼琴科（2013）以及拉梅和祖巴里（2018）的方程设定，给出脉冲响应函数估计式：

$$Y_{i,t+h} = I_{i,t-1} \left[\alpha_{i,h}^{A} + \Pi_{h}^{A}(L) Z_{i,t-1} + \beta_{h}^{A} shock_{i,t} \right]$$
$$+ (1 - I_{i,t-1}) \left[\alpha_{i,h}^{B} + \Pi_{h}^{B}(L) Z_{i,t-1} + \beta_{h}^{B} shock_{i,t} \right] + \epsilon_{i,t+h}$$

其中，h 表示脉冲响应函数的期数，$h = 0, 1, 2, \cdots$；$\Pi_h(L)$ 表示滞后算子，其阶数由信息判定准则确定；$\epsilon_{i,t+h}$ 表示残差项；$Y_{i,t+h}$ 表示指定的内生变量，$Z_{i,t-1}$ 表示控制变量，$shock_{i,t}$ 表示指定的冲击变量；$I_{i,t-1}$ 表示数值为 $[0,1]$ 的二元状态变量。当

$I_{i,t-1}=1$ 时，代表方程估计是在 A 状态下进行的；反之，当 $I_{i,t-1}=0$ 时，则代表方程估计是在 B 状态下进行的。如果状态变量是连续变量，估计式可改为：

$$Y_{i,t+h}=f(D_{i,t-1})\left[\alpha_{i,h}^A+\Pi_h^A(L)Z_{i,t-1}+\beta_h^A shock_{i,t}\right]$$
$$+(1-f(D_{i,t-1}))\left[\alpha_{i,h}^B+\Pi_h^B(L)Z_{i,t-1}+\beta_h^B shock_{i,t}\right]+\epsilon_{i,t+h}$$

其中，$D_{i,t-1}$ 表示连续状态变量，$f(D_{i,t-1})$ 表示转换函数。根据巴赫和戈罗德尼琴科（2013）的设定，转换函数可写成 $f(D_{i,t-1})=\dfrac{e^{-\gamma D_{i,t-1}}}{1+e^{-\gamma D_{i,t-1}}}$，$\gamma>0$，表示转换曲线的调节因子。

参考布兰查德和佩罗蒂（Blanchard and Perotti，2002）、靳春平（2007）以及霍利（Hory，2016）的变量设定，本章以当期人均 GDP 作为指定内生变量；以人均 GDP、人均财政支出、人均财政收入和财政支出结构的滞后项作为控制变量；以当期人均财政支出作为冲击变量；状态转移变量则使用居民负债率，即居民家庭债务与同期 GDP 的比值来表示。其中，二元状态下的居民负债率以2016 年底各地级市居民住户贷款余额与当地地区 GDP 之比衡量，将高于所有城市比值均值的地级市设为高居民负债率样本，赋值为 1；反之为低居民负债率样本，赋值为 0；连续状态变量则以历年各地级市金融机构各项贷款总额与当地地区 GDP 之比衡量，高低样本的划分标准同前。该指标与住户贷款指标的差别在于，它还包含当地非金融企业贷款，并不只有居民债务，它能够更全面地反映一个地区的非政府部门债务水平。

数据方面，本章以 2003～2017 年全国 338 个地级及以上城市和地级区域数据为基础数据样本。变量的描述性统计见表 8-1。各地级市的人均 GDP、人均财政支出、人均财政收入指标以及金融机构各项贷款总额数据均整理自 CEIC 数据库。其中，人均财政支出和人均财政收入变量均是先利用支出法下的 GDP 和人均 GDP 算出常住人口数，再用财政支出和财政收入分别除以常住人口数得到；地方财政支出结构变量则以教育支出占财政支出的比重衡量。各地级市住户贷款余额数据整理自各地级市 2017 年统计年鉴、2017 年国民和社会经济发展统计公报、统计快报和政府网站等。

表 8-1　　　　　　　　　　　变量的描述性统计

变量名	样本	均值	标准差	最小值	最大值	观察数
	总体样本	32 196.5	27 023.2	1 892	215 488	4 796
人均 GDP	组间		20 874.0	5 964.6	127 960.4	338
	组内		17 273.4	-75 690.0	119 742.1	14

变量名	样本	均值	标准差	最小值	最大值	观察数
人均财政支出	总体样本	5 394.2	4 693.4	284.1	39 017.6	4 785
	组间		3 025.7	1 308.8	23 922.2	338
	组内		3 724.0	− 11 662.5	27 122.9	14
人均财政收入	总体样本	2 477.8	2 882.7	71.1	27 464.9	4 790
	组间		2 169.8	362.7	14 467.9	338
	组内		1 892.8	− 8 648.3	16 585.2	14
财政支出结构	总体样本	0.186	0.048	0.02	0.79	4 582
	组间		0.041	0.06	0.35	338
	组内		0.026	− 0.03	0.63	14
金融机构各项贷款与GDP之比	总体样本	0.8017	0.4725	0.0753	4.1891	4 641
2016年各市住户贷款与GDP之比	总体样本	0.3281	0.1750	0.0435	1.0592	290

注：组内值＝观察值－组间均值＋总体样本均值；整理自 CEIC 数据库及各城市统计年鉴、统计公报等。

从表 8－1 可以看出：（1）人均 GDP 的标准差明显大于人均财政支出、人均财政收入，显出更大的波动变化；（2）人均财政支出变量之外，其余三个内生变量的组间差异均超过组内差异，总体样本差异更多体现为城市间差异，而非同一城市的时期差异。人均财政支出变量的组间差异小于组内差异，说明财政支出更多随着时间变化而变化，其对总体差异的作用超过不同城市间的财政支出差异。

三、脉冲响应函数的估计结果

估计方程之前，需要对变量做些处理：（1）对数化各内生变量，进行相应的单位根检验及面板协整检验；（2）根据矩模型选择准则计算滞后 1~4 期的面板贝叶斯信息法则（MMSC-BIC），选择滞后阶数。结果表明，人均 GDP、人均财政支出和人均财政收入变量均为一阶平稳序列，财政支出结构为原阶平稳序列，四个变量存在协整关系，阶数选择 1 阶滞后。

（一） 二元状态转移变量下的脉冲响应函数差异

图 8 - 1 给出状态转移变量是虚拟变量设定下的人均 GDP 脉冲响应函数结果。可以看出：（1）在两种居民负债率状态下，人均 GDP 对人均财政支出正向冲击的初始脉冲响应函数值均为显著的正值，说明样本期间内，财政支出增长对经济增长的作用为正；（2）低居民负债率下的脉冲效应函数值明显大于高居民负债率，其中，低居民负债率下的即期反应为 0.2286，高居民负债率下的即期反应仅为 0.1011，不及前者一半，换算成财政支出乘数之后，[①] 得到低居民负债率下的即期财政支出乘数为 1.63，高居民负债率的即期财政支出乘数为 0.80。而且，从长期来看，4 期之后高居民负债率下的脉冲响应函数值基本降为 0，并且不再显著；低居民负债率下脉冲响应函数则呈现"驼峰"形状，在第 4 期达到高点，随后缓慢下降，正向效应的显著性持续到 10 期之后。因此，可以推断，低居民负债率下的长期财政支出乘数也大于高居民负债率。图 8 - 1 （b）的脉冲响应函数的均值对比图，清晰地反映了二者的冲击反应差异。值得注意的是，无论是低居民负债率样本，还是高居民负债率样本，10 期之后的脉冲响应均呈现出振荡起伏的变化。

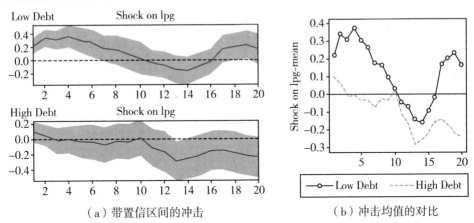

（a）带置信区间的冲击　　　　　　（b）冲击均值的对比

图 8 - 1　不同居民债务下人均 GDP 对人均财政支出 1 单位正向冲击的脉冲响应函数

注：lpg 表示人均 GDP，lpg_mean 表示人均 GDP 的均值脉冲响应函数，Low Debt 表示低居民负债率样本，High Debt 表示高居民负债率样本；估计方法为系统 GMM，阴影部分为 95% 置信度的区间估计值。

---

①　由于所有变量都是经过对数化处理，因此，要将脉冲响应函数值转换为支出乘数，需要先进行相应的对数转换，再结合样本期间内的 GDP 与财政支出均值，相乘求解。具体式子为 $\frac{dy}{dg} = \frac{d\ln y}{d\ln g} \times \left(\frac{y}{g}\right)$。样本期间内低居民负债率和高居民负债率样本下的 GDP 与财政支出均值分别为 7.1503 和 7.9518。

（二）连续状态转移变量下的脉冲响应函数差异

替换成连续的状态转移变量之后，图 8 - 2 的结果同样显示，低非政府部门负债率下的人均 GDP 对人均财政支出冲击的脉冲响应函数值大于高非政府部门负债率。这在一定程度上证实了前述估计结果的稳健性；同时也反映，可能不仅限于家庭部门债务，只要是该地区的非政府部门债务率较高，都可能对财政支出刺激经济增长的作用产生影响。

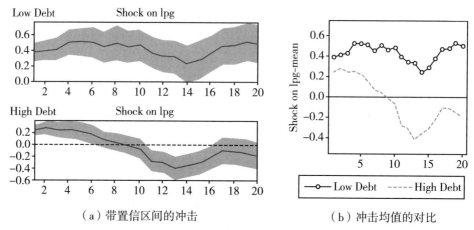

（a）带置信区间的冲击　　　　　　　　（b）冲击均值的对比

图 8 - 2　新状态转移变量下人均 GDP 对人均财政支出 1 单位正向冲击的脉冲响应函数

注：lpg 表示人均 GDP，lpg_mean 表示人均 GDP 的均值脉冲响应函数，Low Debt 表示低非政府部门负债率状态，High Debt 表示高非政府部门负债率状态；转换函数的调节参数 $\gamma = 10$；估计方法为系统 GMM，阴影部分为 95% 置信度的区间估计值。

综上所述，经验研究显示：低居民负债率样本下的财政支出乘数显著大于高居民负债率样本下的财政支出乘数。换言之，居民负债率越高，财政支出乘数会越低，家庭部门负债率上升将削弱财政政策对经济增长的刺激作用。这意味着，当前中国居民家庭部门的债务水平不仅会直接影响宏观经济运行，还会降低财政政策的作用效果，间接影响宏观经济运行。根据支出乘数的测算结果，低居民负债率下的短期财政支出乘数大约是高居民负债率下的短期财政支出乘数的 1 倍，二者差距，不可小觑。

第四节　理论模型构建

经验研究只是证实了家庭部门负债率高低对财政支出乘数具有重要影响，但并未揭示其作用机理。下面，本章拟应用 DSGE 模型来揭示不同家庭部门负债率下财政支出冲击效应差异的作用机理和传递中介。本章将考虑两类家庭部门："债权人"家庭和"债务人"家庭；[①] 两类消费品：一般消费品和住房消费；两类企业部门：生产一般消费品的企业和生产住房的企业。其中，两类企业部门内部均存在完全竞争的最终品厂商和垄断竞争的中间品厂商。同时，假定财政收入来自税收和政府债券发行，财政收支遵循收支平衡原则；货币政策遵循泰勒规则。

一、家庭部门

假设经济系统中存在着在$[0,1]$之间连续分布的家庭部门，其中，ψ比例的家庭是"债务人家庭"，即除了将劳动所得全部用于当期消费之外，还会将住房抵押贷款并用于当期消费，包括一般消费品消费和住房消费；$(1-\psi)$比例的家庭是"债权人"家庭，其劳动所得和贷款所得，除用于当期一般消费品和住房消费之外，还用于购买政府债券、投资两类企业部门的中间品厂商和借款给"债务人"家庭。

（一）"债务人"家庭

假设代表性家庭所有时期的预期总效用为：

$$E_0 \sum_{t=0}^{\infty} \beta^t z_t \{ U(X_t, N_{C,t}, N_{H,t}) \}, \ 0 < \beta < 1 \qquad (8.1)$$

其中，β表示折现因子；$N_{C,t}$表示在一般消费品部门劳动的时间；$N_{H,t}$表示在住房部门劳动的时间；X_t表示一般消费品C_t与住房消费H_{t+1}的综合指数，定义：

$$X_t = \left[(1-\alpha)^{\frac{1}{\eta}} C_t^{\frac{\eta-1}{\eta}} + \alpha^{\frac{1}{\eta}} H_{t+1}^{\frac{\eta-1}{\eta}} \right]^{\frac{\eta}{\eta-1}} \qquad (8.2)$$

其中，α表示住房消费在综合消费指数中的权重，$\eta \geqslant 0$表示住房消费与一般消费品消费的替代弹性。遵循福拉蒂和兰贝蒂尼（2011）的设定，用第$t+1$期家庭所拥有的存量住房价值H_{t+1}来表示第t期的住房消费。[②] 假设即时效用函数为

---

① 亚科维耶洛（2005）、亚科维耶洛和内里（2010）将家庭区分为非耐心家庭与耐心家庭。这是住房模型比较常用的家庭部门区分方式；福拉蒂和兰贝蒂尼（Forlati and Lambertini，2011）则用借款者和储蓄者来区分家庭部门，其内涵与非耐心家庭和耐心家庭的设定相同，只是更直接地显示不同家庭之间的借贷关系。本章参考福拉蒂和兰贝蒂尼（2011）的设定，但为避免歧义，以债务人替代借款者，以债权人替代储蓄者。

② 也可以把每一期的住房消费表示为每一期新增的住房价值。这样，每一期的住房消费就变成只是下一期住房存量价值的一部分，类似于投资和物质资本之间的关系。根据福拉蒂和兰贝蒂尼（2011）的假设，这并不会对模型的结论产生质的影响。

$$U(X_t, N_t) = \ln X_t - \frac{v_t}{1+\phi} \left[N_{C,t}^{1+\xi} + N_{H,t}^{1+\xi} \right]^{\frac{1+\phi}{1+\xi}}, \xi、\phi > 0。$$ 其中，ξ 表示劳动在两个企业部门之间的替代弹性，若 $\xi = 0$，表示劳动在部门之间完全替代，不存在劳动异质性；$\xi > 0$ 则表示不同部门之间的劳动无法完全替代。两部门的工资水平也因此存在差异。ϕ 表示劳动供给跨期替代弹性的倒数，z_t 和 v_t 分别表示跨期效用偏好和劳动供给的外生冲击。

代表性家庭根据预期总效用最大化原则，决定住房消费 H_{t+1}。假设家庭中有许多成员，每个家庭成员的资源是平均分配的，并由每个成员按照家庭签订的利率履行抵押贷款合同。所有成员的住房价值之和等于家庭总的住房价值，即 $\int_i H_{t+1}^i \mathrm{d}i = H_{t+1}$，$H_{t+1}^i$ 表示第 i 个成员拥有的住房价值。假定家庭成员的住房价值在合同存续期间会受到个体变量 ω_{t+1}^i 的影响，则第 i 个家庭成员在偿还贷款时的住房价值将为 $\omega_{t+1}^i P_{H,t+1} H_{t+1}^i$，$P_{H,t+1}$ 表示第 $t+1$ 期的住房市场价格。

假设个体变量 ω_{t+1}^i 满足独立同分布，服从对数正态分布：$\ln \omega_{t+1}^i \sim N(\mu, \sigma_\omega)$，概率密度函数为 $f(\omega_{t+1}^i) = \dfrac{1}{\omega_{t+1}^i \sigma_\omega \sqrt{2\pi}} \exp\left(-\dfrac{(\ln \omega_{t+1}^i - \mu)^2}{2\sigma_\omega^2} \right)$，累计分布函数为 $F_{t+1}(\omega_{t+1}^i)$，满足连续、至少一次可微的条件。当 $\mu = -\dfrac{\sigma_\omega^2}{2}$ 时，ω_{t+1}^i 的期望值将等于 1，即 $E_t(\omega_{t+1}^i) = 1$。在此基础上，容易推得 $E_t(\omega_{t+1}^i H_{t+1}^i) = H_{t+1}$，表明个体变量引发的住房价值变化风险仅存在于家庭成员层面，对整个家庭而言，总住房价值将保持不变。

基于上述假定，在第 $t+1$ 期，第 i 个家庭成员是否履行抵押贷款合同，取决于个体变量与住房价值的乘积是否会大于需要支付的实际贷款和利息之和。假设个体变量存在一个门槛值 $\bar{\omega}_{t+1}$，当 $\omega_{t+1}^i \geq \bar{\omega}_{t+1}$ 时，第 i 个家庭成员的个体住房价值将大于需要支付的贷款和利息之和，他将选择履行合同；反之，当 $\omega_{t+1}^i < \bar{\omega}_{t+1}$ 时，他将选择违约。因此，个体变量可写成以下分段函数：

$$\omega_{t+1}^i \begin{cases} = \bar{\omega}_{t+1}, & \text{如果 } \omega_{t+1}^i \geq \bar{\omega}_{t+1} \\ = \omega_{t+1}^i, & \text{如果 } \omega_{t+1}^i < \bar{\omega}_{t+1} \end{cases}$$

由此，家庭成员愿意履行合同的条件为：

$$(1-\delta) \bar{\omega}_{t+1} P_{H,t+1} H_{t+1}^i = (1 + R_{z,t+1}) L_{t+1}^i \tag{8.3}$$

其中，L_{t+1}^i 表示第 i 个家庭成员可能获得的抵押贷款额。所有成员的贷款总和等于家庭总贷款规模 L_{t+1}，即 $\int_i L_{t+1}^i \, di = L_{t+1}$；$R_{z,t+1}$ 则表示综合了家庭成员违约风险及其他成本之后的第 $t+1$ 期事后实际承担的贷款利率，[1] 其大小受制于家庭成员违约状况；δ 为住房折旧率。对式（8.3）进行加总处理后得：

$$(1 - \delta)\bar{\omega}_{t+1} P_{H,t+1} H_{t+1} = (1 + R_{z,t+1})L_{t+1} \tag{8.4}$$

假定债权人会对贷款事先要求一个名义回报率，设为 $R_{L,t}$。同时，假设债权人可以通过一定措施（如关注债务人财务状况、申请限制债务人高端消费等）督促债务人履行贷款合同，但要付出相应的监督成本，则债权人在第 t 期愿意提供贷款的条件为：

$$\begin{aligned}
(1 + R_{L,t})L_{t+1} &= \int_0^{\bar{\omega}_{t+1}} \omega_{t+1}(1 - u)(1 - \delta)P_{H,t+1} H_{t+1} f_{t+1}(\omega)\,d\omega \\
&\quad + \int_{\bar{\omega}_{t+1}}^{\infty} (1 + R_{Z,t+1})L_{t+1} f_{t+1}(\omega)\,d\omega
\end{aligned} \tag{8.5}$$

式（8.5）的左边表示债权人参与贷款并根据抵押住房的价值提供贷款总额的总收益。式（8.5）右边式子的第一项，表示债务人违约之后，债权人将获取债务人所抵押住房的价值，但要扣减住房折旧和监督成本，假定监督成本是住房价值的一部分，比例系数为 u，满足 $0 < u < 1$；右边式子的第二项，代表债务人履行合同所实际承担的还本付息支出。换言之，式（8.5）右边的式子表示的是两种不同状态下债权人的收益状况。

重新整理式（8.5），可写成：

$$(1 + R_{L,t})L_{t+1} = (1 - u)(1 - \delta)P_{H,t+1} H_{t+1} G(\bar{\omega}_{t+1}) + (1 + R_{Z,t+1})L_{t+1}[1 - F(\bar{\omega}_{t+1})] \tag{8.6}$$

其中，$G_{t+1}(\bar{\omega}_{t+1}) = \int_0^{\bar{\omega}_{t+1}} \omega_{t+1} f_{t+1}(\omega)\,d\omega$，表示个体变量小于或等于门槛值 $\bar{\omega}_{t+1}$ 的局部期望值；$F(\bar{\omega}_{t+1}) = \int_0^{\bar{\omega}_{t+1}} f_{t+1}(\omega)\,d\omega$，表示个体变量值在 $(0, \bar{\omega}_{t+1}]$ 之间的累计概率分布。

---

[1] 债务人支付给债权人的利率是根据合同签订的事前利率。当债务人的贷款违约概率变大，或者债权人需要付出额外的监督成本以督促债务人履行合约时，债权人的实际回报率会降低。换言之，债务人事后承担的实际贷款利率下降。这里，本章隐含的假定是住房抵押合同的期限只有 1 期，这也与前述住房消费的设定保持一致。

结合式（8.4）、式（8.6）可得：

$$(1 + R_{L,t})L_{t+1} = [\Pi_{t+1}(\bar{\omega}_{t+1}) - uG_{t+1}(\bar{\omega}_{t+1})](1 - \delta)P_{H,t+1}H_{t+1} \quad (8.7)$$

其中，$\Pi_{t+1}(\bar{\omega}_{t+1}) = \bar{\omega}_{t+1}\int_{\bar{\omega}_{t+1}}^{\infty} f_{t+1}(\omega)\mathrm{d}\omega + G_{t+1}(\bar{\omega}_{t+1})$。进一步整理式（8.7），可得"债权人"家庭根据事前要求回报率的所得与"债务人"家庭住房净值之间的比值为：

$$\Pi_{t+1}(\bar{\omega}_{t+1}) - uG_{t+1}(\bar{\omega}_{t+1}) = \frac{(1 + R_{L,t})L_{t+1}}{(1 - \delta)P_{H,t+1}H_{t+1}} \quad (8.8)$$

对"债务人"家庭而言，该比值越大，意味着需要偿还的债务支出与住房资产净值的比值越高。换言之，以住房资产作为抵押，该比值越大，代表"债务人"家庭获得的贷款越多，融资能力越强。进一步地，如果去掉式（8.8）左边式子中的时间标量，左边式子将退化为一常数值，该常数值即为亚科维耶洛（2005）以及安德烈斯等（2015）模型中的外生借贷约束值设定。数值越大，表示"债权人"家庭对于抵押物价值的贷款评估值越高、折扣越小。因此，式（8.8）实际上是将"债务人"家庭的借贷约束能力与贷款违约门槛值 $\bar{\omega}_{t+1}$ 联系在一起，将借贷约束设定为贷款违约概率的隐函数。

综上所述，"债务人"家庭的总预算约束为：

$$P_{C,t}C_t + P_{H,t}H_{t+1} + \int_{\bar{\omega}_t}^{\infty} f_t(\omega)\mathrm{d}\omega(1 + R_{Z,t})L_t$$

$$= L_{t+1} + (W_{C,t}N_{C,t} + W_{H,t}N_{H,t}) + (1 - \delta)[1 - G_t(\bar{\omega}_t)]P_{H,t}H_t \quad (8.9)$$

其中，$P_{C,t}C_t$、$P_{H,t}H_{t+1}$ 分别表示代表性家庭的一般消费品和住房消费；$\int_{\bar{\omega}_t}^{\infty} f_t(\omega)\mathrm{d}\omega$ 是代表性家庭的冲击门槛值大于 $\bar{\omega}_t$ 时的累计分布函数，表示代表性家庭履行合同的概率之和；$R_{Z,t}$ 表示其实际承担的抵押贷款利率水平；L_t、L_{t+1} 表示对应时期的贷款总量；$W_{C,t}$ 和 $W_{H,t}$ 分别表示一般消费品和住房部门的名义工资水平；$G_t(\bar{\omega}_t)$ 表示门槛值小于 $\bar{\omega}_t$ 时的个体变量局部期望值，衡量的是家庭成员出现违约情况下被"债权人"家庭拿走的住房资产比例。

进一步地，以一般消费品价格为基准价格，[①] 用小写字母符号 $p_{H,t+1}$、l_{t+1} 分

---

① 在现实中，由于住房总价远高于一般消费品，一旦在消费支出中考虑住房支出，其支出占总消费支出的比重将远远大于其他类别产品消费支出的比重，从而导致其他类别产品消费价格的变化趋势无法反映在总价格指数的变化中。加之住房又兼具投资属性，因此一般而言，住房价格并不纳入 CPI 统计的范畴。

别表示住房消费与一般消费品的相对价格 $\left(p_{H,t+1}=\dfrac{P_{H,t+1}}{P_{C,t+1}}\right)$ 以及实际贷款

$\left(l_{t+1}=\dfrac{L_{t+1}}{P_{C,t}}\right)$，并结合式（8.4）和式（8.6），则代表性家庭的实际预算约束线可以改写为：

$$C_t + p_{H,t}H_{t+1} + \frac{(1+R_{L,t-1})}{\pi_{C,t}}l_t = l_{t+1} + (w_{C,t}N_{C,t} + w_{H,t}N_{H,t})$$
$$+ (1-\delta)[1-uG_t(\bar{\omega}_t)]p_{H,t}H_t \qquad (8.10)$$

其中，$\pi_{C,t}=\dfrac{P_{C,t}}{P_{C,t-1}}$。将式（8.7）两边同时除以 $P_{C,t+1}$，再结合实际预算约束线式（8.10），可以得到"债务人"家庭的两个约束条件。最大化预期总效用式子式（8.1），可分别得到关于一般消费品消费 C_t、不同部门的劳动时间 $N_{C,t}$ 和 $N_{H,t}$、住房消费 H_{t+1}、实际贷款规模 l_{t+1} 以及状态变量 $\bar{\omega}_{t+1}$ 的一阶条件为：

$$z_t U_{c,t} - \lambda_{1,t} = 0 \qquad (8.11)$$
$$z_t U_{N_C,t} + \lambda_{1,t}w_{C,t} = 0 \qquad (8.12)$$
$$z_t U_{N_H,t} + \lambda_{1,t}w_{H,t} = 0 \qquad (8.13)$$

$$z_t U_{H,t+1} - \lambda_{1,t}p_{H,t} + \beta(1-\delta)E\{\lambda_{1,t+1}[1-uG_{t+1}(\bar{\omega}_{t+1})]p_{H,t+1}$$
$$+ \lambda_{2,t+1}p_{H,t+1}\pi_{c,t+1}[\Pi_{t+1}(\bar{\omega}_{t+1}) - uG_{t+1}(\bar{\omega}_{t+1})]\} = 0 \qquad (8.14)$$

$$\lambda_{1,t} - E\left\{\left(\lambda_{2,t+1} + \beta\frac{\lambda_{1,t+1}}{\pi_{C,t+1}}\right)(1+R_{L,t})\right\} = 0 \qquad (8.15)$$

$$E\{-\beta\lambda_{1,t+1}uG'_{t+1}(\bar{\omega}_{t+1}) + \lambda_{2,t+1}[\Pi'_{t+1}(\bar{\omega}_{t+1}) - uG'_{t+1}(\bar{\omega}_{t+1})]\pi_{C,t+1}\} = 0$$
$$(8.16)$$

其中，$\lambda_{1,t}$ 和 $\lambda_{2,t+1}$ 分别表示实际预算约束线和贷款条件的拉格朗日乘子。

（二）"债权人"家庭

定义"债权人"代表性家庭所有时期的预期总效用为：

$$E_0 \sum_{t=0}^{\infty} \gamma^t z_t\{U(X_t^r, N_{C,t}^r, N_{H,t}^r)\}, \ 0 < \gamma < 1 \qquad (8.17)$$

其中，上标 r 表示"债权人"家庭；$N_{C,t}^r$ 表示一般消费品部门劳动时间；$N_{H,t}^r$ 表示住房部门劳动时间；X_t^r 表示一般消费品消费 C_t^r 与住房消费 H_{t+1}^r 的综合指数，表达式与式（8.2）相同，写成 $X_t^r = \left[(1-\alpha^r)^{\frac{1}{\eta^r}}(C_t^r)^{\frac{\eta^r-1}{\eta^r}} + (\alpha^r)^{\frac{1}{\eta^r}}(H_{t+1}^r)^{\frac{\eta^r-1}{\eta^r}}\right]^{\frac{\eta^r}{\eta^r-1}}$；即

时效用函数 $U(X_t^r, N_t^r)$ 的形式也与"债务人"家庭相同，写成 $U(X_t^r, N_{C,t}^r, N_{H,t}^r) =$
$\ln X_t^r - \dfrac{v_t}{1+\phi^r}\left[\left(N_{C,t}^r\right)^{1+\xi^r} + \left(N_{H,t}^r\right)^{1+\xi^r}\right]^{\frac{1+\phi^r}{1+\xi^r}}$，$\xi^r$、$\phi^r > 0$；参照亚科维耶洛和内里
（2010）的设定，"债权人"家庭跨期偏好和劳动供给冲击分别为 z_t 和 v_t；γ 表示折现因子，考虑到"债权人"家庭愿意将部分收入用于购买政府债或贷款，其对未来效用的折现值要大于"债务人"家庭，即 $0 < \beta < \gamma < 1$。

代表性家庭的实际预算约束线为：

$$C_t^r + p_{H,t}H_{t+1}^r + \frac{\pi_{C,t+1}}{1+r_t}B_{t+1}/P_{C,t+1} + I_t + l_{t+1}^r$$

$$= (1-\delta)p_{H,t}H_t^r + \frac{(1+R_{L,t-1})}{\pi_{C,t}}l_t^r + (w_{C,t}^r N_{C,t} + w_{H,t}^r N_{H,t}^r) + r_{K,t}K_t + B_t/P_{C,t} + T_t + d_t$$

$$(8.18)$$

其中，$B_t/P_{C,t}$ 表示持有的实际政府债务；r_t 表示名义利率水平；T_t 表示"债权人"家庭承担的一次性总量税；[①] $w_{C,t}^r$ 和 $w_{H,t}^r$ 分别为"债权人"家庭在一般消费品部门和住房部门劳动所获得的实际工资；$r_{K,t}$ 表示物质资本的实际回报率；d_t 表示从中间品厂商得到的实际利润，$d_t = \int_0^1 d_{C,t}(i)\,\mathrm{d}i + \int_0^1 d_{H,t}(i)\,\mathrm{d}i$，$i$ 代表两个企业部门内部的第 i 个中间品厂商；I_t 表示实际投资；K_t 表示物质资本积累。物质资本的动态累计方程为：

$$K_{t+1} = (1-\delta_k)K_t + I_t \qquad (8.19)$$

其中，δ_k 表示物质资本的折旧率。

在式（8.18）和式（8.19）的约束下，对式（8.17）求解最大化期望效用，分别可得关于一般消费品消费 C_t^r、不同部门的劳动时间 $N_{C,t}$ 和 $N_{H,t}$、住房消费 H_{t+1}^r、实际贷款规模 l_{t+1}^r、实际投资 I_t、物质资本存量 K_{t+1} 以及实际政府债券 $B_{t+1}/P_{C,t+1}$ 的一阶条件：

$$z_t U_{c^r,t} - \lambda_{3,t} = 0 \qquad (8.20)$$

$$z_t U_{N_C^r,t} + \lambda_{3,t}w_{C,t}^r = 0 \qquad (8.21)$$

$$z_t U_{N_H^r,t} + \lambda_{3,t}w_{H,t}^r = 0 \qquad (8.22)$$

$$z_t U_{H^r,t+1} - \lambda_{3,t}p_{H,t} + \gamma(1-\delta)E(\lambda_{3,t+1}p_{H,t+1}) = 0 \qquad (8.23)$$

---

① 参照亚科维耶洛（2005）、张（Zhang，2019）的设定，由于"债权人"家庭是投资者，能够获取垄断利润，故由"债权人"家庭来承担一次总量税。

$$-\lambda_{3,t} + E\left[\gamma \frac{\lambda_{3,t+1}(1+R_{L,t})}{\pi_{C,t+1}}\right] = 0 \tag{8.24}$$

$$-\lambda_{3,t} + \lambda_{4,t} = 0 \tag{8.25}$$

$$-\lambda_{4,t} + E\{\gamma[\lambda_{3,t+1}r_{K,t+1} + \lambda_{4,t+1}(1-\delta_k)]\} = 0 \tag{8.26}$$

$$-\lambda_{3,t}E\left\{\frac{\pi_{C,t+1}}{1+r_t}\right\} + E\{\gamma\lambda_{3,t+1}\} = 0 \tag{8.27}$$

其中，$\lambda_{3,t}$ 和 $\lambda_{4,t}$ 分别是预算约束线和物质资本累积方程的拉格朗日乘子。

二、企 业 部 门

对应两类消费品，企业部门也相应分成两类。按照基准的新凯恩斯模型厂商设定（Gali，2008），假设两类企业部门均存在完全竞争的最终消费品厂商和垄断竞争的中间品厂商，并且中间品厂商定价方式均采用卡尔沃（Calvo，1983）的价格设定。

（一）最终消费品厂商

假设两个部门的最终消费品厂商均以价格 $P_{j,t}(i)$ 向各自部门的第 i 个中间品厂商购买中间品 $Y_{j,t}(i)$，并用迪克西特 – 斯蒂格利茨（Dixit-Stiglizs）加总形式将这些中间品加总为最终消费品 $Y_{j,t}$：

$$Y_{j,t} = \left(\int_0^1 Y_{j,t}(i)^{\frac{\epsilon_j-1}{\epsilon_j}}di\right)^{\frac{\epsilon_j}{\epsilon_j-1}}, j = C, H \tag{8.28}$$

其中，ϵ_j 表示第 j 个部门中间产品之间的替代弹性。最大化最终消费品厂商的利润函数，可得关于中间品 $Y_{j,t}(i)$ 与最终消费品 $Y_{j,t}$ 之间的条件：

$$Y_{j,t}(i) = \left(\frac{P_{j,t}(i)}{P_{j,t}}\right)^{-\epsilon_j} Y_{j,t}, j = C, H \tag{8.29}$$

其中，总价格指数 $P_{j,t} = \left(\int_0^1 P_{j,t}(i)^{1-\epsilon_j}di\right)^{\frac{1}{1-\epsilon_j}}$。

（二）中间品厂商

两个部门代表性中间品厂商均从两类家庭雇用劳动力，向"债权人"家庭租赁物质资本。简便起见，将生产函数设定为满足规模报酬不变性质的 C-D 形式：

$$Y_{j,t}(i) = A_{j,t}(N_{j,t}(i)^\sigma N_{j,t}^r(i)^{1-\sigma})^{\mu_j}(K_{j,t}(i))^{1-\mu_j}, j = C, H \tag{8.30}$$

同时假定同一部门内两类家庭劳动力可以完全替代,也写成 C-D 函数形式。二者共同构成不同部门的劳动力需求。参数 σ 表示"债务人"家庭的劳动力在部门劳动力中的权重,取值在 $(0,1)$ 之间。

分两步求解中间品厂商最优化问题。第一步,求解成本最小化问题。中间品厂商通过选择资本投入 $K_{j,t}(i)$ 和两类劳动力 $N_{j,t}(i)$、$N_{j,t}^r(i)$ 实现成本最小化:

$$\min_{K_{j,t}(i),N_{j,t}(i),N_{j,t}^r(i)} W_{j,t}N_{j,t}(i) + W_{j,t}^r N_{j,t}^r(i) + R_{K,t}K_{j,t}(i), \; j = C, H \tag{8.31}$$

在式(8.30)的约束下,求解式(8.31)的成本最小化问题,可以得到中间品厂商关于要素 $N_{j,t}(i)$、$N_{j,t}^r(i)$ 和 $K_{j,t-1}$ 需求的一阶条件:

$$\sigma\mu_j \frac{Y_{j,t}(i)}{N_{j,t}(i)}MC_{j,t}(i) = W_{j,t} \tag{8.32}$$

$$(1-\sigma)\mu_j \frac{Y_{j,t}(i)}{N_{j,t}^r(i)}MC_{j,t}(i) = W_{j,t}^r \tag{8.33}$$

$$(1-\mu_j)\frac{Y_{j,t}(i)}{K_{j,t}(i)}MC_{j,t}(i) = R_{K,t} \tag{8.34}$$

其中,$MC_{j,t}(i)$ 表示约束式子的拉格朗日乘数,代表不同部门厂商的边际成本。整理式(8.32)至式(8.34),得到边际成本的式子:

$$MC_{j,t}(i) = \frac{1}{A_{j,t}}\left(\frac{1}{\sigma^{\sigma\mu_j}}\frac{1}{(1-\sigma)^{(1-\sigma)\mu_j}}\frac{1}{(\mu_j)^{\mu_j}}\frac{1}{(1-\mu_j)^{1-\mu_j}}\right)$$
$$\left[(W_{j,t})^\sigma (W_{j,t}^r)^{1-\sigma}\right]^{\mu_j}R_{K,t}^{1-\mu_j}, \; j = C, H \tag{8.35}$$

第二步,求解中间品厂商的定价问题。每个特定时期中间品厂商通过价格调整来实现利润最大化。每期利润折现值之和的最大化式子写为:

$$\max P_{j,t+k}(i)E\sum_{k=0}^{\infty}\theta_j^k \Lambda_{t,t+k}\left(\frac{D_{j,t+k}(i)}{P_{j,t+k}}\right), \; j = C, H \tag{8.36}$$

其中,$\Lambda_{t,t+k} = \gamma^k \dfrac{\lambda_{3,t+k}}{\lambda_{3,t}}$,表示动态折现因子,代表"债权人"家庭在第 $t+k$ 期得到的一单位实际利润折现到第 t 期的价值;θ_j 表示 j 部门每一期保持价格不变的中间品厂商占比,取值范围为 $[0,1]$;$D_{j,t+k}(i)$ 表示 j 部门在第 $t+k$ 期的名义垄断利润,$D_{j,t+k}(i) = P_{j,t+k}(i)Y_{j,t+k}(i) - MC_{j,t+k}(i)Y_{j,t+k}(i)$;约束条件为最终品厂商对中间品厂商的产品需求函数:

$$Y_{j,t+k}(i) = \left(\frac{P_{j,t+k}(i)}{P_{j,t+k}}\right)^{-\epsilon_j}Y_{j,t+k}, \; j = C, H \tag{8.37}$$

处理之后,可得到两个部门代表性中间品厂商的最优价格设定:

$$P_{j,t}^{*} = \frac{\epsilon_j \sum_{k=0}^{\infty} (\gamma\theta_j)^k E_t \{\lambda_{3,t+k} mc_{j,t+k} P_{j,t+k}^{\epsilon_j} Y_{j,t+k}\}}{(\epsilon_j - 1) \sum_{k=0}^{\infty} (\gamma\theta_j)^k E_t \{\lambda_{3,t+k} P_{j,t+k}^{\epsilon_j-1} Y_{j,t+k}\}}, \quad j = C, H \quad (8.38)$$

进而，两个部门最终产品价格的变动方程为：

$$P_{j,t} = ((1-\theta_j) P_{j,t}^{* \, 1-\epsilon_j} + \theta_j P_{j,t-1}^{1-\epsilon_j})^{\frac{1}{1-\epsilon_j}} \quad (8.39)$$

三、政府部门

（一）财政政策

根据上述模型设定，财政收入将由一次性总量税和政府债券收入净值构成。假定财政支出变量为 G_t，财政收支遵循预算平衡法则，可得：

$$P_{C,t} G_t + B_t = P_{C,t} T_t + \frac{1}{1+r_t} B_{t+1} \quad (8.40)$$

此外，在财政政策规则方面，本章采用加利等（Gali et al.，2007）定义的财政政策规则，即税收的变化对应着债务规模和财政支出的变化：

$$t_t = \phi_b b_t + \phi_g g_t, \quad \phi_b, \phi_g > 0 \quad (8.41)$$

其中，$t_t = \dfrac{T_t - T}{Y}$、$b_t = \dfrac{B_t/P_{C,t} - B/P_C}{Y}$ 和 $g = \dfrac{G_t - G}{Y}$ 分别表示经过稳态产出正规化处理之后的一次性总量税收、债务规模和财政支出（即将各变量偏离各自稳态值的程度除以稳态时的产出，不带下标的变量为对应变量的稳态值）。

（二）货币政策

假设货币政策实行简单泰勒（Taylor）规则，主要出发点是根据通货膨胀和总产出水平的变化来调整名义利率，即：

$$r_t = \phi_\pi \hat{\pi}_{C,t} + \phi_y \hat{y}_t, \quad \phi_\pi > 1, \ \phi_y > 0 \quad (8.42)$$

其中，$\hat{\pi}_{C,t}$ 表示通货膨胀相对于稳态通货膨胀水平的偏离幅度；ϕ_π 表示利率对通货膨胀率的敏感程度，其值越大，表示央行对于通货膨胀的容忍程度越低；$\hat{y}_t$ 表示实际产出相对于稳态产出的偏离幅度 $\left(\hat{y}_t = \dfrac{Y_t - Y}{Y} \right)$；$\phi_y$ 表示名义利率对总产出变化的敏感程度，其值越大，表示央行越希望经济平稳运行而非起伏波动。

四、市场出清

均衡状态下，两个部门的产品市场都将出清，分别写成：

$$Y_{C,t} = \psi C_t + (1 - \psi) C_t^r + I_t + G_t \tag{8.43}$$

$$Y_{H,t} = \psi \{ H_{t+1} - (1-\delta)[1 - uG_t(\bar{\omega}_t)] H_t \} + (1-\psi)[H_{t+1}^r - (1-\delta)H_t^r] \tag{8.44}$$

考虑到投资和财政支出具有产品一般性和流动性，假设投资 I_t 和财政支出 G_t 都是对一般消费品生产部门产出的消费；而住房部门的产出则仅用于住房产品消费。这一假定会影响两种产出在外部冲击下的不同数值反映，但是不会影响冲击对产出的作用方向，也不会影响家庭债务规模对财政支出乘数作用的机制分析。

物质资本市场的出清条件为：

$$\int_0^1 K_{j,t}(i)\mathrm{d}i = K_{j,t}, \; j = C,H; \; K_{C,t} + K_{H,t} = K_t \tag{8.45}$$

劳动市场的出清条件为：

$$N_{C,t} + N_{H,t} = \psi N_t \tag{8.46}$$

$$N_{C,t}^r + N_{H,t}^r = (1 - \psi) N_t \tag{8.47}$$

其中，N_t 表示总劳动数量。式（8.46）和式（8.47）表示当劳动市场出清时，两类生产部门对"债务人"和"债权人"家庭的劳动需求恰好等于其劳动供给。贷款市场出清条件为[①]：

$$\psi l_t = (1 - \psi) l_t^r \tag{8.48}$$

同时，为便于分析，定义以一般消费品价格 $P_{C,t}$ 为基准价格的实际 GDP 为：

$$Y_t = Y_{C,t} + p_{H,t} Y_{H,t} \tag{8.49}$$

五、外生冲击设定

除了跨期效用偏好 z_t 和劳动供给 v_t，本章考虑的外生冲击还有：两个生产部门的技术水平 $A_{C,t}$ 和 $A_{H,t}$，以及财政支出变量 G_t。假设前 4 个变量均满足一阶自回归的外生冲击设定，分别写成：

$$\ln z_t = (1 - \rho_z)z + \rho_z \ln z_{t-1} + \epsilon_{z,t} \tag{8.50}$$

$$\ln v_t = (1 - \rho_v)v + \rho_v \ln v_{t-1} + \epsilon_{v,t} \tag{8.51}$$

---

① 这里采用的是加权加总的方式。一般而言，加权加总的方式要优于简单加总（Gali et al.，2007）。如果采用简单加总方式，即 $l_t = l_t^r$。当假定"债务人"家庭的比例 ψ 为 0 时，总贷款规模应当也为 0，此时简单加总式子无法告知这一条件变化，而本章中的加权加总式子则可以体现这一变化。

$$\ln A_{C,t} = (1 - \rho_{AC})A_C + \rho_{AC}\ln A_{C,t-1} + \epsilon_{AC,t} \tag{8.52}$$

$$\ln A_{H,t} = (1 - \rho_{AH})A_H + \rho_{AH}\ln A_{H,t-1} + \epsilon_{AH,t} \tag{8.53}$$

其中，$\epsilon_{z,t}$、$\epsilon_{v,t}$、$\epsilon_{AC,t}$、$\epsilon_{AH,t}$分别表示均值为0、标准差为σ_z、σ_v、σ_{AC}、σ_{AH}的独立同分布随机变量；ρ_z、ρ_v、ρ_{AC}、ρ_{AH}代表持续性参数，取值范围为$(-1,1)$；不带时间下标的变量表示对应变量的稳态值。

对于财政支出变量G_t，则假设经过稳态产出正规化处理后的财政支出变量g_t服从一阶自回归过程：

$$g_t = \rho_g g_{t-1} + \epsilon_{g,t} \tag{8.54}$$

其中，$0 < \rho_g < 1$，代表持续性程度；$\epsilon_{g,t}$是满足均值为0、标准差为σ_g的独立同分布随机冲击变量。

结合两个家庭部门的一阶条件、"债权人"家庭的借款意愿方程、资本累积方程、企业部门的利润最大化条件、政府部门方程、市场出清条件和外生冲击方程，求解整个模型的系统方程组。对结构参数进行赋值和估计之后，可以得到模型的动态冲击结果。

第五节　参数估计与冲击效应分析

一、参数赋值

为了降低估计维度，本章对模型部分共有参数进行经验赋值。根据伍再华等（2017）的研究，本章将"债权人"和"债务人"家庭的贴现因子γ和β分别设为0.9895和0.96，"债务人"家庭占比ψ设为0.34。考虑到34%的负债家庭比例设定可能会低估中国家庭的实际负债比例，本章还将比较$\psi = 0.4$的参数设定情况；资本折旧率δ_k采用国内文献大量使用的季度折旧率，设为0.025；住房价值折旧率δ方面，尽管中国商品住房产权的规定年限是70年，但众多研究指出中国建筑的实际使用年限仅为30～50年（刘美丁和殷跃建，2009；黄敬婷和吴璟，2016），折算成年度折旧率约为2.0%～3.3%。不过，这里的建筑并不专指住房建筑。郝前进和陈杰（2012）对上海市二手房的研究发现住宅建筑的平均年折旧率约为3%～5%，本章取中位值4%，再除以4（季度数据），将δ设为0.01。针对个体变量ω_{t+1}的标准差σ_ω，当σ_ω值越大时，个体变量的分布曲线将越平坦，从而靠近两端的观测值就会越多。在给定门槛值$\bar{\omega}$下，这意味着观测值低于$\bar{\omega}$的概率会越高，即贷款违约概率会越大。而违约概率越大，"债权人"家庭将越不愿意提供贷款，从而造成稳态下"债务人"家庭的贷款约束条件越严格，贷款规模萎缩得越快。因此，不同的 σ_ω 取值，最终可以得到不同的居民负债率状态。本章对 σ_ω 分别赋值 0.1 和 0.2。$\sigma_\omega = 0.1$ 对应的是高居民负债率状态，$\sigma_\omega = 0.2$ 对应的是低居民负债率状态。此外，参考福拉蒂和兰贝蒂尼（2011）的设定，将监督成本占住房价值的比重 u 赋值为 0.1；参考黄赜琳（2005）的设定，假定稳态时的劳动时间 N 为 0.56；根据 2005～2019 年中国财政支出占 GDP 比重均值，将稳态时的 G/Y 设为 0.20；假定稳态时一般消费品部门的技术冲击 A_c 和实际政府债券 b 的取值均为 1。表 8-2 给出相关参数的校准及赋值情况。

表 8-2　　　　　　　　　　部分结构参数的校准数值

参数	β	γ	δ_k	δ
赋值	0.96	0.9895	0.025	0.01
参数	ψ	u	σ_ω	N
赋值	0.34/0.4	0.1	0.1/0.2	0.56
参数	G/Y	A_c	b	
赋值	0.20	1.0	1.0	

二、参数贝叶斯估计

不同的 ψ、σ_ω 取值会影响各线性方程的系数估计，影响外生冲击对经济系统的作用大小。因此，本章将根据 ψ、σ_ω 不同取值的四种组合分别进行参数贝叶斯估计。各组合的具体设定如表 8-3 所示。通过不同情景之间的比较，不仅可以揭示高低居民负债率下外生冲击的经济效应差别，还可以对一些重要参数进行稳健性检验和敏感性分析。

表 8-3　　　　　　　　　　贝叶斯估计的四种情景

名称	ψ	σ_ω	情景解释
情景 I	0.34	0.1	"债务人" 家庭比例较低，高居民负债率
情景 II	0.34	0.2	"债务人" 家庭比例较低，低居民负债率
情景 III	0.4	0.1	"债务人" 家庭比例较高，高居民负债率
情景 IV	0.4	0.2	"债务人" 家庭比例较高，低居民负债率

（一）待估计参数的先验均值及分布设定

（1）家庭部门方面，参考亚科维耶洛和内里（2010）的设定，将两类家庭劳动供给跨期替代弹性倒数 ϕ 和 ϕ^r 先验均值设为 0.5，标准差为 0.1，分布函数为伽玛（Gamma）分布；两类家庭住房消费与一般消费品的替代弹性 η 和 η^r 先验均值为 1.0，标准差为 0.1，分布函数为正态（Normal）分布。两类家庭住房消费权重 α 和 α^r 的先验均值则参考福拉蒂和兰贝蒂尼（2011）的设定，设为 0.16。同时，假定 α 和 α^r 服从贝塔（Beta）分布，标准差为 0.05。两类家庭劳动力在不同部门的替代弹性 ξ 和 ξ^r 先验均值设为 1.0，标准差为 0.1，分布函数为 Normal 分布。（2）生产部门方面，根据亚科维耶洛和内里（2010）的研究，将两类生产部门中劳动力对产出的贡献程度 μ_C 和 μ_H 先验均值设为 0.65，标准差为 0.1，分布函数为 Beta 分布；设两类生产部门中间品厂商中保持价格不变的比例 θ_C 和 θ_H 先验均值为 0.667，标准差为 0.05，分布函数为 Beta 分布；设"债务人"家庭劳动力对综合劳动力的贡献程度 σ 先验均值为 0.65，标准差为 0.05，分布函数为 Beta 分布。同时，根据伍再华等（2017）的设定，将两类生产部门中间产品替代弹性 ϵ_C 和 ϵ_H 的先验均值设为 6.0，相应的标准差设为 1.5，先验分布函数为 Gamma 分布。（3）四个政策规则参数方面，对于 ϕ_b、ϕ_g，本章先将 1995～2019 年中国国债发行规模、财政支出和税收数据进行产出均值标准化处理，然后再以标准化后的变量数据，对式（8.41）进行简单 OLS 回归。在 $\phi_b + \phi_g = 1$ 的条件下，分别估出 ϕ_b、ϕ_g 的系数估计值为 0.231、0.769。因此，本章将 ϕ_b、ϕ_g 的先验均值分别设为 0.23、0.77，标准差均设定为 0.1，服从 Gamma 分布；对于 ϕ_π、ϕ_y，则参考伍再华等（2017）的设定，将其先验均值设定为 2.0，标准差为 1.0，分布函数为 Gamma 分布。（4）五个外生冲击变量方面，本章设定所有外生冲击的持久性参数均服从均值为 0.8、标准差为 0.01 的 Beta 分布；对应的五个标准差变量则设为先验均值 0.001、标准差为 0.01 的逆 Gamma 分布。

（二）数据来源

为了避免估计结果出现随机奇异性（Ruge-Murcia，2007），本章使用 4 列宏观经济序列（少于外生冲击变量个数）：GDP、城镇固定资产投资总额、财政支出以及个人住房贷款余额来估计参数。时间频率为季度，样本期为 2005 年第一季度至 2019 年第四季度。所有变量序列均经过价格平减、季节调整和 H-P 滤波去除趋势。数据来源方面，GDP、城镇固定资产投资和财政支出整理自 CEIC 数据库，个人住房贷款余额指标则由两部分构成：（1）2005 年第一季度至 2012 年第一季度的数据是根据中国个人住房贷款占房屋贷款总额的比重均值（90%）与对应的每期房屋贷款总额相乘获得；（2）2012 年第二季度至 2019 第四季度的数据则是整理自 CEIC 数据库。

（三）估计结果

表 8 - 4 给出所有待估计参数的先验分布、均值、标准差以及不同情形估计后的相应后验均值。从表 8 - 4 可以看出以下几点。（1）不同情景下参数估计结果存在一定差异，说明对不同 ψ、σ_ω 取值分别进行参数估计是必要的。（2）从冲击参数后验均值看，一般消费品部门的生产技术冲击和财政支出冲击具有较高的持久性，效用偏好、跨期劳动力供给以及住房部门技术冲击的持续程度较弱。不过，从标准差来看，财政支出和住房部门技术冲击的波动程度远大于其他三个外生冲击，对经济周期波动的贡献度更大。这符合样本期内中国经济运行的特征。（3）两类家庭和生产部门的参数估计结果存在较大差异。因此，与单一部门模型相比，两部门模型设定将更真实地反映外生冲击的宏观经济效应。

表 8 - 4　　　　　　　　　**不同情景下的贝叶斯估计结果**

参数	先验密度函数	先验均值	标准差	后验均值			
				情景Ⅰ	情景Ⅱ	情景Ⅲ	情景Ⅳ
ϕ	Gamma	0.5	0.1	0.4253	0.5677	0.4261	0.4602
ϕ^r	Gamma	0.5	0.1	0.5437	0.5821	0.6418	0.7251
η	Normal	1.0	0.1	1.1677	0.9199	1.0515	1.0617
η^r	Normal	1.0	0.1	0.9365	1.0631	0.8776	1.0251
α	Beta	0.16	0.05	0.1104	0.118	0.1568	0.1398
α^r	Beta	0.16	0.05	0.129	0.1652	0.1652	0.1415
ξ	Normal	1.0	0.1	0.9135	1.024	1.0628	1.0845
ξ^r	Normal	1.0	0.1	1.0385	1.0057	0.9708	0.9212
μ_c	Beta	0.65	0.1	0.3776	0.4113	0.2427	0.4142
μ_H	Beta	0.65	0.1	0.6738	0.7562	0.3704	0.4049
θ_C	Beta	0.667	0.05	0.8195	0.7326	0.7314	0.778
θ_H	Beta	0.667	0.05	0.7015	0.6508	0.632	0.6587
ϵ_C	Gamma	6.0	1.5	5.8485	5.4473	5.0269	6.8984
ϵ_H	Gamma	6.0	1.5	5.9662	5.181	5.1548	5.2873

参数	先验密度函数	先验均值	标准差	后验均值			
				情景 I	情景 II	情景 III	情景 IV
σ	Beta	0.65	0.05	0.7095	0.6515	0.6411	0.6489
ϕ_b	Gamma	0.23	0.1	0.4294	0.1983	0.2198	0.5762
ϕ_g	Gamma	0.77	0.1	0.9702	0.711	0.7424	0.8163
ϕ_π	Gamma	2.0	1.0	1.2793	2.4342	1.5479	2.4331
ϕ_y	Gamma	2.0	1.0	0.3133	0.8788	3.0257	2.1555
ρ_z	Beta	0.8	0.1	0.8631	0.858	0.8783	0.9893
ρ_v	Beta	0.8	0.1	0.6162	0.8817	0.8746	0.84
ρ_{AC}	Beta	0.8	0.1	0.9225	0.9597	0.963	0.9363
ρ_{AH}	Beta	0.8	0.1	0.5209	0.6186	0.6369	0.7898
ρ_g	Beta	0.8	0.1	0.9385	0.8243	0.9853	0.8708
σ_z	逆 Gamma	0.001	0.01	0.0121	0.0183	0.0102	0.0521
σ_v	逆 Gamma	0.001	0.01	0.0008	0.0008	0.0013	0.0012
σ_{AC}	逆 Gamma	0.001	0.01	0.0091	0.0214	0.006	0.0137
σ_{AH}	逆 Gamma	0.001	0.01	0.0485	0.0427	0.0273	0.0277
σ_g	逆 Gamma	0.001	0.01	0.0403	0.0407	0.0443	0.041

三、冲击效应分析

（一）不同情景下的稳态值变化比较

表 8-5 显示了不同情景下主要变量的稳态值变化情况。（1）相比情景 I 和情景 III（$\sigma_\omega = 0.1$），情景 II 和情景 IV（$\sigma_\omega = 0.2$）的贷款总额、个体变量门槛值和居民负债率均出现了较大幅度下降，符合理论预期。以情景 I 和情景 II 为例，情景 II 的贷款总额、个体变量门槛值和居民负债率分别比情景 I 下降 27.52%、16.4% 和 27.29%。（2）相对于高债务状态，情景 II 低债务状态下的总产出、一般消费品产出均要略微下降，住房产出则相对有较大幅度的提升。这主要得益于更高的住房部门资本稳态值（2.04%）和就业稳态值（0.90%），表明低债务状态下，"债权人"家庭更愿意投资到住房产出部门，从而吸引更多劳动力流入该部门。不过，从产出占比看，四种情景下，一般消费品产出占总产出的比重平均

约为95.3%，占据绝对主体位置，其变化将决定总产出的变化。（3）消费方面，"债权人"家庭消费变化将主导综合消费、一般消费品消费和住房消费的变化。四种情景下，其占各类消费的比重均值分别为66.0%、64.5%和73.6%。这是因为参数估计设定中，$\psi = 0.34/0.4$，表明"债权人"家庭的占比至少超过60%，绝对高于"债务人"家庭。此外，由于对不同情景下住房消费在综合消费中的权重估计结果分别仅为 $\hat{\alpha} = 0.13$、$\hat{\alpha}^r = 0.15$，因此，分产品消费方面，一般消费品消费对综合消费的贡献程度也要远高于住房消费。

表 8-5　　　　　　　　不同情景下主要变量的稳态值对比

变量	情景 Ⅰ 高债务 ($\sigma_\omega = 0.1$)	情景 Ⅱ 低债务 ($\sigma_\omega = 0.2$)	情景对比 增长变化 （%）	情景 Ⅲ 高债务 ($\sigma_\omega = 0.1$)	情景 Ⅳ 低债务 ($\sigma_\omega = 0.2$)	情景对比 增长变化 （%）
总产出	0.5736	0.5718	-0.31	0.5955	0.5945	-0.17
一般消费品产出	0.5464	0.5446	-0.33	0.5679	0.5668	-0.19
住房产出	0.0782	0.0798	2.05	0.1029	0.1040	1.07
物质资本总额	5.1160	5.1147	-0.03	5.4939	5.4943	0.01
一般消费品部门资本	4.4753	4.4608	-0.32	4.6511	4.6425	-0.18
住房部门资本	0.6408	0.6539	2.04	0.8429	0.8518	1.06
一般消费品部门就业	0.4106	0.4092	-0.34	0.3970	0.3963	-0.18
住房部门就业	0.1553	0.1567	0.90	0.1690	0.1697	0.41
"债务人"综合消费	0.3117	0.3080	-1.19	0.3489	0.3442	-1.35
"债权人"综合消费	0.6096	0.6061	-0.57	0.6702	0.6656	-0.69
"债务人"一般消费	0.1945	0.1969	1.23	0.2088	0.2115	1.29
"债权人"一般消费	0.3601	0.3568	-0.92	0.3798	0.3766	-0.84
"债务人"住房消费	3.7146	3.2221	-13.26	5.1691	4.4312	-14.28
"债权人"住房消费	9.6655	9.7963	1.35	13.2112	13.2390	0.21
实际贷款总额	1.0081	0.7307	-27.52	1.0825	0.7849	-27.49
个体变量门槛值	0.7919	0.6620	-16.40	0.7919	0.6620	-16.40
居民负债率	1.7573	1.2778	-27.29	1.8178	1.3203	-27.37

注：（1）居民负债率为稳态时的贷款总额除以总产出；（2）增长变化是指（低债务数值 - 高债务数值）/高债务数值×100%，表示的是相对增长率变化。

（二）动态效应分析

稳态值对比只是静态地比较不同债务环境下主要宏观经济变量均衡值的变化情况。下面，本章先以情景Ⅰ为例，展示财政支出 1 单位标准差的正向冲击对主要宏观经济变量的作用效应，并解释其作用机理，检验模型设定的合理性；[①] 而后，通过情景Ⅰ和情景Ⅱ的结果对比，揭示不同居民负债率下的财政支出冲击作用差异，重点关注产出、消费、投资和就业变量的变化差异。图 8-3 显示情景Ⅰ下财政支出正向冲击的结果包括以下几个方面。（1）财政支出扩张会降低储蓄，推高实际利率水平［名义利率水平 r 提高的幅度在模型中与 rl 的变化一致，要明显大于通货膨胀水平（pic）］，挤出私人投资，减少物质资本积累，即"挤出"效应。同时，财政支出扩张也会增加税收（t 上升），对居民个体产生"负财富"效应，挤出私人消费（综合消费 x 和 xr 均出现下降）。由于模型假定税收由"债权人"家庭承担，"债权人"家庭的综合消费下降幅度要大于"债务人"家庭（xr 下降的幅度超过 x）。（2）财政支出扩张会通过需求增加，拉动以一般消费品价格衡量的通货膨胀水平（pic）上升，抑制两类家庭的一般消费品消费（c 和 cr 的下降幅度均超过 x 和 xr）。同时，财政支出扩张会引起"债务人"家庭的住房消费"先上升、后下降"，"债权人"家庭则是"先下降、后上升"。其中，对于前者，在初始阶段，财政支出扩张拉动一般消费品价格上涨，造成住房相对价格下降（ph），产生正向替代效应，但随后贷款条件趋紧，包括利率成本上升和违约概率提高（个体变量门槛值 ω_b 提升）引发的"债权人"家庭贷款意愿下降（贷款总额 l 下降）会使得贷款规模下降，住房消费减少。此外，从住房作为抵押物的视角看，住房相对价格下降意味着"债务人"家庭借贷能力下降，抑制下一期的住房消费。而住房消费的下降又会压低住房相对价格，进一步削弱"债务人"家庭的后期借贷能力，最终形成"财政支出扩张→住房相对价格下降→信贷约束收紧→住房需求进一步萎缩→住房相对价格继续下降→信贷约束更加收紧→……"的自我强化传递机制（Kiyotaki and Moore，1997）。而对于后者，税收增加造成的可支配收入减少会在初始阶段抑制住房消费，但随着利率水平上升对投资的"挤出"以及贷款违约概率提升对贷款支出的抑制，住房消费将逐步回升（住房相对价格下降）。因此，"债权人"家庭的住房消费增加会部分抵消"债务人"住房消费下降对住房相对价格的负面影响，打断其自我强化的信贷传递机制，从而削弱财政支出扩张引发的信贷周期波动。这是考虑了住

[①] 四种情景下的财政支出冲击脉冲响应函数在作用方向上基本相似。限于篇幅及必要性，这里只给出情景Ⅰ的财政支出冲击脉冲响应函数图。

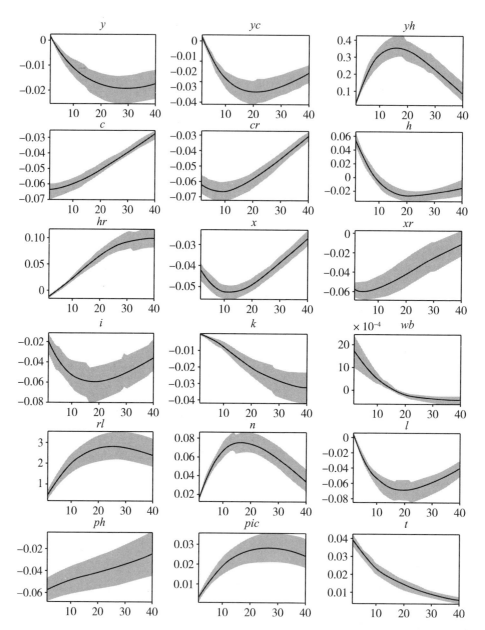

图 8-3　各主要变量对财政支出 1 单位标准差冲击的脉冲反应函数

注：本图对应的是情景Ⅰ（$\psi=0.34$，$\sigma_\omega=0.1$）的参数赋值及参数估计结果，阴影部分表示 90% 的置信区间；y、yh 和 yc 分别表示总产出、住房和一般消费品部门产出；c、h 和 x 分别表示"债务人"家庭的一般消费品、住房和综合消费；cr、hr 和 xr 则分别表示"债权人"家庭的一般消费品、住房和综合消费；i、n 和 k 分别表示投资、就业和物质资本；wb、rl 和 l 分别表示个体变量、贷款要求利率和贷款总额；ph 表示住房价格与一般消费品价格的比值；pic 表示以一般消费品价格衡量的通货膨胀；t 表示税收。下同。

房消费属性之后的额外效应。(3) 不同部门的产出反应出现分化。其中，住房部门产出 (yh) 呈现总体为正的"驼峰"形状变化，一般消费品部门产出 (yc) 则在初始期小幅正增长之后 (0.0026) 迅速转负。由于在既有参数赋值及估计结果下，一般消费品部门产出在总产出中的比重远远大于住房部门 (见表 8 – 5)，因此，总产出 (y) 变化更接近一般消费品的产出变化，即先小幅正增长 (0.0009)，随后迅速转负。一般消费品产出在初始期出现正增长的原因，从需求看，是财政支出的即期增加抵消了私人消费和投资下降；从供给看，是财政支出增加刺激了就业增长 (n 上升)，从而抵消物质资本下降的影响。

综上所述，模型冲击的结果显示，财政支出扩张会挤出私人投资，带动就业增加，抑制一般消费品消费，促进住房消费提升——尽管存在部门分化，即"债权人"家庭是"先下降、后上升"，"债务人"家庭则是"先上升、后下降"。受此影响，住房部门产出会增加，一般消费品产出和总产出在短期内小幅上升，随后迅速下降。从作用渠道上看，财政支出扩张会导致通货膨胀、降低住房资产相对价格、提高利率水平、促进住房消费、提升贷款违约风险，基本反映出前述讨论的所有五个作用渠道。除了住房资产相对价格走低之外，上述模拟结果与样本期内中国经济的情况大体吻合。自 2007 年中国经济进入下行周期起，一方面，以基础设施建设为主的政府投资、国有企业投资逐渐与民间投资形成替代关系，特别是 2016 年之后，在"去杠杆"的压力下，民间投资增速明显失速。另一方面，居民消费出现分化，每一轮的财政货币宽松政策过后，住房销售必定上升，房价持续攀升，进一步强化涨价预期；反之，非住房消费疲软，CPI 构成中的食品、衣着、家庭设备用品及维修服务、交通通信产品等价格长期低位徘徊。尽管其中不乏消费结构转型升级带来的变化 (厦门大学宏观经济研究中心课题组，2016)，但住房消费增长必然是以牺牲其他消费为代价的。

在此基础上，图 8 – 4 显示了情景 I (高居民负债率) 和情景 II (低居民负债率) 下的各主要宏观经济变量对财政支出冲击的脉冲响应差异。图 8 – 4 中曲线数值大于 0，代表该变量在低居民负债率下对财政支出冲击的反应会更大。(1) 低居民负债率下的财政支出冲击对总产出有更大的激励效应 (y 差值为正)。由于财政支出冲击对总产出的作用，除初始期为正以外，其余均为负。因此，情景 II 中财政支出对总产出的更大激励效应表现为即期产出增加得更多、长期产出下降得更少。(2) 较低的居民负债率会对一般消费品产出产生更大的促进作用 (yc 差值为正)，对住房产出的促进作用则会变小 (yh 差值为负)。主要原因是：低债务状态下，财政支出扩张对实际利率及名义利率的正向作用较小 (rl 差值为负)，使得投资的"挤出"效应也相对较小 (约 5 期之后投资 i 差值为正)，物质资本积累的速度加快，带动产出增加。但是，低债务状态下，居民

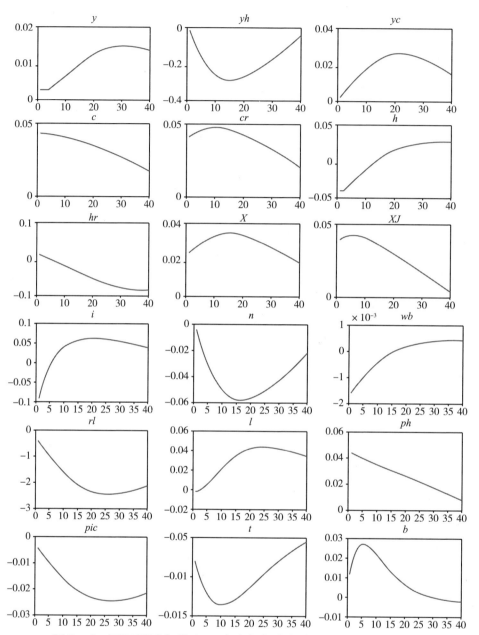

图 8-4 不同居民负债率下财政支出冲击的脉冲反应均值差值

注：图中曲线表示的是情景Ⅰ（高居民负债率）与情景Ⅱ（低居民负债率）下各主要经济变量对财政支出冲击的脉冲响应均值差值。具体算法是用情景Ⅱ的脉冲响应函数均值减去情景Ⅰ的脉冲响应函数均值，因此，曲线大于0的部分表示低居民负债率下该变量对财政支出冲击的反应较大。下同。

就业也会增加得较少（n 差值为负），这会部分抵消物质资本增加对产出的正向作用。而对于住房部门，由于物质资本的占比较小（仅约为 4.7%），资本增加带来的产出正向作用要小于就业下降所产生的负向作用，最终造成住房产出的下降。（3）低居民负债率下税收增加得更少（t 差值为负——低居民负债率下政府能够发行更多债券，b 差值为正）、通货膨胀上升得更小（pic 差值为负）、个体变量门槛值更低（wb 差值为负），这些均有助于促进消费增加（综合消费 x 和 xr 差值为正），特别是一般消费品消费（c 和 cr 的差值增长幅度分别超过 x 和 xr）。其中，通货膨胀上升得更小会使得情景 II 中住房相对价格下降得更少（ph 差值为正），以住房作为抵押物的"信贷"效应因此持续更久，对"债务人"家庭的借贷约束条件也更宽松；而个体变量门槛值更低则意味着财政支出扩张对"债务人"家庭债务违约概率的提升作用会较小，"债权人"家庭贷款意愿变强，贷款总额会变大（l 差值为正）。此外，利率水平的下降也意味着"债务人"家庭贷款成本下降，这会激励"债务人"增加家庭贷款，促进"债务人"家庭消费增加（c 差值为正，h 差值长期也为正）。不过，这也会挤占"债权人"家庭消费尤其是住房消费（hr 差值为负）。由于"债权人"家庭主导了住房消费的整体变化，这也会导致整体住房消费的下降，从而与住房部门产出的变化相匹配。

综上所述，相比高居民负债率，低居民负债率下财政支出扩张对总产出的短期正向作用会更大，长期负向作用会更小。从供给层面看，其主要取决于物质资本更快增长和就业减少的合力作用。从需求层面看，（1）财政支出扩张对利率上涨的作用更小，使得投资的"挤出"效应较小，同时，"债务人"家庭的贷款成本也会较低，贷款规模增加，促进消费特别是一般消费品消费增长〔相对于住房消费，现有模型参数估计下，两类家庭都明显偏好于一般消费品消费（$\hat{\alpha} = 0.13$、$\hat{\alpha}^r = 0.15$）〕；（2）通胀的上升幅度较小，削弱了通胀渠道的作用发挥，但同时，由于住房相对价格下降得更少，财政支出扩张的住房资产价格效应受到削弱，激励"债务人"家庭消费上升；（3）债务违约概率更低，"债权人"家庭更愿意放出贷款，部分抵消因住房资产价格下降带来的信贷紧缩，增强"债务人"家庭融资能力，促进消费增长；（4）由于"债权人"家庭较"债务人"家庭更偏好于住房消费（$\hat{\alpha} < \hat{\alpha}^r$），信贷资源更多地从"债权人"家庭转向"债务人"家庭反而导致住房消费进而住房产出的下降，这意味着，在住房消费上，住房相对价格上升的信贷资产效应以及贷款违约概率下降的贷款增加效应对住房消费的正向作用，有可能要小于信贷资源再配置效应以及因住房相对价格上升所产生的住房消费效应对住房消费的负向作用。此外，考虑到不同债务情景设定下财政政策效果存在明显差异，这说明，与因住房资产价格变化引起的居民借贷能

力变化一样，居民债务违约风险进而居民借贷能力的变化也会影响居民消费和投资。

第六节 稳健性检验和拓展研究

一、稳健性检验：情景Ⅲ和情景Ⅳ的对比结果

为验证上一节模型结果的稳健性，本节将给出情景Ⅲ和情景Ⅳ的结果差异对比（见图 8-5）。与情景Ⅰ和情景Ⅱ的结果差异相比，随着"债务人"家庭比例 ψ 的上升，各类产出 y、yh 和 yc 的差值变化幅度都在缩小，说明高、低居民负债率下的产出变化在趋近。在作用机制方面，新的参数情景设定下，贷款规模 l、住房相对价格 ph 的差值仍然为正，贷款要求利率 rl 的差值依旧为负，个体变量门槛值 ω_b 尽管在短期内差值为正，但很快也转正为负。因此，总体上导致产出更快增长的作用机制基本保持不变。

新的情景对比下，各主要变量差异基本保持相似变化趋势。在"债务人"家庭比重提升后，一方面，贷款需求者增加、贷款提供者减少，"债务人"家庭将面临更紧的借贷约束；另一方面，由于产出变化主要取决于"债权人"家庭行为变化（包括投资和消费），因此，"债权人"家庭比重的下降缩小了不同情景下的产出稳态值差异（见表 8-5），从而削弱财政支出在不同居民负债率下的效应差异。

二、拓展研究

模型模拟的财政支出冲击效应显示，财政支出扩张对总产出的正向作用不明显，只在初始期为正，随后转正为负。这与大多数经验研究的结论，包括本章基于 LP 方法的估计结果不太一致。原因可能是本章模型没有考虑财政支出的"生产性"效应。因此，本章下面将把财政支出引入一般消费品的生产函数中，考虑其"生产性"效应，然后再来观察不同居民负债率下财政支出冲击对产出的作用差异。理论上，在考虑了财政支出的产出作用之后，财政支出扩张对一般消费品产出进而总产出将出现正向的促进作用。调整后的一般消费品产出的中间品厂商生产函数为：

$$Y_{C,t}(i) = A_{C,t}(N_{C,t}(i)^{\sigma} N_{C,t}^r(i)^{1-\sigma})^{\mu_C}(K_{C,t}(i))^{1-\mu_C} G_t^{\gamma_g} \tag{8.55}$$

根据巴罗（Barro，1990）的设定，将财政支出变量 G_t 直接纳入中间品厂商生产函数，以考察财政支出对产出的正外部性。同时，依据巴克斯特和金（Baxter and King，1993）的设定，假设私人部门提供的投入规模报酬仍然不

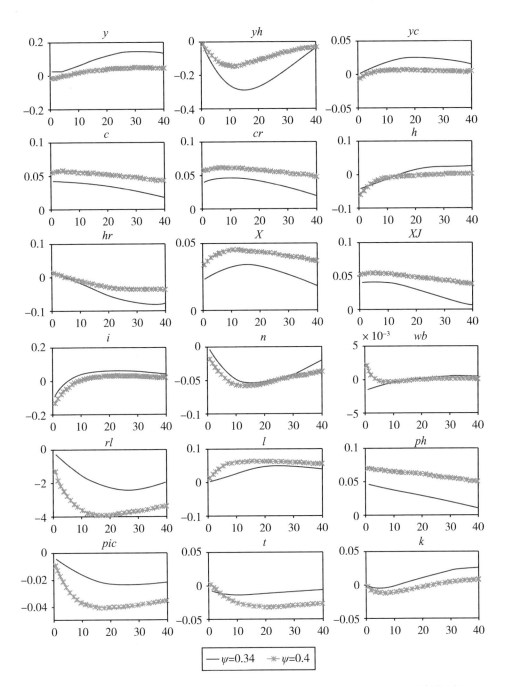

图 8-5 不同居民负债率下财政支出冲击的脉冲反应均值差值：情景对比

注：$\psi = 0.34$、$\psi = 0.4$ 分别代表前述情景 Ⅰ 和情景 Ⅱ、情景 Ⅲ 和情景 Ⅳ 的结果差异。

变。参数 γ_g 表示财政支出对产出的作用弹性。参考马拴友（2000）的设定，将 γ_g 的先验均值设为 0.5，同时，假定其满足标准差为 0.05 的 Beta 分布。图 8-6 显示了考虑财政支出"生产性"效应之后不同情景下的部门产出及居民债务三个传递渠道的变化情况。（1）两种居民负债率下的一般消费品产出和总产出对财政支出冲击的脉冲响应函数均为正向反应，符合大多数经验研究的结论；同时，不论是在初始期还是在长期，低居民负债率下（$\sigma_\omega = 0.2$）的

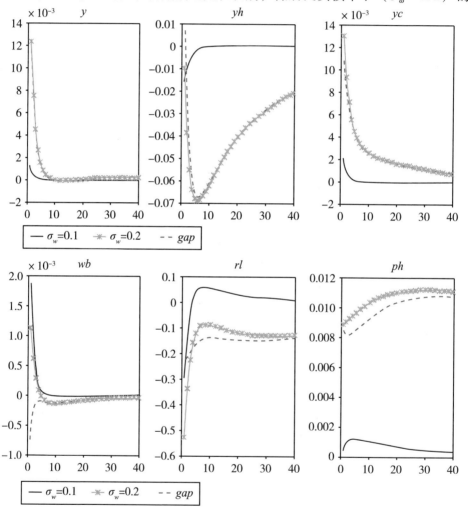

图 8-6　各主要变量对财政支出 1 单位标准差冲击的脉冲反应函数

注：除了引入财政支出的"生产性"效应之外，其他参数对应的是情景 Ⅰ 和情景 Ⅱ 的情况；gap 同样表示低居民负债率（$\sigma_w = 0.2$）下的脉冲效应均值减去高居民负债率（$\sigma_w = 0.1$）下的脉冲效应均值；省略其他变量的冲击对比。

总产出和一般消费品产出的脉冲响应值均要大于高居民负债率下（$\sigma_\omega = 0.1$）的相应值。图 8-6 中 y 和 yc 两种情景之间的差值均为正值，再次验证了前述观点。并且，在高居民负债率下，财政支出对总产出的正向作用不仅数值较小，持续性也较差，约在 4 期之后就趋于 0；在低居民负债率下，财政支出对总产出的正向作用较大且持续性较强。这与本章前面基于 LP 方法估计的结果是一致的。（2）相较于高负债率，低负债率的居民个体变量门槛值会更低（wb 差值为负），"债权人"家庭对贷款所要求的利率水平也会更低（rl 差值为负），住房相对价格会更高（ph 差值为正），各传递中介的作用机制也维持不变，再次证实前面估计结果的稳健性。略有区别的是，由于财政支出对产出产生正向作用，财政支出扩张未必导致通货膨胀，利率水平保持稳定。在低居民负债率下，由于产出较大幅度的增加带来了较大的收入效应，财政支出扩张导致的税收增加不仅没有降低居民可支配收入，反而会提高居民可支配收入。由于资金供给增加，利率水平甚至出现下降。

第七节　结论与政策含义

宏观经济政策是市场经济条件下政府对经济运行进行宏观调控的工具。宏观经济调控的基本特征是，政府通过调节社会最终需求，间接地引导市场主体行为，实现政府的调控目标。财政货币政策的效果如何，不仅取决于政策的力度大小，而且取决于被调节者本身的状态甚至心理预期。在"大萧条"时期，放松银根、扩大货币投放，却遭遇流动性陷阱，是人们最早认识到的由于市场主体本身的状态及心理预期而导致的货币政策调控无效。长期以来，人们总认为，与货币政策相比，财政政策似乎更不依赖于市场主体反应程度。然而，政策实践证明，事实并非如此。有关财政投资对私人投资的挤入、挤出效应的研究，已经指出财政政策的调控效果与市场主体反应程度之间存在着一定的依存关系。

长期以来，居民家庭财务状况及其心理预期变化对财政政策调控效果的影响被忽视了。在任何一个经济体中，居民家庭部门支出都是支出法下 GDP 最主要的部分，然而却被不适当地忽视了。对此的可能解释之一是，既往的宏观调控更多关注投资增长，关注投资对经济增长的拉动。然而，在经济增长更多转向依靠内需、依靠居民消费拉动之后，居民家庭部门的财务状况以及居民的心理预期变化、居民部门中债权人与债务人之间诸种关系对财政政策调节效果的影响也就变得日益重要起来，成为宏观经济研究必须关注的问题之一以及宏观经济理论研究可以拓展的空间之一。可以说，正是在此背景下，触发了本章的研究。

本章的研究从实证检验开始，利用 2003～2017 年中国 338 个地级城市及地级区域数据，测算了不同居民负债率样本下的财政政策效应。结果显示：无论是用二元债务变量指标计算还是用连续债务变量计算，无论是用财政支出即期产出乘数衡量还是用长期累计折现产出乘数衡量，低居民负债率样本下的财政支出对经济增长的正向作用都要显著大于高居民负债率样本。这意味着，现有中国居民家庭的负债率已经对财政政策的有效性产生约束作用。考虑到当前居民家庭债务规模仍在持续提高，本章的实证检验结果将从提高财政政策有效性的视角，为控制居民家庭债务上涨的必要性提供不同层面的决策依据。

尽管通过区分高负债地区与低负债地区进行的实证研究，可以清楚地看出不同居民负债率地区对财政政策的不同反应程度，但过去的主流宏观模型基本采用的是代表性居民主体模型，不考虑异质性居民主体的情况，因而也就无法区分"债权人"和"债务人"的不同，无法弄清楚异质性家庭债务对财政政策有效性影响的传递。因此，本章在异质性居民主体的基础上，借助于两部门的异质性住房 DSGE 模型，通过贝叶斯参数估计，模拟了不同居民负债率样本下财政支出扩张的宏观经济效应差异，并揭示了其背后的作用传递机制。研究结果显示出以下几点。（1）低居民负债率下，财政支出对产出的短期正向作用更大，长期负向作用更小。在不同的参数设定情景和引入财政支出生产性作用之后，结果依旧保持稳健，理论分析和实证检验的结果一致。（2）低居民负债率下，财政支出扩张对利率上涨的作用更小，使得投资的"挤出"效应较小。同时，由于"债务人"家庭贷款成本较低、通货膨胀上升幅度较小、住房资产价格下降更少以及债务违约概率更低等因素，使得"债权人"家庭更愿意放出贷款，促进消费特别是一般消费品增长。（3）考虑了住房的消费属性之后，财政支出扩张对不同居民负债率下的一般消费品与住房消费作用出现分化——低居民负债率更有利于一般消费品消费增长，高居民负债率则会促进住房消费。其原因在于：现有模型参数估计下，无论是"债权人"家庭还是"债务人"家庭，都明显偏好于一般消费品消费。由此，在低居民负债率的情况下，财政支出扩张所产生的更低利率、更低通货膨胀、更低税收等作用，会更大地提升一般消费品消费。此外，相对于"债权人"家庭，"债务人"家庭对住房消费的偏好更低（$\hat{\alpha} < \hat{\alpha}'$）。当贷款规模更大提升、资金更多地从"债权人"家庭流向"债务人"家庭时，"债权人"家庭的住房消费减少将超过"债务人"家庭的住房消费增长，最终导致更低的住房消费。（4）不同居民债务情景设定下的财政政策作用差异，蕴含着影响居民消费和投资行为的不仅仅是住房资产价值变化，也包含居民贷款违约风险变化。后者同样可以经由居民借贷约束条件的变化作用于居民消费和投资。

因此，本章的理论研究结论表明，相对于已有研究的结论，在引入住房的消费属性、个体贷款违约风险以及结合中国经济现实的消费权重之后，一方面，除费雪（Fisher）通货膨胀效应、资产价格效应以及信贷资源再配置效应外，财政支出扩张还会经由个体贷款违约风险变化作用于居民借贷能力，进而影响消费和产出；另一方面，财政支出扩张对一般消费品与住房消费的作用会出现分化，具有异质性。这是以往研究所没有揭示的。事实上，这种分化表现可能会使得居民负债率对不同产品消费的作用更加复杂化。例如，对于一些住房消费权重较高、偏好程度更大的群体，他们在面临财政政策冲击时的消费反应可能会迥异于住房消费权重较低、偏好程度更小的群体。

　　本章的研究在宏观经济理论上有一定的创新意义。既有的研究更多关注宏观经济政策主体对宏观经济运行的调控及影响，然而在现实经济中，调控者与被调控者是相互作用、相互影响的，因此，在宏观经济理论研究中，必须重视宏观经济环境变化以及各类市场主体行为特征和心理预期变化对宏观经济政策效力的影响。

　　就政策含义而言，本章的研究可以引申出以下五点。（1）一个经济体的总负债率是有一定数量界限的。中国近年来急剧上升的居民家庭部门负债率已经影响到财政政策的有效性，说明中国目前的居民家庭部门负债率正在接近阈值。由此可以得出的推论是：包括政府、企业在内的其他两个主体部门也可能存在各自的负债率上限，并且三者合在一起，共同规定了一个经济体可以负债的最高限度。超过了这个限度，宏观经济运行可能会出现一定的问题。这就提醒决策当局在"去杠杆"或"加杠杆"的过程中，必须重视国民经济总负债率以及政府、企业、家庭部门各自的负债率上线，将其视为警戒线，不到万不得已，决不允许突破。（2）就整个国民经济以及居民家庭部门负债率的国际比较而言，中国目前仍然低于发达国家的平均水平。但本章的实证检验结果显示，居民负债率已经对财政政策效果产生负面影响。这意味着，不同发展水平的经济体，其国民经济及居民家庭部门的负债率上限可能不同。不同人均GDP水平与其国民经济负债率以及各部门负债率之间的关系值得进一步研究拓展。（3）要高度重视当前中国家庭债务率快速上升问题，采取措施，控制居民负债率，防范居民贷款违约风险爆发。要加大保就业、稳收入的政策扶持力度，缓解因新冠肺炎疫情全球蔓延冲击造成的失业率提高及人均收入下降问题。同时，要避免家庭部门继续"加杠杆"对财政政策效果的进一步损害。在当前，尤其要防止为了降低政府部门和非金融企业的负债率而向居民部门"加杠杆"，以免顾此失彼。（4）增进居民消费的财税优惠政策、"消费券"措施应当要更具针对性。这种针对性既体现在对不同类型产品消费的区分上，也包括对不同收入群体、不同消费群体的再分配差异。要适度增加对具有较高边际消费倾向的负债家庭消费的扶持，缓解债务压力对其消费能力的侵蚀；同时，顺应居民消费结构变迁的需求，将政策着力点放在增加教育、医疗、文化娱乐等非住房产品和服务的消费上。一方面，促进企业投资结构调整，形成相关服务品的有效供给；另一方面，以社会服务代替个人服务，降低居民预防性储蓄动机，营造良好的消费环境，重塑经济增长新动力。（5）在此基础上，通过多样化的融资方式来实施财政政策，减少对短期居民可支配收入的挤占，探寻更有效率的减税降费政策，辅之以宽松货币政策，以控制市场利率水平上涨；同时，继续抓紧房地产市场调控力度、稳住住房相对价格，减轻居民债务规模对财政支出乘数的抑制作用，提高财政政策的有效性。

参考文献

[1] 郝前进、陈杰、房龄：《折旧率与住房价格——基于上海数据的实证研究》，载于《世界经济文汇》2012 年第 6 期。

[2] 黄敬婷、吴璟：《中国城镇住房拆除规模及其影响因素研究》，载于《统计研究》2016 年第 9 期。

[3] 黄赜琳：《中国经济周期特征与财政政策效应——一个基于三部门 RBC 模型的实证分析》，载于《经济研究》2005 年第 6 期。

[4] 靳春平：《财政政策的空间差异性与地区经济增长》，载于《管理世界》2007 年第 7 期。

[5] 李涛、陈斌开：《家庭固定资产、财富效应与居民消费：来自中国城镇家庭的经验证据》，载于《经济研究》2014 年第 12 期。

[6] 刘美丁、殷跃建：《城市建筑的经济寿命与规划留白》，载于《城市问题》2009 年第 10 期。

[7] 刘哲希、李子昂：《结构去杠杆进程中居民部门可以加杠杆吗？》，载于《中国工业经济》2018 年第 10 期。

[8] 马拴友：《财政政策与经济增长的实证分析——中国财政政策乘数和效应测算》，载于《山西财经大学学报》2001 年第 8 期。

[9] 潘敏、刘知琪：《居民家庭"加杠杆"能促进消费吗？——来自中国家庭微观调查的经验证据》，载于《金融研究》2018 年第 4 期。

[10] 厦门大学宏观经济研究中心课题组：《需求结构升级转换背景下的供给侧结构性改革》，载于《中国高校社会科学》2016 年第 3 期。

[11] 伍再华、冉珍梅、郭新华：《家庭借贷约束、劳动市场摩擦与政府支出乘数》，载于《世界经济文汇》2017 年第 4 期。

[12] 徐建炜、徐奇渊、何帆：《房价上涨背后的人口结构因素：国际经验与中国证据》，载于《世界经济》2012 年第 1 期。

[13] 中国经济增长前沿课题组：《城市化、财政扩张与经济增长》，载于《经济研究》2011 年第 11 期。

[14] 中国人民银行课题组：《2019 年中国城镇居民家庭资产负债情况调查》，载于《中国金融》2020 年第 9 期。

[15] 周彬、杜两省：《"土地财政"与房地产价格上涨：理论分析和实证研究》，载于《财贸经济》2010 年第 8 期。

[16] 周京奎：《房地产泡沫生成与演化——基于金融支持过度假说的一种解释》，载于《财贸经济》2006 年第 5 期。

[17] Adam, K., "Government Debt and Optimal Monetary and Fiscal Policy", Manheim University and Centre for Economic and Policy Research, Working Paper, 2010.

[18] Adi, C., "Do Public and Private Debt Levels Affect the Size of Fiscal Multipliers", *Journal of Indonesian Economy and Business*, 2017, 32 (3): 209 – 233.

[19] Agnello, L. and R. Sousa, "Fiscal Policy and Asset Prices", *Bulletin of Economic Research*, 2012, 65 (2): 154 – 177.

[20] Alpanda, S. and S. Zubairy, "Household Debt Overhang and Transmission of Monetary Policy", *Journal of Money, Credit and Banking*, 2019, 51 (5): 1265 – 1307.

[21] Andres, J., J. E. Bosca and J. Ferri, "Household Debt and Fiscal Multipliers", *Economica*, 2015, 82 (1): 1048 – 1081.

[22] Auerbach, A. and Y. Gorodnichenko, "Fiscal Multipliers in Recession and Expansion", in *Fiscal Policy After the Financial Crisis*, edited by Alberto Alesian and Francesco Giavazzi, University of Chicago Press, 2013: 63 – 98.

[23] Barro, R. J., "Government Spending in a Simple Model of Endogeneous Growth", *Journal of Political Economy*, 1990, 98 (S5): 103 – 125.

[24] Baxter, M. and R. G. King., "Fiscal Policy in General Equilibrium", *American Economic Review*, 1993, 83: 315 – 334.

[25] Beraja, M., E. Hurst, A. Fuster and J. Vavra, "Regional Heterogeneity and Monetary Policy", Hutchins Center Working Paper, 2015.

[26] Bernanke, B. and M. Gertler, "Agency Costs, Net Worth, and Business Fluctuations", *American Economic Review*, 1989 (79): 14 – 31.

[27] Bernanke, B., M. Gertler and S. Gilchrist, "The Financial Accelerator in a Quantitative Business Cycle Framework", in *Handbook of Macroeconomics*, Volume 1C, ed. by J. B. Taylor and M. Woodford, Amsterdam: Elsevier Science, North-Holland, 1999: 1341 – 1393.

[28] Blanchard, O. J. and R. Perotti, "An Empirical Characterization of the Dynamic Effects of Changes in Government Spending and Taxes on Output", *Quarterly Journal of Economics*, 2002, 117 (4): 1329 – 1368.

[29] Bruckner, M. and A. Tuladhar, "Local Government Spending Multipliers and Financial Distress: Evidence From Japanese Prefectures", *Economic Journal*, 2014, 124 (581): 1279 – 1316.

[30] Calvo A. , "Staggered Prices in a Utility-maximizing Framework", *Journal of Monetary Economics*, 1983, 12 (3): 383 – 398.

[31] Cecchetti, S. , M. Mohanty, and F. Zampolli, "The Real Effects of Debt", Bank for International Settlements Working Papers (352), 2011.

[32] Cloyne, J. and P. Surico, "Household Debt and the Dynamic Effects of Income Tax Changes", *The Review of Economic Studies*, 2017, 84 (1): 45 – 81.

[33] Cloyne, J. , C. Ferreira and P. Surico, "Monetary Policy When Households Have Debt: New Evidence on the Transmission Mechanism", *The Review of Economic Studies*, 2020, 87 (1): 102 – 129.

[34] Corsetti, G. , A. Meier and G. J. Muller. , "What Determines Government Spending Multipliers", International Monetary Fund Working Paper, 2012.

[35] Eggertsson, G. B. and P. Krugman, "Debt, Deleveraging, and the Liquidity-trap: A Fisher, Minsky, Koo Approach", *Quarterly Journal of Economics*, 2012, 127 (3): 1469 – 1513.

[36] Favero, C. and F. Giavazzi, "Debt and the Effects of Fiscal Policy", Federal Reserve Bank of Boston Working Papers, 2007.

[37] Fisher I. , "The Debt-Deflation Theory of Great Depressions", *Econometrica*, 1933, 1 (4): 337 – 357.

[38] Forlati, C. and L. Lambertini, "Risky Mortgages in a DSGE Model", *International Journal of Central Banking*, 2011, 7 (1): 285 – 335.

[39] Galí J. , *Monetary Policy, Inflation, and the Business Cycle: An Introduction to the New Keynesian Framework*, Princeton University Press, Princeton, 2008.

[40] Galí, J. , J. D. López-Salido and J. Vallés, "Understanding the Effects of Government Spending on Consumption", *Journal of the European Economic Associaton*, 2007, 5 (1): 227 – 270.

[41] Glick, R. and K. J. Lansing, "Global Household Leverage, House Prices and Consumption", FRBSF Economic Letter, 2010, 1.

[42] Hory, M. , "Fiscal Multipliers in Emerging Market Economies: Can We Learn Something From Advanced Economies", *International Economics*, 2016, 146: 59 – 84.

[43] Iacoviello, M. and S. Neri, "Housing Market Spillovers: Evidence from an Estimated DSGE Model", *American Economic Journal: Macroeconomics*, 2010, 2 (2): 125 – 164.

[44] Iacoviello, M. , "House Prices, Borrowing Constraints, and Monetary Policy in the Business Cycle", *American Economic Review*, 2005, 95 (3): 739 – 764.

[45] Ilzetzki, E. , E. Mendoza and C. Vegh, "How Big (Small?) are Fiscal Multipliers?", *Journal of Monetary Economics*, 2013, 60: 239 – 254.

[46] International Monetary Fund, "Coping with High Debt and Sluggish Growth", World Economic Outlook, 2012, October.

[47] Jorda, O. , M. Schularick and A. Taylor, "Sovereigns Versus Banks: Credit, Crises and Consequences", *Journal of the European Economic Association*, 2016, 14 (1): 45 – 79.

［48］Jorda, O., M. Schularick and A. Taylor, "When Credit Bites Back", *Journal of Money, Credit and Banking*, 2013, 45 (s2): 3 – 28.

［49］Jorda, O., "Estimation and Inference of Impulse Responses by Local Projections", *American Economic Review*, 2005, 95 (1): 161 – 182.

［50］Kaplan, G., G. L. Violante and J. Weidner, "The Wealthy Hand-to-mouth", *Brookings Papers on Economic Activity*, 2014 (1): 77 – 138.

［51］Kiyotaki, N. and J. Moore, "Credit Cycles", *Journal of Political Economy*, 1997, 105 (2): 211 – 248.

［52］Maggio, M. D., A. Kermani and R. Ramcharan, "Monetary Policy Pass-Through: Household Consumption and Voluntary Deleveraging", *Columbia Business School Research Paper*, 2014.

［53］Mountford, A. and H. Uhlig, "What Are the Effects of Fiscal Policy Shocks?", *Journal of Applied Econometrics*, 2002, 24 (6): 960 – 992.

［54］Ramey, V. A. and S. Zubairy, "Government Spending Multipliers in Good Times and in Bad: Evidence from US Historical Data", *Journal of Political Economy*, 2018, 126 (2): 850 – 901.

［55］Ramey, V. A., *Lecture on State Dependent Government Spending Multipliers*, Manuscript, University of California, San Diego and NBER, 2014.

［56］Reinhart, C. M. and K. S. Rogoff, "Growth in a Time of Debt", NBER Working Paper, 2010.

［57］Ruge-Murcia F. J., "Methods to Estimate Dynamic Stochastic General Equilibrium Models", *Journal of Economic Dynamics and Control*, 2007, 31: 2599 – 2636.

［58］Sufi A., "Out of Many, One? Household Debt, Redistribution and Monetary Policy during the Economic Slump", Andrew Crockett Memorial Lecture, 2015.

［59］Zhang, Y., "Household Debt, Financial Intermediation and Monetary Policy", *Journal of Macroeconomics*, 2019, 59: 230 – 257.

第九章 财政压力、企业要素投入扭曲与经济绩效*

第一节 引 言

微观资源错配是近年来经济增长理论最为关注的议题之一，学界研究不断放宽传统经济理论下的完全竞争市场结构、生产函数规模报酬等问题的假设，试图从资源的重新配置视角来解释宏观经济增长的效应（Brandt et al.，2009；Restuccia and Rogerson，2012）。在经济转型背景下，中国企业仍难以摆脱政府"有形之手"，因此，理顺政府和市场的关系是深化经济体制改革的"牛鼻子"，把"看不见的手"和"看得见的手"更好地结合起来，才能保障经济的健康持续发展。随着市场在资源配置中的作用不断扩大，财政"包干制"的弊端日益明显，近年来中央财政调控能力稳步提升，但地方政府事权、财权与财力的不匹配问题日益凸显。不仅如此，分税制改革带来的财政再集权的提升，使得政府既拥有成为"援助之手"的基础，也有被扭曲成"攫取之手"的态势（方红生和张军，2014）。难以协调的财政集权与经济增长之间的逻辑，若狭隘地争论市场还是政府，并未认清政府财政调控的内在逻辑，不利于中国社会主义市场经济改革的深入进行。

---

* 本章作者：黄寿峰、邓宇铭。原文发表于《财政研究》2020 年第 3 期。

事实上，基于这一财政压力的形成，地方政府行为对微观企业资源配置必将产生深刻的影响。本章试图从财政压力的角度探讨政府财政政策的转变对政府行为、企业要素资源配置的影响，分析其最终影响经济绩效的作用的大小。本章的边际贡献主要体现在：第一，系统地研究财政压力对微观企业资源配置的影响，补充对政府"攫取之手"行为的研究；第二，将考察财政压力对经济增长的影响聚焦于企业资源配置的微观领域，并探讨其中可能的传递机制，量化财政压力带来的经济总量生产率的变化程度；第三，丰富财政压力影响企业行为的实证证据，为我们理解转型期中国经济运行的独特现象提供微观的理论依据，为推进中央与地方财政事权和支出责任划分以及市场要素资源配置的优化提供有价值的政策建议。

第二节　制度背景与文献综述

农业税费改革起初在安徽、河北等 8 个省部分区县进行试点，并于 2001 年开始在全国 27 个省（自治区、直辖市）扩大试点范围，到 2005 年，已有 28 个省份全部免征农业税，自 2006 年 1 月 1 日起废止《中华人民共和国农业税条例》。农业税占税收总收入比例持续下降，2004 年已经不到 2%，因此彻底废止农业税对国家整体财政收入的影响并不大，但对各县区级地方政府财政冲击的压力作用不一。本章借鉴陈晓光（2016）等的做法，以 2005 年全国性取消农业税的改革作为准自然实验，此次改革能较好地捕捉到地方政府财政压力在时间、空间上的变化，提供一次很好的外生性冲击来源，缓解财政压力简单回归造成的内生性问题，以此识别出改革对市场资源要素配置和宏观经济绩效的影响。

一、财政压力影响效应相关研究

詹新宇和苗真子（2019）发现地方财政压力与地区经济发展质量呈显著倒"U"型关系，且存在明显的区域差异。受到财政压力的地方政府会倾向于发展预算外的收入（陈抗，2002），获取的收入是相互可替代的（聂辉华，2006），但在集权度越高的地区则越倾向于增加预算内收入（Kung et al.，2009；方红生和张军，2014）。韩与孔（Han and Kung，2015）发现，地方政府面对企业所得税留成率下降所带来的财政压力，会显著地增加该地区商住用地出让面积和出让金。余靖雯等（2018）研究发现，财政压力对于县级政府公共教育供给事业有显著的负向影响且长期效果更为明显。傅勇和张晏（2007）、左翔等（2011）研究认为，受到财政压力的政府会选择削减所提供的公共品和公共服务的数量。

财政压力也会影响微观主体行为。马光荣和李力行（2012）的研究表明，规模扩大的县级政府会将财政压力转移至企业，提高企业实际税负水平，从而降低企业产能利用率（李建军等，2019），陈（Chen，2017）利用农业税改革的准自然实验也得到类似的结论。曹春方等（2014）、谢贞发等（2017）、席鹏辉等（2017）的研究表明，财政压力的增加会显著地提高工业污染水平和加剧产能过剩的情况。梁若冰（2019）发现，财政压力的上升促使政府寻找替代性收入来源，把更高的计生罚款强加于居民，从而降低了地区生育率和性别比。

二、资源配置效率的相关研究

资源配置的研究主要集中在如何影响全要素生产率等方面。谢和克雷诺（Hsieh and Klenow，2009）估算了中国和印度企业资源错配产生的效率损失，发现若资源配置达到最优，中国总体经济效率将提升30%～50%，印度总体经济效率则将提升40%～60%。类似的研究，如政策扭曲（Hopenhayn and Rogerson，2000）、国有偏向性政策（邵挺，2010；聂辉华和贾瑞雪，2011）、企业规模（邵宜航等，2013）、劳动工资扭曲（蒲艳萍和顾冉，2019）、土地资源（Adamopoulos et al.，2017）等文献均采用相似范式，从不同切入点研究资源错配。陶然等（2009）认为，过低的生产要素价格和过松的环境管制，必然导致制造业投资过热、产能过剩，进而造成生产效率的损失。还有学者发现企业间税负的不平等会造成行业加成离散率增大，偏离最优边际产出进而导致资源错配（Lileeva and Trefler，2007；Gilchrist et al.，2012）。施炳展和冼国明（2012）、毛其淋（2013）的研究表明，中国出口高速增长离不开要素价格扭曲，持续的贸易自由化能显著地纠正要素市场的扭曲，进而提高企业生产率。

在资源配置效率测算方面，龚关和胡关亮（2013）从另一种视角考察了边际产出价值的离散度，以此衡量资源配置效率和生产量损失的情况；陈诗一和陈登科（2017）创新性地将能源要素纳入分析框架，研究发现能源要素投入扭曲对中国整体要素扭曲的贡献达36.1%。

第三节 研究框架与模型设定

一、资源配置效率测算框架

本章基于谢和克雷诺（2009）的测算思路，测算基于中国行业特征下的资本与劳动份额，着重关注微观企业要素投入的指标测算以及要素投入扭曲带来的总量生产率变化的差异。

（一）生产函数

本章假设每种差异产品以规模报酬不变的 Cobb-Douglas 生产函数形式存在，并由一个垄断企业通过劳动和资本两种生产要素进行生产：

$$Y_{si} = A_{si} K_{si}^{\alpha_s} L_{si}^{\beta_s} \tag{9.1}$$

其中，α_s 表示行业 s 的资本弹性，利用行业资本总额占总资本的份额表示；β_s 表示行业 s 的劳动弹性，且 $\beta_s = 1 - \alpha_s$；A_{si} 表示行业 s 中企业 i 的全要素生产率。

同一行业的中间企业投入具有差别的产品 Y_{si}，并以 CES 生产函数形式进行生产：

$$Y_s = \left(\sum_{i=1}^{N} Y_{si}^{\frac{\sigma-1}{\sigma}} \right)^{\frac{\sigma}{\sigma-1}} \tag{9.2}$$

所有企业面临的要素市场处于完全竞争状态，而产品市场处于垄断竞争状态，投入原料为整体国民经济中各行业的产出 Y_s，具体如下：

$$Y = \prod_{s=1}^{S} Y_s^{\theta_s} \tag{9.3}$$

生产企业的最小化成本函数如下：

$$C(Y) = \min \sum_{s=1}^{S} P_s Y_s \quad \text{s.t} \prod_{s=1}^{S} Y_s^{\theta_s} \geqslant Y \tag{9.4}$$

其中，式（9.4）具有 $\sum_{s=1}^{S} \theta_s = 1$ 的等式关系，θ_s 代表该行业产出占全部产出的比重。由最优化条件得：$P_s Y_s = \theta_s PY$。行业 P_s 为行业产品 Y_s 的价格，P 为最终产品的价格（标准化为1）。

（二）经济最优化问题

与谢和克雷诺（2009）模型有所区别的是，本章考虑了市场上存在的各种要素扭曲因素，则垄断竞争厂商的最大化利润问题转化为：

$$F(x) = \max_{k_{si}, L_{si}} \{ P_{si} Y_{si} - (1 + \tau_{Ksi}) RK_{si} - (1 + \tau_{Lsi}) \omega L_{si} \} \tag{9.5}$$

其中，τ_{Ksi} 表示资本要素投入扭曲，τ_{Lsi} 表示劳动要素投入扭曲，R 表示企业的资本价格，ω 表示企业的劳动价格。

由式（9.5）推导出最大化一阶条件：

$$\frac{\partial F}{\partial K_{si}} = \alpha_s P_{si} A_{si} K_{si}^{\alpha_s-1} L_{si}^{\beta_s} - (1 + \tau_{Ksi}) R = 0 \tag{9.6}$$

$$\frac{\partial F}{\partial L_{si}} = \beta_s P_{si} A_{si} K_{si}^{\alpha_s} L_{si}^{\beta_s-1} - (1 + \tau_{Lsi}) \omega = 0 \tag{9.7}$$

将式（9.6）和式（9.7）合并化简得：

$$\frac{L_{si}}{K_{si}} = \frac{(1 + \tau_{Ksi})R\beta_s}{(1 + \tau_{Lsi})\omega\alpha_s} \tag{9.8}$$

将式（9.8）代入式（9.5），化简可得垄断竞争厂商生产函数：

$$Y_{si} = \left(\frac{\sigma - 1}{\sigma}\right)^{\sigma} \left(\frac{\alpha_s}{R}\right)^{\sigma\alpha_s} \left(\frac{\beta_s}{\omega}\right)^{\sigma\beta_s} \frac{P_s^{\sigma} Y_s A_{si}^{\sigma-1}}{(1 + \tau_{Ksi})^{\sigma\alpha_s}(1 + \tau_{Lsi})^{\sigma\beta_s}} \tag{9.9}$$

其中，垄断产品的替代弹性 $\sigma = 3$。[①] 根据式（9.9）可知经济含义：企业面临的要素投入扭曲越严重，生产率下降幅度越大，进而减少产品产量，并提高产品价格。

生产企业资本和劳动名义边际产出价值分别为：

$$MRPK_{si\_nominal} \equiv \frac{\partial Y_{si}}{\partial K_{si}} = \alpha_s \frac{P_{si}Y_{si}}{K_{si}} \tag{9.10}$$

$$MRPL_{si\_nominal} \equiv \frac{\partial Y_{si}}{\partial L_{si}} = \beta_s \frac{P_{si}Y_{si}}{L_{si}} \tag{9.11}$$

本章将垄断产品的替代弹性 σ 作为衡量垄断的强度，用于消除市场垄断势力带来的溢价。在利润最优化的一阶条件下，资本、劳动的实际边际产出价值分别为：

$$MRPK_{si\_actual} \equiv \alpha_s \frac{\sigma - 1}{\sigma} \frac{P_{si}Y_{si}}{K_{si}} = (1 + \tau_{Ksi})R \tag{9.12}$$

$$MRPL_{si\_actual} \equiv \beta_s \frac{\sigma - 1}{\sigma} \frac{P_{si}Y_{si}}{L_{si}} = (1 + \tau_{Lsi})\omega \tag{9.13}$$

（三）要素投入扭曲与最优规模

化简式（9.12）和式（9.13），得到本章所测算资本、劳动要素投入扭曲指标：

$$\tau_{Ksi} = \alpha_s \frac{\sigma - 1}{\sigma} \frac{P_{si}Y_{si}}{RK_{si}} - 1 \tag{9.14}$$

$$\tau_{Lsi} = \beta_s \frac{\sigma - 1}{\sigma} \frac{P_{si}Y_{si}}{\omega L_{si}} - 1 \tag{9.15}$$

---

① 基于现有文献研究，垄断产品的替代弹性一般为 3~5，本章产品替代弹性为 3，是一个较保守的数字。谢和克雷诺（2009）的研究表明，随着产品替代弹性的上升，资源配置扭曲会变得更严重。

当完全不存在要素投入扭曲时，即 $\tau_{Ksi} = 0$ 和 $\tau_{Lsi} = 0$ 同时成立，企业最优产出规模为：

$$Y_{si\_optimal} \propto A_{si}^{\sigma-1} \tag{9.16}$$

因此，存在要素投入扭曲情形下的企业实际产出规模和最优产出规模之间的关系为：

$$Y_{si\_optimal} = Y_{si} \times (1 + \tau_{Ksi})^{\sigma\alpha_s} (1 + \tau_{Lsi})^{\sigma\beta_s} \tag{9.17}$$

二、模型设定

本章利用 2005 年中国取消农业税的改革作为准自然实验，建立如下实证模型：

$$Y_{i,t} = \beta_1 \times shock_i + \beta_2 \times Post_t + \beta_3 \times shock_i \times Post_t + \mu \times X_{i,t} + \eta_t + \zeta_i + \varepsilon_{i,t} \tag{9.18}$$

其中，$Y_{i,t}$ 是要素投入扭曲，下标 i 代表企业、t 代表年份。$Shock_i$ 为第 i 个县由于取消农业税遭到的财政压力冲击。$Post_t$ 为农业税改革的虚拟变量，若 $t \geqslant 2005$ 则取值为 1，否则取值为 0，本章选择 2005 年为改革起点，这是由于农业税于 2005 年在全国 28 个省份大规模完成免征。$X_{i,t}$ 包括一组控制变量：企业层面变量包括企业雇佣规模（企业年末就业人数）、企业营业利润、企业资本密集度（企业人均固定资产）和企业资产规模（企业年末资产总额），均为对数形式；城市层面控制城市人口规模（城市年末人口总数）和城市人均 GDP，均为对数形式；省份层面控制反映企业所在省份市场化程度的变量，分别为市场分配资源比重、政府行政干预程度、价格市场决定程度、金融市场化程度和劳动力流动性；最后，模型还控制时间固定效应 η_t 和行业固定效应 ζ_i，$\varepsilon_{i,t}$ 为随机扰动项。β_3 用以捕获农业税改革带来的财政压力变化对被解释变量的影响程度。若 β_3 的估计系数为正，则说明受到财政压力冲击越强的县级企业，在农业税改革后会恶化其要素投入扭曲的状况；反之，则县级企业在农业税改革后会缓解其要素投入扭曲的状况。

三、数据来源与说明

（一）企业层面数据

本章使用的微观企业层面数据来源于 1998～2007 年中国工业企业数据库，

并参照布兰特等（Brandt et al.，2009）的方法[1]进行数据处理。本章还将所有企业劳动工资份额等比例提高至与国民收入核算指标一致的份额，以此消除劳动收入的测量误差。[2]

（二）县级统计数据

本章使用 1993 ~ 2007 年的《全国地市县级财政统计资料》和《中国县（市）社会经济统计年鉴》以及部分政府官方文件，并利用各省份政府网站或统计年鉴的数据完善、填补错漏数据。

（三）控制变量数据

本章控制变量相关数据主要源于中国经济数据库（CEIC）、《中国城市统计年鉴》和《中国市场化指数：各地区市场化相对进程 2011 年报告》。

（四）变量说明

本章参考陈晓光（2016）的做法，构建如下财政压力指标：

$$shock_i = \frac{Agr\_tax_{i,2001-2004} + Subsidy_{i,2001-2004}}{Total\_rev_{i,2001-2004}} - \frac{Subsidy_{i,2005-2007}}{Total\_rev_{i,2005-2007}} \tag{9.19}$$

其中，$Agr\_tax_{i,2001-2004}$ 为农业税取消前各县农业税收收入，$Subsidy_{i,2001-2004}$ 和 $Subsidy_{i,2005-2007}$ 分别代表农业税取消前后的各县农村税费改革补贴，$Total\_rev_{i,2001-2004}$ 和 $Total\_rev_{i,2005-2007}$ 分别代表农业税取消前后的各县税收总收入。

鉴于全国各地的农业比重不同，县级层面农业税占税收收入比重约为 12%，仍占据县级地方财政较大的份额（陈晓光，2016）。因此，农业税改革冲击为本章实证检验受到财政压力的县级政府如何影响微观企业要素投入提供了较好的研究基础。

---

① 根据布兰特等（2012）的处理办法，本章进行以下调整：（1）统一四位数国民经济行业代码、关键变量样本重新匹配、名义变量价格平减；（2）剔除不符合会计准则如产出、总资产、销售额等关键指标为负以及总资产小于其固定资产的样本；（3）剔除员工数少于 8 人的观测值；（4）对所有关键变量按 1% 分位数前后的观测值进行缩尾处理。特别指出，在工资指标方面，鉴于我国 2003 年后实施健康和退休保险、2004 年后实施住房补贴的历史政策节点的原因，本章根据连贯性原则加总员工工资、失业保险和雇员补贴作为工资衡量指标。

② 谢和克雷诺（2009）的研究指出，中国工业企业数据库的劳动所得工资额占增加值的份额与政府宏观统计数据有较大的差异，据估算，中国工业企业数据库中劳动所得工资额占增加值的份额约 34.2%，这与政府公布的国民收入核算约 55% 的劳动工资份额产生较大差距，有可能严重低估了真实的劳动份额。

四、描述性统计

如表 9-1 所示，资本要素投入扭曲平均值为 10.397，劳动要素投入扭曲平均值为 0.879，两者均大于零，表明企业要素平均投入的边际效益大于要素投入的边际成本，企业资本和劳动要素投入均为不足的状况。从极值和标准差来看，虽然样本企业资本要素投入扭曲的整体状况更严重，但是劳动要素投入扭曲在各地区企业的差异相比资本要素投入扭曲更大。

表 9-1   主要变量描述性统计

变量名称	样本量	平均值	标准差	最小值	最大值
资本要素投入扭曲	1 064 324	10.397	29.772	-0.999	1 239.228
劳动要素投入扭曲	1 064 324	0.879	42.705	-731.451	17 284.310
企业资产规模	1 064 324	9.670	1.280	6.740	13.920
企业资本密集度	1 064 324	3.617	1.234	-3.467	10.169
企业雇佣规模	1 064 324	4.700	0.990	2.400	7.840
企业营业利润	1 064 324	6.740	1.790	1.610	11.390
财政压力	20 904	0.098	0.078	-1.119	1.137
城市人均 GDP	2 556	4.510	0.480	3.080	5.530
城市人口规模	2 556	12.99	1.070	9.960	14.890
市场分配资源	236	8.850	1.240	0	10.480
政府行政干预	236	6.660	3.160	0	12.670
价格市场决定	236	8.360	1.600	0	10.270
金融市场化	236	8.490	2.010	0.840	12.010
劳动力流动性	236	6.600	4.220	0	17.030

第四节　实证结果与稳健性检验

一、基本回归结果

表 9-2 结果表明，农业税改革带来的财政压力显著加剧了企业资本要素投

表 9 - 2　财政压力对企业资源配置效率的影响

项目	资本要素投入扭曲					劳动要素投入扭曲		
	(1)	(2)	(3)	(4)	(5)	(6)	(7)	(8)
$Shock \times Post$	8.0752*** (1.5372)	9.1559*** (1.5660)	5.9522*** (1.4155)	5.7224*** (1.4164)	1.3969 (1.0919)	0.4551 (1.3809)	0.1929 (1.4274)	-0.6176 (1.5309)
$Post$	2.9787*** (0.3279)	5.1669*** (0.4073)	-0.8782 (0.9114)	0.0527 (1.1004)	0.0564 (0.2947)	-0.5466 (0.3500)	-1.2418** (0.5377)	-1.4286** (0.5871)
$Shock$	-6.9315*** (2.4704)	0.7056 (2.5926)	2.9993 (2.6636)	3.0008 (2.7070)	0.8248 (2.4359)	2.9412 (3.3833)	3.1528 (3.3857)	3.4576 (3.4252)
企业资产规模		9.2135*** (0.3744)	9.2349*** (0.3699)	9.2526*** (0.3697)		0.8845*** (0.2036)	0.8799*** (0.2037)	0.8550*** (0.2015)
企业资本密集度		-19.1648*** (0.4373)	-19.1917*** (0.4369)	-19.2005*** (0.4374)		-0.1633 (0.1195)	-0.1641 (0.1202)	-0.1656 (0.1202)
企业雇佣规模		-16.2138*** (0.4047)	-16.0737*** (0.4048)	-16.0961*** (0.4056)		-1.1706** (0.5019)	-1.1713** (0.4986)	-1.1725** (0.4978)
企业营业利润		2.0742*** (0.0673)	1.9831*** (0.0675)	1.9633*** (0.0670)		0.1649*** (0.0444)	0.1588*** (0.0430)	0.1688*** (0.0440)
城市人均GDP			6.1037*** (0.5838)	5.3181*** (0.6288)			0.4960 (0.4197)	0.7224* (0.3903)
城市人口规模			0.9232 (0.6411)	1.8179*** (0.6453)			0.5574 (0.4620)	0.3034 (0.4941)

项目	资本要素投入扭曲				劳动要素投入扭曲			
	(1)	(2)	(3)	(4)	(5)	(6)	(7)	(8)
市场分配资源				-0.4253* (0.2490)				0.1068 (0.2575)
政府行政干预				-0.0879 (0.0691)				0.2968** (0.1191)
价格市场决定				0.2486*** (0.0918)				0.2739*** (0.0767)
金融市场化				0.2932*** (0.0799)				-0.2810** (0.1094)
劳动力流动性				-0.3086*** (0.0897)				-0.0287 (0.0912)
常数项	16.7070*** (1.2505)	58.6208*** (2.5848)	22.6007** (10.5380)	15.8986 (10.1831)	-0.2954 (0.6807)	-3.1339* (1.6593)	-12.1339* (6.3160)	-12.3184* (7.2807)
年份固定效应	YES	YES	YES	YES	YES	YES	YES	YES
行业固定效应	YES	YES	YES	YES	YES	YES	YES	YES
企业数量	377 813	340 933	340 932	340 932	375 086	338 408	338 407	338 407
观测值	1 242 263	1 010 974	1 010 973	1 010 973	1 222 482	995 510	995 509	995 509
R^2	0.0048	0.0179	0.0180	0.0181	0.0002	0.0003	0.0003	0.0004

注：括号内是区县层面聚类标准误；*、** 和 *** 分别代表在 10%、5% 和 1% 的统计水平上显著。

入扭曲效应。表 9-2 第（4）列表明，假设"处理"县的企业相比"对照"县的企业受到 100% 的财政压力冲击，"处理"县内的企业面临的资本要素投入扭曲状况将会显著恶化 5.72%。第（5）列至第（8）列中 Shock×Post 的估计符号说明，财政压力对企业劳动要素投入扭曲的影响并不显著。因此，本章重点关注财政压力冲击对企业资本要素投入扭曲的影响效应。

二、稳健性检验

（一）平行趋势假设检验和时间趋势动态分析

本章利用财政压力对企业资本、劳动要素投入扭曲影响的效应进行平行趋势假设检验：

$$Y_{i,t} = \beta_1 \times shock_i + \beta_2 \times Post_t + \beta_3 \times shock_i \times Post_t + \mu \times X_{i,t}$$
$$+ \sum_{j=2001}^{2003} \rho_j \times shock_i \times year_t^j + \sum_{j=2001}^{2003} \gamma_j \times year_t^j + \zeta_i + \varepsilon_{i,t}$$

$$(9.20)$$

其中，$year_t^j$ 为年份虚拟变量，j 分别取值为 2001 ~ 2003 年；t 为年份，如果 $t=j$，则 $year_t^j=1$，否则 $year_t^j=0$。

同时，本章还考察了财政压力对县级资本要素投入扭曲影响的动态效应：

$$Y_{i,t} = \sum_{j=2001}^{2007} \beta_j \times shock_i \times year_t^j + \mu \times X_{i,t} + \sum_{j=2001}^{2003} \gamma_j \times year_t^j + \zeta_i + \varepsilon_{i,t}$$

$$(9.21)$$

其中，$year_t^j$ 为年份虚拟变量，j 分别取值为 2001 ~ 2007 年（j 取值不含 2004 年，模型设定 2004 年为基准年）；t 为年份，如果 $t=j$，则 $year_t^j=1$，否则 $year_t^j=0$；β_j 反映了财政压力对企业资本要素投入配置在不同时期内的影响。

表 9-3 第（1）列和第（2）列为财政压力对资本要素投入扭曲效应的平行趋势检验，符合平行趋势假设；第（3）列和第（4）列为财政压力对劳动投入要素扭曲效应的平行趋势检验，也基本符合平行趋势假设；本章进一步分析财政压力对资本要素投入扭曲影响的动态效应，第（5）列和第（6）列回归结果表明农业税取消带来的财政压力会显著恶化企业资本要素投入扭曲状况，在 2005 年之后，随着时间推移这一恶化效应逐渐增大，且统计上显著。

表9-3			平行趋势和动态效应检验			
项目	平行趋势假设检验				时间趋势动态分析	
	（1）	（2）	（3）	（4）	（5）	（6）
$Shock \times Post$	7.3974*** (1.7122)	5.5804*** (1.5636)	2.9399** (1.3635)	1.9742 (1.6691)		
$Shock \times year_{2001}$	-3.5456** (1.6805)	-2.3017 (1.7690)	3.2859* (1.9669)	5.0100* (2.8364)	-4.0762** (1.6356)	-2.0976 (1.7296)
$Shock \times year_{2002}$	-1.5693 (1.3662)	-0.1212 (1.5790)	3.8889 (2.6270)	6.8706* (3.8267)	-2.0327 (1.3310)	0.0647 (1.5488)
$Shock \times year_{2003}$	0.2008 (1.4429)	0.7434 (1.5003)	1.9104 (2.3512)	3.5794 (3.3725)	-0.2992 (1.3893)	0.9457 (1.4607)
$Shock \times year_{2005}$					4.0165*** (1.4080)	3.3582** (1.4071)
$Shock \times year_{2006}$					6.3104*** (1.7859)	5.5469*** (1.7080)
$Shock \times year_{2007}$					11.3987*** (2.4536)	9.1324*** (2.2337)
控制变量	NO	YES	NO	YES	NO	YES
行业年份固定效应	YES	YES	YES	YES	YES	YES
观测值	1 242 263	1 010 973	1 222 482	995 509	1 242 263	1 010 973
R^2	0.0048	0.1752	0.0002	0.0004	0.0049	0.1753

（二）剔除改革试点地区

本章统一把2005年取消农业税作为共同的冲击，并未区分2005年前的试点地区和非试点地区，为了更好地保持样本时间政策的连续性，本章将先行试点的安徽、江苏两个省份剔除后进行回归检验，表9-4的第（2）列和第（6）列结果显示，其回归结果与前文并无明显差异。始于2004年的东北三省（黑龙江省、吉林省、辽宁省）增值税转型试点改革产生的税改效应也有可能影响到企业资源要素配置，因此本章将东北三省样本剔除后进行回归，表9-4的第（1）列和第（5）列显示与前文结果并无明显差异。

表 9-4　　　　　　　剔除改革试点地区和财政压力替代指标的稳健性检验

项目	资本要素投入扭曲				劳动要素投入扭曲			
	剔除东北三省样本的回归结果	剔除安徽、江苏样本的回归结果	财政压力替代指标1	财政压力替代指标2	剔除东北三省样本的回归结果	剔除安徽、江苏样本的回归结果	财政压力替代指标1	财政压力替代指标2
	(1)	(2)	(3)	(4)	(5)	(6)	(7)	(8)
$Shock \times Post$	6.0677*** (1.4882)	6.7119*** (1.7541)	5.2513*** (1.5150)	0.2858*** (0.0952)	−0.8876 (1.6646)	−0.3227 (1.8388)	−1.0370 (1.5259)	−0.0767 (0.0882)
控制变量	YES	YES	YES	YES	YES	YES	YES	YES
行业年份固定效应	YES	YES	YES	YES	YES	YES	YES	YES
观测值	955 877	841 852	1 011 566	999 360	941 410	826 647	996 102	984 110
R^2	0.1802	0.1798	0.1805	0.1811	0.0004	0.0004	0.0004	0.0004

（三）财政压力替代指标

农村税费改革始于 2000 年，因此，本章还把改革前的年份设为 2000~2004 年，重新定义财政压力冲击变量：

$$shock\_alternative_i = \frac{Agr\_tax_{i,2000-2004} + Subsidy_{i,2000-2004}}{Total\_rev_{i,2000-2004}} - \frac{Subsidy_{i,2005-2007}}{Total\_rev_{i,2005-2007}}$$

(9.22)

其中，$Agr\_tax_{i,2000-2004}$ 为农业税取消前的各县农业税收收入，$Subsidy_{i,2000-2004}$ 和 $Subsidy_{i,2005-2007}$ 分别代表农业税取消前后的各县农村税费改革补贴，$Total\_rev_{i,2000-2004}$ 和 $Total\_rev_{i,2005-2007}$ 分别代表农业税取消前后的各县的税收总收入。

利用式（9.22）中的财政压力替代指标重新进行回归，表 9-4 第（3）列和第（7）列回归结果表明，与前文采用式（9.19）财政压力指标的回归结果并无本质区别。

本章还参考梁若冰（2019）的做法，采用 2003 年农业税征收额作为财政压力替代指标重新进行回归，表 9-4 的第（4）列和第（8）列结果表明，与前文回归结果并无显著差异。

（四） 其他稳健性检验

表9-5第（1）列考虑到地方政府会给新创企业一些税收优惠，且已有文献证明2002年所得税分享改革确实会影响地方政府决策行为（席鹏辉等，2017），因此，本章剔除1999年以后成立的企业，所保留下来的企业并不会受到此次所得税改革的冲击。才国伟等（2011）研究发现，"省直管县"和"强权扩县"改革会对企业资源要素配置产生重要的影响，表9-5第（2）列和第（3）列是考虑加入样本期间这两项重要改革，以此控制这些改革产生的财政压力对资源要素配置的影响。第（4）列则加入了样本期间国家推行金税工程二期的政策变量，以此排除征管技术提升带来征管效率提高的影响。上述一系列稳健性检验结果表明，农业税改革产生的财政压力对企业要素资源配置的影响具有良好的稳健性，与前文回归结果保持一致。

表9-5　　　　　　　　　　　财政压力相关稳健性检验

项目	资本要素投入扭曲				劳动要素投入扭曲			
	剔除1999年后成立公司样本	加入省直管县控制变量	加入强权扩县控制变量	加入金税工程控制变量	剔除1999年后成立公司样本	加入省直管县控制变量	加入强权扩县控制变量	加入金税工程控制变量
	(1)	(2)	(3)	(4)	(5)	(6)	(7)	(8)
$Shock \times Post$	3.8548*** (1.4522)	5.4962*** (1.4275)	5.6262*** (1.4200)	5.6602*** (1.4121)	-1.5570 (2.0269)	-0.4649 (1.5086)	-0.6228 (1.5307)	-0.6414 (1.5255)
省直管县		0.5166 (0.4387)				-0.3756* (0.1948)		
强权扩县			0.8136** (0.3248)				0.0424 (0.2300)	
金税工程				-0.5081** (0.2053)				-0.1918 (0.2933)
控制变量	YES	YES	YES	YES	YES	YES	YES	YES
行业年份固定效应	YES	YES	YES	YES	YES	YES	YES	YES
观测值	586 329	1 010 775	1 010 775	1 010 973	578 056	995 311	995 311	995 509
R^2	0.1838	0.1805	0.1805	0.1805	0.0003	0.0004	0.0004	0.0004

三、异质性分析

结合我国现实情况来看，城市层级越高、地区越发达，政府能掌握的信贷资源、财政补贴等公共资源和行政审批的权力则越大，市场资源分配受到行政因素主导时，必然会扭曲企业的要素投入配置，降低经济的绩效。

表9-6第（1）列至第（5）列分别探讨不同城市层级[①]和地理位置的企业资本要素投入受财政压力的影响，研究结果显示，企业所在的城市层级越高、地区越发达，财政压力对其资本要素投入的扭曲影响越严重。在经济欠发达地区，乡村是主要以预算外的财政收入来弥补必要的财政支出，如计划生育社会抚养费、耕地开垦等传统的行政事业性收费项目，这一机会主义的盛行与税制改革成本转嫁有一定关系（梁若冰，2019）。因此，欠发达地区的企业受财政压力影响的资本要素投入扭曲程度相比发达地区的企业会更小，间接说明发达地区企业更有可能成为地方政府主要利用"攫取之手"的来源。进一步，表9-6第（6）列至第（15）列回归结果显示，财政压力对劳动密集型和私营企业的资本要素投入扭曲的影响更小。值得指出的是，私营企业可能由于政治关联度不如国有企业、集体企业密切，市场化体制的灵活性较高，受到财政压力影响的资本要素投入扭曲效应会相对更小。在财政压力下，国有企业更有可能成为地方政府税改成本转嫁的主要目标。

表9-6　　　　财政压力对企业资本要素投入扭曲影响的异质性分析

项目	（1）	（2）	（3）	（4）	（5）
	中心城市	一般城市	东部地区	中部地区	西部地区
$Shock \times Post$	16.4947 **	4.3961 ***	9.3462 ***	1.0392	−0.0669
	(7.6597)	(1.3613)	(2.3170)	(2.0547)	(2.8233)
观测值	106 825	904 148	774 656	156 541	79 776

项目	（6）	（7）	（8）	（9）	（10）
	轻工业	重工业	资本密集型	劳动密集型	国有企业
$Shock \times Post$	5.8097 ***	7.2019 ***	8.7045 ***	2.9078 **	6.7720 **
	(1.7035)	(1.7623)	(1.9582)	(1.4764)	(3.3537)
观测值	493 182	517 791	528 459	482 514	27 197

---

① 将直辖市和省会城市划分为中心城市，其他城市划分为一般城市。

项目	（11）	（12）	（13）	（14）	（15）
	集体企业	股份企业	港澳台企业	外资企业	私营企业
$Shock \times Post$	10.8063**	5.1958**	9.3391**	6.8497	1.9158
	（4.7798）	（2.0549）	（3.7088）	（4.2452）	（1.6376）
观测值	80 547	167 358	95 701	98 288	541 882

注：限于篇幅，本章仅列出核心变量的估计系数值，其余结果备索。

第五节　机制分析与经济绩效影响效应

一、作用机制分析

（一）税收征管影响

财政压力的存在有可能影响地方政府行为，当上级政府提高对下级政府财政收入的竞争时，"上级请客，下级买单"的问题凸显，下级政府会有提高税收征管力度来弥补纵向竞争损失的可能，并最终影响到微观企业资源配置的效率。基于此，本章试图验证税收征管行为在财政压力下的地方政府扭曲企业要素配置中是否发挥了中介作用。参照温忠麟等（2004）的研究，设定如下模型：

$$Y_{i,t} = \gamma_1 \cdot shock_i + \gamma_2 \cdot Post_t + \gamma_3 \cdot shock_i \cdot Post_t + \mu_1 \cdot X_{i,t} + \eta_t + \zeta_i + \varepsilon_{i,t} \quad （路径 A）$$

$$M_{i,t} = \alpha_1 \cdot shock_i + \alpha_2 \cdot Post_t + \alpha_3 \cdot shock_i \cdot Post_t + \mu_2 \cdot X_{i,t} + \eta_t + \zeta_i + \varepsilon_{i,t} \quad （路径 B）$$

$$Y_{i,t} = \beta_1 \cdot shock_i + \beta_2 \cdot Post_t + \beta_3 \cdot shock_i \cdot Post_t + \theta \cdot M_{i,t} + \mu_3 \cdot X_{i,t}$$
$$+ \eta_t + \zeta_i + \varepsilon_{i,t} \quad （路径 C）$$

其中，$M_{i,t}$ 为中介变量，此处以税收征管力度为中介变量进行检验。在税收征管力度衡量方面，我们采用蔡和刘（Cai and Liu，2009）的处理办法[①]计算出企业的推算利润，并以企业推算利润和实际利润的比值来构造企业利润误报率，还参考范子英和田彬彬（2013）的方法，采用企业税收规模与利润总额的比重来衡量企业的实际税收负担。

表 9-7 的路径 C 模型中第（1）列至第（3）列的税收征管中介变量检验表

---

① 企业推算利润 = 工业增加值 - 利息 - 劳动者报酬 - 折旧 - 间接税。这一指标构建的逻辑是企业会在账面上通过低报收入和虚报费用两个渠道进行避税，即便核算方法和会计准则存在差异，仍使得理论上推算利润与真实利润两者关系高度正相关。

明，财政压力显著地增加了企业利润误报率与增值税的税负，一定程度上减少了企业的运营资金投入，阻碍了资本要素投入的最优化配置。企业利润误报率的中介效应索贝尔（Sobel）检验结果为 0.241，中介效应作用并不显著，其他中介变量结果均显著。由此可知，财政压力会导致企业逃税避税行为的增加，但并不是带来要素投入扭曲的主要机制，侧面反映了受到财政压力的地方政府主要通过增加企业税收负担水平来弥补财政支出缺口，而非增加打击偷税、逃税等现象的力度。

表 9-7   路径 C 税收征管行为的中介效应检验

项目	(1)	(2)	(3)
	资本要素投入扭曲	资本要素投入扭曲	资本要素投入扭曲
$Shock \times Post$	5.6347 *** (0.8161)	5.6013 *** (0.8161)	5.6718 *** (0.8171)
企业利润误报率	0.0050 *** (0.0007)		
企业增值税占利润比重		0.1484 *** (0.0061)	
企业所得税占利润比重			0.1011 (0.0747)
控制变量	YES	YES	YES
观测值	977 228	977 228	977 228
R^2	0.1829	0.1826	0.1815
索贝尔检验 P 值	0.2410	0.0413 **	0.0147 **
中介效应占比（%）	0.72	1.31	0.06

注：本表只报告路径 C 结果，其余结果备索。按照审稿人建议，模型加入金税工程变量，以此控制征管技术提高的影响。

（二）成本效应

企业会游说政府给予政策和资源方面的倾斜，可能挤占企业投资资金和运营管理的精力（杨其静，2011），因此，财政压力的变化有可能给企业带来更多的交易费用，耗费企业家更多精力甚至是利用腐败行为来应对官员，进而降低企业资源配置的效率。本章将管理费用作为企业交易费用的代理变量，同时还将企业的财务费用纳入企业信贷交易成本。

表9-8的路径C模型中第（1）列至第（4）列的中介变量检验结果表明，财政压力会显著增加企业管理和财务费用，但只有财务费用的中介效应索贝尔检验结果在1%水平上显著，其他变量中介效应并不显著。综上所述，虽然财政压力的变化使企业交易费用与信贷成本显著地增加，但并不起主要的中介作用，这可能与成本效应的影响机制并非财政压力影响企业资源配置效率的主要途径有关，地方政府并没有唯一地依赖成本效应这一渠道扩大财源性收入。

表9-8 路径 C 交易成本转变的中介效应检验

项目	(1) 资本要素投入扭曲	(2) 资本要素投入扭曲	(3) 资本要素投入扭曲	(4) 资本要素投入扭曲
$Shock \times Post$	4.7976 *** (0.8480)	5.8589 *** (0.8099)	5.6615 *** (0.8044)	6.0900 *** (0.8000)
管理费用	0.5921 *** (0.0409)			
管理费用占利润比重		0.0073 *** (0.0014)		
财务费用			1.4369 *** (0.0593)	
财务费用占利润比重				0.0028 *** (0.0008)
控制变量	YES	YES	YES	YES
观测值	804 028	1 002 535	1 006 128	1 002 535
R^2	0.2227	0.2237	0.1821	0.1797
索贝尔检验P值	0.7121	0.8978	0.0000 ***	0.5481
中介效应占比（%）	0.20	−0.015	2.24	0.073

注：本表只报告路径C结果，其余结果备索。

（三）污染避难所效应

地方政府在财政压力下，有可能以放松环境管制为代价进行招商引资，实现财政收入的增加。表 9 - 9 是对地市层面的污染类企业[①]、非污染类企业的工业企业总产值、总附加值进行汇总,最终匹配获得双重差分模型回归所需的地市级样本。

表 9 - 9　　　　　　　　财政压力对污染类企业的影响效应

项目	(1) 污染类企业产值占企业总产值比重	(2) 污染类企业增加值占企业总增加值比重	(3) 污染类工业企业总产值	(4) 污染类工业企业增加值	(5) 非重污染类企业	(6) 重污染类企业
$Shock \times Post$	- 0.0192 (0.0157)	- 0.0179 (0.0154)	0.1597 (0.1597)	0.1583 (0.1549)	6.7105** (1.6466)	3.7731*** (1.8592)
控制变量	YES	YES	YES	YES	YES	YES
行业年份固定效应	YES	YES	YES	YES	YES	YES
观测值	8 595	8 595	8 595	8 595	744 762	266 211
R^2	0.6757	0.6621	0.9891	0.9878	0.1741	0.1969

注:第(1)列至第(4)列括号内是城市层面聚类标准误,控制变量包括:城市人均GDP、城市人口规模、财政收入、财政支出、教育支出水平、基础设施支出水平、农业支出水平和社会保障支出水平;第(5)列和第(6)列括号内是区县层面聚类标准误。

表 9 - 9 第(1)列至第(4)列结果表明,同一城市中受到财政压力冲击,该市的污染类企业总产值和总增加值都实现了一定程度的增长,但统计上并不显著;第(5)列和第(6)列结果显示,非重污染类企业受到财政压力带来的资本要素投入扭曲更严重,意味着非重污染类企业投入最后一单位要素的收益大于行业的要素成本,资本要素投入不足的情况恶化得更严重。综合可知,地方政府短期更偏向于通过放松环境规制把政策和资源往污染类企业倾斜,进一步加剧非污染类企业要素投入的短缺。

---

① 本章借鉴了陆旸(2009)对污染企业的行业划分,具体污染类企业包括:化学原料及化学制品制造业、造纸及纸制品、非金属矿物制造业、黑色金属冶炼及压延加工业、有色金属冶炼及压延加工业。这一划分与 2008 年国家环境保护部颁布的《关于当前经济形势下做好环境影响评价审批工作的通知》中指出的污染行业基本一致。

（四）企业规模分布变异

基于前文实证模型，借助企业资源配置效率测算框架，测算出消除财政压力影响后其他因素导致的要素投入扭曲的楔子：

$$\tau_{si\_eliminate} = \tau_{si} - \beta_3 \times (Shock_i \times Post_t) \tag{9.23}$$

利用式（9.23）可以得到消除财政压力影响后的要素投入扭曲，进一步推导出不含财政压力扭曲效应的企业次优规模分布：

$$Y_{si\_suboptimal} = Y_{si} \times (1 + \tau_{si\_eliminate})^{\sigma\alpha_s} \tag{9.24}$$

图9-1表明，相对于企业实际规模，矫正后的企业规模向右偏移且分布更发散，处于规模平均值的企业数量有一定幅度的下降。由此可知，地方政府干预行为改变了市场的行业集中度，分布过度集中使得企业发展面临较大的扩张约束或者退出风险。这一干预不仅会阻碍部分小微企业健康发展、大型企业做强做优，还会破坏企业最优规模与持续发展的耦合关系，进而扭曲企业要素投入配置最优化。

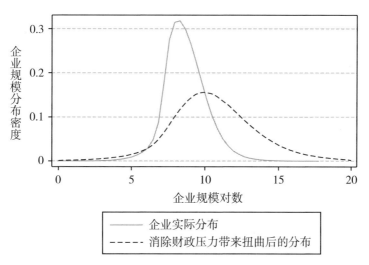

图9-1　财政压力对企业规模分布的影响

二、经济绩效分析

（一）测算模型框架

本章基于反事实框架对总体经济绩效受到财政压力的影响效应进行分析。具体地，根据总量生产函数设定，首先计算出消除所有要素投入扭曲后的反事实最优总产出为：

$$Y_{optimal} = \prod_{s=1}^{S} Y_{s\_optimal}^{\theta_s} \qquad (9.25)$$

其中，$Y_{s\_optimal}$ 是式（9.17）中所有企业理想的最优产出在行业层面的加总。因此，将要素投入扭曲消除后的总量生产率变化为：

$$Distortion = \frac{Y_{optimal}}{Y} - 1 \qquad (9.26)$$

其中，$Y = \prod_{s=1}^{S} Y_s^{\theta_s}$，即实际总量生产函数的产出水平。

式（9.26）表示消除所有要素投入扭曲后，所带来的总量生产率影响效应。$Distortion$ 数值越大，表明要素投入扭曲所导致的企业总量生产率损失越严重。

为了进一步测算财政压力对企业总量生产率的影响效应，做出如下设定：

$$Y_{suboptimal} = \prod_{s=1}^{S} Y_{s\_suboptimal}^{\theta_s} \qquad (9.27)$$

式（9.27）表示将财政压力带来的要素投入扭曲都剔除后的经济总产出。$Y_{s\_suboptimal}$ 是式（9.24）中所有企业在行业层面的加总。将财政压力带来的要素投入扭曲消除后的总量生产率变化为：

$$Distortion\_suboptimal = \frac{Y_{suboptimal}}{Y} - 1 \qquad (9.28)$$

式（9.28）表示剔除财政压力带来的扭曲影响后，其他因素造成的要素投入扭曲带来总量生产率的变化幅度。$Distortion\_suboptimal$ 数值越大，表明剔除财政压力带来的扭曲影响后，其他要素投入扭曲造成的企业经济效率损失越严重。

基于上述理论推导，最终量化出财政压力冲击对企业总量生产率影响变化的幅度：

$$Loss = Distortion - Distortion\_suboptimal \qquad (9.29)$$

（二）测算结果分析

事实上，政府"看得见的手"对市场竞争中生产要素调配、经济投入产出效率的介入必然会产生影响。表 9 - 10 是根据式（9.29）所估算出农业税改革产生的财政压力冲击对总量经济效率影响的结果。整体上比较，农业税改革头两年所带来的影响效应最大，总量生产率损失为 20.36% 和 21.95%，往后的影响效应有减缓趋势，但 2007 年损失幅度也达 15.65%。财政压力的冲击对一般城市、中西部地区、国有企业和轻工业的经济总量生产率的损失效应更大，这就说明财政压力的冲击与地区间制度差异、所有制交易效率、产权机制以及产业结构都有着密切的关系。

表9-10 财政压力对企业总量生产率影响效应

类别		2005 年	2006 年	2007 年
全样本		− 0.2035596	− 0.2195162	− 0.1564582
分层级、区域	中心城市	− 0.1620895	− 0.1852072	− 0.1039895
	一般城市	− 0.2134629	− 0.2299460	− 0.1718088
	东部地区	− 0.1934545	− 0.2189500	− 0.1692825
	中部地区	− 0.2859776	− 0.2239493	− 0.1082435
	西部地区	− 0.2400633	− 0.2626133	− 0.0652399
分所有制	国有企业	− 0.3509432	− 0.3036181	− 0.1692342
	集体企业	− 0.2344050	− 0.2249729	− 0.0588264
	股份制企业	− 0.2630305	− 0.2365840	− 0.1279819
	港澳台企业	− 0.1673781	− 0.2552884	− 0.2359153
	外资企业	− 0.1633361	− 0.2147423	− 0.3474220
	私营企业	− 0.1866715	− 0.1924819	− 0.1748976
分行业	轻工业	− 0.2138698	− 0.2259417	− 0.1625495
	重工业	− 0.0429741	− 0.0570346	− 0.0471164
	资本密集型	− 0.1447806	− 0.1891300	− 0.1612902
	劳动密集型	− 0.2445785	− 0.2443697	− 0.1485275

第六节　结论

本章基于微观企业资源配置与总量生产率的框架，为中国式压力型分权体制解释经济增长提供了一个新的视角，借鉴谢和克雷诺（2009）模型，构建出一个测算 2005 年中国农业税改革产生的财政压力冲击改变企业资源配置行为的框架，并估算出财政压力对整体经济绩效的影响，尝试从微观主体的角度提供中国经济增长微观传导影响机制的解释。

本章研究结论发现：地方政府行为受到财政压力的影响，农业税改革带来的财政压力显著地恶化了企业资本要素投入的扭曲状况，企业资本投入的边际收益和边际成本的缺口上升 5.72%，资本要素投入不足情况加剧，而对劳动要素投入扭曲的影响并不显著，最终导致经济总量生产率平均下降约 19.32%。在机制分析中，财政压力会破坏企业最优规模与实际发展的耦合关系，增加企业税收负担和交易费用，还会使得政府短期放松环境规制，以经济增长为目标导向，而忽视微观主体的行为转变。尽管政府实现了财源性收入来弥补财政支出的缺口，但严重扭曲了企业资源配置的效率，最终导致经济总绩效的下降。

本章的研究具有一定的启示性：税收改革不可能适应所有、长久的情况，如何及时合理地调整税改带来的压力以及破除财政体制本身的缺陷，这就需要中央及时厘清地方财政压力的来源，深入探究其对地方政府和微观市场主体行为的影响，推动有利于市场经济健康发展的现代财政体制建设。第一，国家管理需要向国家治理转变，财政发挥作用的范围已从体制内扩展至体制外，改变传统行政管控的思维定性与命令主义，实现取之于民、用之于民，解决政府"攫取之手"问题，最大限度地完善维护市场统一、资源优化配置和社会公平的治理体系。第二，以共同事权和支出责任划分为体制设计的逻辑起点，及时有效地调整事权与财权、财力相匹配，加快转移支付制度完善，推进财政制度向综合、全局的配套改革进行。有效清晰地衔接政府层级和财政级次，摒弃地方利益及部门矛盾，立足中国基本国情，理性循序渐进地转变市场经济与政府财政的关系，是当前深化财税制度改革的着重点。

参考文献

[1] 曹春方、马连福、沈小秀：《财政压力、晋升压力、官员任期与地方国企过度投资》，载于《经济学（季刊）》2014 年第 4 期。

[2] 陈抗、Arye L. Hillman、顾清扬：《财政集权与地方政府行为变化——从援助之手到攫取之手》，载于《经济学（季刊）》2002 年第 4 期。

[3] 陈诗一、陈登科：《中国资源配置效率动态演化——纳入能源要素的新视角》，载于《中国社会科学》2017 年第 4 期。

[4] 陈晓光：《财政压力、税收征管与地区不平等》，载于《中国社会科学》2016 年第 4 期。

[5] 范子英、田彬彬：《税收竞争、税收执法与企业避税》，载于《经济研究》2013 年第 9 期。

[6] 方红生、张军：《财政集权的激励效应再评估：攫取之手还是援助之手？》，载于《管理世界》2014 年第 2 期。

[7] 傅勇、张晏：《中国式分权与财政支出结构偏向：为增长而竞争的代价》，载于《管

理世界》2007 年第 3 期。

　　[8] 高凌云、屈小博、贾鹏：《中国工业企业规模与生产率的异质性》，载于《世界经济》2014 年第 6 期。

　　[9] 龚关、胡关亮：《中国制造业资源配置效率与全要素生产率》，载于《经济研究》2013 年第 4 期。

　　[10] 李建军、刘元生、王冰洁：《税收负担与企业产能过剩——基于世界银行调查数据的经验证据》，载于《财政研究》2019 年第 1 期。

　　[11] 梁若冰：《财政激励与消失的女性》，载于《经济学（季刊）》2019 年第 2 期。

　　[12] 陆旸：《环境规制影响了污染密集型商品的贸易比较优势吗？》，载于《经济研究》2009 年第 4 期。

　　[13] 马光荣、李力行：《政府规模、地方治理与企业逃税》，载于《世界经济》2012 年第 6 期。

　　[14] 毛其淋：《要素市场扭曲与中国工业企业生产率——基于贸易自由化视角的分析》，载于《金融研究》2013 年第 2 期。

　　[15] 聂辉华、贾瑞雪：《中国制造业企业生产率与资源误置》，载于《世界经济》2011 年第 7 期。

　　[16] 聂辉华：《取消农业税对乡镇政府行为的影响：一个多任务委托代理模型》，载于《世界经济》2006 年第 8 期。

　　[17] 蒲艳萍、顾冉：《劳动力工资扭曲如何影响企业创新》，载于《中国工业经济》2019 年第 7 期。

　　[18] 邵挺：《金融错配、所有制结构与资本回报率：来自 1999~2007 年我国工业企业的研究》，载于《金融研究》2010 年第 9 期。

　　[19] 邵宜航、步晓宁、张天华：《资源配置扭曲与中国工业全要素生产率——基于工业企业数据库再测算》，载于《中国工业经济》2013 年第 12 期。

　　[20] 施炳展、冼国明：《要素价格扭曲与中国工业企业出口行为》，载于《中国工业经济》2012 年第 2 期。

　　[21] 陶然、陆曦、苏福兵、汪晖：《地区竞争格局演变下的中国转轨：财政激励和发展模式反思》，载于《经济研究》2009 年第 7 期。

　　[22] 温忠麟、张雷、侯杰泰、刘红云：《中介效应检验程序及其应用》，载于《心理学报》2004 年第 5 期。

　　[23] 席鹏辉、梁若冰、谢贞发：《税收分成调整、财政压力与工业污染》，载于《世界经济》2017 年第 10 期。

　　[24] 谢贞发、严瑾、李培：《中国式"压力型"财政激励的财源增长效应——基于取消农业税改革的实证研究》，载于《管理世界》2017 年第 12 期。

　　[25] 杨其静：《企业成长：政治关联还是能力建设？》，载于《经济研究》2011 年第 10 期。

　　[26] 余靖雯、陈晓光、龚六堂：《财政压力如何影响了县级政府公共服务供给？》，载于

《金融研究》2018 年第 1 期。

　　[27] 詹新宇、苗真子:《地方财政压力的经济发展质量效应——来自中国 282 个地级市面板数据的经验证据》,载于《财政研究》2019 年第 6 期。

　　[28] 左翔、殷醒民、潘孝挺:《财政收入集权增加了基层政府公共服务支出吗? 以河南省减免农业税为例》,载于《经济学 (季刊)》2011 年第 4 期。

　　[29] Adamopoulos, T., L. Brandt and J. Leight, *Misallocation, Selection and Productivity: A Quantitative Analysis with Panel Data from China*, Social Science Electronic Publishing, 2017.

　　[30] Aghion, P. and P. Howitt, "A Model of Growth Through Creative Destruction", *Econometrica*, 1992, 60 (2): 323 – 351.

　　[31] Brandt, L., J. V. Biesebroeck and Y. Zhang, "Creative Accounting or Creative Destruction? Firm-Level Productivity Growth in Chinese Manufacturing", *Journal of Development Economic*, 2009, 97 (2): 339 – 351.

　　[32] Cai, H. and Q. Liu, "Competition and Corporate Tax Avoidance: Evidence from Chinese Industrial Firms", *Economic Journal*, 2009, 119 (537): 764 – 795.

　　[33] Chen, S. X., "The Effect of a Fiscal Squeeze on Tax Enforcement: Evidence from a Natural Experiment in China", *Journal of Public Economics*, 2017, 147: 62 – 76.

　　[34] Easterly, W. and R. Levine, "Africa's Growth Tragedy: Policies and Ethnic Divisions", *The Quarterly Journal of Economics*, 1997, 112 (4): 1203 – 1250.

　　[35] Gilchrist, S., J. W. Sim and E. Zakrajšek, "Misallocation and Financial Market Frictions: Some Direct Evidence from the Dispersion in Borrowing Costs", *Review of Economic Dynamics*, 2012, (16): 159 – 176.

　　[36] Hagemejer, J., J. Svejnar and J. Tyrowicz, "Are Rushed Privatizations Substandard? Analyzing Firm-Level Privatization Under Fiscal Pressure", GRAPE Working Papers, 2018.

　　[37] Han, L. and K. S. Kung, "Fiscal Incentives and Policy Choices of Local Governments: Evidence from China", *Journal of Development Economics*, 2015, 116: 89 – 104.

　　[38] Hsieh, C. T. and P. J. Klenow, "Misallocation and Manufacturing TFP in China and India", *The Quarterly Journal of Economics*, 2009, 124 (4): 1403 – 1448.

　　[39] Kung, J. K., C. Xu and F. Zhou, *From Industrialization to Urbanization: The Social Consequences of Changing Fiscal Incentives on Local Goverment Behavior*, New York: Oxford University Press, 2009.

　　[40] Lileeva, A. and D. Trefler, "Improved Access to Foreign Markets Raises Plant-Level Productivity for Some Plants", *The Quarterly Journal of Economics*, 2007, 125 (3): 1051 – 1099.

　　[41] Restuccia, D. and R. Rogerson, "Misallocation and Productivity", *Review of Economic Dynamics*, 2012, 16 (1): 1 – 10.

　　[42] Wang, X. and Y. Shen, "The Effect of China's Agricultural Tax Abolition on Rural Families' Incomes and Production", *China Economic Review*, 2014, 29: 185 – 199.

第十章 产业政策与中国数字产业技术创新*

第一节 引言

　　随着信息技术革命的深化，数字经济发展越来越受国家重视，数字经济创新驱动经济高质量发展成为经济学家密切关注的课题。推动数字经济技术创新进而促进产业结构升级逐渐成为国家实现经济高质量发展的重要战略。数字经济创新主要是推动产业向网络化、数字化和协同化方向发展（张昕蔚，2019；Clifton et al.，2019）。逄健和朱欣民（2013）以及钟春平、刘诚和李勇坚（2017）基于我国数字经济发展的态势，分析了美、英等发达国家的数字经济发展战略以及全球投资的数字化、服务化、去中介化和定制化新趋势，阐述了跨国企业国际投资的轻海外资产、低就业等新特征，提出我国政府应积极发挥支持和示范作用，通过增加消费补贴扩大数字经济市场需求，从而推动国家数字经济发展，带动产业结构升级。因此，研究产业政策对数字经济技术创新的影响具有重要的现实意义。

　　数字经济概念的提出源于20世纪90年代（Don，1996），相对而言，我国数字经济起步较晚。洪银兴（2001）以及裴长洪、倪江飞和李越（2018）在对数字经济概念进行经

---

　　* 本章作者：余长林、杨国歌、杜明月。原文发表于《统计研究》2021年第1期。

济学解释的基础上，运用政治经济学原理阐述了数字信息产品的社会再生产过程和数字产业的特点，提出新经济是对信息经济、网络经济、数字化经济的概括，数字经济是新经济的一部分。现有研究提出了数字经济理论创新及其适应经济发展的重要性，开启了对数字经济创新的研究和探讨。但多数学者对数字经济的研究仅停留在数字经济的理论分析和发展趋势上，对产业政策与数字经济技术创新之间关系的研究缺乏微观层面的实证分析。

产业政策促进创新效应的复杂性就体现在利用有限的政策资源提高企业创新热情和创新水平上。从产业政策促进技术创新的角度，相比其他产业，数字产业技术创新有以下几个方面的特点。首先，外部性是数字产业最为突出的特征，随着数字信息技术的迅速发展，数字化不断渗入各个行业，推动各行业逐步实现信息化和数字化的发展。数字产业技术创新不仅关乎数字产业本身发展，更有助于推动整体产业结构升级，优化国家整体经济结构，因此，数字产业需要国家产业政策解决外部性问题。其次，数字产业是以信息技术为基础的新兴产业，技术创新升级更加迅速，需要国家产业政策灵活支持。数字产业技术创新，不仅能够提升技术创新速度，提高企业生产效率，而且能够促进数字产业链的不断完善（Hsiao，2014；Romer，1990）。最后，当前中国经济增长正面临从传统要素投入驱动向创新驱动的转变，正处于转变经济结构的关键时期，比以往任何时候更加强调技术创新。随着大数据、云计算、5G 等信息技术快速发展，数字经济成为全球发展热点，当前数字经济发展处于快速上升期，我们应加大数字经济支持力度，抓住数字经济发展浪潮，助力国家经济转型。

改革开放以来，从科技制度改革到创新体系建设再到当前创新体系的全面深化，我国创新激励政策不断发展和完善。产业创新激励政策具有多种类型，不同学者对产业政策的界定也存在一些差异。例如，斯坦米勒（Steinmueller，2006）将产业创新激励政策具体分为四种类型：供给型、需求型、补给型和制度型。陈强远等（2020）将产业创新激励政策分为普适型、选择支持型、自由裁量型三种类型。彭纪生等（2008）将产业创新激励政策分为行政型、金融外汇、财税补贴、人力资源及其他四种类型。基于相关类型定义，我们选取了其中比较符合数字经济创新激励的政策类型进行分析，具体包含四类数字产业创新激励政策。一是政府补贴。政府补贴主要是指通过政府补助或税收补贴对一种新型产业或国家战略性产业给予特定时期的政策支持。数字经济是在互联网信息技术基础上衍生出来的一种新型产业，随着 5G、大数据、人工智能的快速发展，数字经济溢出效应较为显著。政府补贴是重要的数字产业创新激励政策。二是选择激励型创新激励政策。它主要以新型高科技产业的税收减免优惠为主，这种创新激励政策首先需要对高科技企业进行认定，认定标准包括专利发明和专利申请数量、自主品牌市场份额、研发投入比例等。通过认定后的高科技企业将获得专项税收优惠支持。而数字经济主要以信息技术为依托，其中部分软件信息产业本身都具有高科技产业的基本特征。因此，税收优惠是我们重点考虑的数字产业创新激励政策。三是自由裁量型创新激励政策。这种政策针对企业科技创新激励并没有统一标准，具体额度、支持标准均比较灵活，并且支持方式多样化，包括贴息贷款、专项资金、创投基金等。其中，信贷政策适用性比较广泛，灵活性比较好，而在互联网基础上发展起来的数字经济具有多样化特征，因此，信贷政策是比较合适的数字产业创新激励政策选择。四是制度型创新激励政策。它主要是指政府通过改革和完善行业准入制度、创新审核制度和专利保护制度等支持产业技术创新。数字经济是近几年随着信息技术深化发展所延伸的新经济类型，对新经济进行支持，我们认为首先就是让更多企业参与其中，提高市场竞争活跃度，因而行业准入制度是本章重点考虑的数字产业创新激励政策。综上所述，本章拟重点选择政府补贴、税收优惠（税率机制）、信用贷款（信贷机制）、行业准入制度（竞争机制）四个方面的数字经济创新激励政策进行深入分析。

现有文献对数字经济的研究多数从理论创新、国内外发展对比、数字经济核心竞争力缺乏等发展现状进行研究，更多的是从数字经济自身发展的水平进行研究或者结合国外发展经验对我国发展数字经济提出相关建议。而从微观企业层面实证考察产业政策对数字经济技术创新影响的文献较为少见。本章在以往研究的基础上，尝试从政府补贴、税收优惠、信用贷款、行业准入制度四个方面实证分析产业政策对数字经济技术创新的影响。

基于已有的产业政策与数字经济关系的研究文献，本章旨在分析产业政策对数字经济产业创新的影响及其作用机制，并考察产业政策对数字经济技术创新影响的行业异质性。本章研究发现，政府补贴和行业准入制度对于数字产业技术创新的影响显著，税收优惠和信用贷款对数字产业技术创新的影响不显著。通过对2008~2017年数字经济企业的专利申请和专利发明数据的估计结果进行对比，发现政府补贴与行业准入制度对数字产业技术创新的影响存在显著的正向激励效应，结论与现有对整个民营企业创新的分析结论基本一致（韩乾和洪永淼，2014；张同斌和高铁梅，2012），但是，总体上行业准入制度的影响高于其他政策。通过把数字产业分为传媒（media）、互联网（internet）、软件技术（technology）三类子行业分别进行回归估计，结果表明，产业政策对数字产业的技术创新激励存在行业异质性。政府补贴对电信传媒和软件信息行业专利申请和发明的影响更为显著，对互联网及相关服务业的影响不显著。行业准入制度对软件信息行业的影响更为显著，对互联网和媒体行业的影响不显著，这比以往关于产业政策对企业技术创新影响的研究更加深入。此外，本章通过分析产业政策对数字经济产业创新的作用机制还发现，政府补贴和信用贷款均能通过提高企业研发投入来提升企业创新能力，行业准入和税收优惠通过提高企业利润而提升企业创新能力。

相比以往研究，本章的研究特色主要体现在三个方面。第一，研究产业政策对数字产业技术创新的影响，可以丰富产业政策的实施效果，补充和完善关于数字经济技术创新的研究文献，加深关于产业政策对数字经济技术创新影响的理解。第二，本章首次对近十年数字经济数据进行实证分析，发现产业政策中政府补贴和行业准入制度对数字经济技术创新的影响更为显著，填补了关于产业政策与数字经济技术创新实证研究的空白。第三，本章通过细分数字行业估计结果表明，产业政策对数字经济技术创新的激励效应存在行业异质性，这对于政府制定更加合理的产业政策、提高产业政策实施效率、优化政府资源配置以及促进数字经济健康发展具有重要的现实意义。

第二节　理论分析与研究假说

产业政策是促进国家产业发展创新的重要手段。随着数字经济的发展，国家对于数字产业的重视程度不断提增，从基础设施建设战略到数字经济技术创新激励政策都得到逐步落实（刘淑春，2019）。国家"十三五"规划中包含各个产业发展战略和指导方针，具体落实到信贷、税收、政府补助、企业特权经营等方面，这些宏观产业政策都是为企业创新发展和升级转型服务的。关于产业政策如何激励企业技术创新问题，已有学者进行了实证考察，如黎文靖和郑曼妮（2016）研究发现，产业政策对企业技术创新的激励作用不尽相同，分为策略性创新和实质性创新两种结果，这为政府制定合理的产业政策提供了经验依据。

随着信息科技发展到一个新时期，数字经济的发展已上升为国家战略，它将是我国产业结构转型升级的突破口，成为下一个拉动中国经济发展的重要动力。党的十八大以来，为激发创新活力，我国推出了一系列科技体制改革举措，政府根据产业类型出台了一系列具有中国特色的创新激励政策。根据前文对产业政策类型的分析，不同的产业政策对企业创新激励的效果不同。创新是一个复杂的过程，包括漫长的时间、巨大的科研费用投入、源源不断的人才引进，而且创新成果存在不确定性。不同于一般的投资，企业创新投入是一个高风险性的活动，这种风险性一定程度上降低了企业融资能力（Manso，2011；Hsu，Tian and Xu，2014；He and Tian，2013）。因此，产业政策促进数字经济创新效应的复杂性就体现在利用有限的政策资源提高企业创新热情和创新水平上。下面根据数字经济产业特征，分别从政府补贴、税收优惠、信用贷款、行业准入制度四个方面分析产业政策如何激励数字产业创新。

1. 政府补贴

为实现产业创新激励，支持数字经济创新，国家对数字经济的补助范围不断扩大，包括创新激励补贴、订单采购补贴、研发投入补助等。政府补贴不仅可以缓解企业融资压力，降低企业生产成本，而且有助于调整产业结构。政府补贴促进数字产业创新的具体作用机制是通过提高研发投入实现的。政府补贴形式，无论是科研补助、订单采购补助还是创新激励补助，都会直接增加企业总收入，使得企业有更多收入用于研发投入，从而增加企业创新。基于以上分析，本章提出如下有待检验的假说。

假说10.1：在数字经济中，政府补贴促进了数字产业技术创新。

2. 税收优惠（税率机制）

国家对重点产业进行支持和鼓励，尤其是对新兴产业进行支持时，税收政策为首选。因为税收政策是降低行业成本、缓解企业资金压力的直接政策。已有文献研究发现，税收政策一方面通过直接减免降低企业成本增加企业现金流；另一方面可以通过加速创新设备投入折旧、研发费用的加计扣除等优惠政策，激励企业增加研发投入，提高企业创新水平（林洲钰、林汉川和邓兴华，2013；Duchin，2010）。税收优惠的具体作用机制为：当实际税率降低时，企业的所得税减少，总利润相对增加，从而缓解企业资金压力，进而拥有更多资金用于科研创新投入、设备升级，有助于提高企业创新水平；反之，较高的税率不利于企业技术创新。基于以上分析，本章提出如下有待检验的假说。

假说10.2：数字经济中，实际税率下降有助于提高数字产业技术创新。

3. 信用贷款（信贷机制）

信贷政策是推动产业发展创新的重要手段，信贷政策直接关系到企业融资规模和融资水平。企业融资能力直接关系到企业研发投入，影响企业创新。有学者证实，享有产业政策支持的企业除已有的信贷扶持外，在上市、股权再融资（SEO）等方面的优势都明显高于其他企业，意味着企业享有信贷政策支持的同时也会享受到信贷政策的正外部性带来的便利（武力超、姜炎鹏和曾三燕等，2019；张新民、张婷婷和陈德球，2017）。信贷机制影响企业创新水平。当贷款利率降低时，企业长期贷款规模增加，提高了企业长期贷款增长率，有助于缓解企业研发投入压力，促进企业创新；反之，长期贷款增长率下降，不利于企业技术创新。基于以上分析，本章提出如下有待检验的假说。

假说10.3：数字经济中，信用贷款激励了数字产业技术创新。

4. 行业准入制度（竞争机制）

为了鼓励数字经济发展，政府在行业发展初期会降低数字产业的投资审核要求，放宽行业准入限制，使更多企业加入数字经济产业。在行业准入制度的作用下，企业为了盈利生存，会通过不断的技术创新获得更多的市场占有率。同时，政府会完善市场信息披露、企业协作等市场机制，提高市场竞争程度，这有助于降低企业创新过程的时间、经济成本，促进企业联合，有助于推进产业技术创新。已有文献结合我国社会主义市场经济国情，提出了促进产业数字化和数字产业化的双轮驱动策略（荆文君和孙宝文，2019；刘淑春，2019）。行业准入制度的具体传导机制为：当一个市场由一家企业独占时，不存在竞争机制。当市场竞争程度低时，数字产业内只有少数几个大企业独占市场，其他企业的市场份额较小、利润较低，不利于企业技术创新投入，同样也会阻碍其他企业进入该行业，不利于该产业技术创新；相反，当放宽行业准入限制，即市场竞争程度较高时，有利于更多企业进入，在行业准入制度的作用下，有助于调动企业自主创新积极性，从而促进行业技术创新。基于以上分析，本章提出如下有待检验的假说。

假说10.4：在数字经济中，放宽行业准入限制有助于促进数字产业技术创新。

任何政策都无法做到普适性，产业政策对企业技术创新存在正面激励的同时还具有抑制效应。余明桂、范蕊和钟慧洁（2016）分析认为，产业政策在地区资源禀赋差异下容易导致寻租行为、产业政策支持下吸引企业进入导致产能过剩、产业政策支持影响战略选择导致创新热情减退，因此，需要政府制定针对性的信贷审批、税收支持、政府采购等政策。同时，产业政策也会导致低水平的策略性创新。黎文靖和郑曼妮（2016）研究了产业政策对企业创新水平的影响，结果表明，部分企业为了争取更多的政府补贴，选择用"创新数量代替创新质量"的竞争策略，这种类似"欺骗"的策略创新行为，不利于提高企业核心竞争力，同时造成国家资源利用效率偏低。基于以上分析，本章提出如下有待检验的假说。

假说10.5：产业政策对数字经济技术创新的影响存在行业异质性。

第三节 计量模型和数据

一、计量模型

（一）基本回归模型

为了探讨我国产业政策对数字产业技术创新的影响，本章参考了余明桂、范蕊和钟慧洁（2016）以及黎文靖和郑曼妮（2016）的方法，构造了如下计量模型[①]：

$$\ln patents_{it}(\ln patentf_{it}) = \alpha_0 + \beta_0 sub_{it} + \beta_1 etr_{it} + \beta_2 dlt_{it} + \beta_3 HHI_{it}$$
$$+ i.\, year + control_{it} + u_i + \xi_t \tag{10.1}$$

其中，被解释变量 $\ln patents(\ln patentf)$ 为企业的专利申请和专利发明，取自然对数；核心解释变量为四类产业政策变量：政府补贴（sub）、税收优惠（etr）、信用贷款（dlt）、行业准入制度（HHI）；$control$ 表示影响企业创新的控制变量；u_i 表示个体固定效应；ξ_t 表示随机扰动项。

（二）产业政策对数字产业创新的作用机制检验模型

根据理论分析及研究假说，本章通过纳入交互项的方法来构建产业政策对数字产业创新的作用机制的检验模型。为了避免遗漏变量可能带来的估计偏误，本章将四类产业政策同时纳入模型对四类产业政策的作用机制进行检验，产业政策的作用机制检验模型设定如下：

$$\ln patents_{it}(\ln patentf_{it}) = \alpha + \beta_n \sum_{n=1}^{4} pol_{it}^n + \gamma_m mec_{it}^m + \varphi_m pol_{it}^m \times mec_{it}^m$$
$$+ control_{it} + \mu_i + \xi_t \tag{10.2}$$

其中，pol^n 为数字经济产业政策变量，mec^m 为作用机制中间变量。当 $n=1,2,3,4$ 时，$pol^{1,2,3,4}$ 依次表示政府补贴、税收优惠、信用贷款、行业准入制度四类产业政策；当 $m=1,2,3,4$ 时，四类产业政策相对应的四个作用机制变量 $mec^{1,2,3,4}$ 依次为科研投入、净利润总额、科研投入、息税前利润。其中，当 $m=1,2,3,4$ 时，分别是四类产业政策作用机制的检验模型。β_n、γ_m、φ_m 分别是对应的估计系数。$control$ 表示影响企业创新的控制变量，u_i 表示个体固定效应，ξ_t 表示随机扰动项。我们通过构建交互项分析产业政策的具体传导机制，四类产业政策及对应的作用机制变量解释如下。

第一，政府补贴（sub）和科研投入（RD）。根据政府补贴的传导机制，政府补贴无论是创新激励补贴、订单采购补贴还是研发投入补助都会间接影响企业收入，从而影响企业研发投入能力。企业利润相对稳定的情形下，补贴率越高，越有助于企业研发投入；反之，补贴率越低，越不利于研发投入，即政府补贴通过影响研发投入影响企业创新。因此，本章选取 RD 作为中间变量构建政府补贴

---

① 本章同样采取专利代表技术创新，但是专利区分外观简单设计和技术发明两种创新，所以本章具体对两种情况都作了研究分析。同时，因为产业政策或者专利有持续性影响，我们对产业政策变量作了滞后一期处理，研究发现其对数字经济没有显著影响，因此本章未对解释变量作滞后一期处理。

作用机制的检验模型。

第二，税收优惠（*etr*）和净利润（*tp*）。根据税收优惠的传导机制，国家通过调整企业实际税率调整企业所得税，从而直接影响企业利润。企业利润增加有助于企业加大研发投入、升级设备、实施人才引进战略，从而影响企业创新能力。因此，本章选取企业净利润（*tp*）作为中间变量构建税收优惠作用机制的检验模型。

第三，信用贷款（*dlt*）和科研投入（*RD*）。根据信用贷款的传导机制，企业长期贷款量增加，企业有更多的资金投入到科研中，有助于企业技术创新；反之，当国家信贷利率较高时，企业长期信贷量会减少，不利于企业研发投入。因此，本章选取 *RD* 作为中间变量构建信用贷款作用机制的检验模型。

第四，行业准入制度（*HHI*）和息税前利润（*pit*）。根据行业准入制度的传导机制，行业准入限制越宽松，市场竞争程度越高，越有利于企业进入数字经济行业，在优胜劣汰的市场机制条件下，为了盈利和获得更多市场份额，企业会增加自主创新的积极性，有利于提高行业创新水平。因此，本章选择息税前利润（*pit*）作为中间变量构建行业准入制度作用机制的检验模型。

二、变量定义

（一）被解释变量

参考余明桂、范蕊和钟慧洁（2016），多西和马伦戈（Dosi and Marengo, 2006），霍尔和哈霍夫（Hall and Harhoff, 2012）的做法，本章以数字产业的专利申请（*patents*）和专利发明（*patentf*）衡量企业的技术创新能力。借鉴已有研究，本章同样利用研发投入（*RD*）作为创新的代理变量进行稳健性检验。已有文献表明，专利发明数量会更加稳定，专利申请数量包括企业产品外观设计、改善等。这样分类的目的在于区分产业政策对数字经济技术创新是否存在策略性创新及行业异质性。已有研究发现，为了获取国家补贴和优惠，一些企业可能只进行简单的外观设计，这样会使得提高数字经济技术创新水平的激励效应大打折扣。

（二）核心解释变量

本章基于现有关于产业政策的研究文献，根据国家对数字经济发展的指导意见，将支持数字经济创新的激励政策定义为鼓励政策措施、优化发展环境、完善行业准入、引导扶持和组织协调等方面，从而定义产业政策变量为政府补贴、税收优惠、信用贷款、行业准入制度。分别使用政府补贴、企业实际税率、长期贷款增量、市场竞争程度来进行测度。

第一，政府补贴（sub）。指政府给予技术创新企业实际奖励补助，本章用企业获得的政府补贴额表示。

第二，税收优惠（etr）。税收优惠采用企业实际税率来替代，企业实际税率＝所得税费用/息税前利润。其作用机制是通过企业所得税率的调整影响企业实际税收，从而影响企业赋税程度。企业赋税减少会增加企业净利润，使得企业资金更加宽裕，通过如购买先进设备、引进人才等影响企业技术创新水平。

第三，信用贷款（dlt）。参考余明桂、范蕊和钟慧洁（2016）的做法，本章用长期贷款增长率衡量信贷机制。长期贷款增长率＝（企业当期长期贷款增量 － 企业上一期长期贷款增量）/企业年末总资产。信用贷款主要是通过贷款利率影响企业长期贷款增量，从而影响企业长期贷款增长率。长期贷款增量有助于缓解企业研发投入资金压力进而影响企业创新。

第四，行业准入制度（HHI）。参照王俊豪（2016）等的研究，我们采用赫芬达尔指数（HHI）来测度市场竞争度，以反映行业准入制度和行业管制程度。$HHI = \sum (X_i/X)^2$，市场竞争份额 $mp = X_i/X$，$X = \sum X_i$，其中，X 表示行业中所有企业的收入，X_i 表示数字行业中企业 i 的收入。当一个市场由一家企业独占时，$X_i = X$，$HHI = 1$；当所有企业规模相同时，$X_1 = X_2 = \cdots = X_n = X/n$。数字产业内企业规模越接近且企业数量越多，$HHI$ 值就越小，说明行业准入限制越宽松，行业管制程度越小，市场竞争程度越大；HHI 值越大，说明行业准入限制越多，行业管制程度越高，市场竞争程度越低。

（三）控制变量

检验产业政策对数字经济技术创新的影响时，需要同时控制影响企业创新的其他重要因素。具体包括以下变量。（1）企业年龄（age）。采用企业注册成立后持续经营的时长来表示企业年龄，经营年限越长表明企业拥有一定的市场份额，与企业拥有自主创新品牌的联系更为密切，掌握的市场资源可能越多，品牌意识也越强，对企业技术创新影响程度越高，进而影响到专利申请和发明专利。（2）企业规模（size）。采用企业的总资产来表示企业规模，一般认为，企业规模影响企业的研发创新决策，规模大的企业研发创新实力比较强，规模小的企业研发创新实力比较弱。但是，规模较大的企业，由于具有技术和市场垄断优势，也有可能降低企业的研发和创新激励，进而影响到专利申请和专利发明。（3）资产负债率（alr）。资产负债率是衡量企业负债水平风险程度的重要指标，采用负债与资产的比值来表示。资产负债率越低，表明企业运用外部资金的能力越差；资产负债率越高，说明企业通过借债筹资的资产越多，风险越大。资产负债率的高低会影响到企业技术创新能力。（4）全行业总收入（bit）。全行业收入反映企业所在行业规模大小，行业收入越多，一定程度上表明行业规模越大，从而会带来行业聚集效应，吸引更多企业进入，有助于企业创新。（5）企业财务费用（fc）。企业财务费用指为企业生产经营筹措资金所支出的费用，包括利息支出、手续费等直接涉及企业经营资金筹措的成本，对企业创新具有重要意义。（6）企业年营业收入（bi）。这是企业当年营业收入和非营业收入的总和，收入越高，表明企业效益越容易改善，成本变动不大的情况下，利润越多越有助于专利创新投入。（7）所得税费用（it）。所得税是直接影响企业利润的重要指标，从相对收入的角度考虑，收入既定下所得税越少，利润空间越大，有助于企业提高研发投入，进而影响专利申请和发明专利。各变量的定义及测算如表 10 - 1 所示。

表 10 - 1　　　　　　　　　　　　变量及其定义

变量类别	变量名	变量符号简称	变量描述
被解释变量	专利申请	$patents$	年度申请专利总数（包括专利发明）
	专利发明	$patentf$	主要指技术含量高的发明专利
解释变量	政府补贴	sub	企业实际获得补贴额
	税收优惠	etr	企业所得税/息税前利润
	信用贷款	dlt	（当期的贷款量 - 上一期的贷款量）/总资产
	行业准入制度	HHI	$HHI = \sum (X_i/X)^2$
控制变量	企业年龄	age	公司从注册之日起到 2017 年为止经营的时间
	企业规模	$size$	企业总资产
	资产负债率	alr	公司年末资产负债率
	全行业总收入	bit	全行业营业收入
	企业财务费用	fc	企业财务费用
	企业年营业收入	bi	企业年营业收入
	所得税费用	it	企业营业所得缴纳的费用

三、样本选择

本章选取 2008 ~ 2017 年中国深沪 A 股中的数字经济企业为研究样本，包含三类具体行业：电信广播电视和卫星传输服务、互联网和相关服务、软件和信息技术服务。① 剔除了公司成立年限小于 5 年的公司或者没有任何专利技术的公司，最终得到 2 310 个样本观测值。本章涉及的被解释变量、核心解释变量、控制变量及所需要的财务数据均来源于国泰安数据库和国研网数据库。

四、变量的描述性统计

变量的描述性统计如表 10 - 2 所示。表 10 - 2 显示，数字经济产业专利申请数（*patents*）均值为 35.0125，标准误差为 59.6557；专利发明（*patentf*）均值为 23.3978，标准误差为 47.9170。总体而言，数字经济企业之间的专利申请和专利发明差异较大，表明各个企业创新能力差距较大、参差不齐。专利申请均值约为专利发明均值的 1.5 倍，说明目前中国数字经济企业创新还有很多集中在小发明、低质量创新方面，专利发明技术创新上相对缺乏。这表明产业政策对于数字经济的支持目前较为粗放，专利审核门槛低。长此以往，不仅会造成资源浪费，也不利于数字产业技术创新水平的提高，因此，检验产业政策效应是否存在行业异质性是必要的。

表 10 - 2　　　　　　　　　变量的描述性统计

变量	样本数量（个）	均值	标准误差	最小值	最大值
patents	1 194	35.0125	59.6557	1	678.3750
patentf	1 194	23.3978	47.9170	0	558.3750
sub	1 680	2.09e + 07	4.27e + 07	1 000	4.28e + 08
etr	1 695	0.1203	0.4792	− 4.2700	14.25
dlt	1 696	0.0034	0.0318	− 0.2800	0.3200
HHI	2 310	0.000012	0.0627	0	0.00449
age	2 310	17.9393	4.9375	7	32

---

① 上市企业中属于数字经济范围的企业分三类，分类依据源于中国证券监督管理委员会官方网站公布的数据。

变量	样本数量（个）	均值	标准误差	最小值	最大值
size	1 539	6.16e + 09	4.13e + 10	1.90e + 07	6.16e + 11
alr	2 306	0.2239	0.3628088	0	8.2564
bit	2 310	1.24e + 11	8.74e + 10	7.65e + 09	3.32e + 11
fc	1 538	2.88e + 07	2.86e + 08	− 1.68e + 08	6.49e + 09
bi	1 538	2.95e + 09	1.97e + 10	63 110.53	3.04e + 11
it	1 538	3.33e + 07	2.00e + 08	− 1.43e + 08	3.87e + 09

资料来源：作者通过 Stata 软件计算整理。

第四节　实证结果与分析

一、基本估计结果

表 10 - 3 展示的是以专利申请、专利发明、研发投入三个变量的对数形式作为被解释变量的基本估计结果。以专利申请（lnpatents）作为被解释变量的估计结果显示，政府补贴和行业准入制度对专利申请的影响较为显著，政府补贴对专利申请的影响在 1% 的统计水平上存在正向激励效应，表明政府补贴政策与数字产业技术创新呈正相关关系，即增加政府补贴有助于激励数字产业技术创新。政府补贴直接产生企业现金流，可用于研发投入，促进企业创新。因此，为推动数字经济不断创新发展，应该适度加大政府补贴力度。HHI 对专利申请和专利发明的估计系数在 1% 统计水平上显著为负，表明放松行业准入限制（提高市场竞争程度）与数字产业技术创新呈正相关关系，HHI 值越小，行业准入限制就越少，行业管制程度越小，市场竞争程度越高，进入数字产业的企业越多，为抢占市场盈利生存，企业主动创新的积极性就越高，从而越有利于技术创新；反之，HHI 值越大，行业管制程度越严格，市场竞争程度越低，行业准入性较差，垄断程度较高，不利于促进数字产业技术创新。因此，在数字经济发展的过程中，政府需放宽数字经济行业准入，为数字经济发展创造更加有活力的竞争环境。回归结果还显示，税率机制（etr）和信贷机制（dlt）对于数字经济产业创新的激励效果不显著。

表 10 - 3　　　　　　　　　　　　　　　基本估计结果

变量	lnpatents	lnpatentf	lnRD
sub	3. 27e - 09 *** (4. 16)	3. 65e - 09 *** (4. 70)	4. 25e - 09 *** (3. 12)
etr	- 0. 05017 (- 0. 65)	- 0. 04198 (- 0. 47)	- 0. 008023 (- 0. 37)
dlt	0. 52291 (0. 33)	0. 78871 (0. 49)	- 0. 28533 (- 0. 78)
HHI	- 4253. 55 *** (2. 87)	- 4419. 065 *** (- 3. 08)	- 3528. 32 *** (- 2. 88)
age	0. 10261 (1. 61)	0. 14656 ** (2. 19)	0. 158853 *** (3. 23)
size	- 1. 44e - 11 * (- 1. 86)	- 1. 50e - 11 ** (- 2. 01)	2. 93e - 11 (2. 38)
alr	0. 551756 (1. 53)	- 0. 06425 (- 0. 18)	- 0. 39137 (- 1. 10)
bit	6. 70e - 13 (- 0. 30)	- 3. 54e - 13 (- 0. 15)	6. 10e - 13 (0. 37)
fc	- 1. 76e - 10 (- 0. 77)	- 1. 61e - 10 (- 0. 91)	- 1. 24e - 09 *** (- 3. 37)
bi	1. 20e - 10 *** (2. 81)	1. 22e - 10 *** (2. 97)	5. 68e - 11 (1. 63)
it	- 2. 35e - 10 (- 0. 59)	- 1. 96e - 10 (- 0. 49)	6. 11e - 10 ** (2. 30)
_cons	0. 23597 (- 0. 38)	- 0. 49497 (- 0. 74)	15. 13634 (34. 87)
R^2	0. 0525	0. 0735	0. 1048
Obs	1 176	1 063	1 268

　　注：括号内为 t 值，标准差为聚类稳健标准误；***、** 和 * 分别代表在 1%、5% 和 10% 的统计水平上显著。

　　表 10 - 3 中以专利发明（lnpatentf）为被解释变量的估计结果显示，除了系数大小发生一些变动外，政府补贴（sub）和行业准入（HHI）对专利发明的影

响与其对专利申请的影响显著性一致，均在 1% 的统计水平上显著，税收优惠（etr）和信用贷款（dlt）的影响不显著。这进一步说明政府补贴和行业准入制度对数字经济技术创新的影响均较为显著，因此，为了激励数字经济企业创新，需要加大政府补贴，放宽市场准入，优化市场竞争环境，激励数字经济企业不断提高技术创新水平，带动关联产业结构优化，通过数字经济技术溢出效应提高整体产业发展质量。

我们以研发投入（lnRD）作为被解释变量进行稳健性估计，估计结果如表 10-3 所示。估计结果显示，政府补贴（sub）和行业准入制度（HHI）对数字经济企业创新的影响都在 1% 统计水平上显著，税率机制和信贷机制对企业技术创新的影响不显著，表明政府补贴和行业准入制度依然是激励数字经济创新的有效政策，这与已有的产业政策对研发投入有促进作用的结论相一致。这也证明了本章估计结果具有一定的稳健性。

此外，表 10-3 中的控制变量回归结果显示，总体上企业年限（age）对技术创新发明存在显著的正向影响，因为随着企业的发展积累，一般情况下年限越长，企业在资金、人才积累方面的优势越大，从而有利于企业创新。企业规模（size）对企业创新的影响显著为负，可能是因为规模较大的企业具有技术和市场垄断优势，也有可能降低企业进一步研发和创新的激励，进而降低企业创新能力。企业营业收入（bi）对专利申请和专利发明的影响显著为正。企业营业收入越多，盈利可能性越大，越有利于企业提高创新投入。其他控制变量对专利申请和专利发明的影响不显著。总体而言，上述控制变量的估计结果基本符合预期。

由于市场竞争与企业创新之间存在双向因果关系，市场竞争变量或行业准入（HHI）存在内生性问题。为了识别 HHI 与技术创新的双向因果关系，解决模型中市场竞争变量存在的内生性问题，我们选择市场竞争程度变量的滞后一期 LHHI 作为市场竞争程度的工具变量，进行两阶段最小二乘法估计（2SLS）。估计结果如表 10-4 所示。

表 10-4 内生性估计结果

变量	lnpatents		lnpatentf	
	2SLS	第一阶段	2SLS	第一阶段
HHI	-3010.048 ** (-2.50)	—	-4369.142 *** (-3.06)	—
sub	3.62e-09 *** (4.30)	-1.01e-14 (-0.28)	4.26e-09 *** (5.05)	-5.30e-15 (-0.14)

变量	lnpatents		lnpatentf	
	2SLS	第一阶段	2SLS	第一阶段
etr	-0.05502 (-0.73)	$4.84e-07$ (1.05)	-0.043526 (-0.50)	$6.37e-07$ (1.29)
dlt	0.4089508 (0.25)	$-2.50e-06$ (-0.06)	0.52369 (-0.31)	$-7.27e-07$ (-0.02)
age	0.149235^{**} (2.17)	$-4.76e-06$ (-1.25)	0.194024^{***} (2.73)	$-4.84e-06$ (-1.14)
size	$-8.89e-12$ (-0.69)	$-5.18e-15^{***}$ (-3.53)	$-1.85e-11$ (-1.56)	$-5.22e-15^{***}$ (-3.30)
alr	0.441926 (1.16)	-0.0000124 (-1.40)	-0.263506 (-0.67)	-0.0000147^{*} (1.88)
bit	$-5.59e-14$ (-0.03)	$9.25e-17$ (1.13)	$-1.25e-12$ (-0.54)	$9.36e-17$ (1.00)
fc	$-3.71e-10$ (-0.69)	$4.33e-14$ (1.24)	$-9.81e-11$ (-0.19)	$4.46e-14$ (1.24)
bi	$9.08e-11^{***}$ (2.93)	$1.99e-14^{***}$ (8.52)	$1.22e-10^{***}$ (3.91)	$2.01e-14^{***}$ (9.10)
it	$-1.46e-10$ (-0.42)	$-5.26e-14^{**}$ (-2.18)	$-2.16e-10$ (-0.70)	$-5.31e-14^{**}$ (-2.10)
LHHI	—	0.314653^{**} (2.27)	—	0.30955^{**} (2.26)
constant	-0.355415 (-0.50)	0.0000476 (1.42)	-1.04670 (-1.44)	0.000049 (1.31)
第一阶段 F 值		14.0325		13.352
N	$1\ 144$	$1\ 144$	$1\ 034$	$1\ 034$
R^2	0.0551	0.9842	0.0754	0.9845

注：括号内为 t 值，标准差为聚类稳健标准误；$***$、$**$ 和 $*$ 分别代表在 1%、5% 和 10% 的统计水平上显著。

从表 10 - 4 的估计结果可以看出，2SLS 估计结果与前文估计结果基本一致。表 10 - 4 回归结果表明，政府补贴（sub）对专利申请和专利发明的影响都在 1% 的统计水平上显著；行业准入制度（HHI）（市场竞争程度）对专利申请和专利发明的影响分别在 5% 和 1% 的统计水平上显著为负，行业准入制度的显著性水平虽然有所下降，但政府补贴与行业准入制度依然是激励创新的有效政策。这进一步证明了本章估计结果的稳健性。

无论是以 lnpatents 还是以 lnpatentf 作为被解释变量，从表 10 - 4 第一阶段回归结果可以看出，LHHI 估计值均在 5% 的统计水平上显著，表明 HHI 与 LHHI 有很好的相关性。且以 lnpatents 作为被解释变量的第一阶段回归的 F 值为 14.0325，以 lnpatentf 作为被解释变量的第一阶段回归的 F 值为 13.352，都大于临界值 10，因而本章不必担心弱工具变量问题，即本章选取的工具变量具有很强的外生性。总之，本章的工具变量估计能够很好地解决内生性问题，结果可信。

二、产业政策对数字产业创新激励的作用机制检验

基于前文分析，政府补贴和信用贷款是通过提高企业研发投入而作用于数字经济企业创新的，而税收优惠和行业准入制度是通过提高企业利润而作用于数字经济企业创新的，所以本章接着深入分析政府补贴、企业实际税率、长期贷款增长率和行业准入制度（市场竞争程度）对数字经济产业创新的影响机制。

（一）政府补贴的作用机制检验

根据前文分析，政府补贴（sub）通过提高企业研发投入影响企业创新水平，sub 越大表明企业获得补助越多，使得企业有更多的资金用于研发投入，因此，sub 与研发投入呈正相关关系。我们通过构造政府补贴（sub）与研发投入 RD 的交互项，得到 sub 对技术创新的边际效应为 $\beta_1 + \varphi_1 \times RD$，重点关注系数 φ_1 的符号。如果 φ_1 的符号显著为正，说明政府补贴能够通过提高企业研发投入促进企业创新。

表 10 - 5 显示了政府补贴作用机制的检验结果。估计结果表明，当被解释变量为专利申请时，交互项 $sub \times RD$ 的系数 φ_1 在 5% 的统计水平上显著为正，表明政府补贴通过作用于企业研发投入激励了企业创新，这验证了理论假说 10.1。相对而言，政府补贴通过研发投入对专利申请数量的影响较为显著，而对专利发明的影响不显著。这在一定程度上说明，企业为了获得政府补助，可能存在"低质量"创新行为，这与黎文靖和郑曼妮（2016）的研究结论一致。因此，为了提高数字经济创新水平和质量，我国不仅需要加大补助力度，而且需要进一步完善专利申请审核标准制度，提高国家资源利用效率，促进数字经济健康高质量发展。

表 10 - 5　　　　　　　　　政府补贴的作用机制检验

变量	ln$patents$	ln$patentf$
sub	0. 046365	0. 077299
	(1. 33)	(1. 30)
RD	1. 75e－09 ***	1. 85e－09 ***
	(4. 71)	(4. 76)
$sub \times RD$	3. 15e－10 **	2. 23e－10
	(2. 47)	(1. 31)
etr	－0. 1386677	－0. 1490755
	(－1. 56)	(－1. 33)
dlt	0. 877064	0. 621259
	(0. 46)	(0. 32)
HHI	－453. 102	－488. 2097
	(－0. 43)	(－0. 45)
age	0. 0469108 ***	0. 0486008 ***
	(3. 19)	(3. 32)
$size$	5. 09e－12	8. 69e－13
	(0. 55)	(0. 11)
alr	0. 660951 *	0. 036238
	(1. 77)	(0. 10)
bit	5. 51e－13	1. 33e－12 **
	(0. 89)	(2. 13)
fc	－7. 62e－10	－5. 86e－10
	(－1. 37)	(－1. 23)
bi	6. 66e－12	1. 43e－11
	(0. 26)	(0. 60)
it	2. 59e－10	1. 95e－10
	(0. 77)	(0. 61)
$constant$	1. 0243 ***	0. 609991 ***
	(4. 70)	(2. 83)
R^2	0. 1652	0. 2187
N	1 056	962

注：括号内为 t 值，标准差为聚类稳健标准误；***、** 和 * 分别代表在 1%、5% 和 10% 的统计水平上显著。

（二）税收优惠的作用机制检验

基于前文分析，税收优惠（etr）是通过影响企业利润而作用于企业创新的，本章使用企业实际税率（实际税率＝所得税/息税前利润）来衡量税率机制。息税前利润＝销售收入－变动成本－固定成本＝净利润/（1－所得税税率）。净利润＝息税前利润－企业所得税。政府通过减免税收直接影响企业净利润总额，从而影响企业研发投入、设备升级等创新战略，即降低实际税率有利于企业创新。税率通过净利润影响企业研发投入。因此，我们使用企业净利润（tp）作为中间变量构造交互项，进行作用机制分析。根据理论分析，我们重点关注交互项 $etr \times tp$ 系数 φ_2 的符号，如果符号为负，说明降低实际税率通过影响企业利润而促进了企业创新。模型中用到的息税前利润和净利润总额相关数据均来源于国研网数据库和国泰安数据库。

表 10-6 显示了税收优惠作用机制检验结果。估计结果表明，实际税率对专利发明和专利申请数量的影响均显著，且模型中交互项 $etr \times tp$ 系数 φ_2 分别在 10% 和 5% 的统计水平上显著为负，这验证了理论假说 10.2。表明企业实际税率越小，越有利于缓解企业研发投入压力，因此，政府在企业税率上给予支持，通过降低企业税负，增加了企业净利润，使得企业有更多的资金用于研发投入，促进技术创新。

表 10-6　　　　　　　　税收优惠的作用机制检验

变量	lnpatents	lnpatentf
etr	-0.14875** (-2.23)	-0.16456** (-2.33)
tp	2.24e-10*** (7.36)	2.12e-10*** (9.76)
etr × tp	-1.29e-09* (-2.07)	-1.54e-09** (-2.14)
sub	3.50e-09*** (4.64)	3.68e-09*** (5.00)
dlt	-0.875023 (-0.74)	-0.5710713 (-0.49)
HHI	-3 683.738** (-2.30)	-3 817.805** (-2.36)

变量	ln*patents*	ln*patentf*
age	0.135911 *** (3.40)	0.148822 *** (3.72)
size	−6.49e−12 (0.59)	−4.15e−12 (−0.38)
alr	0.82238 ** (2.02)	0.228838 (0.59)
bit	−9.12e−13 (−0.69)	−6.83e−13 (−0.50)
fc	−3.90e−10 (−0.99)	−5.05e−10 (−1.32)
bi	1.02e−10 ** (2.54)	1.02e−10 ** (2.53)
it	2.04e−10 (0.26)	5.16e−10 (0.65)
constant	−0.050858 (−0.11)	−0.565457 (−1.21)
R^2	0.0517	0.0644
N	1 176	1 063

注：括号内为 t 值，标准差为聚类稳健标准误；***、** 和 * 分别代表在 1%、5% 和 10% 的统计水平上显著。

(三) 信用贷款的作用机制检验

信贷是通过提高企业研发投入影响企业创新水平的。本章用长期贷款增长率（*dlt*）代表信贷机制，*dlt* 越大表明贷款增加，能够缓解企业资金需求压力，进而有利于企业研发投入增加。我们重点关注交互项 $dlt \times RD$ 系数 φ_3 的符号，*dlt* 对技术创新的边际效应为 $\beta_3 + \varphi_3 \times RD$，如果 φ_3 的符号显著为正，说明信贷机制能通过提高企业研发投入而促进企业创新。

表 10−7 显示了信用贷款作用机制检验结果。估计结果表明，$dlt \times RD$ 系数均在 1% 的水平上显著为正，假说 10.3 得以验证。说明长期贷款增量通过作用

于研发投入影响企业专利申请和发明专利，进而有助于提升数字产业技术创新水平。因此，国家在长期贷款利率方面给予一定支持，能够促进数字经济创新发展。

表 10 - 7   信用贷款的作用机制检验

变量	lnpatents	lnpatentf
dlt	- 3.42912 ** (- 2.46)	- 3.42283 *** (- 2.70)
RD	9.47e - 10 ** (2.22)	8.12e - 10 * (1.67)
dlt × RD	2.22e - 08 *** (8.40)	2.12e - 08 *** (9.41)
sub	4.14e - 09 *** (3.68)	4.60e - 09 *** (5.02)
etr	- 0.0246251 (- 0.32)	0.013003 (0.16)
HHI	- 1121.429 (- 0.89)	- 1685.346 (- 1.32)
age	0.1169259 *** (2.62)	0.140575 *** (3.55)
size	1.53e - 11 (0.91)	6.94e - 12 (0.44)
alr	0.6842571 (1.52)	- 0.1904381 (0.39)
bit	- 5.91e - 13 (- 0.44)	- 3.06e - 13 (- 0.24)
fc	- 1.37e - 09 (- 1.65)	- 1.12e - 09 (- 1.49)
bi	- 1.98e - 11 (- 0.43)	- 8.90e - 13 (- 0.02)

变量	ln*patents*	ln*patentf*
it	$7.39e-10^{**}$ (2.25)	$6.05e-10^{*}$ (1.95)
constant	0.347113 (0.73)	-0.252355 (-0.6)
R^2	0.0873	0.0832
N	1 047	953

注：括号内为 t 值，标准差为聚类稳健标准误；***、** 和 * 分别代表在 1%、5% 和 10% 的统计水平上显著。

（四）行业准入制度的作用机制检验

前文分析表明，行业准入制度越宽松，行业管制程度越低，数字产业内企业规模越是接近且企业数量越多。即 *HHI* 值越小，市场竞争程度越大；*HHI* 值越大，行业准入限制越严格，行业管制程度越高，市场竞争程度越低。市场竞争程度越高越有利于企业创新，反之不利于企业创新。在行业准入制度的作用下，市场竞争的优胜劣汰刺激企业为了生存不断创新，通过技术创新获得更多市场份额和更多利润。因此，本章选取息税前利润（*pit*）作为中间变量构造交互项，分析行业准入的作用机制。我们主要关注交互项 $HHI \times pit$ 系数 φ_4 的符号。如果符号为负，前文的理论假说 10.4 得以验证。

表 10-8 显示了行业准入制度作用机制检验结果。估计结果表明，$HHI \times pit$ 系数均在 5% 统计水平上显著为负，说明行业准入制度（市场竞争机制）与企业创新呈现正向变动关系，理论假说 10.4 得以验证。行业准入限制越严格，竞争程度越低，越不利于企业创新；行业准入限制越宽松，市场竞争程度越高，越有利于促进企业创新。市场竞争程度越高，竞争越激烈，企业为生存下去，会不断增加研发投入，积极主动加大创新力度，从而促进企业创新，这就是"逃离竞争效应"（Aghion et al.，2015）。因此，对于数字产业的支持，如能在行业准入门槛上放宽标准，给予数字产业更多政策支持，将会促进更多的数字企业进入市场，从而更加有利于激发数字产业活力，提高数字经济创新水平。

表 10 - 8　　　　　　　　　　行业准入制度的作用机制检验

变量	lnpatents	lnpatentf
HHI	555. 4971	63. 03299
	(0. 36)	(0. 04)
pit	1. 59e - 10 **	- 1. 07e - 07 **
	(2. 09)	(2. 00)
HHI × pit	- 1. 10e - 07 **	- 1. 07e - 07 **
	(- 2. 30)	(- 2. 28)
sub	4. 63e - 09 ***	4. 89e - 09 ***
	(4. 55)	(4. 08)
etr	- 0. 0535543	- 0. 046848
	(- 0. 68)	(- 0. 51)
dlt	0. 283083	0. 395869
	(0. 22)	(0. 31)
age	0. 0642955 ***	0. 062890 ***
	(4. 31)	(4. 17)
size	- 2. 11e - 11	- 2. 24e - 11 *
	(- 1. 51)	(- 1. 68)
alr	0. 721137 **	0. 214223
	(2. 11)	(0. 65)
bit	1. 42e - 12 **	2. 11e - 12 ***
	(2. 44)	(3. 58)
fc	2. 76e - 10	2. 94e - 10
	(0. 67)	(0. 76)
bi	4. 38e - 11	5. 31e - 11
	(0. 95)	(1. 20)
it	5. 18e - 10	5. 41e - 10
	(0. 79)	(0. 84)
constant	0. 649082 ***	0. 268449
	(3. 09)	(1. 30)
R^2	0. 0885	0. 1124
N	1 176	1 063

注：括号内为 t 值，标准差为聚类稳健标准误。***、** 和 * 分别代表在 1%、5% 和 10% 的统计水平上显著。

三、数字经济细分行业的异质性检验结果

（一）分组检验

已有研究发现，国家产业政策存在资源利用率不高和自身局限性（Tong，2014），仅从每期专利申请和专利发明数量上并不能全面评价产业政策效率。原因在于，部分数字经济企业为获得政府补助而可能选择策略性创新，即进行一些简单的外观设计发明，通过专利申请获得国家政策补助。这种"欺骗"政府补助的策略性创新，是一种低质量的创新，容易造成资源浪费。

为提高产业政策资源配置效率，本章针对策略性创新问题对数字经济行业类别进行细分，分析产业政策激励数字产业技术创新是否存在行业异质性，以便针对不同产业给予不同政策支持。国家将数字产业划分为三类①：第一类是电信、广播电视和卫星传输服务（行业大类代码63），第二类是互联网和相关服务（行业大类代码64），第三类是软件和信息技术服务（行业大类代码65）。本章对这三类产业分别进行研究，考察四类产业政策对不同数字行业创新影响的异质性。

我们把电信、广播电视和卫星传输服务定义为传媒行业，用 media 表示；互联网和相关服务用 internet 表示；软件和信息技术服务用 technology 表示。首先对这三类产业进行混合 OLS 估计，估计结果如表 10-9 所示。限于篇幅和便于对比，汇报结果中省略控制变量的估计结果。

从表 10-9 可以看出，对于产业 Ⅱ 和产业 Ⅲ，行业准入制度对技术创新的影响均在 1% 的统计水平上显著。而政府补贴对产业 Ⅲ 技术创新的影响在 1% 的统计水平上显著，对产业 Ⅱ 专利申请和专利发明的影响分别在 10% 和 5% 统计水平上显著。这表明政府补贴和行业准入制度（竞争机制）是最有效的激励政策。四类产业政策对产业 Ⅰ 技术创新的影响均不显著，这可能是由于产业 Ⅰ 的企业样本数量不足等原因造成的。

为了检验模型的可靠性，对混合 OLS 进行检验，表 10-9 中最后一行 F 检验结果在 1% 的统计水平上显著，即认为固定效应模型优于混合 OLS 回归模型。为确认 F 检验的有效性，本章进一步采用 LSDV 方法进行模型稳健性检验，估计结果如表 10-10 所示。

---

① 《中国数字经济发展白皮书（2017 年）》报告数字经济包括产业数字化和数字产业化，前者是指传统产业利用新技术提高生产力，后者是新型数字化产业，本章根据后者分类定义研究探讨。

表 10 - 9 | 细分行业的混合 OLS 回归结果

变量	media（Ⅰ）		internet（Ⅱ）		technology（Ⅲ）	
	lnpatents	lnpatentf	lnpatents	lnpatentf	lnpatents	lnpatentf
sub	4.04e - 10	- 5.90e - 10	8.93e - 09*	1.28e - 08**	8.22e - 09***	8.98e - 09***
	(0.45)	(- 0.81)	(1.85)	(2.58)	(4.08)	(4.46)
etr	2.979297	2.42395	- 0.31264	- 0.192782	- 0.082062	- 0.08569
	(1.42)	(1.26)	(- 1.60)	(- 1.43)	(- 1.02)	(- 0.84)
dlt	0.54017	- 0.67039	- 0.39940	- 0.96343	- 1.54134	- 2.51803
	(0.19)	(- 0.26)	(- 0.71)	(- 0.35)	(- 0.70)	(- 1.25)
HHI	- 243.456	- 234.063	- 3625.5***	- 2302.12***	- 19878.0***	- 20634.7***
	(0.99)	(- 1.05)	(- 3.15)	(- 2.84)	(- 2.90)	(- 2.80)
Control	控制	控制	控制	控制	控制	控制
R^2	0.3890	0.5483	0.2838	0.2991	0.3097	0.3097
N	88	78	239	198	849	787
F 检验	2.56***	1.93**	5.69***	5.49***	6.06***	6.06***

注：括号内为 t 值，标准差为聚类稳健标准误。***、** 和 * 分别代表在 1%、5% 和 10% 的统计水平上显著。限于篇幅，控制变量的估计结果省略。

表 10 - 10 | 细分行业的 LSDV 回归结果

变量	media（Ⅰ）		internet（Ⅱ）		technology（Ⅲ）	
	lnpatents	lnpatentf	lnpatents	lnpatentf	lnpatents	lnpatentf
sub	2.62e - 09	2.39e - 09**	3.38e - 09	1.34e - 09	3.10e - 099*	4.05e - 09**
	(1.18)	(2.54)	(0.80)	(- 0.28)	(1.77)	(2.52)
etr	0.284238	- 0.49903	- 0.19734	- 0.12961	- 0.028701	- 0.021403
	(- 0.17)	(- 0.23)	(- 0.95)	(- 0.70)	(- 0.32)	(- 0.20)
dlt	0.09393	- 0.879209	- 1.02031	0.05393	- 1.5919	- 1.1707
	(0.03)	(- 0.25)	(- 0.45)	(- 0.03)	(- 0.96)	(- 0.61)
HHI	- 372.92	- 265.784	- 872.727	- 30.9002	- 10306.33*	- 3805.672
	(- 0.84)	(- 0.58)	(- 0.44)	(- 0.01)	(- 1.86)	(- 0.63)
2	- 0.33692	- 0.013202	- 0.5406	—	0.64916	0.07662
	(- 1.36)	(- 0.04)	(- 1.49)		(1.51)	(- 0.17)

变量	media（Ⅰ）		internet（Ⅱ）		technology（Ⅲ）	
	lnpatents	lnpatentf	lnpatents	lnpatentf	lnpatents	lnpatentf
3	− 1.0245 ** （ − 2.64）	− 0.1821 （ − 0.56）	2.0248 *** （3.37）	0.76275 （1.07）	− 0.261402 （ − 0.52）	− 0.886777 * （ − 1.98）
4	1.51319 ** （2.25）	0.488175 （0.76）	0.95177 （1.27）	0.215717 （0.28）	1.81405 *** （4.79）	0.61332 （1.41）
5	1.42224 *** （3.13）	1.54289 *** （4.71）	3.6561 *** （3.98）	1.4565 （1.49）	—	—
6	0.72897 （1.23）	0.63075 （1.25）	2.10719 *** （3.69）	0.522554 （0.98）	3.65909 *** （7.80）	2.74429 *** （4.97）
7	− 0.88019 （ − 1.14）	− 0.99410 ** （ − 2.51）	0.664868 （1.52）	0.19913 （0.43）	2.97225 *** （5.78）	2.37762 （4.32）
8	0.40647 （0.14）	1.75057 （0.51）	1.90314 ** （2.34）	0.68878 （0.78）	1.51752 ** （2.84）	0.914546 （1.45）
9	− 1.11212 （ − 1.03）	− 1.3906 （ − 1.51）	0.94218 * （1.80）	0.170692 （0.28）	0.66632 （1.56）	0.27383 （0.61）
10	− 0.722236 （ − 1.01）	− 1.3191 * （ − 1.95）	3.38425 *** （4.52）	1.3829 * （1.75）	3.40945 *** （6.87）	2.4412 *** （4.32）
11	− 0.293833 （ − 0.85）	− 0.440967 （ − 1.12）	2.09005 *** （5.16）	2.12171 *** （5.02）	1.676934 *** （3.25）	1.20150 ** （2.24）
12	0.112646 （0.21）	− 0.75442 （ − 1.51）	0.476593 ** （2.61）	—	1.76597 *** （2.96）	0.98837 （1.42）
13	1.06803 ** （2.43）	0.423606 （0.96）	2.60974 *** （5.61）	2.79365 *** （5.57）	− 0.442013 （ − 0.94）	− 0.540769 * （ − 1.33）
14	0.224275 （0.48）	0.077866 （0.20）	1.93694 *** （11.13）	1.33847 *** （6.63）	3.87139 *** （6.69）	3.17085 *** （4.90）
Control	控制	控制	控制	控制	控制	控制
R^2	0.6004	0.6935	0.7071	0.7355	0.7471	0.7322
N	88	78	239	198	849	787

注：括号内为 t 值，标准差为聚类稳健标准误。*** 、** 和 * 分别代表在 1%、5% 和 10% 的统计水平上显著。限于篇幅，控制变量的估计结果省略。

表 10 – 10 的估计结果显示，绝大多数个体虚拟变量在 1% 的统计水平上显著，因而固定效应模型优于混合 OLS 回归。以往学者对于民营企业的估计均使用 OLS 估计，得出了政府补贴、税收优惠、信用贷款对企业技术创新的影响都比较显著的结论，但该结论并不是一致有效的估计。本章之所以先利用 OLS 回归，目的是为了验证不存在普适性产业政策，并可以更好地说明数字经济对于政策反应存在行业异质性。因此，本章从更加微观的数字产业视角进行分析，虽然 OLS 回归估计和以往学者的研究结论总体一致，但并非有效估计。本章通过 LS-DV 方法检验存在个体固定效应，需要进一步运用固定效应模型检验分析。

（二）固定效应模型的再检验

基于稳健性和异质性检验，本章对三类行业分别采用聚类稳健标准误的固定效应模型进行估计，估计结果如表 10 – 11 所示。

表 10 – 11　　　　　　　　细分行业的固定效应模型估计结果

变量	media（Ⅰ）		internet（Ⅱ）		technology（Ⅲ）	
	lnpatents	lnpatentf	lnpatents	lnpatentf	lnpatents	lnpatentf
sub	2.62e – 09 （1.30）	2.39e – 09 ** （2.83）	3.38e – 09 （0.89）	1.34e – 09 （0.32）	3.10e – 09 ** （1.97）	4.05e – 09 *** （2.83）
etr	0.284238 （0.19）	– 0.499035 （– 0.25）	– 0.19734 （– 1.06）	– 0.129610 （– 0.80）	– 0.02870 （– 0.36）	– 0.021403 （– 0.22）
dlt	0.09393 （0.03）	– 0.879209 （– 0.28）	– 1.0203 （– 0.51）	0.05393 （– 0.03）	1.5919 （– 1.07）	– 1.17078 （– 0.69）
HHI	– 372.923 （– 0.91）	– 265.784 （– 0.65）	– 872.727 （– 0.50）	– 30.9002 （– 0.02）	– 10 306.33 ** （– 2.08）	– 3 805.67 （– 0.70）
Control	控制	控制	控制	控制	控制	控制
R^2	0.1757	0.1394	0.1046	0.0575	0.1517	0.1587
N	88	78	239	198	849	787

注：括号内为 t 值，标准差为聚类稳健标准误。***、** 和 * 分别代表在 1%、5% 和 10% 的统计水平上显著。限于篇幅，控制变量的估计结果省略。

表 10 – 11 的估计结果显示，针对产业Ⅰ的技术创新激励政策中，只有政府

补贴的影响较为显著，税收优惠、信用贷款、行业准入制度对产业Ⅰ技术创新的影响都不显著。由此可得，政府补贴政策对产业Ⅰ技术创新的正向激励效应显著。因此，对于数字经济中产业Ⅰ的技术创新鼓励应当重点加大政府补助支持。

从产业Ⅲ的估计结果可以看出，政府补贴对产业Ⅲ专利申请和专利发明的影响分别在5%和1%的统计水平上显著，表明政府补助对产业Ⅲ产业技术创新具有正向激励效应。这是因为，软件和信息技术服务业涉及利用计算机、通信网络等技术对信息进行生产、收集、处理、加工、存储、运输、检索和利用，并提供信息服务的业务活动，是关系国民经济和社会发展全局的基础性、战略性、先导性产业，对经济社会发展具有创新驱动作用。产业Ⅲ具有对技术创新要求高、产品附加值高、应用领域广、渗透能力强、资源消耗低、人力资源利用充分等突出特点，政府补助的激励效果明显。行业准入制度（竞争机制）对产业Ⅲ创新的影响在5%的统计水平上显著，市场竞争程度与企业技术创新呈正相关关系，说明放宽市场准入、降低行业管制、提高市场竞争程度有助于激励产业技术创新。因此，对产业Ⅲ应该在给予更多政府补助政策支持的同时，降低行业准入限制，允许更多企业进入市场，提高市场竞争程度，有助于激活数字产业技术创新活力。

以上分析表明，产业政策促进数字经济技术创新存在行业异质性，理论假说10.5得以验证。因此，政府制定差异化的产业政策有助于提高数字经济技术创新水平。

第五节　结论与启示

本章使用2008~2017年数字产业样本公司的专利和财务数据，实证检验了产业政策对数字经济技术创新的影响及其作用机制。研究表明，产业政策对数字经济专利申请和专利发明有显著促进作用，其中，政府补贴、行业准入制度对数字产业技术创新的影响较为显著。政府补贴和信用贷款均能通过提高企业研发投入来提升企业创新能力，行业准入制度和税收优惠均能通过提高企业利润从而提升企业创新能力。此外，本章还发现，产业政策对数字经济技术创新的影响存在行业异质性。具体而言，政府补贴对电信、广播电视和卫星传输服务业及软件和信息技术服务业创新的影响较为显著；行业准入制度对软件和信息技术服务业创新具有显著影响。因此，政府在适当加大补助力度和提高市场竞争程度的同时，应根据产业特征制定差异化的数字产业创新激励政策，有助于提高产业政策效率和数字经济技术创新水平。

本章的研究结论对于政府如何制定适宜的产业政策激励数字经济企业创新和

推动经济高质量发展具有重要意义。首先，行业准入制度、政府补贴对促进数字产业专利申请和专利发明的影响显著，表明产业政策对数字经济技术创新具有促进作用，因此政府需要逐步消除数字产业在信贷、行业准入等方面的限制，激发数字经济的创新活力，优化政府资源配置效率，提高产业政策的激励效用。随着智能、数字信息化程度的加深，数字经济的发展有利于推动产业结构升级和经济结构调整效率。但是，中国数字经济中的大部分中小微企业在政府补贴、税率、融资贷款、行业准入等方面受到限制，不利于激发数字经济企业创新活力。其次，相比其他产业，数字经济的技术性、外部性更强，通过制定适宜的产业政策，提高数字经济技术创新水平，有助于中国经济转型，驱动经济的高质量发展。因此，我们应该加大对数字经济企业创新的支持力度，提高政府补贴的同时应完善数字经济企业的行业准入制度和市场竞争机制。最后，由于产业政策对数字经济技术创新的激励效应存在行业异质性，政府应根据行业异质性特征制定差异化的数字产业创新激励政策，这对于国家培养数字经济领域重点项目、助力"数字丝绸之路"建设、优化产业结构和实现经济的高质量发展都具有重要的现实意义。

参考文献

[1] 陈强远、林思彤、张醒：《中国技术创新激励政策：激励了数量还是质量》，载于《中国工业经济》2020年第4期。

[2] 韩乾、洪永淼：《国家产业政策、资产价格与投资者行为》，载于《经济研究》2014年第12期。

[3] 洪银兴：《新经济的经济学分析》，载于《江海学刊》2001年第1期。

[4] 荆文君、孙宝文：《数字经济促进经济高质量发展：一个理论分析框架》，载于《经济学家》2019年第2期。

[5] 黎文靖、郑曼妮：《实质性创新还是策略性创新？——宏观产业政策对微观企业创新的影响》，载于《经济研究》2016年第4期。

[6] 林洲钰、林汉川、邓兴华：《所得税改革与中国企业技术创新》，载于《中国工业经济》2013年第3期。

[7] 刘淑春：《中国数字经济高质量发展的靶向路径与政策供给》，载于《经济学家》2019年第6期。

[8] 逢健、朱欣民：《国外数字经济发展趋势与数字经济国家发展战略》，载于《科技进步与对策》2013年第8期。

[9] 裴长洪、倪江飞、李越：《数字经济的政治经济学分析》，载于《财贸经济》2018

年第 9 期。

［10］彭纪生、仲为国、孙文祥：《政策测量、政策协同演变与经济绩效：基于创新政策的实证研究》，载于《管理世界》2008 年第 9 期。

［11］王俊豪：《产业经济学》，载于《高等教育出版社》2016 年第 3 期。

［12］武力超、姜炎鹏、曾三燕等：《贸易信贷对企业技术创新合作的影响》，载于《金融论坛》2019 年第 9 期。

［13］余明桂、范蕊、钟慧洁：《中国产业政策与企业技术创新》，载于《中国工业经济》2016 年第 12 期。

［14］张同斌、高铁梅：《财税政策激励、高新技术产业发展与产业结构调整》，载于《经济研究》2012 年第 5 期。

［15］张昕蔚：《数字经济条件下的创新模式演化研究》，载于《经济学家》2019 年第 7 期。

［16］张新民、张婷婷、陈德球：《产业政策、融资约束与企业投资效率》，载于《会计研究》2017 年第 4 期。

［17］钟春平、刘诚、李勇坚：《中美比较视角下我国数字经济发展的对策建议》，载于《经济纵横》2017 年第 4 期。

［18］Aghion, P., P. Howitt and Prantl S., "Patent Rights, Product Market Reforms, and Innovation", *Journal of Economic Growth*, 2015, 20 (3): 223 – 262.

［19］Clifton N., A. Füzi, and G. Loudon, "Coworking in the Digital Economy: Context, Motivations, and Outcomes", *Futures*, 2019: 102439.

［20］Dosi, G., L. Marengo and C. Pasquali, "How Much should Society Fuel the Greed of Innovators?", *Research Policy*, 2006, 35 (8): 1110 – 1121.

［21］Duchin, R., O. Ozbas and B. A. Sensoy, "Costly External Finance, Corporate Investment and the Subprime Mortgage Credit Crisis", *Journal of Financial Economics*, 2010, 97 (3): 418 – 435.

［22］Hall B. H. and D. Harhoff, "Recent Research on the Economics of Patents", *Annual Review of Economics*, 2012, 4 (1): 541 – 565.

［23］He, J. and X. Tian, "The Dark Side of Analyst Coverage: The Case of Innovation", *Journal of Financial Economics*, 2013, 109 (3): 856 – 878.

［24］Hsiao, S. H., "PTE, Innovation Capital and Firm Value Interactions in the Biotech Medical Industry", *Journal of Business Research*, 2014, 67 (12): 2636 – 2644.

［25］Hsu, P. H., X. Tian and Y. Xu, "Financial Development and Innovation: Cross-Country Evidence", *Journal of Financial Economics*, 2014, 112 (1): 116 – 135.

［26］Manso, G., "Motivating, Innovation", *Journal of Finance*, 2011, 66 (5): 1823 – 1860.

［27］Romer, P. M., "Endogenous Technological Change", *Journal of Political Economy*, 1990, 14 (3): 71 – 102.

［28］Steinmueller, T. E., "Government Policy, Innovation and Economic Growth: Lessons from a Study of Satellite Communications", *Research Policy*, 2006, 11 (5): 271 – 287.

[29] Tapscott, D. , *The Digital Economy: Promise and Peril in the Age of Networked Intelligence*, New York: Mc Graw-Hill, 1996.

[30] Tong T. W. , W. He, Z. L. He and J. Y. Lu, "Patent Regime Shift and Firm Innovation: Evidence from the Second Amendmen to China's Patent Law", *Academy of Management Proceedings*, 2014, 1: 14174.

第十一章 城市包容性与劳动力的创业选择：基于流动人口的微观视角[*]

第一节 引言

改革开放以来，中国通过体制改革破除了一系列制度障碍，促进了劳动力的流动，不断释放人口红利，提高了资源配置效率（蔡昉，2017），极大地促进了经济增长。随着世界工厂的逐渐饱和，未来中国的经济增长将越来越依靠创新与创业。2015 年 6 月，国务院颁布的《关于大力推进大众创业万众创新若干政策措施的意见》中明确指出，推动大众创业、万众创新是推动经济社会发展的新动力，能够扩大就业、实现富民，激发全社会创新潜能。创业活动不仅仅从宏观层面创造就业机会，促进经济增长（Glaeser et al.，2015；李宏彬等，2009），还从微观层面激发社会活力，增加创新机会，提高个体收入（宁光杰和段乐乐，2017）。在产业结构转型的"新常态"经济背景下，创业活动成为引领经济发展的新动力。

包容是发展的前提。但是，以户籍制度为主体的制度约束使流动人口难以融入流入地城市，降低了劳动力在城市长期居住和就业的意愿（杨菊华，2015），也降低了其创业选择（宁光杰和段乐乐，2017）。2010 年以来，中央政府和地

---

* 本章作者：周颖刚、蒙莉娜、林雪萍。原文发表于《财贸经济》2020 年第 1 期。

方政府在户籍制度及其附着的社会保障、公共服务等方面进行改革，如推行工作居住证制度，[①] 试图通过提供均等化的社会保障和公共服务，提升城市的包容性，以此来吸引人才，促进创业。2010 年 9 月，中国政府正式提出"包容性增长"的概念。[②] 2019 年 3 月，国家发展改革委印发《2019 年新型城镇化建设重点任务》的通知，强调了常住人口基本公共服务全覆盖，实现人口市民化等重点任务。可见，包容性是新型城镇化的一个重要方面和必然趋势。

城市包容性涉及社会保障、公共服务、社会参与等多种维度的均等性和公平性。对流动人口来说，一个城市对他们的包容程度会对其生产生活行为产生重大影响。就创业行为决策来说，当他们在一个城市能够获得社会保障、公共服务、社会参与等的满足感时，他们或许会更倾向于选择创业，以追求更高的工作和生活满意度（宁光杰和段乐乐，2017；罗明忠和邹佳瑜，2011）。但是，现有文献多从户籍制度或者政府管制等单一维度衡量城市包容性对创业行为的影响，关注总体包容性的文献较少。那么，多维度的城市包容性的提高是否会促进流动人口创业呢？对于拥有较高物质资本和人力资本的创业者，多维度的城市包容性是否会提高其创业层次呢？这些问题在已有文献中都没有得到充分的评估。

鉴于此，本章利用 2016 年中国流动人口动态监测调查数据（China migrants dynamic survey，CMDS），构建城市包容性指标，并探究其对流动人口创业行为的影响。与现有文献相比，本章的主要贡献包括以下几个方面。第一，新视角。在新的发展理念下，城市的制度创新，特别是提高对流动人口的包容性，吸引劳动力创业，将成为引领经济发展的新动力。同时，提高城市包容性，使城市发展的成果由新老市民共享也是中国以人为核心的新型城镇化的目标之一。本章创新性地将城市包容性与流动人口的创业行为结合起来进行研究，并通过实证分析检验了城市包容性对流动人口创业行为的影响。第二，新维度。本章对城市包容性的概念进行了梳理，在总结前人相关研究的基础上，运用微观数据从个人层面构建了城市包容性综合指标。城市包容性的概念是随着"包容性增长"而逐渐兴起的，但是学界对这个概念的研究不多，且多从城市层面进行定义（Florida and Gates，2003；Qian，2013；李叶妍，2017）。对于劳动力来说，在进行创业行为决策时，更多考虑的是个体层面所能够获得的制度保障和公共服务。因此，本章从个体层面构建的城市包容性指标是对现有文献的一个创新。第三，新结论。本

---

① 《国务院批转发展改革委关于 2010 年深化经济体制改革重点工作意见的通知》，中央人民政府门户网站，2010 年 5 月 31 日。

② 胡锦涛：《深化交流合作 实现包容性增长》，新华社，2010 年 9 月 16 日。

章通过实证分析发现城市包容性能够促进流动人口创业，提高流动人口的创业层次，而高市场化水平降低了流动人口创业决策对城市包容性所提供的"风险平滑效应"的依赖，可以更自主创业；高信息化水平降低了交易水平，从而促进了创业活动。流动人口的异质性也会对其创业决策有显著影响。高家庭财富解决了创业者的后顾之忧，提高了创业者的抗风险能力，从而降低了创业者对城市包容性提供的"风险平滑效应"的依赖，但城市包容性对创业的促进效应对不同学历的劳动力群体没有显著差异。这些结论为我国城市创新和促进流动人口创业提供了重要的政策启示和借鉴意义。

第二节　文献综述与研究假说

一、城市包容性概念的梳理

一个城市对流动人口的包容程度会影响到流动人口生产生活行为的方方面面。由于城市包容性的概念于近年才兴起，因此目前学界对于这一概念尚未形成统一的认识。佛罗里达和盖茨（Florida and Gates，2003）认为，城市包容性代表的是对各少数、各种族和各行各业群体的开放性、宽容性和多样性，他们用同性恋指数、波西米亚指数、艺术家数量和外国人口出生指数之和构建的综合多样性指数衡量城市包容性。钱（Qian，2013）在佛罗里达和盖茨（2003）的研究基础上，采用同性恋人口和艺术家数量来衡量城市包容性。郑杭生和陆益龙（2011）认为，开放、包容的城市应向所有居住人口提供统一的社会生活方面的管理与服务，以保障他们的基本权益，包括居住权、劳动权益、享用基本公共品的权益、子女受教育权和享受公共服务的权益。张明斗和王雅莉（2016）将城市包容性发展定义为以机会均等性和过程公平性为实现要求的城市化发展过程。与城市包容性相似的概念还有社会融合和包容性增长。外来流动人口与本地人口的社会融合是构建和谐社会的根基，流动人口在所居住城市的社会融合程度会对其生产生活行为产生重要影响。任远和邬民乐（2006）将社会融合定义为迁入人口与迁入地文化相互适应、相互配合的过程。

包容性增长包含着城市包容性的一些价值追求，如发展成果共享和对机会公平性的追求；而城市包容性与社会融合则是一个问题的两个方面，包容性基于城市角度，社会融合则是从流动人口或者说外来人口的视角出发，城市包容性越高，社会融入水平越高。通过对城市包容性、包容性发展和社会融合这三个概念的梳理，可以构建出对城市包容性较为全面的认识，可知城市包容性包含着社会保障、公共服务、社会文化等多个维度。

二、城市包容性与流动人口创业选择

流动人口的创业活动是其促进就业、提升就业质量的有效途径。虽然国内外关于城市包容性对创业影响的研究尚不多见，但对于创业影响因素的研究中不乏涉及城市包容性的内容。城市包容性对流动人口创业行为的影响首先体现在家庭的"风险平滑效应"上。宁光杰和段乐乐（2017）发现，流动人口享受本地政府提供的就业、社会保险、子女教育和保障房等公共服务，可以降低流动人口的移民风险，提高流动人口的创业风险承受能力。周广肃和李力行（2016）发现，新型农村社会养老保险（以下简称"新农保"）会提高家庭创业的概率，其中一个可能的作用机制是新农保为农村家庭提供了风险分担功能，使得农村家庭可能在生产经营方面承担更多的风险，参与创业活动。这些研究分别关注了公共服务和社会保障等因素对劳动力创业行为的影响，这些因素都是城市包容性的一个维度。在宏观层面，城市提供的均等化公共服务越多，城市的包容性越高，其吸引人才的能力越强（周颖刚等，2019）。钱（2013）认为，城市包容性能够降低城市进入门槛，吸引精英的创新创业行为。

本章认为，地方政府为流动人口提供公共服务和社会保障，如子女入学、住房保障和医疗养老保险等，可以提升城市的包容性；为流动人口提供"市民化"的公共服务和社会保障，可以提高流动人口的创业风险承担能力，降低城市准入门槛，从而促进流动人口的创业行为。因此，基于对以上作用机制的分析，本章提出假说11.1。

假说11.1：城市包容性越高，流动人口选择自主创业的可能性越高。

从企业成长发展和创业动机的角度来看，自主创业可以分为两种类型：一种是仅仅为自己或者家庭成员提供就业机会的"生存型"创业；另外一种是其创办的企业能够成长为规模相对大的企业，为他人创造更多工作岗位和收入的"机会型"创业（张萃，2018）。一方面，城市提供的基本社会保障与公共服务有"风险平滑"作用，会激发流动人口创业的动机，当自雇效用比被雇或失业效用高时，人们便会选择自雇，也就是生存型创业；另一方面，社会保障能够增强人们的安全感，从而促使他们去追寻更高的商业满足感，也就是机会型创业。因此，本章提出假说11.2。

假说11.2：城市的包容度越高，流动人口越倾向于选择更高层次的创业行为。

职业选择文献中，影响创业行为的个体变量还包括受教育水平、工作经验、个体能力、婚姻状况、配偶的受教育水平、家庭收入与资产水平、社会网络等（解垩，2012）。受教育水平主要通过以下渠道影响创业行为选择：一方面，高学历水平有助于个人获得稳定和高收入的工作，因此降低了个人从事高风险创业活动的动机（陈刚，2015），与户籍人口相比，流动人口承担的风险更大，因此，高学历的流动人口可能更倾向于选择稳定低风险的雇员工作，而不是进行创业活动；另一方面，受教育水平提高了个体的管理能力，进而使其更容易进行创业行为。家庭资产水平也会对创业行为选择有正向影响，家庭资产会降低个体的金融约束，从而增加个体创业选择的概率（Schmalz et al.，2017）。社会网络与创业决策存在正相关关系。与户籍人口相比，流动人口在居住城市的社会网络较弱，从而降低了流动人口的创业概率（周敏慧和陶然，2017）。

城市制度和市场环境等宏观因素也会显著影响个体的创业行为。较高的经济发展水平、较大的市场规模提供了更多的创业途径与机会（张萃，2018）。同时，信息化水平是改变商业模式的重要工具。信息化水平较高，可在一定程度上消除地理位置、市场规模对消费市场的限制，提高创业机会（叶文平等，2018）。基于以上分析，本章提出假说11.3。

假说11.3：流动人口的创业行为与创业层次选择存在异质性。城市市场化水平和信息化程度对流动人口的创业决策有促进效应，增加了流动人口的创业概率。

第三节　数据、变量与实证方法

本章所使用的主要数据来自2016年中国流动人口动态监测调查数据（CMDS）。自2009年以来，国家卫生健康委员会每年通过发放调查问卷的方式展开连续断面监测调查，调查范围覆盖了全国31个省（自治区、直辖市）和新疆生产建设兵团中流动人口较为集中的流入地，采用分层、多阶段、与规模成比例的PPS（probability proportion to size）抽样方法，以在流入地居住一个月以上、非本区（县、市）户口且年龄在15周岁及以上的流动人口为调查对象，总样本量约为16.9万人。这一数据详细调查了流动主体和家庭的基本信息、就业和社会保障、收支和居住、基本公共服务、子女流动和教育等方面的信息。该调查数据经过清洗与城市层面数据匹配后，最终保留的有效样本量为14.93万人。考虑到这个调查项目是在2016年5月进行的，我们用滞后一年的城市层面数据进行匹配。城市数据来源于《中国城市统计年鉴（2016）》。

一、主要变量选取

关于因变量创业的衡量有两种标准：一种是仅仅为自己或者家庭成员提供就业机会的"生存型"创业；另外一种是其创办的企业能够成长为规模相对大的企业，为他人创造更多工作岗位和收入的"机会型"创业（张萃，2018）。我们以CMDS 2016调查问卷中"215 您现在的就业身份属于哪一种？（1. 雇员

2. 雇主 3. 自营劳动者 4. 其他）"这一问题为依据，根据研究需要将其进行重新编码。一是创业选择，即是否创业，将"雇员"重新赋值为 0，将"雇主"和"自营劳动者"赋值为 1，其他项做缺失值处理。二是创业层次，将"雇员"赋值为 0，"自营劳动者"赋值为 1，"雇主"赋值为 2，其他值做缺失处理。两个重新编码得出的变量均为有序分类变量，对于创业层次来说，数值越高，创业层次越高。三是创业类型，一个是生存型创业，将"自营劳动者"赋值为 1；另一个是机会型创业，同理将"雇员"赋值为 0，"雇主"赋值为 1，其他值做缺失处理。

城市包容性涉及社会保障、公共服务、社会文化、社会参与等维度。本章在数据可得性的基础上，借鉴李叶妍（2017）的研究，从社会保障、社会服务和城市吸引力三个维度，构建城市包容性指标。在社会保障方面，本章没有将全部的"五险一金"[①] 纳入指标体系，而仅将允许个人单独缴纳的、具有普惠性质的城镇居民医疗保险和城镇养老保险作为衡量指标。在公共服务方面，本章根据公共服务的作用将其分为民生型公共服务和社区公共服务，分别包括子女在本地入学、补贴性住房、是否建立居民健康档案和是否接受健康教育 4 个指标。此外，本章还根据流动人口在该城市的居住时间衡量城市吸引力，进而反映城市包容性，具体指标见表 11 – 1。根据已有文献的方法（夏怡然和陆铭，2015；Diamond，2016），本章使用主成分分析法对 7 个指标进行信息浓缩，提取第一主成分得分值作为城市包容性指标。[②]

表 11 –1   城市包容性指标体系

综合指标	一级指标	二级指标	载荷量
城市包容性	普惠型社会保障	城镇居民医疗保险	0.221
		城镇养老保险	0.272
	民生型公共服务	子女在本地入学	0.035
		补贴性住房	0.074
	社区公共服务	是否建立居民健康档案	0.669
		是否接受健康教育	0.641
	城市吸引力	在本地居住的时间	0.105

① "五险一金"中的"五险"是指养老保险、医疗保险、失业保险、工伤保险和生育保险，"一金"是指住房公积金。其中，养老保险和医疗保险可以个人缴纳，其余保障必须用人单位和个人共同按比例缴纳。

② 考虑到篇幅，未汇报主成分分析的碎石图和特征值分析结果，留存备索。

与现有的职业选择文献一致，我们控制了个体特征变量，包括受访者的性别、婚姻状态、户籍类型。家庭总人口是指在居住城市的家庭直系亲属人数，包括父母、配偶和子女；受教育水平用个体受教育的年数来衡量（0 = 未上过学，6 = 小学，9 = 初中，12 = 高中或中专，15 = 大专，16 = 大学本科，19 = 研究生及以上）；高技能水平为虚拟变量，受教育水平为 12 年及以上的个体为 1，否则为 0；由于调查问卷中没有工作经验的相关问题，根据文献，我们用个体年龄减去其受教育年数再减去 6，作为工作经验变量的度量；时薪是通过受访者月工资收入与工作时长计算得到；是否购房是指受访者是否在居住地购买房子，包括私人住房、自建房或者经济适用房；家庭月收入是指受访者家庭过去一年每月平均月收入；家庭资产是指家庭已购房产的总数。

参照文献的做法（张萃，2018），我们控制了城市的制度环境和信息化水平。制度环境用市场化水平来衡量，指城市国内生产总量（gross domestic product，GDP）与地方财政预算内支出的比值。信息化水平是固定电话用户数、移动电话用户数和互联网宽带接入用户数的第一主成分。我们还控制了城市经济发展水平的人均 GDP、城市人口规模、城市失业率、金融环境以及开放程度。

表 11 - 2 为主要变量的定义以及描述性统计。14.30 万有效调查样本中，约有 33%的个体选择创业，其中 79%为自我雇佣者，也就是生存型创业，其余为机会型创业，共有 10 505 个个体。由于城市包容性是上述 7 个二级指标的第一主成分，计算过程中已经做了去均值处理，所以其均值为 0。所有调查个体中，约有 51.7%的个体为男性，超过 80%的个体已婚，约 19%的个体拥有城镇户籍或者为城镇居民。家庭总人数的平均值为 2.84 人；流动人口受教育水平的均值为 10.32 年，即流动人口以初高中学历为主，大专及以上学历的仅占调查样本的 16.9%。在家庭资产方面，24.7%的流动人口在居住地城市购房，流动人口的时薪和流动家庭的月均收入的对数均值分别为 2.80 和 8.68。

表 11 - 2　　　　　　　　变量设定与描述性统计

变量	变量定义	观测值	均值	标准差
被解释变量				
是否创业	创业 = 1，雇员 = 0	149 298	0.336	0.472
创业层次	雇主 = 2，自我经营 = 1，雇员 = 0	123 524	0.491	0.648
生存型创业	自我经营 = 1，雇员 = 0	113 019	0.351	0.477
机会型创业	雇主 = 1，雇员 = 0	83 895	0.125	0.331

变量	变量定义	观测值	均值	标准差
解释变量：个体层面				
城市包容性	城市包容性 7 个指标的第一主成分	149 298	0.000	1.103
男性	男性 =1，女性 =0	149 298	0.517	0.500
婚姻	已婚或再婚 =1，其他 =0	149 298	0.805	0.396
户籍	城镇户籍 =1，其他 =0	131 457	0.190	0.393
家庭规模	家庭总人数	149 298	2.840	1.093
受教育水平	受教育年数	149 298	10.320	3.110
高技能	高中及以上学历 =1，否则 =0	149 298	0.169	0.374
工作经验	工作经验 = 受访者年龄 − 受教育年份 − 6，对数值	147 663	2.714	0.742
时薪	受访者时薪（元），对数值	125 207	2.803	0.719
购房	在居住地购房 =1，否则 =0	149 298	0.247	0.431
家庭收入	家庭月收入（元），对数值	149 298	8.679	0.536
解释变量：城市层面				
市场化水平	城市 GDP 与财政预算内支出的比值	147 338	7.545	3.670
信息化水平	为固定电话用户数、移动电话用户数和互联网宽带接入用户数的第一主成分	147 179	0.281	1.186
人均 GDP	人均 GDP（元），对数值	147 338	11.56	0.581
人口规模	城市总人口（万人），对数值	147 338	5.510	1.066
工业化	每万人拥有的规模以上工业企业数	147 338	4.535	4.639
失业率	城市失业人数/（城市就业总人口 + 城市失业人数）	135 898	0.076	0.179
金融环境	金融机构贷款余额与城市生产总值比值	145 313	1.860	0.783
城市开放程度	当年实际利用外资总额与地区生产总值的比值	147 338	0.026	0.020
工具变量				
艺术团体数量	2000 年各省份注册艺术团体数量，对数值	30	4.284	0.735

二、实证方法

为了检验城市包容性对创业选择和创业层次的影响，本章首先使用标准的 Probit 模型进行验证。Probit 模型有一个潜变量 y^*，当 $y^* > 0$ 时，是否创业取值 1，否则取 0。潜变量和基准模型的表达式分别为：

$$y_{ij}^* = \beta_0 + \beta_1 \, inclusive_{ij} + \beta_2 X_{ij} + \beta_3 \, City_j + I_d + \theta_r + \rho_h + \varepsilon_{ij}$$

$$Pr(Y_{ij} = 1) = Pr(y_{ij}^* > 0) = \Phi(\beta_0 + \beta_1 \, inclusive_{ij} + \beta_2 X_{ij} + \beta_3 \, City_j + I_d + \theta_r + \rho_h)$$

(11.1)

其中，Y_{ij} 指 j 城市 i 个体是否创业的虚拟变量，$inclusive$ 衡量个体在居住城市享受到的包容性，X 包括个体层面和家庭层面的控制变量，$City$ 是城市层面的控制变量。我们加入了行业虚拟变量 I 来控制行业的创业差异；城市等级虚拟变量（θ）指一二线城市虚拟变量，以控制不同城市规模的制度优势。我们还控制了流动人口的户籍所在地虚拟变量（ρ），以控制不同地区的文化传统对劳动力创业行为的影响。ε_{ij} 为误差项。

除受城市包容性以及可观测的变量，如受教育水平、性别、婚姻状况等变量的影响外，个体的创业选择还受到不可观测变量，如能力水平、风险偏好程度等变量的影响。个体能力水平高，可以提高收入水平，从经济上可以允许子女随迁，提高个体在城市享受到的包容性，而能力水平与创业选择是正相关的。也就是说，由于不可观测的遗漏变量问题，城市包容性变量存在内生性问题。

对于这一内生性问题，本章一方面通过设置更多的反映个体特征的变量来解决，如加入工作经验、受教育水平等变量从一定程度上可以衡量能力水平，加入流动范围（跨省、省内流动或者市内跨县流动）变量来衡量风险偏好，通常低风险偏好的个体会选择留在距离户籍地较近的地方居住工作；另一方面用工具变量法解决由于遗漏变量带来的内生性问题。钱（2013）认为一个地区的同性恋人口和艺术家数量可以衡量该地区的包容程度。类似地，潘越等（2017）采用分地区单位人口拥有的艺术表演团体数量衡量地区的包容程度。参照上述文献的做法，本章采用 2000 年分地区的艺术表演团体数量作为城市包容性的工具变量。艺术表演团体是较为独特的团体，人们敢于接受这一独特的职业说明其自身和周围环境对特殊事物的接受和包容程度较高。也就是说，一个地区的艺术表演团体数量越多，该城市的包容性越强，满足了相关性的要求。另外，一个地区 2000 年的艺术表演团体的数量与 2016 年劳动力个体行为没有直接关系，工具变量满足外生性要求。

基于上述分析，本章进一步选用 IV Probit 模型进行回归：

$$y_{ij}^* = \beta_0 + \beta_1 \widehat{inclusive}_{ij} + \beta_2 X_{ij} + \beta_3 City_j + I_d + \theta_r + \rho_h + u_{ij} \qquad (11.2)$$

$$inclusive_{ij} = a_0 + a_1 Art_{jp} + a_2 X_{ij} + a_3 City_j + I_d + \theta_r + \rho_h + v_{ij} \qquad (11.3)$$

$$Pr(Y_{ij} = 1) = Pr(y_{ij}^* > 0) \qquad (11.4)$$

其中，Art_j 表示 j 城市所在省份艺术表演团体数量，[①] v_{ij} 是误差项，其他变量同式（11.1）。

同时，高能力的劳动力可能是正向选择的流动人口。具有较强能力的个体可能会选择流向竞争激烈、市场开放的东部地区，而这些城市开放的市场环境提高了创业选择的概率（张萃，2018）。类似地，不同社会网络的劳动力也可能存在负向选择性偏误问题。社会网络对个体的创业行为有正向影响（王春超和冯大威，2018），而流动人口的流动范围越小，如在户籍市内流动、户籍省内流动，可以继续维持原有的强社会网络，所以相对于选择跨省流动的流动人口，选择在省内流动的人口可能倾向于依靠其强社会网络进行创业，也就是说，劳动力流动范围的选择，可能是正向选择的结果，也有可能是负向选择的结果，存在选择性偏差，影响估计的一致性。

因此，我们通过将赫克曼（Heckman）两步法与工具变量法相结合来解决（Heckman，1974）这一问题。具体步骤如下。第一步，用 Probit 模型分析流动人口选择流动范围（选择本市流动、省内流动、向东部城市流动）的影响因素，包括个体特征和家庭特征，并选用加入回归方程中，计算出每一个观测值的逆米尔斯比率（inverse Mills ratio）。在这一步回归中，本章将父母是否有外出务工/经商经历加入回归方程中。第二步，利用在同一流动范围的子样本进行工具变量回归，同时把逆米尔斯比率放入回归方程中以获得一致估计量。具体回归由式（11.5）至式（11.8）组成：

$$y_{ij}^* = \beta_0 + \beta_1 \widehat{inclusive}_{ij} + \beta_2 X_{ij} + \beta_3 City_j + \beta_4 \widehat{lambda}_{ij} + I_d + \theta_r + \rho_h + u_{ij} \qquad (11.5)$$

$$Move_{ij} = \gamma_0 + \gamma_1 M_{ij} + \gamma_2 Art_{jp} + \gamma_3 X_{ij} + I_d + \theta_r + \rho_h + \varphi_{ij} \qquad (11.6)$$

$$inclusive_{ij} = a_0 + a_1 Art_{jp} + a_2 X_{ij} + a_3 City_j + \alpha_4 \widehat{lambda}_{ij} + I_d + \theta_r + \rho_h + v_{ij}$$
$$(11.7)$$

$$Pr(Y_{ij} = 1) = Pr(y_{ij}^* > 0) \qquad (11.8)$$

其中，式（11.5）中的 $\widehat{lambda}_{ij}$ 就是逆米尔斯比率，ψ 为误差项；式（11.6）中 $Move$ 为个体选择的二元流动范围（是否在市内流动、省内流动、向东部城市流

---

① 数据来源于《中国统计年鉴（2001）》。我们尝试寻找地级市层面的艺术表演团体数量及相关统计指标，遗憾的是，《中国城市统计年鉴（2001）》及相关年鉴没有提供该统计值。

动），M 为父母是否有外出务工/经商经历。

第四节 回归结果分析

由于是否创业是二元选择变量，我们先汇报 Probit 模型和 IV Probit 模型检验结果，检验城市包容性对个体创业决策的影响，也就是假说 11.1。进一步地，我们再检验城市包容性对创业层次的影响，也就是假说 11.2。为了控制选择性偏误问题，我们在稳健性检验中采用 IV-Heckman 方法，以获得一致性的估值。

一、基本回归结果

在分析基本回归结果之前，我们先对工具变量的有效性进行检验，以确保工具变量法分析结果的可靠性。表 11-3 是 2SLS 第一阶段的回归结果。由于创业决策也受到地域差异的影响，样本间可能不是完全独立的，因此本章在回归中将误差项聚类到户籍省内，以克服地域内职业观念的相关性。表 11-3 第（1）列回归结果显示，各地艺术表演团体数量与城市包容性显著正相关，当地的艺术表演团体数量越多，人们对于特殊事物的接受程度越高，城市的包容性也越高。第一阶段回归的 Kleibergen-Paap Wald rk F 统计量为 37.822，远大于经验标准值 10，通过了弱工具变量的检验。表 11-3 的第（2）列和第（3）列分别以生存型创业和机会型创业为第二阶段被解释变量，结果与第 1 列类似，也就是说，艺术表演团体数量是一个合格的工具变量。

表 11-3　　　　城市包容性工具变量的第一阶段回归

项目	（1）	（2）	（3）
	是否创业	生存型创业	机会型创业
艺术表演团体数量	0.032*** (6.15)	0.033*** (6.00)	0.051*** (7.44)
Kleibergen-Paap rk LM 统计量	37.960	36.157	55.824
Cragg-Donald Wald F 统计量	35.384	33.607	52.607
Kleibergen-Paap Wald rk F 统计量	37.822	36.021	55.344
估计方法	2SLS	2SLS	2SLS
观测值	105 506	93 697	66 952
R^2	0.468	0.422	0.317

注：括号为 t 值；*、** 和 *** 分别代表在 10%、5% 和 1% 的统计水平上显著。

表 11 - 4 展示了城市包容性综合指标对流动人口创业决策的影响。第（1）列只包括了城市包容性指标，Probit 回归结果显示，城市包容性对流动人口创业选择的影响系数为 - 0.011，在 1% 的水平上显著。显然，个体差异性以及城市宏观环境会显著影响劳动力的创业决策。第（3）列控制了个人和城市层面的可观测变量，Probit 回归结果显示，城市包容性对流动人口的创业选择依然有负向影响。可能存在不可观测变量，如劳动力的能力水平和风险偏好，共同影响其创业决策。第（5）列的估计值是以各地艺术团体数量为工具变量的 IV Probit 两阶段回归结果。结果发现，城市包容性对流动人口创业选择的影响系数为 1.765，在 1% 水平上显著。也就是说，控制了由于遗漏变量引起的内生性问题后，城市包容性越高，劳动力选择自主创业的概率就越大，假说 11.1 成立。给定其他条件不变，城市包容性每提高 1 个单位，流动人口在该城市创业的概率就提高 5.84%。2016 年流动人口的总规模为 2.45 亿人，[①] 流动人口创业选择的均值为 0.336，且雇员的平均时薪为 21 元/小时，自主创业个体的平均时薪为 24 元/小时。那么，城市包容性每提高 1%，选择创业的人口就会增加 1 431 万人，相应地，这些创业人口的年收入就会增加 6 010 元/人。[②] 可见，提高城市包容性，不仅可以增加城市就业岗位，同时还能显著提高流动人口的收入水平。

表 11 - 4　　　　城市包容性对流动人口创业的影响

项目	(1)	(2)	(3)	(4)	(5)	(6)
	回归系数	边际效应	回归系数	边际效应	回归系数	边际效应
城市包容性	- 0.011 ***	0.989 ***	- 0.060 ***	0.941 ***	1.765 ***	5.842 ***
	(-3.53)	(-3.53)	(-13.32)	(-13.32)	(3.78)	(3.78)
男性			0.241 ***	1.273 ***	0.434 ***	1.543 ***
			(23.92)	(23.92)	(8.42)	(8.42)
婚姻			0.074 ***	1.077 ***	- 0.145 **	0.865 **
			(3.11)	(3.11)	(-2.17)	(-2.17)
户籍			- 0.189 ***	0.828 ***	- 0.338 ***	0.713 ***
			(-13.78)	(-13.78)	(-7.73)	(-7.73)

① 国家卫生计生委流动人口司和计划生育委员会：《中国流动人口发展报告 2016》，中国人口出版社 2016 年版。

② 本数据中流动人口的周工作时间为 55 小时/周，根据陈云松（2012）的研究，我们假设创业的流动人口的年工作日为 255 日，即 36.4 周，那么与雇员相比，创业人口增加的年收入 = (24 - 21) × 55 × 36.4 = 6 010 元/人。

项目	(1)	(2)	(3)	(4)	(5)	(6)
	回归系数	边际效应	回归系数	边际效应	回归系数	边际效应
家庭规模			0.166*** (24.12)	1.181*** (24.12)	0.139*** (10.54)	1.149*** (10.54)
受教育水平			−0.045*** (−19.85)	0.956*** (−19.85)	−0.129*** (−5.93)	0.879*** (−5.93)
工作经验			0.200*** (18.72)	1.221*** (18.72)	0.054 (1.34)	1.055 (1.34)
时薪			0.070*** (8.77)	1.072*** (8.77)	0.038** (2.54)	1.038** (2.54)
是否已购房			−0.011 (−0.92)	0.989 (−0.92)	−0.360*** (−3.93)	0.697*** (−3.93)
家庭收入			0.443*** (37.22)	1.558*** (37.22)	0.362*** (13.06)	1.436*** (13.06)
城市控制变量	否		是		是	
行业—地区固定效应	否		是		是	
估计方法	Probit		IV Probit		IV Probit	
观测值	149 298		97 311		97 311	
pseudo R^2	0.342					

注：括号内为 t 值；** 和 *** 分别代表在5%和1%的统计水平上显著。

　　如何解释城市包容性对流动人口创业选择的正向影响呢？城市包容性高，意味着流动人口能够在本地获得与本地户籍居民较为相近或同等的社会保障与公共服务。一方面，流动人口能够在居住城市立足，后顾之忧得以解决，因此其选择创业的概率便提高了；另一方面，流动人口能够从均等化的社会保障和公共服务中获得归属感和融入感，从而促进其追求更高的工作和生活满意度，提高创业的概率。

　　表11−4的第（3）列除了反映城市包容性对流动人口创业选择的影响外，还表明男性流动人口选择创业的概率显著高于女性，且家庭的人口越多，其创业的概率越大，家庭月收入越高，创业的概率也越大，但是家庭收入与创业选择可能存在反向因果关系，这不是本章论述的重点，不作进一步讨论。此外，已婚、

城镇户籍和受教育程度对创业选择产生负向影响，这是因为城镇户籍和高学历劳动力更容易在劳动力市场上获得高报酬、高保障的职位，从而降低了他们的创业动机，这与王春超和冯大威（2018）的结论一致。同时，已经在本地购房降低了流动人口在本地创业的概率。

我们进一步分析城市包容性对流动人口创业层次的影响。雇员的创业层次取值为 0，自我经营的流动人口取值为 1，雇主则取值为 2，表 11 – 5 的第（1）列为工具变量法回归结果，说明城市包容性越高，流动人口的创业层次也越高。进一步地，我们再区分城市包容性对不同创业类型的影响。表 11 – 5 第（2）列为城市包容性对生存型创业的影响。结果表明，城市包容性的系数显著为正，其他条件保持不变，城市包容性每提高 1%，流动人口选择生存型创业的概率就提高 11.503%。相比之下，城市包容性对机会型创业的影响也显著为正，且边际效应为 12.767，即城市包容性每提高 1%，流动人口选择机会型创业的概率就会大幅提高到 12.767%。相比之下，机会型创业需要更多的城市包容性以获得基本公共服务与社会保障。这是因为，相对于无可奈何而为的生存型创业，机会型创业需要投入的资源更大，风险更高。至此，我们可以得出基本结论：城市包容性可以促进流动人口创业，高城市包容性可以提高流动人口的创业层次。

表 11 –5　　　　　　　城市包容性对创业层次的影响

项目	创业层次回归系数	生存型创业		机会型创业	
		回归系数	边际效应	回归系数	边际效应
	（1）	（2）	（3）	（4）	（5）
城市包容性	0.448*** (2.79)	2.443*** (3.88)	11.503*** (3.88)	2.547*** (3.14)	12.767*** (3.14)
男性	0.124*** (7.76)	0.507*** (7.51)	1.660*** (7.51)	0.473*** (5.71)	1.605*** (5.71)
婚姻	−0.037 (−1.62)	−0.261*** (−2.60)	0.771*** (−2.60)	−0.278** (−2.02)	0.757** (−2.02)
户籍	−0.095*** (−6.39)	−0.432*** (−7.04)	0.649*** (−7.04)	−0.378*** (−4.27)	0.685*** (−4.27)
家庭规模	0.050*** (12.93)	0.143*** (8.65)	1.153*** (8.65)	0.101*** (3.83)	1.107*** (3.83)
受教育水平	−0.036*** (−4.32)	−0.172*** (−5.77)	0.842*** (−5.77)	−0.151*** (−3.74)	0.860*** (−3.74)

项目	创业层次回归系数	生存型创业		机会型创业	
		回归系数	边际效应	回归系数	边际效应
	（1）	（2）	（3）	（4）	（5）
工作经验	0.028** (2.06)	−0.004 (−0.08)	0.996 (−0.08)	0.056 (0.90)	1.058 (0.90)
时薪	0.064*** (13.94)	−0.093*** (−3.72)	0.911*** (−3.72)	0.198*** (4.82)	1.219*** (4.82)
是否已购房	−0.089** (−2.19)	−0.594*** (−4.44)	0.552*** (−4.44)	−0.410** (−2.41)	0.664** (−2.41)
家庭收入	0.173*** (27.60)	0.188*** (4.54)	1.206*** (4.54)	0.736*** (21.35)	2.087*** (21.35)
城市控制变量	是	是		是	
行业和地区虚拟变量	是	是		是	
估计方法	IV 2SLS	IV Probit		IV Probit	
观测值	103 806	86 587		61 677	

注：括号内为 t 值；** 和 *** 分别代表在5%和1%的统计水平上显著。

二、克服选择性偏差后的创业决策

宁光杰和段乐乐（2017）指出，选择不同流动区域的劳动力往往具有不同的能力特征和社会网络，存在选择性偏误问题。因此，我们使用 IV-Heckman 方法以克服选择性偏误和内生性造成的估计偏差，主要考虑选择流向东部城市、本省流动和市内流动的选择性偏差，估计结果见表 11−6。表 11−6 第（1）列为选择跨省流向东部城市的劳动力，*lambda* 系数显著为正，说明相对于流向其他城市的劳动力，选择流向东部地区创业的流动人口确实是受到遗漏能力变量的影响而进行正向选择的结果。克服了遗漏能力变量造成的正向选择偏差后，城市包容性对创业决策的影响从 1.765 下降到 0.759，且保持在 1% 水平上显著。如何解释城市包容性的 IV-Heckman 估计值比 IV-Probit 估计值小？相对于其他城市，东部城市的市场机制较为完善，同时流动人口规模大，市场竞争激烈，选择在这些城市创业，通常面临较多竞争，只有本身能力较强的群体才会考虑这一选择。而个人能力强也直接促进了这些人的创业选择，因此降低了对城市包容性"风险平滑效应"的依赖。

表 11 −6   控制流动地区选择偏差后的回归系数

项目	(1) 是否创业	(2) 是否创业	(3) 是否创业
城市包容性	0.759 *** (3.69)	0.119 * (1.96)	0.480 *** (3.17)
男性	0.293 *** (10.00)	0.305 *** (14.47)	0.324 *** (10.30)
婚姻	0.147 *** (2.76)	0.133 *** (3.74)	0.016 (0.26)
户籍	− 0.269 *** (−9.38)	− 0.270 *** (−9.98)	− 0.194 *** (−5.51)
家庭规模	0.224 *** (18.12)	0.115 *** (9.53)	0.152 *** (8.40)
受教育水平	− 0.104 *** (−8.22)	− 0.017 *** (−2.58)	− 0.049 *** (−5.76)
工作经验	0.083 *** (2.83)	0.272 *** (15.41)	0.223 *** (7.49)
时薪	0.162 *** (5.87)	− 0.146 *** (−4.44)	0.059 *** (2.66)
是否已购房	− 0.152 *** (−3.31)	− 0.033 (−1.36)	− 0.065 ** (−2.04)
家庭收入	0.377 *** (17.71)	0.504 *** (27.40)	0.467 *** (13.44)
流动地区	流向东部城市	省内流动	市内流动
lambda	0.926 *** (4.80)	1.190 *** (5.94)	− 0.069 (−1.07)
城市控制变量	是	是	是
行业和地区虚拟变量	是	是	是
估计方法	IV-Heckman	IV-Heckman	IV-Heckman
观测值	52 912	50 357	17 147

注：括号内为 t 值；* 、** 和 *** 分别代表在 10%、5% 和 1% 的统计水平上显著。

表 11-6 第（2）列为选择在户籍省内流动的劳动力，*lambda* 系数显著为正，说明相对于选择跨省流动的流动人口，选择在省内创业的流动人口可能是受到遗漏社会网络变量的影响而进行正向选择的结果。克服了选择性偏差后，城市包容性对创业决策的影响系数从 2.169 下降到 0.119，但仅在 10% 水平上显著。流动人口在进行创业决策前，会仔细评估创业所在市场的潜力以及潜在的社会网络对其创业提供的帮助，因此也降低了创业行为对城市包容性的"风险平滑效应"的依赖。第（3）列为选择在户籍市内流动的劳动力，*lambda* 系数不显著，说明与选择户籍省内的跨市流动劳动力相比，选择在市内跨县流动劳动力的创业决策不存在选择性偏差。

综上所述，个体能力更强的劳动力正向选择流向市场机制完善的东部地区进行创业。如果积极改善本地市场环境，那么个人能力强的劳动力就会留在本地进行创业，同时可以利用已有的社会网络提高创业概率，有助于形成"大众创业"的经济氛围，在创造本地就业机会的同时，提高创业者的收入。

第五节　进一步的拓展分析

一、城市外部环境的调节效应

城市包容性对流动人口创业决策的影响也会受到外部环境的影响。制度环境不仅仅影响创业机会，同时影响创业所承担的潜在风险。城市包容性也是城市外部环境之一，除此之外，完备的市场化水平可以为创业活动提供更多的实现途径和激励机制（张萃，2018），但是，较高的市场化水平也意味着激烈的市场竞争，提高了创业的进入门槛。信息化水平一方面可以提高城市集聚效应的溢出效应；另一方面高度信息化水平可以消除地理空间对消费市场的限制，降低交易成本（叶文平等，2018）。由此，我们进一步考虑城市外部环境，也就是市场化水平和信息化水平对城市包容性与流动人口创业决策的调节效应。

表 11-7 第（1）列至第（3）列主要考察了城市市场化水平的调节效应。第（1）列的结果表明，城市包容性与市场化水平的交互项显著为正，也就是说，高市场化水平对城市包容性与流动人口创业决策的影响有正向调节效应，完善的市场化水平可以为创业活动提供更多的实现途径和激励机制，进一步促进了劳动力个体的创业选择。第（2）列和第（3）列分别考察市场化水平对生存型创业和机会型创业的调节效应，结论与第（1）列类似，即市场化水平对城市包容性与不同创业类型的影响有正向调节效应。给定城市高市场化水平下，城市包容性越高，劳动力越倾向于选择创业。城市包容性的"风险平滑效应"促进了

劳动力在竞争激烈的城市进行创业。表11-7第（4）列至第（6）列汇报了城市信息化水平的调节效应。信息化水平对城市包容性与流动人口创业决策的影响也有正向调节效应，高信息化水平降低了市场交易成本，提供了创业激励，因此进一步提高了城市包容性对流动人口创业决策的正向促进作用。

表11-7　　　　　　　　　　城市外部环境的调节效应

项目	（1）	（2）	（3）	（4）	（5）	（6）
	是否创业	生存型创业	机会型创业	是否创业	生存型创业	机会型创业
城市包容性	-0.913*** （-2.84）	-0.726** （-2.16）	-0.571 （-1.03）	0.196 （0.80）	0.165 （0.60）	-1.268** （-2.29）
城市包容性× 市场化水平	0.153*** （3.96）	0.146*** （3.38）	0.142* （1.81）			
市场化水平	-0.445*** （-3.82）	-0.427*** （-3.27）	-0.406* （-1.70）			
城市包容性× 信息化水平				0.398*** （4.04）	0.434*** （4.24）	1.035*** （3.96）
信息化水平				-1.251*** （-4.02）	-1.362*** （-4.24）	-3.230*** （-3.92）
城市控制变量	是	是	是	是	是	是
行业和地区 虚拟变量	是	是	是	是	是	是
估计方法	IV Probit	IV Probit	IV Probit	IV Probit	IV Probit	IV Probit
观测值	105 632	94 089	67 000	105 497	93 956	66 944

注：括号内为 t 值；*、** 和 *** 分别代表在10%、5%和1%的统计水平上显著。

二、创业者个体异质性的影响

在关于创业行为的研究中，除了关注外部宏观环境的影响外，劳动力个体的异质性差别也是值得关注的现象，如劳动力的学历水平与家庭资产等因素。表11-8汇报了流动人口学历水平和家庭资产的异质性影响。第（1）列至第（3）列结果表明，高学历水平与城市包容性的交互系数为正，但是仅在生存型创业的回归结果中［第（2）列］保持10%的显著水平，说明高学历水平对城市包容性与创业决策没有显著影响。高学历水平通常意味着较高的个人能力，这些人在就业市场中通常可以得到较好的工作计划，因此降低了高学历劳动力的创业选择。第（4）列至第（6）列为考虑家庭资产的创业行为异质性影响。结果表明，家庭资产与城市包容性的交互项显著为负，也就是高家庭资产对城市包容性与创业行为有负向调节效应，但是家庭资产的系数显著为正。流动人口在进行创业决策时，若有一定的家庭财富做支撑，一方面有了更高的物质财富资本为创业提供支持；另一方面解决了创业者的后顾之忧，提高了创业者的抗风险能力，从而降低了创业者对城市包容性提供的"风险平滑效应"的依赖。特别地，家庭资产显著影响劳动力的机会型创业决策，这是因为相对于生存型创业而言，机会型创业的投入成本较大，更依赖家庭财富的支持。

表 11 - 8　　　　　　　　　创业的异质性分析

项目	（1）是否创业	（2）生存型创业	（3）机会型创业	（4）是否创业	（5）生存型创业	（6）机会型创业
城市包容性	1. 527 *** (2. 80)	1. 268 ** (2. 13)	1. 568 *** (2. 88)	1. 615 *** (4. 53)	2. 689 ** (2. 00)	3. 325 ** (2. 28)
城市包容性 × 高学历	0. 572 (0. 83)	1. 332 * (1. 86)	0. 971 (1. 40)			
高学历	− 2. 219 (− 0. 97)	− 4. 800 ** (− 2. 01)	− 3. 555 (− 1. 52)			
城市包容性 × 高家庭资产				− 1. 808 *** (− 2. 77)	− 3. 316 (− 1. 64)	− 8. 642 ** (− 2. 03)
高家庭资产				5. 571 *** (2. 68)	10. 278 (1. 61)	28. 121 ** (2. 02)
城市控制变量	是	是	是	是	是	是
行业和地区虚拟变量	是	是	是	是	是	是
估计方法	IV Probit	IV Probit	IV Probit	IV Probit	IV Probit	IV Probit
观测值	110 204	99 141	73 626	110 204	99 141	73 626

注：括号内为 t 值；*、** 和 *** 分别代表在 10%、5% 和 1% 的统计水平上显著。

第六节　结论与启示

本章运用 2016 年中国流动人口动态监测调查数据从个人层面构建城市包容性综合指标，以分析城市包容性能否促进流动人口的创业，得出了以下几个方面的结论与启示。

第一，城市包容性促进流动人口创业，并且有助于提高其创业层次。本章用流动人口享受与本地居民同等公共服务和社会保障的程度来度量城市包容性，发现城市包容性每提高 1%，选择创业的人口就会增加 1 431 万人，相应地，这些创业人口的年收入就会增加 6 010 元/人。因此，在城镇化过程中，政府应提高对流动人口的"准市民化"待遇，完善政府"无差别化"公共服务，不仅可以增加城市就业岗位，同时还能显著提高劳动力的收入水平。

第二，城市外部环境对城市包容性影响流动人口创业决策有调节作用。具体地，高市场化水平和高信息化水平均可以正向调节城市包容性对创业活动的促进作用。城市包容性的"风险平滑效应"促进了劳动力在竞争激烈的城市进行创业。而家庭资产负向调节了城市包容性对创业决策的影响，这是因为更多的家庭财富解决了创业者的后顾之忧，提高了创业者的抗风险能力。

第三，不同流动区域流动人口的创业决策存在选择性偏差。克服选择性偏差后，城市包容性对流动人口的创业行为保持显著的正向促进作用。这意味着，如果本地政府积极改善本地市场环境，活跃商业活动，那么个人能力强的劳动力就会选择留在本地进行创业，同时可以利用已有的社会网络提高创业概率，有助于形成"大众创业"的经济氛围，在创造本地就业机会的同时，提高创业者的收入。

参考文献

[1] 蔡昉：《中国经济改革效应分析——劳动力重新配置的视角》，载于《经济研究》2017 年第 7 期。

[2] 陈刚：《管制与创业——来自中国的微观证据》，载于《管理世界》2015 年第 5 期。

[3] 陈云松：《农民工收入与村庄网络：基于多重模型识别策略的因果效应分析》，载于《社会》2012 年第 4 期。

[4] 解垩：《中国非农自雇活动的转换进入分析》，载于《经济研究》2012 年第 2 期。

[5] 李宏彬、李杏、姚先国等：《企业家的创业与创新精神对中国经济增长的影响》，载于《经济研究》2009 年第 10 期。

［6］李叶妍：《中国城市包容度、流动人口与城市发展研究》，社会科学文献出版社 2017 年版。

［7］罗明忠、邹佳瑜：《影响农民创业因素的研究述评》，载于《经济学动态》2011 年第 8 期。

［8］宁光杰、段乐乐：《流动人口的创业选择与收入——户籍的作用及改革启示》，载于《经济学（季刊）》2017 年第 1 期。

［9］潘越、肖金利、戴亦一：《文化多样性与企业创新：基于方言视角的研究》，载于《金融研究》2017 年第 10 期。

［10］任远、邬民乐：《城市流动人口的社会融合：文献述评》，载于《人口研究》2006 年第 3 期。

［11］王春超、冯大威：《中国乡—城移民创业行为的决定机制——基于社会关系网的分析视角》，载于《经济学（季刊）》2018 年第 1 期。

［12］夏怡然、陆铭：《城市间的"孟母三迁"——公共服务影响劳动力流向的经验研究》，载于《管理世界》2015 年第 10 期。

［13］杨菊华：《中国流动人口的社会融入研究》，载于《中国社会科学》2015 年第 2 期。

［14］叶文平、李新春、陈强远：《流动人口对城市创业活跃度的影响：机制与证据》，载于《经济研究》2018 年第 6 期。

［15］张萃：《什么使城市更有利于创业？》，载于《经济研究》2018 年第 7 期。

［16］张明斗、王雅莉：《城市化包容性发展的综合测度及驱动因素研究》，载于《社会科学研究》2016 年第 6 期。

［17］郑杭生、陆益龙：《开放、改革与包容性发展——大转型大流动时期的城市流动人口管理》，载于《学海》2011 年第 6 期。

［18］周广肃、李力行：《养老保险是否促进了农村创业》，载于《世界经济》2016 年第 11 期。

［19］周敏慧、陶然：《企业家精神代际传递与农村迁移人口的城市创业》，载于《经济研究》2017 年第 11 期。

［20］周颖刚、蒙莉娜、卢琪：《高房价挤出了谁？——基于中国流动人口的微观视角》，载于《经济研究》2019 年第 9 期。

［21］Diamond, R. , "The Determinants and Welfare Implications of US Workers' Diverging Location Choices by Skill: 1980 – 2000", *American Economic Review*, 2016, 106 （3）: 479 – 524.

［22］Florida, R. and G. Gates, "Technology and Tolerance: The Importance of Diversity to High-Technology Growth", https: //www. brookings. edu/research/technology-and-tolerance-the-importance-of-diversity-to-high-technology-growth/, 2003.

［23］Glaeser, E. L. , S. P. Kerr and W. R. Kerr, "Entrepreneurship and Urban Growth: An Empirical Assessment with Historical Mines", *Review of Economics and Statistics*, 2015, 97 （2）: 498 – 520.

［24］Heckman, J. , "Shadow Prices, Market Wages, and Labor Supply", *Econometrica*,

1974, 42 (4): 679 – 694.

［25］ Qian, H. , "Diversity Versus Tolerance: The Social Drivers of Innovation and Entrepreneurship in US Cities", *Urban Studies*, 2013, 50 (13): 2718 – 2735.

［26］ Schmalz, M. C. , D. A. Sraer and D. Thesmar, "Housing Collateral and Entrepreneurship", *The Journal of Finance*, 2017, 1372 (1): 99 – 132.

第十二章 政策不确定性与私营企业家时间再分配*

第一节　引言

处于转型期的中国，在经济上实行地方分权制，因此地方政府在地区经济发展中发挥着重要的作用。地方官员掌管着一个地区的产业政策制定、土地资源分配、税收信贷优惠等多个方面，这些制度性因素均影响着我国宏观经济增长。私营企业是国民经济发展的重要生力军，驱动着我国整体经济的快速增长，政府部门的决策对于微观层面的企业发展来说也是至关重要的。一个地区的制度环境对企业发展有着非常重要的作用（North and Thomas，1973），其中很重要的一点就是地区政治环境（徐业坤等，2013），而官员更替使企业赖以生存发展的外部环境受到较大影响，从而进一步影响了私营企业的各项投资决策。

在我国，国有企业占据重要地位，有国有银行强大的资金支持，大部分金融资源主要流向了国有企业。而私营企业的发展过程中，资金短缺甚至资金链断裂等融资问题较为严重。根据已有研究可以发现，企业家的政治身份、社会资本以及进行慈善捐赠等确实能够为企业带来更多外部资金资源（王艺明和刘一鸣，2018），用于企业的再投资和研发创新

* 本章作者：刘一鸣、王艺明、常延龙。原文发表于《经济科学》2020 年第 1 期。

项目，也可以为企业带来更多政策优惠、税收减免，以及确保企业发展的良好外部空间等（Wang and You，2012；Schott and Jensen，2016）。对于企业家来说，其既是企业的拥有者、管理者，也是企业的劳动者，在企业的生产、发展中投入管理劳动，进而获取再生产管理劳动力的价值及其剩余价值。企业家时间和企业经费都是有限、宝贵的资源，需要合理权衡机会成本进行投资，它们都会由于政策不确定性发生转变，进而影响着企业的决策发展。

已有研究从不同角度探讨了宏观制度环境对微观企业发展的影响，如产权保护、金融发展、腐败程度及环境规制等对企业投资、创新、绩效等方面的影响。目前国内关于管理者时间配置的研究文献较少，而本章所用的私营企业调查数据提供了良好的数据样本，可以充分研究企业家决策的影响机制。通过2012年私营企业数据样本来看，企业家每天会花费30.46%的时间（约7.31小时）用于企业"日常经营管理"，14.79%的时间（约3.55小时）用于"外出联系生意、开会及公关、招待"，6.92%的时间（约1.66小时）用来"学习"，8.38%的时间（约2.01小时）用来"陪伴家人"，大约32.21%的时间（7.73小时）用来"休息"，剩余约7.25%的时间（1.74小时）为"其他活动"。可见，除去必要的休息时间及企业运营管理所需的时间，企业家还是比较重视建立社会资本的时间安排，通过这样的对外社交活动时间构建社会资本也是决定企业创新发展的关键之一（刘一鸣和王艺明，2018），这有利于企业获取来自再生产管理劳动力价值之外的剩余价值。因此，本章主要探究了发生官员更替时的政策不确定性是如何影响关乎企业发展的企业家社交活动和日常经营管理的时间配置的。

地方官员更替带来的政治环境变化，给企业带来了强大的外生冲击，是影响企业创新投资、企业家时间配置等战略决策的关键。一般来说，政治变动对企业行为的影响可以分为宏观政策不确定性和微观社会资本重组两类。当发生官员更替时，企业面临的政策不确定性增加，会谨慎、减少或者延迟投资（徐业坤等，2013；曹春方，2013；李凤羽和杨墨竹，2015），直至不确定性得以消除。同时，政策不确定性会显著降低企业研发创新活动（陈德球等，2016），市委书记的政治晋升还会加剧地方国有企业和民营企业的并购交易活动（徐业坤等，2017）。市委书记更替使企业家原有的社会资本被切断，社会资本对企业发展来说也是一项宝贵资源，可在很大程度上作为非正式制度的替代性策略弥补我国正式制度的缺失，进而可以解决企业发展过程中面临的信息不对称、融资约束困境、产权保护匮乏等问题。习近平总书记在党的十九大报告中指出，中国要"蹄疾步稳推进全面深化改革，坚决破除各方面体制机制弊端"。因此，从长期来看，这样的切断给私营企业营造了一个更加公平公正的外部发展空间，可以有效避免不合理的社会资本，对于私营企业乃至整个国民经济的发展来说都更加有利。

本章的研究贡献在于探讨了官员更替对企业家时间配置的影响。本章从不同角度度量了由市委书记更替带来的政策不确定性，既研究了官员任期的影响，也探究了新任官员来源不同代表的异地交流制度的影响。企业家的时间配置更能够体现出企业治理方面的个人偏好，从而反映出其投资决策的异质性。更重要地，本章还加入了企业家进行社交活动经济成本的变化，从时间配置和经费决策两个维度来探究企业家如何应对政策不确定的发生，采用 2002～2010 年私营企业调查数据、市委书记更替数据、城市统计年鉴、市场化指数等数据库相匹配进行机制检验。

第二节　理论分析与研究假设

一、政策不确定性

自诺斯（North，1973）提出制度对经济发展的开创性贡献以来，越来越多的国内外学者开始关注制度尤其是政治制度对经济发展的重要性，强调了各级政府对微观企业发展的能动作用。一个地区乃至一个国家的政治制度稳定性，对于经济发展的外部环境起着决定性作用。关于政策不确定性的度量方法有多种，有的采用战争、革命、起义、国家分裂等政治格局的动荡来代表（Alesina and Perotti，1996；Julio and Yook，2012）；有的采用较为微观层面有政策决定权的省级、市级政府官员的更替变动来衡量（徐业坤等，2013；曹春方，2013；杨海生等，2014）；还有的采用构造的"中国经济政策不确定性指数"来度量（李凤羽和杨墨竹，2015）。可以发现，第一种度量方法更加偏向于政策不确定性的政治学含义，而后两种度量方法则较为注重政治不确定性的经济学含义。本章更倾向于采用微观层面的政府官员更替变动来度量政策不确定性，这更加符合本章的现实意义。

本章主要度量了政策不确定性对微观层面企业发展的影响。我国实行分权制改革后，地区级官员被赋予了更多经济权力，不同地区间政策不确定性情况差异较大。更重要的是，处于转型期的中国，"党管干部"的一元领导体制决定了市委书记的"一把手"地位，市委书记在人事工作和社会经济发展方面拥有重要决策权（徐业坤等，2017）。图 12 - 1 汇报了 2001～2012 年我国各地级市市委书记和市长的变更比率情况，可以发现二者呈现出较为一致的变动趋势。而且，本章采用的私营企业数据样本量有限，所以此处采用地级市层面市委书记更替情况来度量私营企业在发展过程中经历的政策不确定性。本章选取了当地市委书记是否发生更替、是否为任职期满后正常更替以及新任官员来源三个方面来度量政策不确定性（陈德球等，2016），进而研究对于私营企业家管理劳动时间配置、经费决策的影响情况。

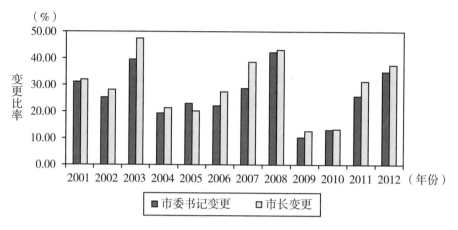

图 12 - 1　2001~2012 年地方官员变更比率

资料来源：作者整理绘制。

从宏观角度来说，官员的任期限制和异地交流制度可以推进地区经济增长，呈倒"U"型变动（王贤彬和徐现祥，2008），晋升激励也对经济增长产生差异化影响（徐现祥和王贤彬，2010），因官员年龄与任期而异。周黎安（2004）关于官员晋升锦标赛的研究也表明，官员会在其任职期间努力推进所在地经济增长，通过成为优胜者获得晋升机会。然而，长期以来的官员晋升锦标赛竞争带来了经济一定程度的扭曲性增长，为政府职能、经济增长方式的转型带来了更大压力。我国高速的经济增长中包含大量重复建设和过度投资，如"轻纺热""开发区热""机场建设大战"等（周黎安，2004），甚至带来地方国有企业过度投资的现象（程仲鸣等，2008；唐雪松等，2010）。同时，地方官员更替会带来地区间资金流动，存在"钱随官走"现象，这一效应因官员年龄、任期及来源不同存在明显的"官员异质性"（钱先航和曹廷求，2017）。此外，政府周期性换届与官员变动也有可能不利于当地经济增长，影响经济周期，但一般只是短期经济波动（Julio and Yook，2012；杨海生等，2014），并不会影响长期总体经济增长。

二、地方官员更替、营商环境变动与企业发展

目前关于企业发展的研究主要集中于对国有企业、上市公司的研究，也有少

部分学者对中小企业上市公司、私营企业进行了一定研究，探讨不同因素对企业绩效、投资、创新、并购的影响。关于政策不确定性与微观企业的研究主要集中在企业投资行为方面（徐业坤等，2013；曹春方，2013），当发生官员更替时，企业面临的政策不确定性增加，会谨慎、减少或延迟投资，研发创新活动显著降低（陈德球等，2016），市委书记的政治晋升还会加剧地方国有企业和民营企业的并购交易活动（徐业坤等，2017），直至不确定性得以消除。在国民经济的发展中，私营企业占据非常重要的地位，是国民经济发展的重要生力军，因此本章基于官员更替视角研究私营企业的发展有着非常重要的意义。

私营企业家作为企业的法人代表，拥有企业的管理权、决策权，其管理劳动时间和企业的各项经费都是有限、宝贵的资源，如何权衡机会成本、合理利用稀缺资源、规划好各项时间安排和经费投资，是影响企业生存、创新发展的重要决策。企业家的管理劳动时间配置和经费投资策略会受到多种因素的影响，目前国内外学者关于企业家时间配置的研究较少，一般来说，企业领导者为了维持企业的正常运营，花费在日常经营管理上的时间非常必要，但也会受外界环境、政府政策的影响而变化。而且，对外社交活动时间安排有较大灵活性，往往会依据企业发展阶段、社会形势等不断地调整（Seshadri and Shapira，2001）。当面临政策不确定性时，企业会谨慎投资，社交活动时间与经营管理时间都是与企业生产发展直接相关的，会受官员更替的较大影响。董等（Dong et al.，2016）研究发现，好的制度环境有利于降低企业家非生产性社交活动时间，企业家可以将更多的时间、精力用于企业经营管理。何轩等（2016）通过各地区当年立案侦查的贪污受贿、挪用公款、巨额财产不明等职务犯罪情况衡量了地区腐败程度，发现腐败导致企业家非生产性社交活动时间显著增加。可见，好的制度环境对企业发展来说是非常重要的。贝克尔（Becker，1965）认为，人们越来越关注非工作时间带来的经济效益，不断减少用于工作的时间且更加注重提升自身的受教育程度，时间的重新配置和效率的提高显著影响着人们的薪资收入。穆勒等（Mueller et al.，2012）从企业周期的角度，探究了不同时期企业家的时间配置问题，发现企业从初期到成熟期，企业家的时间分配有较大差异。吉福德（Gifford，1992）发现企业家会在改善当前运营和创新新产品之间进行时间分配。

就已有研究现状而言，目前鲜有学者基于官员更替带来的政策不确定性这一视角研究其对企业家时间配置的影响，本章对政策不确定性与私营企业家行为模式方面的研究为此提供了重要的文献参考。从官员任期角度来看，由于每位官员的调动、任期都是企业家可以观测并以此来预期官员更替情况的变量，那么当官员任期不满三年突然离任时，相对于任职期满的正常更替，确实会带来更大程度的政策不确定性。同样，新任官员来源的不同也代表着不同程度的政策不确定性。因此，关于政策不确定性的不同的度量方式可能会对企业家时间配置产生不同的影响。政策不确定性冲击了原有的"官员依赖"政治关联，企业需要在有限的时间内花费更多的经济成本才可能得到更有效的社会资本。所以，这也有利于避免企业家的寻租心理，当面对较高的社会资本重建成本时，企业家会权衡利弊相应减少不必要的社交活动，对于整个社会的营商环境都起到了较大的改善作用。基于以上分析，本章提出以下假说。

假说12.1：由官员更替引起的政策不确定性会显著减少企业家"外出联系生意、开会、公关、招待"构建社会资本的时间，以及企业家的"日常经营管理"时间。

假说12.2：关于官员是否任职期满更替及新任官员来源等政策不确定性的不同的度量方式，对企业家管理劳动时间配置的影响不同。

假说12.3：由官员更替引起的政策不确定性部分切断了企业家原有的社会资本，企业的公关招待费和摊派费比重等社交活动经济成本增加。

第三节　数据来源、变量说明与模型设计

一、数据来源

本章实证部分采用了由中共中央统一战线工作部、中华全国工商业联合会、国家工商行政管理总局和中国民（私）营经济研究会组成的《中国私营企业研究》课题组主持的全国私营企业抽样调查数据，截取了2002～2010年的企业样本。该调查数据既包括了企业经营状况，也调查了企业家个人及家庭情况。同时，本章搜集了2000～2012年各地级市市委书记的主要信息，主要来自人民网、新华网等官方网站公布的官员信息，并通过城市统计年鉴等查漏补缺，搜集的指标主要涵盖市委书记的姓名、性别、年龄、任期、工作经历等相关内容。搜集各地级市在不同年份是否存在官员更替、是否为期满正常换届及新任官员来源等内容作为衡量政策不确定性的主要指标。在此基础上，本章依据两份数据的城市与年份进行匹配，以此来衡量每个企业所面临的政策不确定性是如何影响其决策发展的。此外，为了控制企业所在地本身造成的企业外部发展环境的差异，本章进一步匹配了樊纲等（2016）公布的中国市场化指数，以及《中国城市统计年鉴》等。

四个数据库充分匹配后，本章得到了回归所需的各变量，并进行了如下数据处理：（1）剔除了雇佣员工数少于8人的企业；（2）剔除了金融类企业及已上

市企业；（3）剔除了登记企业家年龄不满 18 岁的企业。

二、变量说明

变量说明见表 12 - 1。本章主要考察市委书记更替对企业家时间配置的影响，主要取企业家"日常经营管理""外出联系生意、开会及公关、招待"这两个与企业发展相关的时间，考察官员更替对企业家治理决策的影响。本章的主要解释变量为政策不确定性，采用三个指标分别衡量：（1）简单采用 0—1 变量看企业所在地当年是否发生市委书记更替，若市委书记为当年 1~6 月离任，则记为 1，若为 7~12 月离任，则记为 0（王贤彬和徐现祥，2008）；（2）考察市委书记是否为任职期满正常更替，即更替类型，我国市委书记任期约为 3 年，① 若市委书记任期满 3 年后离任，则认定为 1——正常更替，少于 3 年记为 2——非正常更替；（3）考察了新任市委书记的来源，若市委书记为本市市长、副书记晋升而来则记为 1——本地升迁，若为本市外的职位调任则记为 2——外地调任。此外，为了检验企业家政治身份在这一影响机制中的作用，本章也将其加入，用于考察有人大代表或政协委员身份、政府部门任职背景的企业家是否表现更敏感。因为有政治身份的企业家可能有更多机会与政府部门接触，提前获取一些政局变动信息，发生官员更替后，有政治身份的企业家并不会立即与新上任书记构建社会关系网，而需要充分适应这一政治权利转移的过渡期。没有政治关联的企业家可能由于缺乏与政府部门接触的机会，社交活动时间可能没有那么显著、敏感的变动。

表 12 - 1　　　　　　　　　　变量说明

变量名称	变量定义
政策不确定性	企业所在地当年是否发生市委书记更替，0 = 否，1 = 是
	市委书记更替类型，0 = 未更替，1 = 任职期满正常更替，2 = 任职期未满非正常更替
	新任市委书记来源，0 = 未更替，1 = 本地升迁，2 = 外地调任
社交活动时间	企业家外出联系生意、开会、公关、招待的时间
经营管理时间	企业家用于企业日常经营管理的时间

① 根据《党政领导干部职务任期暂行规定》第九条规定，党政领导干部任职 3 年以上的计算为一个任期。

变量名称	变量定义
公关招待费用占比	公关招待额/销售收入
摊派费用占比	摊派额/销售收入
政治身份	企业家是否为人大代表、政协委员或曾在县级以上政府部门任职
企业规模	ln（企业雇佣员工数 + 1）
资产收益率	税后净利润/总资产
企业年龄	调查年份 – 创办年份
企业类型	1 = 独资，2 = 合伙，3 = 有限责任公司，4 = 股份有限公司
企业家年龄	调查年份 – 出生年份
企业家性别	1 = 男性，0 = 女性
企业家学历	1 = 小学及以下，2 = 初中，3 = 高中，4 = 大学，5 = 研究生
企业家收入	ln（企业家的个人年收入 + 1）
金融市场化程度	各地区金融市场化程度指数
政府与市场关系	各地区政府与市场关系程度指数
人均 GDP	ln（人均 GDP）（全市）
金融发展指数	银行贷款额/GDP（全市）
企业所在行业	行业虚拟变量
调查年份	年份虚拟变量
归属省份	省份虚拟变量

注：表中社交活动时间、经营管理时间的单位均为小时，公关招待额、摊派额、销售收入、税后净利润、总资产、企业家的个人年收入、GDP 等变量的单位均为万元。

为了验证回归结果的稳健性，本章采用了逐步加入控制变量的方式。企业层面的变量主要有企业规模、资产收益率、企业年龄和企业类型。企业家个人的控制变量选取了企业家年龄、企业家性别、企业家学历和企业家收入等。地区层面的控制变量主要有金融市场化程度、政府与市场关系、人均 GDP 和金融发展指数。同时，本章还控制了企业所在行业、调查年份、归属省份等固定效应。

三、模型设计

为了验证前文提出的假设，本章采用了不同的模型进行实证分析。首先，采用如下模型来验证假说 12.1 和假说 12.2，即政策不确定性对企业家管理劳动时间配置的影响：

$$time = \beta_0 + \beta_1 pu + \beta_2 political + \beta_3 X_{controls} + \sum industry + \sum year + \sum province + \varepsilon$$
（12.1）

为了验证假说12.3，采用了如下回归模型，即政策不确定性对企业家构建社会资本经济成本的影响：

$$cost = \beta_0 + \beta_1 pu + \beta_2 political + \beta_3 X_{controls} + \sum industry + \sum year + \sum province + \varepsilon$$
（12.2）

其中，$time$ 代表企业家花费在"日常经营管理"和"外出联系生意、开会及公关、招待"的时间；pu 代表政策不确定性的三个指标：市委书记是否更替、是否任期满后正常更替以及新任官员来源等；$political$ 代表企业家的政治身份；$X_{controls}$ 代表控制变量：企业规模、资产收益率、企业年龄和企业类型，企业家年龄、企业家性别、企业家学历和企业家收入，金融市场化程度、政府与市场关系、人均 GDP 和金融发展指数；$industry$、$year$、$province$ 分别代表企业所在行业、调查年份和归属省份的固定效应；β_0 为常数项，ε 为扰动项；$cost$ 为企业家进行社交活动构建社会资本时花费的公关招待费和摊派费占比等经济成本。

第四节 实证分析

一、变量描述性统计

表12-2为本书主要变量的皮尔逊（Pearson）相关系数矩阵及描述性统计结果。考虑到数据异常值，本书对实值变量进行了1%水平的缩尾处理。从相关系数的结果可以看出，各主要变量间的相关系数量级均较小，表明并不存在多重共线性问题。关键变量政策不确定性的三个指标与企业家社交活动时间均显著相关，表12-2中社交活动时间与大部分解释变量都显著相关，但由于此处政策不确定性的相关系数符号与前文提出的假设并不一致，因此各主要变量间的具体关系需要后续的实证回归进行进一步验证。

从表12-2变量描述性统计结果来看，政策不确定性的第一个指标"是否更替"的均值表明，样本中22.7%的企业经历了市委书记更替；社交活动时间均值约为3.6小时，经营管理时间均值约为7.4小时，从标准差来看，企业家社交活动时间、经营管理时间差异较明显，在此本章做了差异性检验，t检验结果表明有政治身份（均值为3.611小时）、无政治身份（均值为3.440小时）两组

表12-2　Pearson 相关系数矩阵及变量描述性统计（样本量 6 761）

项目	是否更替	更替类型	官员来源	社交时间	管理时间	招待费率	摊派费率	政治身份	资产收益率	企业规模	个人收入
社交时间	0.036***	0.028***	0.032***								
管理时间	0.016*	0.002	0.001	-0.215***							
招待费率	-0.013	-0.011	-0.011	0.053***	-0.031***						
摊派费率	-0.003	-0.003	-0.008	0.046***	-0.011	0.182***					
政治身份	-0.019***	-0.017***	-0.018***	0.040***	-0.002	0.038***	0.019*				
资产收益率	-0.014	-0.017	-0.023***	-0.008	-0.007	0.050***	0.059***	0.002			
企业规模	-0.013	-0.005	-0.009	0.057***	-0.014*	0.236***	0.135***	0.072***	0.056***		
个人收入	-0.037***	-0.042***	-0.042***	0.078***	-0.034***	0.112***	0.096***	0.058***	0.135***	0.207***	—
均值	0.227	0.296	0.340	3.626	7.428	0.062	0.032	0.637	0.279	149.675	15.535
最小值	0	0	0	0	0	0	0	0	-0.333	8	0
最大值	1	2	2	10	14	1.620	0.867	1	4	12 000	30 000
标准差	0.419	0.588	0.672	2.010	2.549	0.203	0.109	0.481	0.585	433.296	365.760

注：*、** 和 *** 分别代表在10%、5%和1%的统计水平上显著。此处由于表格篇幅限制，并未包含地区层面的制度环境与经济发展控制变量。

企业家的社交活动时间有显著性差异（-5.0443***），而两组企业家经营管理时间的差异并不显著（0.3128）；进行社交活动花费的公关招待费和摊派费占销售收入的比重均值分别为6.2%和3.2%，前者比重略高于后者，表明企业家会更倾向于主动去构建社会资本；63.7%的企业家拥有人大代表、政协委员或曾在政府任职等政治背景；企业平均雇佣规模大约为150人，且不同企业间规模差异较大。此处由于表格篇幅限制，并未报告所有控制变量的结果。

二、实证结果分析

为了验证前文提出的假设，本章首先检验了被调查企业当期面临的市委书记更替带来的政策不确定性对企业家社交活动时间的影响，采用了行业—年份聚类标准误 OLS 模型，回归结果见表12-3。回归逐步控制了企业层面、企业家层面、地区层面等变量，t 期市委书记更替对企业家社交活动时间的影响均显著为负，表明一个地区发生官员更替时，当地企业面临着政策不确定性，企业家"外出联系生意、开会、公关招待"的社交活动时间明显减少。这一结论与已有文献研究相一致，即在发生官员更替时，由于政策不确定性增加，企业家一般会选择谨慎投资或延迟投资。回归中企业家拥有的政治身份系数并不显著，为了检验前文假设，本章在第（4）列和第（5）列进行了分样本检验。表12-3第（4）列的回归系数相比第（5）列显著为负，表明若企业家有政治背景，他们进行社交活动会更明显地受到政策不确定性的影响，而对没有政治身份的企业家影响不显著。这与本章的预期一致。没有政治背景的企业家原有社交活动就比较少，而且在市委书记更替当年，新任官员上任期间会组织参与各项会议，包括下级官员的变动与任命、新政策的制定等，政局不够稳定，有政治背景的企业家更有可能提前了解这样的"风吹草动"，及时做出正确的时间与经费投资再分配，所以他们在发生官员更替时表现会更敏感，即社交活动时间下降更多。

表12-3　　　　　　　**官员更替与企业家社交活动时间（当期 t）**

变量	社交活动时间				
	（1）	（2）	（3）	（4）	（5）
t 期市委记更替	-0.1283*** (0.0362)	-0.1172*** (0.0375)	-0.1318** (0.0628)	-0.2060** (0.0833)	-0.0298 (0.1515)
政治身份		0.0710 (0.0810)	-0.0030 (0.0758)		

变量	社交活动时间				
	（1）	（2）	（3）	（4）	（5）
企业规模	0.1635***	0.1362***	0.1479***	0.1454***	0.1407***
	（0.0149）	（0.0200）	（0.0243）	（0.0256）	（0.0471）
资产收益率	0.0060	−0.0214	−0.0201	0.0220	−0.0760
	（0.0382）	（0.0423）	（0.0474）	（0.0493）	（0.0617）
企业年龄	0.0097	0.0156	0.0197	0.0069	0.0373
	（0.0151）	（0.0141）	（0.0162）	（0.0191）	（0.0310）
企业年龄2	−0.0005	−0.0006	−0.0009	−0.0003	−0.0017
	（0.0007）	（0.0007）	（0.0008）	（0.0009）	（0.0016）
企业家年龄		−0.0208***	−0.0172***	−0.0163***	−0.0204***
		（0.0038）	（0.0044）	（0.0049）	（0.0077）
企业家收入		0.1793***	0.1847***	0.1865***	0.1540**
		（0.0344）	（0.0393）	（0.0434）	（0.0589）
企业家性别		0.2538***	0.2136**	0.2027*	0.2304
		（0.0824）	（0.0931）	（0.1078）	（0.1654）
人均GDP			−0.0714	−0.1309*	0.00429
			（0.0674）	（0.0777）	（0.1277）
金融发展指数			0.9789	4.9441	−0.0442
			（5.3313）	（7.2107）	（10.2011）
金融市场化程度			−0.1039**	−0.0682	−0.1652**
			（0.0483）	（0.0612）	（0.0725）
政府与市场关系			−0.0289	−0.0755	0.0480
			（0.0998）	（0.1445）	（0.1944）
观测值	7 651	6 761	5 254	3 308	1 946
拟合度（R^2）	0.1279	0.1387	0.1062	0.1118	0.1270

注：回归采用了行业—年份聚类标准误；*、**和***分别代表在10%、5%和1%的统计水平上显著。第（4）列和第（5）列分别为有政治身份和无政治身份分样本回归。回归中均控制了年份、省份及地区固定效应，常数项省略。

为进一步考察市委书记变更对企业家社交活动时间的影响，本章采用了市委书记的任期、新任市委书记的来源两个变量。表12-4组A为市委书记任期的回归结果，可见t期市委书记正常更替对企业家社交活动时间的影响显著为负，而非正常更替的影响不太显著。由于市委书记任期为第3年及以上时会有更大可能离任，对此企业家是可预见的，谨慎投资的企业家往往会减少社会关系网的人情往来。更进一步，对于有政治身份的企业家来说，可能会提前了解政局变动情况，且市委书记换届对他们的社会资本影响更大，所以有政治背景的企业家社交活动时间更加显著减少。t 期市委书记非正常更替的回归系数基本都不显著，表明对于任期未满 3 年的市委书记突然离任，所有企业家都是无法预期的，因此企业家的社交活动行为并不会受到显著冲击。

表 12－4　　　　官员任期、官员来源与企业家社交活动时间（当期 t）

变量	（1）	（2）	（3）	（4）	（5）
组 A：官员任期与企业家社交活动时间					
t 期市委书记正常更替	－0.1200*** (0.0405)	－0.1264*** (0.0466)	－0.1424** (0.0640)	－0.2293* (0.1202)	－0.0541 (0.1839)
t 期市委书记非正常更替	－0.1520* (0.0774)	－0.1002 (0.0741)	－0.1143 (0.1013)	－0.1696 (0.1279)	0.0119 (0.1696)
政治身份		0.0712 (0.0811)	－0.0029 (0.0757)		
观测值	7 648	6 758	5 254	3 308	1 946
拟合度（R^2）	0.1278	0.1385	0.1062	0.1118	0.1271
组 B：官员来源与企业家社交活动时间					
t 期市委书记本地升迁	－0.1564*** (0.0545)	－0.1387** (0.0653)	－0.1855* (0.1093)	－0.2292* (0.1241)	－0.1520 (0.2213)
t 期市委书记外地调任	－0.0903 (0.0706)	－0.0970 (0.0702)	－0.0755 (0.0870)	－0.1805 (0.161)	0.0944 (0.1448)
政治身份		0.0717 (0.0810)	－0.0023 (0.0764)		
观测值	7 644	6 759	5 254	3 308	1 946
拟合度（R^2）	0.1280	0.1385	0.1063	0.1118	0.1277
企业层面控制变量	控制	控制	控制	控制	控制
企业家层面控制变量	未控制	控制	控制	控制	控制
地区层面控制变量	未控制	未控制	控制	控制	控制

注：回归采用了行业—年份聚类标准误；*、** 和 *** 分别代表在 10%、5% 和 1% 的统计水平上显著。第（4）列和第（5）列分别为有政治身份和无政治身份分样本回归。回归中均控制了固定效应。

从表 12 - 4 组 B 的回归结果来看，t 期本地升迁的市委书记且有政治身份一组系数显著为负，表明由本地升任为市委书记的官员更替带来的政局变动对企业家社交活动时间的影响显著为负，且对有政治背景的企业家影响更显著。t 期新任市委书记为外地调任时，企业家社交活动时间的变动并不显著，表明当考察新任市委书记来源时，本地升迁的市委书记更替带来的影响更显著。本章认为，由于本地升迁的市委书记上一工作经历多为市长或副书记，升任后并没有更换工作地点，那么这一更替对企业家已有社会关系网来说并无较大改变，也不存在显著的政策不确定性，已经积累的社会资本使其完全没必要再花费大量的社交活动时间，因此相对来说本地升迁的市委书记带来的政策不确定性使企业家的社交活动时间显著减少，且对有政治身份的企业家影响更显著。而外地调任的市委书记更替存在较大的政策不确定性，且企业家并不能提前预期，无法在当期及时做出应对，因此对企业家社交活动时间的影响不显著。

进一步地，为了检验政策不确定性的影响是否存在时间效应，本章分别考察了前一期（$t-1$）、后一期（$t+1$）的官员更替对企业家当期社交活动时间的影响。从表 12 - 5 组 A 的结果来看，加入了前一期（$t-1$）的官员更替后，t 期、$t-1$ 期市委书记更替对社交活动时间影响的系数均较为显著，且对有政治身份的企业家效应更显著。同样，从表 12 - 5 组 B 的结果来看，t 期、$t-1$ 期市委书记任职期满后的正常换届也均带来了企业家当期社交活动时间的显著减少，对有政治背景的企业家影响更显著，表明市委书记换届尤其是任职期满正常换届对企业家社交活动时间的影响有一定的持续性。而对于市委书记任期未满的突然换届，企业家无法预期，不同时期均没有显著的时间配置变动。从表 12 - 5 组 C 的结果来看，除了当期本地升迁的市委书记换届对企业家当期社交活动时间带来了显著降低效应外，前一期外地调任的市委书记换届也产生了显著的影响。本章认为，由于前一期外地调任的市委书记引起了当地较大的"风吹草动"，企业家在当期无法预期，而在换届后一年仍面临较高的政策不确定性，故而选择了谨慎投资策略，因此构建社会关系网的时间显著减少，且对有政治身份的企业家影响更加显著。而后一期（$t+1$）市委书记换届的结果与表 12 - 3、表 12 - 4 基本一致，只有 t 期影响显著，表明这一影响不存在显著的预期效应，此处不再赘述。综合来看，政策不确定性对企业家社交活动时间的影响有一定的持续效应，但不存在明显的预期效应。

表 12 – 5　　　政策不确定性与企业家社交活动时间（包含前一期 $t-1$）

变量	（1）	（2）	（3）	（4）	（5）
组 A：官员更替与企业家社交活动时间					
t 期市委书记更替	– 0. 1478 *** (0.0509)	– 0. 1523 *** (0.0514)	– 0. 1524 ** (0.0617)	– 0. 2240 *** (0.0815)	– 0. 0511 (0.1542)
$t-1$ 期市委书记更替	– 0. 0341 (0.0595)	– 0. 0489 (0.0547)	– 0. 0871 * (0.0499)	– 0. 0793 (0.0595)	– 0. 0853 (0.0797)
观测值	6 191	5 427	5 247	3 303	1 944
拟合度（R^2）	0.0971	0.1057	0.1064	0.1117	0.1272
组 B：官员任期与企业家社交活动时间					
t 期市委书记正常更替	– 0. 1185 ** (0.0517)	– 0. 1518 ** (0.0599)	– 0. 1679 ** (0.0641)	– 0. 2527 ** (0.1165)	– 0. 0815 (0.1880)
t 期市委书记非正常更替	– 0. 2003 ** (0.0890)	– 0. 1568 * (0.0840)	– 0. 1301 (0.1021)	– 0. 1873 (0.1277)	0. 0062 (0.1722)
$t-1$ 期市委书记正常更替	– 0. 0392 (0.0740)	– 0. 0619 (0.0637)	– 0. 0979 * (0.0572)	– 0. 1071 * (0.0603)	– 0. 0646 (0.0932)
$t-1$ 期市委书记非正常更替	0. 0027 (0.0999)	0. 0099 (0.1069)	– 0. 0480 (0.1036)	0. 0415 (0.1348)	– 0. 1791 (0.1688)
观测值	6 191	5 427	5 247	3 303	1 944
拟合度（R^2）	0.0972	0.1057	0.1064	0.1119	0.1274
组 C：官员来源与企业家社交活动时间					
t 期市委书记本地升迁	– 0. 2033 ** (0.0829)	– 0. 2234 ** (0.0975)	– 0. 2020 * (0.1075)	– 0. 2423 * (0.1231)	– 0. 1698 (0.2227)
t 期市委书记外地调任	– 0. 0895 (0.0787)	– 0. 0899 (0.0756)	– 0. 1048 (0.0840)	– 0. 2104 (0.1583)	0. 0702 (0.1463)
$t-1$ 期市委书记本地升迁	0. 0831 (0.0871)	0. 0591 (0.0701)	0. 0151 (0.0621)	0. 0509 (0.0553)	– 0. 0579 (0.1007)
$t-1$ 期市委书记外地调任	– 0. 1288 ** (0.0571)	– 0. 1345 ** (0.0627)	– 0. 1660 ** (0.0619)	– 0. 1923 ** (0.0943)	– 0. 1006 (0.0918)
观测值	6 184	5 425	5 247	3 303	1 944
拟合度（R^2）	0.0979	0.1059	0.1070	0.1126	0.1279

　　注：回归采用了行业—年份聚类标准误；*、** 和 *** 分别代表在10%、5%和1%的统计水平上显著。第（4）列和第（5）列分别为有政治身份和无政治身份分样本回归。回归中均控制了固定效应。

以上本章采用的是2002～2010年私营企业数据，其中企业家"外出联系生意、开会、公关招待"针对的是不同活动对象，而2002年数据将其细分为"外出联系生意""出外开会""招待、应酬"三部分，因此本章进一步采用2002年数据，以深入研究企业家社交活动时间再分配情况。从表12-6的回归结果来看，由于市委书记更替而减少的企业家社交活动时间主要为"外出联系生意"，对其他两项影响均不显著。这与已有文献的结论一致，即当面临政策不确定时，企业投资会显著减少，谨慎投资的企业家也会相应减少"外出联系生意"，表现为显著为负的回归系数，这一时间配置是与企业生产经营直接相关的一项，企业家会减少投资等待政策不确定性消除。

表12-6 官员更替与企业家各项社交活动时间
（只采用2002年子样本）

变量	外出联系生意		出外开会		招待、应酬	
	（1）	（2）	（3）	（4）	（5）	（6）
t 期市委书记更替	-0.2157*** (0.0460)	-0.2154*** (0.0464)	-0.1623 (0.0960)	-0.1318 (0.1234)	-0.0655 (0.0489)	-0.0377 (0.0717)
观测值	1 317	1 121	462	398	1 453	1 237
拟合度（R^2）	0.0469	0.0680	0.2021	0.2481	0.0795	0.1204

注：回归采用了行业—年份聚类标准误；*、**和***分别代表在10%、5%和1%的统计水平上显著。

以上是针对企业家非生产性社交活动时间配置的研究，接下来本章将验证政策不确定性对企业家经营管理时间的影响，回归结果见表12-7。首先，单纯的市委书记更替并没有带来企业家经营管理时间的显著变动。而市委书记任期未满突然离任时显著降低了企业家经营管理时间，正常离任时影响不显著。这表明，对于任期未满三年的市委书记换届，企业面临的政策不确定性程度较高，企业家表现出明显的谨慎投资倾向，其经营管理时间显著减少，这与已有文献针对企业投资及本章针对社交活动时间检验得出的结论相一致。从新任官员来源的角度来看，市委书记是本地升迁还是外地调任对企业家经营管理时间的影响都非常显著，只是符号恰好相反。首先，本地升迁的官员换届使企业家显著增加经营管理时间，与前面社交活动时间的显著减少综合来看，企业家会花费更多心思用于企业日常经营。这主要是由于新任市委书记之前多担任市长或副书记，升任后对于企业家原有社会关系网影响不会很大，企业家不需要进行不必要的社交活动，为了支持新任书记"政绩"，需要加紧企业投资、提升企业绩效，因此相应的经营管理时间显著增加，且没有政治身份的企业家会表现得更敏感。然而，对书记外地调任的情况，企业家已经形成的社会资本受到较大干扰，有更大可能面临政策不确定性，且企业家无法预期，所以企业家应对政局变动会选择"静观其变、谨慎投资"，经营管理时间显著减少，对有政治身份的企业家影响更显著。

表 12 – 7 政策不确定性与企业家经营管理时间

变量	(1)	(2)	(3)	(4)	(5)
组 A：官员更替与企业家经营管理时间					
t 期市委书记更替	0.0490 (0.0639)	0.0215 (0.0748)	– 0.0083 (0.0709)	– 0.1844 (0.1156)	0.2250 (0.1559)
观测值	7 797	6 890	5 313	3 345	1 968
拟合度（R^2）	0.0292	0.0351	0.0438	0.0583	0.0455
组 B：官员任期与企业家经营管理时间					
t 期市委书记 正常更替	0.1480* (0.0764)	0.1235 (0.0919)	0.1240 (0.1195)	– 0.0691 (0.1638)	0.3684** (0.1803)
t 期市委书记非 正常更替	– 0.1755 (0.1075)	– 0.2097* (0.1137)	– 0.2277* (0.1280)	– 0.3676** (0.1746)	– 0.0258 (0.2119)
观测值	7 794	6 887	5 313	3 345	1 968
拟合度（R^2）	0.0299	0.0359	0.0445	0.0588	0.0465
组 C：官员来源与企业家经营管理时间					
t 期市委书记 本地升迁	0.2700*** (0.0841)	0.2456*** (0.0851)	0.2658** (0.1239)	0.0702 (0.1498)	0.5074*** (0.1843)
t 期市委书记 外地调任	– 0.2035** (0.0898)	– 0.2116* (0.1167)	– 0.2934** (0.1138)	– 0.4608** (0.2078)	– 0.0607 (0.1833)
观测值	7 790	6 888	5 313	3 345	1 968
拟合度（R^2）	0.0313	0.0366	0.0458	0.0601	0.0478

注：回归采用了行业—年份聚类标准误；*、** 和 *** 分别代表在10%、5%和1%的统计水平上显著。第（4）列和第（5）列分别为有政治身份和无政治身份分样本回归。回归中均控制了固定效应。

三、进一步探讨

在以上对政策不确定性影响企业家时间配置研究的基础上，为了进一步考察政策不确定性是否会对企业家重新构建社会资本的经济成本带来影响，本章采用企业公关招待费用、摊派费用分别占销售收入的比重进行检验。同样，此处也采用了政策不确定性的三个指标：官员是否更替、是否期满正常更替以及新任官员来源，并针对企业家政治身份进行了分样本处理以考察政治背景的作用，主要回归结果见表 12 -8。

表 12 -8　政策不确定性与企业家社交活动成本（公关招待费占比）

变量	(1)	(2)	(3)	(4)	(5)
组 A：官员更替与企业公关招待费占比					
t 期市委书记更替	0.0276 *** (0.0075)	0.0318 *** (0.0091)	0.0406 *** (0.0117)	0.0119 (0.0139)	0.0884 ** (0.0351)
政治身份		− 0.0673 *** (0.0116)	− 0.0828 *** (0.0126)		
观测值	5 962	5 347	4 002	2 600	1 402
拟合度（R^2）	0.0427	0.0696	0.0760	0.0481	0.0904
组 B：官员任期与企业公关招待费占比					
t 期市委书记正常更替	0.0115 (0.0093)	0.0140 (0.0120)	0.0161 (0.0185)	− 0.0177 (0.0132)	0.0634 * (0.0554)
t 期市委书记非正常更替	0.0619 *** (0.0164)	0.0699 *** (0.0175)	0.0788 *** (0.0180)	0.0552 *** (0.0167)	0.1316 *** (0.0407)
政治身份		− 0.0668 *** (0.0117)	− 0.0829 *** (0.0128)		
观测值	5 959	5 344	4 002	2 600	1 402
拟合度（R^2）	0.0455	0.0727	0.0788	0.0545	0.0924
组 C：官员来源与企业公关招待费占比					
t 期市委书记本地升迁	0.0178 ** (0.0084)	0.0204 * (0.0106)	0.0205 (0.0163)	0.0049 (0.0175)	0.0493 (0.0384)
t 期市委书记外地调任	0.0385 *** (0.0132)	0.0439 *** (0.0140)	0.0614 *** (0.0183)	0.0196 (0.0242)	0.1253 *** (0.0445)
政治身份		− 0.0671 *** (0.0115)	− 0.0824 *** (0.0126)		
观测值	5 956	5 345	4 002	2 600	1 402
拟合度（R^2）	0.0434	0.0701	0.0773	0.0484	0.0929

注：回归采用了行业—年份聚类标准误；*、** 和 *** 分别代表在10%、5%和1%的统计水平上显著。第（4）列和第（5）列分别为有政治身份和无政治身份分样本回归。回归中均控制了固定效应。

首先，表 12 - 8 组 A 表明官员更替显著增加了企业公关招待费，政治身份则显著降低了公关招待费，这是符合预期的。官员更替使企业家原有的社会关系网被切断，为了构建新的社会资本需要一定的费用，且没有政治背景的企业家本身也可能需要花费更多精力和成本才能构建一定的社会资本。综合前面时间配置的结果来看，单纯的市委书记更替使企业家社交活动时间与经营管理时间显著减少、社交活动经济成本显著增加，这些结论均验证了前文提出的三个假设。进一步考察市委书记任期时（组 B）可以发现，市委书记突然离任显著增加了企业社交活动经济成本，同样政治身份显著减少了成本，但分样本结果则表明无论企业家是否有政治身份，当面临市委书记任期未满突然离任时，公关招待费都显著增加了。这是因为市委书记任期是可以观察的，如果现任书记任期达到三年，则会有很大的换届可能，企业家可提前采取应对策略，不至于在发生官员更替时花费大量经济成本用于社交，因此正常更替对社交活动成本的影响并不显著。而市委书记的突然离任可能是由于升职、违规等无法预期的原因，企业家社会资本会受到较大影响，需要增加经济成本来构建新的人脉关系网，对于所有企业来说成本都是增加的，只是对于没有政治身份的企业家来说增加得更明显。最后，组 C 新任官员来源的回归结果表明，外地调任市委书记会显著增加企业家社交活动经济成本，市委书记为本地升迁时影响并不显著，企业家政治身份的影响仍显著为负。本章认为，由于本地升迁的市委书记并不会带来较大政局变动，企业家无须花费太多精力用于社交活动就可以继续保持原有社会资本，因此社交活动时间显著减少、经济成本并不会显著增加。而当新任市委书记为外地调任时，企业家需要重新花费经济成本构建新的社会关系网，且没有政治身份的企业家需要花费更多。总体来看，无论如何度量政策不确定性，构建社会资本的经济成本都显著增加，回归结果符合假说 12.3 提出的观点。

进一步，本章采用摊派费占销售收入的比重进行了稳健性检验，结果与表 12 - 8 基本一致（因篇幅限制不再赘述）。这表明，为了应对市委书记更替带来的政局变动，企业均需要增加公关招待费、摊派费比重来维持或重建社会资本，企业家必须根据政局变动不断调整时间配置与经费投资以保障企业的长期良好发展。

接着，本章考察了市委书记更替对公司投资规模及社交活动经济成本的影响，具体结果见表 12 - 9。第（1）列和第（2）列检验了 t 期市委书记更替对企业家社交活动经济成本的影响，其中第（2）列加入了企业家社交活动时间，可以发现，扣除了社交活动时间对公关招待费支出的直接影响之外，市委书记更替仍然显著增加了企业家进行社交活动的经济成本。第（3）列和第（4）列检验了 t 期市委书记更替对企业投资规模的影响，其中第（4）列中控制社交活动时间对企业投资规模的可能影响后，市委书记更替对企业投资规模仍有显著负向影响，这一结论与已有研究一致，即当发生官员更替时，企业面临的政策不确定性增加，因此企业会选择谨慎投资策略，投资规模显著减小，重建社会资本的经济成本显著增加。

表 12 - 9　　　　　官员更替与公关招待费、企业投资及分行业检验

变量	公关招待费占比		企业投资规模		社交活动时间	
	(1)	(2)	(3)	(4)	(5)	(6)
t 期市委书记更替	0.0406 *** (0.0117)	0.0423 *** (0.0116)	- 0.1624 * (0.0954)	- 0.2057 ** (0.0969)	- 0.0221 (0.1572)	- 0.1304 * (0.0718)
社交活动时间		0.0043 ** (0.0020)		0.0261 (0.0215)	— —	— —
观测值	4 002	3 947	3 274	3 201	724	4 530
拟合度（R^2）	0.0760	0.0799	0.1315	0.1323	0.1612	0.1073

注：回归采用了行业—年份聚类标准误；*、** 和 *** 分别代表在10%、5%和1%的统计水平上显著。企业投资规模在回归时采用的度量指标为"企业纯利润中用于投资的金额"，单位为万元，回归时对其进行了加1后对数化处理。第（5）列和第（6）列分别为政治敏感型行业和非政治敏感型行业分样本回归。

进一步，本章对目前私营企业的13个行业进行了分类，将其划分为政治环境敏感型行业和非政治敏感型行业两大类[①]（潘越等，2015），进行行业层面的深入研究，具体回归结果见表12-9第（5）列和第（6）列。当面临官员更替带来的政策不确定性时，非政治敏感型行业的企业家会更显著地减少社交活动时间。这是因为政治敏感型行业企业相对来说与政府部门的关系较为密切，会更多地得到政府部门的关注和扶持，相对来说应对风险的能力也较强，因此政策不确定性对它们的影响不会很大。而非政治敏感型行业较为缺乏应对风险的能力，在面临政策不确定性时，企业会明显受到影响而减少或谨慎投资，企业家的社交活动时间也减少。

最后，考虑到实证分析的完整性，关于内生性问题，本章认为，由于被解释变量为地方官员更替代表的政策不确定性，而市委书记的任命是由中央决定的，所以它是一个非常外生的变量，并不会受到解释变量企业家时间配置的影响。而

---

① 政治敏感型行业包含采矿业、电力煤气水业、建筑业、交通运输业、金融和房地产业等，剩余其他行业归为非政治敏感型行业。

且，本章通过不同的模型设定进行实证研究，逐步加入了企业层面、企业家层面及地区层面的各类控制变量。综合来看，在本章中，内生性问题并不是一个需要特别担心的问题。

第五节 结论

处于转型期的中国面临着国民经济发展的严峻挑战，私营企业作为国民经济发展的主要生力军，需要一个更为公平公正、资源配置效率更高的发展环境，这需要我国不断加强制度环境的完善、对生产者合法权益的保护以及知识产权保护。当面临由市委书记更替带来的不同类型、不同程度的政策不确定性时，企业家行为会明显发生变化，以新的投资策略来应对这样的政局变动。本章采用2002~2010年市委书记更替数据、私营企业调查数据，实证探讨了政策不确定性对企业家时间配置的影响。研究结果发现，当期发生官员更替会显著降低企业家社交活动时间，官员更替影响的跨期检验表明，政策不确定性对企业家时间配置的影响有一定的持续效应，但不存在明显的预期效应；企业家政治身份的分样本检验表明，有政治身份的企业家社交活动时间减少得更明显；当市委书记任期满三年后正常更替，或为本地市长、代市长、副书记升任为书记时，企业家社交活动时间下降更明显。从对企业家日常经营管理时间的影响来看，当期发生市委书记更替对企业家日常经营管理时间的影响不是很显著，但本地升迁的书记更替显著增加了经营管理时间，突然离任、外地调任的书记更替显著降低了经营管理时间。此外，政策不确定性不仅带来了企业家时间再分配，同样显著增加了企业家用于构建社会资本的社交活动成本。

总体来看，当面临政策不确定时，企业家花费的社交活动时间、经营管理时间均显著降低，社交活动经济成本显著增加。这表明，由官员更替带来的政局变动不仅会带来当地政策的变动，使企业家选择谨慎投资或者延缓投资，也打破了原有的社会关系网，为了重新构建社会资本，企业家要花费更多经济成本，从而使企业的运营成本增加。虽然由于官员更替带来的政策不确定性短期内带来了私营企业家投资策略的显著变化，但长期来看，我国目前采取的官员交流，特别是官员异地交流制度，在切断企业家原有社会关系的同时，也大大避免了不合理的政企合谋，一定程度上减少了企业家的社交活动，弥补了目前我国制度环境不完善的缺陷，使私营企业可以拥有一个更加公平公正的发展空间，进而会在很大程度上提升整个社会的资源配置效率。

中国的私营企业面临着制度环境不完善、知识产权保护缺失、融资难融资贵等困境，研发动力不足、党建工作不完善等都严重制约着企业的发展，企业家难免会采取一系列的非正式制度替代性策略，这就使得企业的微观决策行为往往会受到政府官员更替这一政治上的"风吹草动"的影响。如果非正式制度替代性策略确实可以为企业带来一定的既得利益，则会导致更多的企业家参与到寻租的队伍中来。因此，应从根本上推进依法治国、加强产权保护，支持民营企业发展，保护民营企业家人身安全和财产安全。增强对地方政府官员的有效监督，完善对政府行为的约束，深化改革，从而降低企业对政府制定的经济政策的强烈依赖，更好地完善企业发展的外部制度环境，提升企业应对风险与政策不确定性的能力，才能保证企业乃至整个国民经济的长期可持续发展，更快更好地实现全面的市场化经济。最后，习近平在党的十九大报告中指出"要坚持党对一切工作的领导"，特别强调了要"注重在非公有制经济组织、社会组织中发展党员"，加强基层党组织的建设，处于转型期的中国，党的领导是中国特色社会主义的最本质特征和最大优势。从意识形态角度充分发挥私营企业发展过程中党组织的积极作用，各党员同志切实履行其监督管理职能，才能促使私营企业在我国国民经济由高速增长阶段转向高质量发展阶段的过程中进一步起到更快、更好的促进作用。私营企业家不应过分注重非正式制度替代性策略，只有从根本上加强企业研发创新，提升企业竞争力，才能在当今高质量发展的市场经济中不断发展壮大。

参考文献

［1］曹春方：《政治权力转移与公司投资：中国的逻辑》，载于《管理世界》2013 年第 1 期。

［2］陈德球、金雅玲、董志勇：《政策不确定性、政治关联与企业创新效率》，载于《南开管理评论》2016 年第 4 期。

［3］程仲鸣、夏新平、余明桂：《政府干预、金字塔结构与地方国有上市公司投资》，载于《管理世界》2008 年第 9 期。

［4］樊纲、王小鲁、朱恒鹏：《中国市场化指数——各地区市场化相对进程》，经济科学出版社 2016 年版。

［5］何轩、马骏、朱丽娜等：《腐败对企业家活动配置的扭曲》，载于《中国工业经济》2016 年第 12 期。

［6］李凤羽、杨墨竹：《经济政策不确定性会抑制企业投资吗？——基于中国经济政策不确定指数的实证研究》，载于《金融研究》2015 年第 4 期。

［7］刘一鸣、王艺明：《私营企业家的时间配置与企业研发创新》，载于《财贸经济》2018 年第 10 期。

［8］潘越、宁博、肖金利：《地方政治权力转移与政企关系重建——来自地方官员更替与高管变更的证据》，载于《中国工业经济》2015 年第 6 期。

［9］钱先航、曹廷求：《钱随官走：地方官员与地区间的资金流动》，载于《经济研究》2017 年第 2 期。

［10］唐雪松、周晓苏、马如静：《政府干预、GDP 增长与地方国企过度投资》，载于《金融研究》2010 年第 9 期。

［11］王贤彬、徐现祥：《地方官员来源、去向、任期与经济增长——来自中国省长省委书记的证据》，载于《管理世界》2008 年第 3 期。

［12］王艺明、刘一鸣：《慈善捐赠、政治关联与私营企业融资行为》，载于《财政研究》2018 年第 6 期。

［13］徐现祥、王贤彬：《晋升激励与经济增长：来自中国省级官员的证据》，载于《世界经济》2010 年第 2 期。

［14］徐业坤、钱先航、李维安：《政治不确定性、政治关联与民营企业投资——来自市委书记更替的证据》，载于《管理世界》2013 年第 5 期。

［15］徐业坤、杨帅、李维安：《政治晋升、寻租与企业并购——来自市委书记升迁的证据》，载于《经济学动态》2017 年第 4 期。

［16］杨海生、陈少凌、罗党论等：《政策不稳定性与经济增长——来自中国地方官员变更的经验证据》，载于《管理世界》2014 年第 9 期。

［17］周黎安：《晋升博弈中政府官员的激励与合作——兼论我国地方保护主义和重复建设问题长期存在的原因》，载于《经济研究》2004 年第 6 期。

［18］Alesina, A., Perotti R., "Income Distribution, Political Instability, and Investment", *European Economic Review*, 1996, 40 (6): 1203 – 1228.

［19］Becker G. S., "A Theory of the Allocation of Time", *The Economic Journal*, 1965, 75 (299): 493 – 517.

［20］Dong Z., Wei X., Zhang Y., "The Allocation of Entrepreneurial Efforts in a Rent-seeking Society: Evidence from China", *Journal of Comparative Economics*, 2016, 44 (2): 353 – 371.

［21］Gifford S., "Allocation of Entrepreneurial Attention", *Journal of Economic Behavior & Organization*, 1992, 19 (3): 265 – 284.

［22］Julio B., Yook Y., "Political Uncertainty and Corporate Investment Cycles", *The Journal of Finance*, 2012, 67 (1): 45 – 83.

［23］Mueller S., Volery T., Von Siemens B., "What Do Entrepreneurs Actually Do? An Observational Study of Entrepreneurs' Everyday Behavior in the Start-up and Growth Stages", *Entrepreneurship Theory and Practice*, 2012, 36 (5): 995 – 1017.

［24］North D. C., Thomas R. P., *The Rise of the Western World: A New Economic History*, Cambridge University Press, 1973.

［25］Schott T., Jensen K. W., 2016, "Firms' Innovation Benefiting from Networking and

Institutional Support: A Global Analysis of National and Firm Effects", *Research Policy*, 2016, 45 (6): 1233 – 1246.

［26］Seshadri, S. , Shapira Z. , "Managerial Allocation of Time and Effort: The Effects of Interruptions", *Management Science*, 2001, 47 (5): 647 – 662.

［27］Wang Y. , You J. , "Corruption and Firm Growth: Evidence from China", *China Economic Review*, 2012, 23 (2): 415 – 433.

第十三章 流动人口工资差异及其影响路径研究：基于城市规模工资溢价视角*

第一节 引言

中国流动人口①规模自改革开放以来迅速增长，2016 年约为 2.45 亿人。② 流动人口向沿海地区、交通干线地区和大城市聚集，扩大了城市地区的常住人口规模。一方面，流动人口在城市中的集中，通过集聚经济促进了城市生产效率的提升（Au and Henderson，2006；刘修岩，2009），使得城市迅速发展，成果斐然；但另一方面，流动人口共享城市发展成果依然比较滞后，收入不平等现象显著，据国家统计局公布的《2017 年农民工监测调查报告》显示，农民工月均收入 3 485 元，而同年度城镇单位就业人员的月均工资约为 6 193 元，高出农民工月均收入约 78%。党的十八届五中全会提出了共享城市发展理念，如何平衡城市发展效率与发展成果共享，需要我们更深入地研究城市规模增长与城市居民收入及其收入不平等的关系，特别是作为城市扩张主要动力来源的流动人口的收入问题。

---

* 本章作者：潘丽群、陈坤贤、李静。原文发表于《经济学动态》2020 年第 9 期。

① 本章中的流动人口遵循国家卫生健康委员会的统一说明，指以流入地来观察，在流入地居住一个月及以上，非流入地本区（县、市）户口的 15 周岁及以上的人口。

② 国家卫生和计划生育委员会流动人口司：《中国流动人口发展报告 2017》，中国人口出版社 2017 年版。

已有研究发现更密集的城市地区的工资水平更高，并将此现象称为城市规模工资溢价（city size wage premium，CSWP）（Glaeser and Mare，2001；Baum-Snow and Pavan，2011）。城市规模工资溢价衡量的是城市规模的变化对于个体收入的影响，可以反映个体从城市规模增长中所获得的好处。与以往基于社会福利和财政支持等视角下的共享城市发展成果不同，本章认为基于城市规模工资溢价视角，可以较好地测算居民工资中来自于城市规模增长的部分，是一种直接获得的但是非常隐蔽的共享城市发展成果的方式。同时，共享城市发展成果政策主要是为了流动人口的市民化，即本地融入目标而提出的，流动人口共享城市发展成果的实际状态应成为我们政策制定的基础。

专门针对流动人口的城市规模工资溢价及其内部差异的探讨较少。因为早期的流动形式主要为乡城流动，大部分研究将农民工作为流动人口的替代词，探讨了乡城流动人口（农民工）与本地城市户籍居民（本地市民）的城市规模工资溢价差异（李红阳和邵敏，2017；Yang et al.，2017；Pan et al.，2019）。但是，将农民工与本地市民进行比较，其存在的溢价差异不仅来自户籍差异，还可能来自本地人对外地人的地域歧视（Yang et al.，2017；章元和王昊，2011）。以往研究中忽视了地域歧视部分，有关户籍差异的估计结果会因遗失关键变量而产生较大偏误。所以，为了避免地域歧视对分析过程的干扰，专门针对流动人口（流动人口监测数据库）的分析可以得到比较纯净的户籍身份效应，完善该领域的研究。同时，近年来非农业户籍（城—城）流动人口[①]迅速增加，农民工占比下降，甘犁（2013）估算 2011 年城镇户籍的流动人口占比为 13%，本章根据 2016 年流动人口监测数据计算得出 2016 年占比约为 17%。非农业户籍的流动人口既就业于传统的农民工集中就业行业，也会进入高技术、国有体制的行业和单位；同时，农业户籍流动人口也在向传统城镇劳动力市场的行业和岗位渗透，如通过派遣公司进入国有企业和单位。所以，针对流动人口的结构变化，以全体流动人口及其内部的收入差异为研究对象是对现有文献的有效补充，也是共享城市发展成果的政策研究的现实需求。

现有研究主要发现农民工早期没有明显获得城市规模工资溢价，但随着户籍制度改革的深入，近年来开始获得显著的工资溢价，并且发现工资溢价存在户籍差异（Pan et al.，2019），但对溢价户籍差异的来源是技能水平差距还是户籍歧视存在争议（王建国和李实，2015；Yang et al.，2017），也并未就中国特殊的

---

① 流动人口分为农业户籍流动人口和非农业户籍流动人口。农业户籍流动人口又被称为乡—城流动人口，通常称为农民工；非农业户籍流动人口又被称为城—城流动人口或是城镇流动人口。因此，对于同义表达，鉴于研究者们只是习惯不同，本章并未刻意区分。

溢价户籍差异的形成路径进行深入研究。户籍制度是中国社会一项基本的制度安排，也是中国长期存在的劳动力市场不可忽视的具体国情。户籍制度不但分割了城乡，随着大量流动人口涌入城市，也分割了城市内部的劳动力市场，成为影响城市居民收入差距的重要因素（蔡昉，2010；章莉和李实，2014；孙婧芳，2017）。虽然中国正在进行户籍制度改革，但是基于户籍制度产生的劳动力市场分割还在持续影响流动人口。从共享城市发展理念来看，共享与公平是相辅相成的，不公平的工资溢价户籍差异会严重阻碍城市发展成果的共享。所以，有必要利用最新的数据，聚焦于流动人口城市工资溢价的城乡户籍差异，通过检验城市规模工资溢价是否存在户籍差异以及此差异的来源路径，来探讨户籍如何影响流动人口共享城市发展成果。

基于上述原因，本章利用 2016 年流动人口监测数据，实证研究发现流动人口获得了显著的城市规模工资溢价，但呈现出工资溢价的户籍差异，相比农业户籍（乡—城）流动人口，非农业户籍（城—城）流动人口获得的工资溢价更高，该结论对于名义工资、经 CPI 平减的实际工资和扣除生活成本的纯工资收入都成立。在使用历史人口和城市地理特征作为城市规模的工具变量控制内生性，使用倾向得分匹配方法克服自我选择偏误后，实证结果依然稳健。本章进一步探讨了阻碍流动人口共享城市发展成果的不公平的工资溢价户籍差异的形成路径，研究发现技能差异不能完全解释溢价的户籍差异，并利用倾向得分匹配法计算出每一对相似个体的城市规模工资溢价来研究其他可能路径，研究发现，农业户籍流动人口依靠社会网络搜寻工作、不签订劳动合同的就业方式阻碍了他们获取充分的规模溢价。最后，依据溢价差异的路径分析，提出了城市发展成果共享的政策建议。

本章的边际贡献主要有以下几个方面。（1）从城市规模工资溢价的视角来分析流动人口共享城市发展成果问题。相较于以往研究，城市规模工资溢价视角可以更好地观察到城市规模扩大对于流动人口收入的直接影响，反映他们共享城市发展成果的状态。（2）采用流动人口样本。该样本可以实现在非农业户籍和农业户籍流动人口之间测量城乡户籍差异，排除以往采用农民工和本地人样本存在的外地歧视干扰，更精确地测量城乡户籍差异程度。（3）严谨的实证策略，稳健的溢价估计。本章进行了严谨的内生性和样本自我选择偏误的实证策略讨论，采用历史人口和地理特征作为工具变量和倾向得分匹配等方法，得到更加稳健的城市规模工资溢价估计。（4）探讨了流动人口城市规模工资溢价户籍差异的形成路径。除了传统的技能差异外，本章还基于劳动力的搜寻匹配就业过程探讨分析了搜寻工作的方式和是否签订合同的就业方式是溢价差异的路径来源，在理论上对城市规模工资溢价户籍差异的形成路径进行了补充。

第二节　文献综述和机制分析

一、城市规模工资溢价及其异质性

对西方城市的研究发现，城市规模工资溢价是显著存在的（Glaeser and Mare，2001；Combes et al.，2008；Korpi and Clark，2017），溢价往往采用工资对城市规模或者城市经济密度变动的敏感程度来衡量。库姆斯等（Combes et al.，2010）总结得到工资的经济密度弹性系数通常在 0.02 ~ 0.05 的范围。[①] 溢价的来源有物价水平、集聚经济、劳动力依据自身能力的空间群分以及人力资本的积累和学习效应。首先，罗巴克（Roback，1982）表明，高的名义工资水平可以补偿高租金和不宜居性。所以，保持宜居性不变的情况下，城市规模名义工资溢价可能来源于更大城市的高租金价格，或者说为保持相同的生活水准而不得不支付更高的价格水平。其次，城市工资溢价可以源自城市规模产生集聚经济的静态优势，大城市因集聚经济带来各种外部性〔马歇尔（Marshall）外部性、雅各布斯（Jacobs）外部性、波特（Porter）外部性〕，实现更高的劳动生产率（Au and Henderson，2006）。再次，工资溢价可以源自劳动者基于个人不可观察的能力所进行的空间群分，也称为能力拣选，即潜在劳动生产力更高的工人会偏好大规模的城市，因为大城市的高级经济形态、更多样的消费选择和居住适宜性对高技能劳动力更有吸引力，从而不同技能劳动者按照个体能力排序对城市规模有不同的选择（Combes et al.，2008；Baum-Snow and Pavan，2011）。最后，工资溢价可以源自集聚经济的动态优势，即城市促进了经验积累和学习的分享（Gleaser，1999；Korpi and Clark，2017），特别地，大城市提供给工人更多的机会来积累更有价值的经验，这使他们成为更高的人力资本（Glaeser and Mare，2001）。

城市规模工资溢价还存在着显著的异质性，西方研究主要体现在劳动技能的异质性（Baum-Snow and Pavan，2011）和工作形式的异质性（Bacolod et al.，2009；Andersson et al.，2014）上。有学者发现，1979 ~ 2007 年美国工资不平等程度增加的 23% 来自更大城市中工资不平等更快的增长，并认为高低技能工人工资的组间差距在大城市地区更快速的提高是导致这一工资不平等变化的主要原因，即高技能工人的城市规模溢价高于低技能工人（Baum-Snow and Pavan，

---

① 在对西方城市的研究中，城市地区的经济密度通常与城市规模高度相关，前者经常作为后者的代理变量。但是，库姆斯等（2010）强调该弹性范围并不是绝对的标准。

2011）。认知性和非认知性技能在不同规模城市的衡量是相似的，但是这些技能应用于软件和技术行业的回报在更大的城市会更高（Bacolod et al.，2009）。城市的集聚经济对常规性工作和非常规性工作的作用不同，而且大城市更有利于非常规性工作工资的提升（Andersson et al.，2014）。

依据不同的研究对象以及不同时期的数据，有关中国城市规模工资溢价的研究结论认为溢价是存在的，且存在明显的技能差异或户籍差异。高虹（2014）采用工具变量法对中国家庭收入调查（CHIP）2002 年和 2007 年城镇住户的个体收入决定过程进行分析，发现劳动力名义收入的城市规模弹性为 0.19，实际收入的城市规模弹性为 0.08，溢价来自集聚经济，并考察了不同收入水平劳动力工资溢价的异质性，认为收入最低的劳动者获得的溢价较低，但并没有具体分析低收入劳动者获得低溢价的原因。踪家峰和周亮（2015）利用 2002 年 CHIP 数据研究认为存在实际的工资溢价（弹性在 0.1 ~ 0.3），并且是技能偏向，主要是通过"增长效应"实现，随着居住时间的延长，低技能劳动力从大城市中获益更多，即动态集聚经济为主要来源。潘等（Pan et al.，2019）利用 2002 年和 2013 年的 CHIP 数据研究认为城市规模溢价是存在的，且高技能大于低技能，并考察了不同户籍劳动者的溢价差异，认为城镇居民的溢价高于农业流动人口；同时，考察了户籍制度改革背景下，2002 ~ 2013 年城市规模工资溢价的变化，得出城镇户籍本地居民获得的溢价弹性从 0.1035 变为 0.094，农业户籍流动人口的溢价弹性从不显著的 0.0504 变为显著的 0.0775，证实虽然农业流动人口的溢价有所提高，但溢价的户籍差异还是显著存在的。李红阳、邵敏（2017）采用 2007 年 CHIP 数据实证分析城市规模工资溢价的技能差异并验证其来源。具体而言，低技能劳动力名义工资的城市规模弹性约为 0.05，远远低于高技能劳动力的 0.342；大城市的溢价部分来源于个体依据自身能力的空间拣选；中等技能的工资溢价源自大城市更高的物价，而高、低技能劳动力的工资溢价源自劳动力的质量提升和大城市的集聚经济效应，其中的劳动力质量提升主要指集聚经济的动态效应即人力资本的学习和积累机制。杨等（Yang et al.，2017）利用 2005 年中国人口普查抽样调查数据以及 2004 年的制造业普查数据，构建了行业城市分析单元，通过固定效应的方法控制个体对城市、行业的排序拣选，以及选用岗位作为个体不可观察的能力的代理变量来控制个体的自我选择偏误，发现一般而言工人可以获得劳动力市场的马歇尔外部性，即本地本行业劳动力市场的集聚效应（弹性为 0.0029）和人力资本外部性（弹性为 0.3598），其中农业户籍的流动人口比本地或者城镇户籍人口获得的溢价低，这并不是因为技能低，而可能是因为其流动和农业户籍这两个属性。杨等（2017）证实了工资溢价存在户籍差异以及该差异并不源于技能，但并没有进一步论证户籍制度对溢价差异的影响机制。

综上所述，国内外大部分研究都肯定了中国城镇化进程中城市规模工资溢价及其技能差异是存在的，而且中国还存在特殊的基于户籍制度的户籍差异，但是在溢价大小以及户籍差异是否来自技能差异方面还存在较大争议，有待进一步探讨和精确论证。目前在考察身份异质性时，往往将城镇户籍的本地人与农业户籍的农民工进行比较，但是城镇户籍本地人与农业户籍农民工不仅仅具有户籍身份的差异，还具有本地人和外地人的差异，研究中往往将效应仅仅归结为户籍效应，放大了户籍身份的差异。同时，目前专门针对流动人口城市规模工资溢价的研究多聚焦农业户籍流动人口，少有关注非农户籍流动人口。王建国和李实（2015）应用 2011 年和 2012 年流动人口监测调查数据研究发现，农民工名义工资存在规模溢价（弹性为 0.042），并且认为其实际工资的规模弹性会更高一些；宁光杰（2014）运用 2008 年农村外出劳动力数据研究认为溢价不大，得出名义工资的城市规模弹性为 0.028，采用最低工资调整得到实际收入，在控制个人选择偏差后，发现大城市并不利于劳动者的收入，甚至可能出现收入劣势，大城市的互动效应和学习效应只得到部分证明。这些研究没有对流动人口内部的溢价差异进行比较分析。因此，需要对流动人口展开内部比较分析来探讨户籍身份差异，以及户籍身份差异如何引致城市规模工资溢价差异，从而为衡量和评估流动人口在城镇化进程中获得的成果分享提供理论支撑和经验证据。

二、城乡户籍身份如何影响流动人口获得城市规模工资溢价

流动人口城市规模工资溢价的户籍差异表示不同户籍的流动人口工资对城市规模变动的敏感程度是不同的，户籍差异的来源很可能是那些与户籍相关，同时也与城市规模相关的工资影响因素。首先，最直接的一个来源是个体的技能水平，从统计数据来看，农业户籍和非农业户籍流动人口之间存在较大的技能水平差异，所以，技能水平与户籍相关；同时，既有研究证实了技能水平对工资的影响在不同规模的城市是不同的，相同的技能水平在大城市可以获得更高的工资回报（Baum-Snow and Pavan，2011）。所以，城市规模工资溢价的户籍差异可能来自不同户籍流动人口之间的技能水平。其次，除了技能水平外，户籍差异也可能来自那些受到城市规模影响的户籍歧视路径。户籍身份会因为就业目的地城市规模的不同而影响流动人口就业过程的行为——搜寻工作的方式和签订合同的方式。

1. 搜寻工作的方式——社会网络与正规搜寻

流动人口作为外来劳动力进入城市劳动力市场，获得工作需要有一个搜寻过程。相比非农业户籍，农业户籍流动人口由于农村的生长环境和教育水平相

对较低等因素，在工作搜寻的过程中阻力将更大，获得工作的可能性降低，因此农业户籍流动人口往往更倾向通过亲朋好友、老乡等社会关系网络求职，从而缩短求职的时间，降低求职搜寻过程中产生的生活成本（Munshi，2003）。虽然文献研究认为社会网络提高了农民工的求职概率，但是多数研究发现这种社会网络的非正规搜寻工作的方式降低了农民工的收入。陈等（Chen et al.，2018）利用 2007 年中国和印度尼西亚流动人口数据（RUMiCI）研究发现，农村户籍流动人口为了更快找到工作，倾向于向熟人和朋友求助工作信息，并接受较低工资。

随着城市规模的增大，劳动力市场的正规化程度、竞争程度都将提高。曼宁（Manning，2010）指出较大的城市有更大的劳动力市场，相应地，劳动力市场的竞争也更激烈。在此基础上，赫希等（Hirsch et al.，2019）利用德国监测数据，研究发现城市规模工资溢价来源于大城市更正规、竞争性更强的劳动力市场，如果本地搜寻摩擦成本增大，城市规模工资溢价将大大下降。那么，农业户籍流动人口偏好的社会网络搜寻方式在规模越大、劳动力市场越正规的大城市将受到阻碍。相反，非农业户籍流动人口对社会网络关系的依赖程度低，他们偏好的正规搜寻方式让其在规模较大的城市能积极参与竞争，同时由于其具有较高的人力资本水平，其竞争力也相对较强。因此，本章认为不同户籍流动人口搜寻工作的成本和方式有巨大差异，农业户籍流动人口相比非农业户籍流动人口更倾向于通过自身的社会关系网络进行求职，而随着流入地城市规模的扩大，劳动力市场变得更加正规化，竞争程度更高，社会关系的搜寻方式将使获益降低，正规的搜寻方式将更有竞争力。搜寻工作方式的差异性引致农业户籍和非农业户籍流动人口获得城市规模工资溢价的不同。

2. 就业的方式——签订合同与未签订合同

伴随着大量农民工流入城市劳动力市场，城市劳动力市场存在着由于户籍差异而产生的市场分割（孙婧芳，2017），即城镇本地劳动力市场和农民工劳动力市场。具体而言，在农民工劳动力市场中，农民工集中分布在相对低端的竞争行业和私营个体企业，从事"蓝领"和服务业工作（章莉等，2014），通过就业隔离形成行业分割和所有制分割来间接形成收入差异，也可以通过不同的劳动合同来形成直接的工资歧视。孟凡强、吴江（2013）基于中国综合社会调查数据，研究发现农民工签订劳动合同的概率低于城镇工。徐水源（2017）也发现农民工的签订合同率低，是否签订合同与其受教育水平等因素显著相关。因此，从诸多研究来看，签订合同与否与流动人口户籍的农业和非农业状态紧密相关。

城市规模的扩大伴随着劳动力市场的繁荣和生产率的提高，签订合同能让劳动者获得更高的溢价。陈鹏程等（2019）利用中国家庭收入调查数据研究发现，签订合同有利于流动人口工资水平的提高，在规模更大、市场发育更好的地区，更容易获得劳动合同。相对于农业户籍流动人口，非农业户籍流动人口基于其较高的受教育水平、非农业户籍的特征在较大规模城市签订劳动合同的获得性更高，其工资水平也相应更高。因此，流动人口户籍身份差异是签订不同劳动合同或有无劳动合同的重要原因，不同劳动合同获得性的差异将影响他们获得城市规模工资溢价的差异。

第三节　数据说明和流动人口城市
规模溢价的描述分析

本章使用的数据结合了微观数据和宏观数据，主要包括以下两个来源。一是2016 年中国流动人口动态监测调查（CDMS）的微观数据，此数据是国家卫生与计划生育委员会针对全国流动人口展开的调查。调查内容包括流动人口家庭成员与收支情况、流动和就业、居留和落户意愿、婚育和卫生计生服务等，调查以流动人口的流入地展开，个体为在调查前一个月来本地居住、非本区（县、市）户口且 2016 年年龄为 15 周岁及以上的流入人口，调查区域包括各省（自治区、直辖市）和新疆生产建设兵团共 32 个省级单位。此调查涉及流动人口样本量多，范围广，能够很好地反映非农业户籍、农业户籍劳动者的一般情况。二是城市宏观变量，包括市辖区人口数量、就业人数、产业结构、外商直接投资和人均道路面积等，数据来源于《中国城市统计年鉴（2016）》。

本章使用的城市规模的工具变量包含两个：城市平坦面积和城市历史人口。城市平坦面积的基础数据来源于国家基础地理信息中心；[①] 历史城市人口数据来源于 1953 年国家统计局第一次全国人口普查。

基于实证需求，本章对样本进行了限制性处理。首先，研究对象为非农业户籍和农业户籍的流动人口，删除了居民户籍和其他类型户籍这两类无法确定户口性质的样本，并且将年龄限制为 15～64 岁；其次，将流动人口限制在以就业和收入为目的的流动人口（跨境流动不考虑）；再次，基于本章考察城市规模效应，考虑到县规模较小，去除县只保留城市样本；最后，为了消除异常值的影响，本章在上下 1% 的百分位上进行了极值调整，最终得到的样本为 92 个城市的 56 951 个个体。

---

① 国家基础地理信息中心网站提供了城市坡度的基础信息，本章最终城市平坦面积为作者整理计算所得。

以工资作为被解释变量，本章选取流动人口的月收入。我们将收入分为名义收入和实际收入，其中名义收入①来源于调查问卷中回答不包吃住的个体收入。名义收入和实际收入之间的差距反映了生活成本对工资溢价的影响，本章研究对象是城市规模工资溢价，即城市规模给劳动者带来的好处，仅用名义收入不能准确反映劳动者获得的好处，因为不同的城市物价水平不同，所以，应该扣除价格的干扰获得实际的工资溢价才能更精确地反映劳动者获得的好处。但本地物价水平对于流动人口的影响是复杂的，本地物价水平取决于物流成本、土地成本和人工成本，大城市的土地成本和人工成本都较高，物流成本较低，对于流动人口来说，如果降低自己的住房消费水准，减少对较高人工成本的商品或服务的需求，那么本地价格的实际影响可能不会太大。例如，王建国和李实（2015）用住房成本来计算实际工资溢价，得不到显著的弹性系数，但经过局部调整后，得到了更高的实际工资溢价，认为农民工的实际生活成本只是生活成本指数的一半，农民工能从大城市获得更高的效用水平。所以，本章实际工资考虑两种情况：一是将名义收入用各省级物价指数（CPI）② 平减；二是将名义收入减去个人生活成本，其中生活成本用家庭每月生活支出除以家庭共同生活人数计算得出。本章认为，仅用 CPI 平减可能会低估实际溢价，而减去生活成本的纯收入可能会高估实际溢价，通过两种实际收入，可以测算出一个实际收入的溢价范围。通过上述方式，实现名义工资溢价和实际工资溢价的比较分析。

本章的主解释变量为城市规模，关于城市规模的度量方式，目前常用的有城市总就业人数（Au and Henderson，2006）、全市总人口数量和城市大学生数量（陆铭等，2012），市辖区常住人口（王建国和李实，2015；李红阳和邵敏，2017）等。鉴于中国城市规模的划分标准是采用城区常住人口作为依据，并且王建国和李实（2015）证实总就业数量和大学生数量作为城市规模变量与市辖区常住人口作为城市变量的回归基本相同，本章基准回归中采用市辖区常住人口作为城市规模的表征变量，稳健性检验中采用就业人数作为替换变量。其他解释变量的具体定义如表 13 - 1 所示。

---

① 由于本章名义收入是指不包含吃住的个人收入，而调查问卷中 Q105 询问收入时并未表明是否包吃住，因此通过调查数据中 Q102 "家庭有几人在本地由单位包吃包住" 来排除包吃住个体。Q102 记录了受访者家庭成员中包吃住的人数，如果是 0，则调查个体本人的收入一定是未包吃住的，如果不等于 0，则存在他本人包吃住的可能性，所以只保留 Q102 等于 0 的样本。虽然此种做法存在缩小样本的可能性，但保证了本章收入为不包吃住的名义收入的精确性。

② CPI 计算以 1978 年为基期。

表 13 – 1　　　　　　　　　　变量意义及其统计性描述

变量	变量意义及赋值	全样本	城镇户籍	农业户籍
名义收入	不包吃住收入	4 113.44	4 912.91	3 978.03
CPI 平减的实际收入	名义收入经 CPI 平减	604.22	691.81	589.39
扣除生活成本的实际收入	名义收入 – 生活成本	2 807.88	3 131.66	2 752.87
城市规模	用市辖区常住人口（百万）表示	244.24		
个人特征				
年龄	15 ~ 64 岁的劳动人口	35.84	35.68	35.86
性别	男性 = 1，女性 = 0	0.59	0.58	0.59
婚姻状态	有配偶 = 1（初婚、再婚、同居）	0.84	0.80	0.85
	无配偶 = 0（未婚、丧偶、离婚）	0.16	0.20	0.15
民族	少数民族 = 1，汉族 = 0	0.06	0.06	0.06
教育水平	未上过学 = 1，小学 = 2，初中 = 3，高中/中专 = 4，大学专科 = 5，大学本科 = 6，研究生 = 7	3.39	4.33	3.24
流动范围	跨省 = 1，省内 = 0	0.44	0.49	0.50
就业特征				
职业类型	调查问卷中提供的 19 种职业类型			
就业身份	雇员 = 1，其他 = 0	0.51	0.68	0.55
	雇主 = 2，其他 = 0	0.39	0.23	0.36
	自营劳动者及其他 = 3，其他 = 0	0.10	0.09	0.09
就业单位性质	机关、事业单位，国有及国有控股企业 = 1，其他 = 0	0.05	0.14	0.04
	集体、股份、联营企业 = 1，其他 = 0	0.05	0.08	0.04
	个体工商户和私营企业 = 1，其他 = 0	0.73	0.67	0.74
	港澳台、外商独资和中外合资企业 = 1，其他 = 0	0.02	0.03	0.02
	社团、民办组织和其他 = 1，其他 = 0	0.15	0.08	0.17

变量	变量意义及赋值	全样本	城镇户籍	农业户籍
签订合同类型	无固定合同 = 1，其他 = 0	0.39	0.14	0.21
	固定合同 = 1，其他 = 0	0.21	0.52	0.27
	无需合同 = 1，其他 = 0	0.31	0.34	0.52
获得工作的方式	通过家人、亲戚、朋友、同乡获得工作 = 1，通过互联网、报纸和杂志等社会媒体、社会中介、政府部门、企业招聘、其他获得工作 = 0	0.40	0.31	0.46
宏观变量				
产业结构	第三产业占 GDP 比重（%）	49.87		
人均道路面积	单位：平方米	14.01		
汽车拥有量/万人	单位：台	10.73		
利用外资比重	外商直接投资占 GDP 的比重（%）	2.02		
样本量		56 951	8 248	48 703

注：表中数值为变量的均值。

如表 13 - 1 所示，城镇户籍①流动人口的平均名义工资收入为 4 912.91 元，显著高于农业户籍的 3 978.03 元。这表明城镇户籍劳动者存在名义工资收入优势，有更高的平均收入。扣除生活成本后的实际收入水平差距缩小，这也间接说明农业户籍流动人口在流入地消费较少，与现有研究一致。从流动时间和流动范围来看，农业户籍劳动者与城镇户籍流动人口的差异较小，另外，非农业户籍流动人口的平均教育水平（4.33）显著高于农业户籍流动人口（3.24），也就是说城镇流动人口受教育水平在高中以上水平，而农民工则是初中水平。虽然城镇、农业户籍流动者收入有差异，但是也看到在个人特征、流动特征、工作特征等方面均存在差异，因此不能简单断言城市规模溢价的不同与身份异质之间的关系，需要进一步实证考察。

依据数据的统计分析，本章同时也绘制了不同规模城市的流动人口平均名义工资与城市规模之间的关系图（见图 13 - 1）和不同户籍流动人口的平均名义收入与城市规模的趋势图（见图 13 - 2）。由图 13 - 1 可以看出，随着城市规模的扩大，收入水平呈现递增的趋势，初步判断城市规模工资溢价是存在的。图 13 - 2

---

① 户籍的赋值是 1 为城镇户籍，0 为农业户籍。

显示了非农业户籍流动人口的工资随城市规模上升的速度大于农业户籍流动人口，农业户籍和非农业户籍显示出较大的差异。针对此统计特征图的观察，后面进一步进行实证检验。

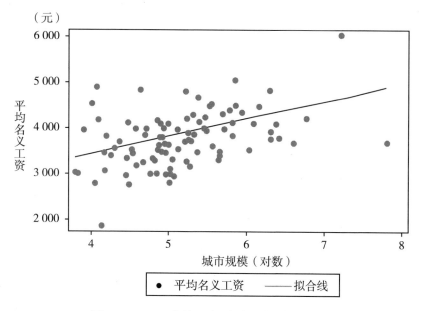

图 13-1　平均收入与城市规模的拟合线

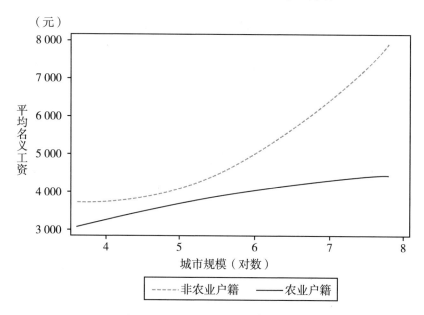

图 13-2　不同户籍流动人口的平均收入与城市规模的拟合线

第四节　模型及实证策略

基于明瑟（Mincer）工资方程，我们构建了如下基准计量模型：

$$\ln w_{ij} = \alpha + \beta_1 \ln citysize_j + \beta_2 X_{ij} + O_{ij} + C_j + \varepsilon_{ij}$$

其中，$\ln w_{ij}$ 为城市 j 中劳动者 i 取对数的月工资收入（名义或实际）；$\ln citysize_j$ 为用市辖区人口表示的城市 j 的规模大小；X_{ij} 为个体 i 的控制变量，包括个体人口学特征和流动特征；O_{ij} 为职业岗位特征，由于本章使用截面数据，不能对个体实施固定效应控制不可观测因素，所以通过寻找个体效应的代理变量来处理，参考杨等（2017）的研究采用岗位类型来作为个体不可观察能力的代理变量；C_j 为城市特征，包括利用外资比重、产业结构、人均道路面积和每万人拥有汽车数；ε_{ij} 为影响劳动者收入的不可观测因素，假设其均值为 0，方差为常数。

本章的研究目标是城市规模对于劳动者工资的促进作用，也就是集聚机制产生的溢价。在识别城市规模溢价时，可能会存在两个问题。一是互为因果关系的内生性问题。因为城市规模越大，生产率越高，工资相对更高，工资越高越吸引劳动力，从而进一步促进城市规模的扩大，因此可能存在城市规模与工资的互为因果关系。二是自我选择偏误问题。具备更好学习潜力的工人可能选择到人口更密集的城市工作，因为在工作场所的学习可能在人口更密集的城市地区更容易发生（Glaeser，1999），而学习能力是不可直接观测的变量。大城市具有更多样的消费选择和居住适宜性，对高技能劳动力更有吸引力，从而不同技能劳动者对城市规模按照个体能力排序有不同的选择（Baum-Snow and Pavan，2011；Combes et al.，2008），所以可能存在不同规模城市与不同能力个体的相互选择。针对这两个可能存在的问题，本章采用工具变量和倾向得分匹配的方法进行处理，具体实施策略的依据讨论如下。

第一，对可能的互为因果关系的问题采用工具变量法处理。城市规模的工具变量主要有历史人口数据和自然地理特征（Combes et al.，2010），在此基础上中国城市规模的工具变量有很多具体的应用。高虹（2014）采用 1953~1982 年城市人口数量增长的自然对数作为城市规模的工具变量，理由是这一变量与城市规模内生的人口增长特征无关，因为这一阶段人口增长的变化主要来自计划主导，通过行政力量来调配城市人口，移民行为主要是政府主导，移民方向主要由地理等外生因素决定，人口的自然增长率与地区未来经济状况的相关性很小，所以，在控制城市特征后，这一阶段的人口增长和个人绝对收入中的干扰项不相关，很难直接影响劳动收入，但是，城市历史上的人口增长会在边际上对未来的人口规模产生促进作用，因而会与未来城市规模相关。基于此思路，踪家峰和周亮（2015）采用 1953 年人口规模作为城市规模的工具变量；王建国和李实（2015）采用 1953 年城市规模和市场潜能以及 1982~2000 年城市人口增长率同时作为工具变量。从这些文献中可以发现，历史人口或者地理特征与当前城市工资水平并无直接关系，但当下的城市规模具有历史依赖性，与历史人口和地理特征具有紧密关系，因此，本章参考库姆斯等（2010）的研究，选取城市平坦度和 1953 年城市人口作为工具变量来解决内生性问题。

第二，对自我选择偏误的解决思路主要是采用处理效应模型和匹配选择模型。宁光杰（2014）采用了处理效应模型和赫克曼（Heckman）两步法来克服劳动者的选择偏误；潘等（Pan et al.，2019）采用倾向得分匹配法（PSM）来控制。考虑到处理效应模型需要对选择的过程进行谨慎的界定，因为其研究结果对于选择模型中变量的选择非常敏感，而且有些研究发现农民工可能就其未被观测到的特征存在微弱的负向选择性（王建国和李实，2015），不可观察能力低的工人也可能偏好更大规模城市（Eeckhout et al.，2016），所以处理效应模型能否很好地刻画农民工的自我选择过程值得怀疑。鉴于此，本章采用倾向得分匹配的方法进行稳健性检验，并对匹配结果进行不可观测因素的敏感性检验。

第五节　实证结果分析

一、基准回归——城市规模工资溢价的存在性

根据明瑟工资方程，表 13-2 显示了基准回归的结果。表中第（1）列和第（2）列是城市规模名义工资溢价。第（1）列显示在控制个体人口学特征、流动特征和职业特征的前提下，城市规模每增加 10%，名义工资增加 0.665 个百分点。在增加城市特征控制的第（2）列中名义工资的规模弹性系数降为 0.0584，且回归系数通过 1% 的显著性检验，即流动人口存在显著的城市规模名义工资溢价。从其他控制变量来看，性别上男性获得的工资溢价更高，年龄呈现倒"U"型特征，已婚相对未婚获得的工资溢价更高，工资溢价随着受教育水平的提高而增加，非农业户籍流动人口比农业户籍流动人口获得的溢价更高，这些都与已有经验文献所得结论较为一致。

由于户籍制度所造成的半城市化，流动人口特别是农民工往往并不以在流入地生活为目标，而是在流入地工作获得收入转移到户籍地进行消费，所以，流动人口往往在流入地压缩消费水平，尽量减少当地物价对自身消费的影响，并且不同城市的物价水平差别较大，从而名义收入可能会高估流动人口获得的溢价。本

章对名义收入用 CPI 进行平减得到实际收入和扣除生活开支的实际收入，如表 13 -2 第（3）列和第（4）列所示，在控制个体特征和城市特征后，城市规模每扩大 10%，实际工资分别增加 0.464 个和 0.481 个百分点。扣除生活成本的实际溢价高于 CPI 平减的溢价，说明流动人口确实在压缩本地消费。

表 13 -2　　　　　　　　　城市规模工资溢价的存在性

变量	（1）	（2）	（3）	（4）
	ln（名义工资）	ln（名义工资）	ln（CPI 平减的实际工资）	ln（扣除生活开支的实际工资）
ln（城市规模）	0.0665 *** (0.00275)	0.0584 *** (0.00363)	0.0464 *** (0.00368)	0.0481 *** (0.00501)
性别	0.231 *** (0.00484)	0.231 *** (0.00480)	0.232 *** (0.00486)	0.345 *** (0.00664)
年龄	0.0315 *** (0.00208)	0.0310 *** (0.00206)	0.0334 *** (0.00209)	0.0508 *** (0.00287)
年龄的平方	− 0.000476 *** (0.0000266)	− 0.000462 *** (0.0000264)	− 0.000494 *** (0.0000268)	− 0.000729 *** (0.0000368)
婚姻状态	0.0954 *** (0.0110)	0.0820 *** (0.0109)	0.0846 *** (0.0110)	0.108 *** (0.0151)
民族	− 0.0326 *** (0.00950)	− 0.0166 * (0.00956)	− 0.0292 *** (0.00968)	− 0.00784 (0.0132)
教育水平	0.0856 *** (0.00266)	0.0842 *** (0.00265)	0.0846 *** (0.00269)	0.0648 *** (0.00367)
户籍	0.0674 *** (0.00721)	0.0749 *** (0.00719)	0.0681 *** (0.00728)	0.0475 *** (0.00996)
流动范围	0.0921 *** (0.00467)	0.0866 *** (0.00477)	0.0553 *** (0.00483)	0.121 *** (0.00658)
集体、股份、联营企业	0.113 *** (0.0151)	0.107 *** (0.0150)	0.112 *** (0.0152)	0.113 *** (0.0206)
个体工商户和私营企业	0.0483 *** (0.0118)	0.0457 *** (0.0117)	0.0600 *** (0.0119)	0.0536 *** (0.0162)

变量	（1）ln（名义工资）	（2）ln（名义工资）	（3）ln（CPI平减的实际工资）	（4）ln（扣除生活开支的实际工资）
港澳台、外商独资和中外合资企业	0.171 *** (0.0198)	0.137 *** (0.0197)	0.156 *** (0.0200)	0.145 *** (0.0271)
社团、民办组织和其他	− 0.0576 *** (0.0135)	− 0.0577 *** (0.0134)	− 0.0387 *** (0.0135)	− 0.0490 *** (0.0185)
雇主	0.382 *** (0.00921)	0.387 *** (0.00914)	0.376 *** (0.00926)	0.466 *** (0.0126)
自营劳动者和其他	0.136 *** (0.00692)	0.136 *** (0.00688)	0.131 *** (0.00697)	0.167 *** (0.00950)
职业固定效应[a]	控制	控制	控制	控制
利用外资		1.833 *** (0.178)	2.334 *** (0.181)	1.766 *** (0.247)
产业结构		0.00236 *** (0.000259)	0.000733 *** (0.000262)	0.00294 *** (0.000357)
每万人汽车量		0.00609 *** (0.000490)	0.00197 *** (0.000497)	0.00602 *** (0.000678)
人均道路面积		0.00700 *** (0.000502)	0.0142 *** (0.000508)	0.00597 *** (0.000692)
常数项	6.760 *** (0.0544)	6.455 *** (0.0562)	4.575 *** (0.0569)	5.695 *** (0.0781)
R^2	0.203	0.216	0.201	0.177
样本量	50 447	50 447	50 447	48 871

注：a 表示职业固定效应与就业单位性质和就业身份一致，采用虚拟控制。

括号内为标准误；* 、** 和 *** 分别代表在10%、5%和1%的统计水平上显著。

为了更直观地显示不同规模城市的城市规模工资溢价，本章对城市规模按照层级进行分类处理。在划分城市层级时，根据2014年10月发布的《国务院关于调整城市规模划分标准的通知》和调查数据中城市规模分布情况，本章划分100

万人以下、100 万~200 万人、200 万~500 万人、500 万~1 000 万人，以及 1 000 万人以上五个层级进行比较。从表 13-3 的回归结果可以看出，以 100 万人以下城市为基准，随着城市层级的上升，总体上系数呈现递增趋势，且统计上通过 1% 的显著性检验。从 CPI 平减和扣除生活开支的实际工资来看，500 万~1 000 万人规模城市相较于 200 万~500 万人规模城市而言，规模工资溢价增加较少，甚至有所下降，说明由于生活成本的作用，城市规模对实际工资的影响可能存在非线性关系。

表 13-3　　　　　　　城市规模工资溢价的存在性（分城市层级）

城市层级分类 （以 100 万人以下为基准）	ln（名义工资）	ln（CPI 平减的 实际工资）	ln（扣除生活开支的 实际工资）
100 万~200 万人城市	0.0104 *** (0.00211)	0.0374 *** (0.0100)	0.00765 *** (0.00137)
200 万~500 万人城市	0.0699 *** (0.00957)	0.129 *** (0.00970)	0.0755 *** (0.0133)
500 万~1 000 万人城市	0.0842 *** (0.0115)	0.130 *** (0.0116)	0.0597 *** (0.0159)
1 000 万人以上城市	0.241 *** (0.0136)	0.145 *** (0.0137)	0.204 *** (0.0187)
其他控制变量	控制	控制	控制
常数项	6.718 *** (0.0545)	4.767 *** (0.0552)	5.911 *** (0.0758)
R^2	0.218	0.203	0.178
样本量	50 447	50 447	48 871

注：*** 代表在 1% 的统计水平上显著。

在表 13-2 和表 13-3 的基础上，进一步将样本分成农业户籍和非农业户籍进行考察，分析户籍差异群体获得的城市规模溢价有何不同。表 13-4 和表 13-5 分别显示了连续变量城市规模和分类城市层级的回归结果。

如表 13-4 所示，无论是从名义工资还是从实际工资的城市规模弹性系数来看，非农业户籍流动人口比农业户籍流动人口获得了更高的工资溢价，而且两者相差甚大。从名义工资来看，非农业户籍工资规模弹性（0.0952）是农业户籍工资规模弹性（0.0499）的 1.91 倍；实际工资规模弹性也是类似倍数。单就农业户籍来看，名义工资的城市规模弹性显著为 0.0499，与李红阳和邵敏（2017）

得到的低技能劳动力的弹性系数（0.05）和潘（2019）测算得到的农民工弹性系数（0.0775）较为接近。就非农业户籍流动人口来看，其名义工资规模弹性系数为 0.0952，小于高虹（2014）测算得到的本地城镇居民的名义工资规模弹性系数（0.19），但实际工资规模弹性系数与其测算的 0.08 接近，同时也与潘（2019）测算得到的 0.094 接近。这说明本章测算的工资规模弹性系数处于合理的范围。

表 13 - 4　　　　　　　　　城市规模工资溢价的户籍差异

项目	农业户籍			非农业户籍		
	ln（名义工资）	ln（CPI平减的实际工资）	ln（扣除生活开支的实际工资）	ln（名义工资）	ln（CPI平减的实际工资）	ln（扣除生活开支的实际工资）
ln（城市规模）	0.0499 *** (0.00393)	0.0397 *** (0.00399)	0.0407 *** (0.00543)	0.0952 *** (0.00942)	0.0729 *** (0.00951)	0.0789 *** (0.0132)
控制变量	控制	控制	控制	控制	控制	控制
常数项	6.601 *** (0.0743)	4.688 *** (0.0754)	5.869 *** (0.104)	5.899 *** (0.134)	4.158 *** (0.135)	4.953 *** (0.189)
R^2	0.190	0.187	0.165	0.331	0.266	0.253
样本量	43 428	43 428	42 137	7 019	7 019	6 734

注：*** 代表在 1% 的统计水平上显著。农业户籍和非农业户籍分组回归系数通过 SUEST 检验，存在显著性差异。

从表 13 - 5 分城市层级的回归结果来看，横向对比，非农业户籍在每一城市层级上的规模工资溢价系数都比农业户籍大，与表 13 - 4 连续变量城市规模的结果一致。同时，从纵向来看，非农业户籍随着城市层级的上升，城市规模溢价系数在不断上升，但是对于农业户籍流动人口而言，在大于 500 万人规模城市的溢价反而降低了，这可能反映出整体上城市规模具有工资溢价趋势，但农业户籍流动人口并非流向越大规模城市获得的溢价越高。这也许可以从两个层面来展开。（1）从流动人口自身层面来看，农业户籍流动人口的整体受教育水平较低，以初中学历为主，主要从事劳动密集型产业。由于较低的人力资本水平，农业户籍流动人口的岗位竞争力也较弱。（2）从城市特征层面来看，特大、超大城市的产业类型更偏向资本或技术密集型，劳动密集型产业较少，同时劳动力市场的岗位竞争也更激烈；特大超大城市由于较高的城市治理成本和房租租金，其生活成本相较于大中城市更高。因此，对于农业户籍流动人口而言，面对特大超大城市较少且竞争激烈的岗位以及高生活成本，人力资本水平较低的他们并非获得最高溢价。

表 13 - 5 城市规模工资溢价的户籍差异（分城市层级）

城市层级分类（以100万人以下为基准）	农业户籍			非农业户籍		
	ln（名义工资）	ln（CPI平减的实际工资）	ln（扣除生活开支的实际工资）	ln（名义工资）	ln（CPI平减的实际工资）	ln（扣除生活开支的实际工资）
100 万 ~ 200 万人	0.00790 ** (0.00331)	0.0377 *** (0.0106)	0.00715 ** (0.00341)	0.0735 ** (0.0301)	0.0758 ** (0.0304)	0.0591 ** (0.0285)
200 万 ~ 500 万人	0.0720 *** (0.0101)	0.135 *** (0.0103)	0.0783 *** (0.0140)	0.131 *** (0.0292)	0.153 *** (0.0296)	0.128 *** (0.0412)
500 万 ~ 1 000 万人	0.0845 *** (0.0123)	0.129 *** (0.0124)	0.0615 *** (0.0169)	0.173 *** (0.0330)	0.211 *** (0.0334)	0.137 *** (0.0465)
1 000 万人以上	0.195 *** (0.0147)	0.101 *** (0.0149)	0.163 *** (0.0203)	0.373 *** (0.0373)	0.252 *** (0.0377)	0.316 *** (0.0524)

注：** 和 *** 代表在 5% 和 1% 的统计水平上显著。

二、内生性处理和稳健性检验

（一）内生性处理——工具变量法

鉴于前文描述的城市规模与工资可能存在的互为因果关系的内生性问题，首先进行了豪斯曼检验，发现卡方值为 87.23，P 值为 0.0000，说明应用工具变量进行回归的结果与 OLS 回归结果有系统性的差别，OLS 回归忽略了内生性，导致结果存在偏差。

按照前文解决内生性问题的策略，我们用城市平坦面积①和 1953 年城市人口数量②作为工具变量，表 13 - 6 显示了工具变量 2SLS 的回归结果，并且针对工具变量法进行了过度识别和弱工具变量检验③。

---

① 参考赖利等（Riley et al.，1999）关于城市平坦面积的计算方法，将海拔 0 ~ 4 367 米分为 7 个范围，取海拔 0 ~ 116 米范围的面积。

② 数据来自第一次全国人口普查。

③ 在组 A 农业户籍名义工资的回归中，第一阶段 F 值为 5 963.47，且在 1% 统计水平上显著。工具变量过度识别中 Chi2（1）= 4.052（P = 0.484），由于 P = 0.484 接受原假设，两个工具变量外生合格。弱工具变量检验中 Kleibergen-Paap rk Wald F 统计量为 3405.42，Stock-Yogo 10% 的临界值为 19.93，所以不存在弱工具变量问题。限于篇幅，其他三个回归的工具变量检验不在此处一一汇报。

表 13 -6　　　　　　　工具变量法检验城市规模户籍溢价

变量	组 A：名义工资				组 B：实际工资			
	农业户籍		非农业户籍		农业户籍		非农业户籍	
	第一阶段	第二阶段	第一阶段	第二阶段	第一阶段	第二阶段	第一阶段	第二阶段
	城市人口规模	名义工资	城市人口规模	名义工资	城市人口规模	扣除生活成本的实际工资	城市人口规模	扣除生活成本的实际工资
城市人口规模		0.0427 *** (0.0048)		0.1111 *** (0.0112)		0.0317 *** (0.0066)		0.0940 *** (0.0162)
历史人口	0.5583 *** (0.0016)		0.5141 *** (0.0042)		0.5577 *** (0.0022)		0.5121 *** (0.0043)	
城市平坦面积	0.0139 *** (0.0016)		0.0237 *** (0.0037)		0.0188 *** (0.0016)		0.0433 *** (0.0038)	
R^2	0.803	0.190	0.845	0.329	0.804	0.165	0.844	0.253
样本量	43 428	43 428	7 019	7 019	42 137	42 137	6 734	6 734

注：基于篇幅限制，实际工资中只报告扣除生活成本的实际工资溢价，经过 CPI 调整的实际工资溢价与其类似，所以省略报告，如有需要可向作者索要。后文涉及实际工资时也是如此。

从表 13 -6 的工具变量回归结果可以看出，对于农业户籍而言，城市规模名义工资和扣除生活成本的实际工资溢价系数分别为 0.0427 和 0.0317，且在统计上通过 1% 的显著性检验，回归系数与基准回归系数分别为 0.0499 和 0.0407，较为接近，说明基准回归在控制了恰当的城市特征后具有相对较强的稳健性，内生性问题对回归结果影响不严重。同理，对于非农业户籍而言，工具变量的回归结果与基准回归差异很小，也说明内生性得到了较好控制，结果稳健。

（二）稳健性检验——倾向得分匹配方法处理选择偏误

由于个体能力的不同，选择流动城市的偏好有所差异（Glaeser，1999；Baum-Snow and Pavan，2011；Combes et al.，2008），本章采用倾向得分匹配相似个体，然后用相似个体流动到大小城市的差异来计算城市规模效应。此处的处理组为流动到相对更大规模城市，对照组为流动到相对小规模城市。根据卡伦多等（Caliendo et al.，2008）的做法，用倾向得分匹配（PSM）方法计算平均差异，遵循以下步骤：第一步，选择影响参与决策和结果变量但不受参与影响的协变量；第二步，使用 Logit 模型估算倾向得分；第三步，使用匹配算法将处理组（有流动经历）与对照组（无流动经历）匹配，然后检查协变量平衡和共同支持域，接着估算平均差异和标准误差，最后检查估计结果对隐藏偏差的敏感性。运用 PSM 方法的关键是选择合适的协变量。协变量是指那些影响处理选择过程和结果但是不受处理选择影响的变量，也就是影响是否流动到大城市且对工资有影响，但不能是流动到大城市后造成的。本章确定的协变量为个体特征：性别、年龄、教育、少数民族、婚姻状态、流动范围和城市地理特征（平坦度）。此处的城市地理特征借鉴孟美侠等（2019）的研究，他们认为找到两个只是规模不同但地理禀赋相同的城市能真正反映城市规模的聚集经济净效应。[①]

根据国务院公布的城市规模划分标准和本章城市规模特征，本章仍以 100 万人、200 万人和 500 万人为大小城市的分界规模进行划分和考察。[②] 具体而言，对于 100 万人分界线而言，将 100 万人及以上的划分为大城市，100 万人以下的划分为小城市，其他分类以此类推。

表 13 - 7 中的组 A 和组 B 分别显示了不同维度下大小城市规模差异的处理效应，即相似个体进入不同规模城市产生的名义工资差距和扣除生活成本的实际工资差异。具体地，以 100 万人划分标准来看，农业户籍流动人口流入 100 万人以上城市比流入 100 万人以下城市的工资平均高 385.09 元，非农业户籍流动人口则增加 1 629.10 元。对比来看，非农业户籍获得的城市规模工资溢价显著高于农业户籍流动人口。同理，以 200 万人或者 500 万人划分标准来看，非农业户籍与农业户籍的城市规模工资溢价显著存在，同时两者存在显著差异，非农业户籍流动人口获得的溢价显著高于农业户籍流动人口，证实了前文基准回归的稳健性。这里以 500 万人划分标准来看，农业户籍流动人口获得的溢价反而降低了，与表 13 - 5 保持了一致性。

---

① 本章加入城市地理特征，更准确地说是限制样本，以期得到更纯净的规模效应。具体可以理解为，原本只是找到类似的个体衡量他们分别去了规模不同城市的效应差值，对于城市的其他禀赋并无限制；加上地理特征之后是对他们去的规模不同的城市进一步有所限制，在规模不同的前提下要求两个城市的地理特征是相似的，因为城市规模在一定程度上受到地理特征路径依赖过程的影响，在地理特征相同的情况下，可以仅衡量规模不同带来的效应。

② 部分文献在分析城市集聚的异质性时（孟美侠等，2019）采用了将全国城市按照规模分为几个等级，然后将相邻等级城市作为对照组和处理组的做法，本章没有采用此种做法，而是采用单一规模作为分界线（Pan et al.，2019），这样更易判别确定分界维度下的大小城市差异。同时，不同文献研究中对大小城市的划分差异显著，本章以常用的三种维度——100 万人、200 万人和 500 万人来检验。

表 13-7　　　　　不同维度大小城市的倾向得分匹配处理效应

城市划分标准	组 A：名义工资			组 B：实际工资		
	全样本	农业户籍	非农业户籍	全样本	农业户籍	非农业户籍
100 万人	552.38*** (66.58)	385.09*** (72.42)	1 629.10*** (175.01)	631.64*** (110.99)	483.53*** (121.54)	994.87*** (168.29)
200 万人	659.58*** (49.99)	426.58*** (48.98)	1 435.38*** (121.98)	663.04*** (111.69)	517.94*** (116.59)	1 105.71*** (142.65)
500 万人	802.29*** (83.37)	217.51*** (82.70)	2 172.81*** (156.58)	325.05*** (123.29)	56.30*** (132.28)	1 422.34*** (156.88)

注：*** 代表在 1% 的统计水平上显著。回归均通过匹配前的共同支持检验、匹配后的平衡检验和 PSM 估计效应的敏感性检验，但由于分组回归较多，共计 18 组，每组回归的检验省略。

(三) 稳健性检验——更换解释变量指标

前文提及对城市规模的衡量有不同的标准，本章基准回归中城市规模采用市辖区常住人口进行表征，此处用就业人数作为城市规模代理变量，因为城市就业人数反映了城市的经济活力。表 13-8 显示了更换解释变量指标的回归结果。从表 13-8 可以看出，非农业户籍和农业户籍的回归系数都显著为正，与基准回归结果相比，系数稍增大，但非农业户籍和农业户籍两者差异保持一致，证实了基准回归的稳健性。

表 13-8　　　　　更换城市规模代理变量的回归结果

变量	全样本		农业户籍		非农业户籍	
	名义工资	实际工资	名义工资	实际工资	名义工资	实际工资
就业人数	0.0882*** (0.0035)	0.0805*** (0.0049)	0.0738*** (0.00384)	0.0670*** (0.00530)	0.141*** (0.00932)	0.131*** (0.0131)
常数项	6.6326*** (0.0563)	5.8813*** (0.0782)	6.738*** (0.0753)	6.021*** (0.105)	6.270*** (0.132)	5.294*** (0.187)
R^2	0.220	0.178	0.194	0.165	0.348	0.266
样本量	47 001	45 540	40 470	39 277	6 531	6 263

注：*** 代表在 1% 的统计水平上显著。

（四）稳健性检验——去掉雇主、自营及其他就业类型，只保留雇员的样本

基准模型样本个体的就业身份包含了雇员、雇主、自营者及其他类型，但由于雇主、自营及其他就业者的收入往往呈现出来源多样化，无法区分资本所得和劳动收入（赵西亮，2018），因此此处只保留就业身份是雇员的样本进行稳健性检验。从表13-9可以看出，只保留雇员的样本与基准回归全样本保持了一致性，城市规模工资溢价存在，且农业户籍与非农业户籍之间的溢价存在显著差异；雇员获得的溢价水平整体比全体样本稍高。

表13-9　　　　　　保留雇员就业身份样本的回归结果

变量	全体雇员		农业户籍雇员		非农业户籍雇员	
	ln（名义工资）	ln（扣除生活开支的实际工资）	ln（名义工资）	ln（扣除生活开支的实际工资）	ln（名义工资）	ln（扣除生活开支的实际工资）
城市规模	0.0672 *** (0.00455)	0.0594 *** (0.00664)	0.0552 *** (0.00491)	0.0498 *** (0.00725)	0.107 *** (0.0113)	0.0890 *** (0.0164)
常数项	6.115 *** (0.0619)	5.293 *** (0.0911)	6.404 *** (0.0761)	5.580 *** (0.114)	5.253 *** (0.154)	4.220 *** (0.226)
R^2	0.318	0.246	0.268	0.228	0.430	0.312
样本量	23 907	23 275	19 485	19 019	4 422	4 256

注：*** 代表在1%的统计水平上显著。

第六节　城市规模工资溢价的户籍差异来源探讨

基于前文机制的探讨，如果对同一种技能水平的流动人口而言，户籍仍然会影响他们的城市规模工资溢价水平，那么，技能水平差异不能充分揭示户籍差异，我们需要探索技能水平差异之外产生流动人口城市规模工资户籍差异的其他来源。紧接着，以搜寻工作方式和劳动合同签订这两条路径作为其他来源方式展开讨论，具体验证方法是先使用倾向得分匹配方法计算出每一对相似个体的城市规模溢价，然后对匹配后的每一对相似个体采用中介效应方法来分析这两种路径对户籍影响城市规模工资溢价的中介效应。

一、自身禀赋——技能差异

本章采用两种方式来确定高低技能：一是采用安德森（Andersson，2014）

以及李红阳和邵敏（2017）的职业类别分类法，定义高技能劳动力为国家机关、党群组织、企事业单位负责人，专业技术人员，公务员、办事人员和有关人员，其余为低技能劳动力；二是按照教育等级来划分，定义高中以上受教育水平的为高技能劳动力，高中及以下的为低技能劳动力。

无论从职业分类还是从教育分类的高低技能流动人口来看，表 13 - 10 显示了工资的城市规模弹性系数都显著为正，同时，高技能流动人口有更高的溢价。一种可能的解释是，高技能意味着本身具有更强的学习能力，因而能够从城市规模的溢出效应获得更多好处。对两组不同技能水平的流动人口而言，城市规模与非农业户籍交互项都显著为正，按照职业分类的高低技能流动人口交互项系数分别为 0.0864 和 0.0791（教育分类分别为 0.101 和 0.0308），说明除了技能差异外，随着城市规模扩大，非农业户籍劳动者相对农业户籍劳动者有收入优势，也就是说，户籍差异并没有因为在同一类型技能水平内部而消失，技能差异不能完全揭示户籍差异。当然，交互项数值的大小也说明高技能流动人口的规模溢价户籍歧视比低技能流动人口更严重，在更大规模城市，高技能流动人口的户籍身份作用被强化，内部的户籍工资差距更大。

表 13 - 10　　　　　　　工资溢价与技能差异（IV 回归，名义工资）

变量	职业分类的高低技能		教育分类的高低技能	
	高技能	低技能	高技能	低技能
城市规模	0.0759 *** (0.0186)	0.0372 *** (0.0050)	0.0497 *** (0.0087)	0.0354 *** (0.0058)
城市规模 × 非农业户籍	0.0864 *** (0.0168)	0.0791 *** (0.0083)	0.1010 *** (0.0098)	0.0308 ** (0.0124)
户籍	− 0.4192 *** (0.1034)	− 0.4034 *** (0.0490)	− 0.535 *** (0.0592)	− 0.129 * (0.0724)
其他变量	控制	控制	控制	控制
常数项	5.6278 *** (0.1782)	6.5551 *** (0.0530)	5.955 *** (0.0961)	6.949 *** (0.106)
R^2	0.340	0.198	0.256	0.172
样本量	4 373	46 074	17 473	32 974

二、搜寻工作的方式——社会网络与正规搜寻

本部分采用中介效应①来验证搜寻工作方式是影响不同户籍流动人口获得差异性城市规模工资溢价的来源之一。首先根据表 13 - 7 倾向得分匹配方法来匹配相似个体（按照 100 万人规模维度进行划分），然后将所得的城市规模工资差异作为被解释变量、户籍作为主解释变量、求职方式作为中介变量。

将中介变量搜寻工作的方式分为正规搜寻方式和非正规搜寻方式，非正规搜寻又称为社会网络关系搜寻。农业户籍流动人口由于自身教育水平较低，难以运用互联网、报纸等社会媒体等正规求职方式，同时又由于流动到城市后的生活成本较高，往往倾向于运用亲朋好友、同乡等社会网络关系快速获得工作。由于所利用的社会网络是较为低级的网络状态，将对工资产生负向的影响。相反，非农业户籍流动人口自身禀赋相对更高，更多运用正规搜寻方式求职，因而获得的城市规模工资溢价更高。当获得工作的方式是家人、同乡、亲戚和朋友时，赋值社会网络为 1，其他方式为 0。

从表 13 - 11 的组 A 搜寻工作方式的路径检验来看，第（1）列显示非农业户籍流动人口相较于农业户籍流动人口获得更高的工资溢价；第（2）列表明户籍与社会网络关系显著相关，农业户籍流动人口更多采用社会关系网络，与以往文献总结相一致；第（3）列主解释变量户籍和中介变量社会关系共同对工资差异进行回归，主解释变量变小且中介变量显著，说明社会网络通过了中介效应检验。因此，通过影响搜寻工作的方式，户籍在一定程度上影响了流动人口获得城市规模工资溢价，农业户籍流动人口基于自身状态更多使用社会关系网络求职的方式，降低了其分享城市发展成果的水平。

表 13 - 11 　　　　　　　　倾向得分匹配后的中介效应检验

变量	组 A：搜寻工作方式		
	匹配后的实际工资差异	社会网络	匹配后的实际工资差异
	（1）	（2）	（3）
户籍	0.0851 *** (0.0104)	- 0.115 *** (0.00644)	0.0831 *** (0.0104)
社会网络			- 0.0174 ** (0.00746)

---

① 　由于中介效应检验方法广泛使用，此处不再详述具体检验方程。

变量	组 B：签订合同形式		
	匹配后的实际工资差异	签订合同	匹配后的实际工资差异
	(1)	(2)	(3)
户籍	0.0851***	0.230***	0.0813***
	(0.0104)	(0.00811)	(0.0137)
签订合同			0.0309***
			(0.0113)

注：** 和 *** 分别代表在 5% 和 1% 的统计水平上显著。

三、签订合同形式——有无合同

劳动力市场通过签订不同形式的合同实现工资的差异化。非农业户籍与农业户籍流动人口签订合同的概率和难易程度存在显著差异，非农业户籍流动人口更易签订合同，总体签订合同概率高于农业户籍流动人口。此处个体与工作单位签订了固定期限或无固定期限合同的视为签订合同，赋值为 1；未签订劳动合同的赋值为 0。

采用中介效应检验方法，并且被解释变量依然是匹配后的工资差距，表 13 - 11 的组 B 显示了签订合同形式的回归结果。第一列结果与前文一致；第二列显示非农业户籍与签订合同显著正相关，表明非农业户籍流动人口更易签订合同，与文献总结一致；第三列中户籍和签订合同都显著为正，但是户籍系数降低，说明签订合同是户籍影响工资溢价差异的可能路径之一。

第七节 结论与建议

本章基于 2016 年中国流动人口监测调查数据，从城市规模工资溢价的视角检验了流动人口工资差异及其影响路径问题。在控制了人口学特征、流动特征、职业特征和城市特征后，流动人口工资的城市规模弹性系数显著为正，城市规模每增加 10%，流动人口的名义工资和实际工资增长 0.4 ~ 0.6 个百分点，非农业户籍流动人口获得的城市规模工资溢价高于农业户籍流动人口。鉴于可能存在的城市规模与工资互为因果的内生性和城市与个体之间的自我选择偏误，通过构建城市历史人口和城市地理特征的工具变量和使用倾向得分匹配方法进行检验，实证结果依然稳健。同时还运用更换解释变量和剔除特殊样本进一步进行了稳健性检验。特别地，针对非农业户籍和农业户籍两者可能由于户籍导致的工资溢价差异的机制进行了深入探讨。流动人口城市规模工资溢价户籍差异首先来源于自身受教育水平或从事职业的技能差异，农业户籍流动人口更多地从事低技能职业获得相对较低的工资溢价，但是技能水平差异不能完全揭示户籍差异；进一步从流动人口在劳动力市场上搜寻匹配工作的过程来分析，实证发现农业户籍流动人口相对于非农业户籍流动人口而言，更倾向于通过自身较低等级的社会关系网络来搜寻工作，也更倾向于不签订劳动就业合同，从而只能获得相对较低的城市规模工资溢价，产生了城市规模工资溢价的户籍差异。

流动人口特别是农业户籍流动人口共享城市发展果实是新型城镇化道路的政策目标。通过机制梳理，我们发现技能差异是自身禀赋所带来的效应，虽无法短期彻底改善，但长期上可以通过加强农村教育、降低职业技术培训的费用来提升较低技能劳动力的技能水平。针对流动人口社会网络求职的弊端和签订正规劳动合同的困难程度，本章提出以下几点建议：一是政府规范社会各界对流动人口的用工合同，避免流动人口受到非正规合同的用工歧视和利益损害，保障流动人口的各项权益，从而提升其工资水平；二是拓宽流动人口寻找工作的正规渠道，部分流动人口由于受教育水平相对较低，无法正常使用如互联网、广告等社会媒体这些正规搜寻工作的渠道，政府提供免费的帮扶平台将提高其通过正规渠道获得工作的可能性；三是对新进流动人口给予适当的社会帮扶和救助，缓解新进流动人口来到陌生环境的无力感，帮助其顺利过渡，降低他们对社会网络求职的依赖。

参考文献

[1] 蔡昉：《城市化与农民工的贡献——后危机时期中国经济增长潜力的思考》，载于《中国人口科学》2010 年第 1 期。

[2] 陈鹏程、田旭、何军：《市场发育、劳动合同异质性与农民工工资的溢价效应——基于 CHIP 数据的实证研究》，载于《农业技术经济》2019 年第 6 期。

[3] 陈祎、刘阳阳：《劳动合同对于进城务工人员收入影响的有效性分析》，载于《经济学（季刊）》2010 年第 9 期。

[4] 高虹：《城市人口规模与劳动力收入》，载于《世界经济》2014 年第 10 期。

[5] 李红阳、邵敏：《城市规模、技能差异与劳动者工资收入》，载于《管理世界》2017 年第 8 期。

[6] 刘修岩：《集聚经济与劳动生产率：基于中国城市面板数据的实证研究》，载于《数量经济技术经济研究》2009 年第 7 期。

[7] 陆铭、高虹、佐藤宏：《城市规模与包容性就业》，载于《中国社会科学》2012 年

第 10 期。

［8］孟凡强、吴江：《我国劳动力市场劳动合同签订的影响因素与户籍差异》，载于《产经评论》2013 年第 1 期。

［9］宁光杰：《中国大城市的工资高吗？——来自农村外出劳动力的收入证据》，载于《经济学（季刊）》2014 年第 3 期。

［10］孙婧芳：《城市劳动力市场中户籍歧视的变化：农民工的就业与工资》，载于《经济研究》2017 年第 8 期。

［11］王建国、李实：《大城市的农民工工资水平高吗？》，载于《管理世界》2015 年第 1 期。

［12］徐水源：《农民工劳动合同签订状况及其影响因素分析》，载于《人口与社会》2017 年第 3 期。

［13］章莉、李实、William A. Darity Jr. , Rhonda Vonshay Sharpe：《中国劳动力市场上工资收入的户籍歧视》，载于《管理世界》2014 年第 11 期。

［14］赵西亮：《农民工与城市工资——来自中国内部移民的证据》，载于《经济学（季刊）》2018 年第 3 期。

［15］踪家峰、周亮：《大城市支付了更高的工资吗？》，载于《经济学（季刊）》2015 年第 4 期。

［16］Andersson, M. , J. Klaesson and J. P. Larsson, "The Sources of the Urban Wage Premium by Worker Skills: Spatial Sorting or Agglomeration Economies?", *Papers in Regional Science*, 2014, 93 (4): 727 – 747.

［17］Au, C. C. and J. V. Henderson, "How Migration Restrictions Limit Agglomeration and Productivity in China", *Journal of Development Economics*, 2006, 80 (2): 350 – 388.

［18］Bacolod, M. , B. S. Blum and W. C. Strange, "Skills in the City", *Journal of Urban Economics*, 2009, 65 (2): 136 – 153.

［19］Baum-Snow, N. and R. Pavan, "Understanding the City Size Wage Gap", *The Review of Economic Studies*, 2011, 79 (1): 88 – 127.

［20］Chen, Y. , L. Wang and M. Zhang, "Informal Search, Bad Search?: The Effects of Job Search Method on Wages among Rural Migrants in Urban China", *Journal of Population Economics*, 2018, 31 (3): 837 – 876.

［21］Combes, P. P. , G. Duranton and L. Gobillon, "Spatial Wage Disparities: Sorting Matters!", *Journal of Urban Economics*, 2008, 63 (2): 723 – 742.

［22］Combes, P. P. , G. Duranton and L. Gobillon, "The Identification of Agglomeration Economies", *Journal of Economic Geography*, 2010, 11 (2): 253 – 266.

［23］Glaeser, E. L. and D. C. Mare, "Cities and Skills", *Journal of Labor Economics*, 2001, 19 (2): 316 – 342.

［24］Glaeser, E. L. , "Learning in Cities", *Journal of Urban Economics*, 1999, 46 (2): 254 – 277.

[25] Hirsch, B., E. J. Jahn and M. Oberfichtner, "The Urban Wage Premium in Imperfect Labour Markets", *CEP Discussion Paper*, 2019, No. 1608.

[26] Korpi, M. and W. A. Clark, "Migration and Occupational Careers: The Static and Dynamic Urban Wage Premium by Education and City Size", *Papers in Regional Science*, 2019, 98 (1): 555 – 574.

[27] Manning, A., "The Plant Size-place Effect, Agglomeration and Monopsony in Labour Markets", *Journal of Economic Geography*, 2010, 10 (5): 717 – 744.

[28] Munshi, K., "Networks in the Modern Economy: Mexican Migrants in the US Labor Market", *The Quarterly Journal of Economics*, 2003, 118 (2): 549 – 599.

[29] Pan L., P. Mukhopadhaya and J. Li, "The Changing Texture of the City-size Wage Differential in Chinese Cities-Effects of Skill and Identity", *China Economic Review*, 2019, 53: 191 – 210.

[30] Riley S. J., S. D. DeGloria and R. Elliot, "A Terrain Ruggedness Index that Quantifies Topographic Heterogeneity", *Intermountain Journal of Sciences*, 1999, 5 (1 – 4): 23 – 27.

[31] Roback, J., "Wages, Rents, and the Quality of Life", *Journal of Political Economy*, 1982, 90 (6): 1257 – 1278.

[32] Xing, C., and J. Zhang, "The Preference for Larger Cities in China: Evidence from Rural-urban Migrants", *China Economic Review*, 2017, 43: 72 – 90.

[33] Yang G., L. Li and S. Fu, "Do Rural Migrants Benefit from Labor Market Agglomeration Economies? Evidence from Chinese Cities", *MPRA Paper*, 2017, No. 80713.

第十四章　全球产业链"去中国化"趋势及其应对*

第一节　背景：美日撤企风波

近日，两则消息引发各方广泛关切。2020 年 4 月 9 日，白宫国家经济顾问委员会主任库德罗（Kudlow, L.）在 Fox 商业频道的一档节目中提道，一种可能吸引美国企业从中国回迁的政策是，将回迁支出 100% 直接费用化，这样就"等于政府为企业回迁美国埋单"。另一则消息来自彭博社，为应对新冠肺炎疫情给经济带来的负面影响，日本经济产业省推出总额 108 万亿日元（约合人民币 7 万亿元）的抗疫经济救助计划。其中，"改革供应链"项目列出 2 435 亿日元（约合人民币 158 亿元），专门用于资助日本制造商将生产线撤出中国，以实现生产基地的多元化，避免供应链过于依赖中国。

首先，应当指出，国内媒体大多将库德罗的"100% immediate expensing"理解成美国政府愿意"支出 100% 的直接费用"，这其实是一种误读。从财务角度看，immediate 并不表示"直接的"，而是指"当期"或"当前会计年度"，因此，库德罗所表达的实际意思是美国政府允许企业将回迁美国时发生的所有成本，在当年进行 100% 的费用化

---

* 本章作者：林致远。原文发表于《河北学刊》2020 年第 4 期。

处理。而这种操作只是帮助企业在回迁当年减少纳税总额，其金额小于企业的搬迁支出，并非指政府自掏腰包为企业全额埋单。其次，库德罗所表达的只是他个人的看法，是否回迁美国的决定权在于企业，而非强制要求。另外，从程序上说，要支出这笔钱需要国会同意。尽管如此，他的这一建议是值得重视的，因为他代表了比较强大的一种声音。

从日本的那则消息看，尽管是政府行为，但也并非强制，决定权仍在企业自身，政府不会强制企业改变其供应链。另据报道，日本国立政策研究大学院大学的华人经济学家邢予青教授表示，从日本政府公布的《新冠传染病紧急经济对策》原文看，文件中并未提到"中国"二字，文件中关于日本企业供应链改革的部分，主要是支持产业链回归日本国内或者实现区域多元化，并没有具体指明从中国撤离。

可见，国内媒体所引述的美日撤企的报道多有误读之处。其一，无论是库德罗的建议，还是日本的政策行动，实质上只是"鼓动"而非"强制"企业撤出中国，是否撤离的决定权在于企业。其二，在鼓动企业撤离的补助金额方面，库德罗的方案实际上只是给予一定的回迁费用抵扣，而非全额的财政补偿；而日本的改革供应链计划中的约 158 亿元人民币的撤企补助，假设全部用在协助约 3.5 万家日企撤离上，则平均每家企业只能获得 45.14 万元的补偿，这无异于杯水车薪。

简而言之，这场风波的准确表述应当是：美日试图通过由政府承担部分搬迁成本的方式，鼓动并协助部分或（最好是）全部企业撤离中国。

第二节　美日撤企风波传递新信息

不难理解，单单从库德罗的建议看，该新闻的新鲜度其实是有限的，因为自特朗普上台以来，美国政府就一直采取各种行动，试图让制造业回迁本国，同时降低对中国产品的依赖程度。库德罗的建议无非是给出了一个较为具体而明确的方案，即为企业回迁提供一定的费用补偿。问题在于，该方案其实并不诱人，更遑论是否付诸实施还需国会的批准。

那么，两则新闻又"新"在何处呢？主要包括两个方面：一是不同于美国政府，日本已经开始付诸实际的政策行动；二是在时点上，发生于新冠肺炎疫情仍在全球蔓延的当口。前者表明，重新思考制造业供应链的全球布局，重建一套与中国并行的制造业体系，将不仅仅是美国的单方意见，而很可能成为西方社会的普遍共识；后者则表明，在新冠肺炎疫情叠加美日撤企计划的背景下，西方重建制造业体系的考量除了原先的国防安全、信息安全因素之外，又添加一项重要因素——公共卫生安全！的确，本次疫情中所暴露出的诸如口罩、防护服、呼吸机等防疫物资的匮乏，让美日等发达国家真切地体会到产业链缺失的风险。基于公共卫生安全因素的考量，美国主导下的西方可能会达成普遍共识，即不能将事关安全因素的制造业供应链（即便是中低端的）全部托付给一个难以真正信赖的大国。

自20世纪70年代末开启市场化改革以来，中国凭借丰富的劳动力资源、巨大的消费市场潜力、高效的基础设施网络、稳定的社会环境等因素，吸引着全球资本的关注，由此逐步建立起门类齐全、功能完备的超大规模的制造业体系。在这一进程中，西方国家纷纷将诸多中低端制造业转移至中国，而将高技术、高品牌、高附加值、低能耗、低污染的高端制造业和服务业留在本国或布局于西方，从而大体形成了西方主导高端制造业、中国主导中低端制造业、不发达国家提供原材料的基本格局。

然而，这一格局不是静态的，而是处于动态演化之中的。对美国来说，巨额的贸易逆差、传统制造业的逐步衰弱及其所导致的就业岗位流失等，促成了民粹主义的普遍盛行，最终成就了特朗普总统及其团队的登场，贸易保护主义的"大棒"自此开始四处挥舞。对中国来说，从低端制造业升级至目前的中端制造业，再由目前的中端制造业升级至高端制造业和服务，这一向前迈进的步伐不会也不应停止。若不然，因劳动力、资源、环境等所带来的成本抬升，与"工业3.X"时代必然出现的产能过剩一道，势必会把资本的利润空间消耗殆尽，并最终使得中国落入"高不成、低不就"的"中等收入陷阱"中。

问题在于，中国向高端创新产业迈进的努力，势必会打破既有的国际分工格局，尤其是会动了西方国家的奶酪。举例来说，原先美国专心生产商用客机，而中国专心生产服装鞋帽。由于一架波音飞机可以换来数亿件衬衫，因此，对于这种互补式的分工格局，美国自然是乐见其成，也不必在乎什么文化价值观上的差异。而如今，中国也要生产诸如C919之类的大飞机，这就由原先的互补关系转变成替代关系。尽管大飞机的生产仍然离不开全球分工体系，如C919所需的发动机仍需从美国进口，但毋庸置疑，中国向高端产业的进军，无疑将挤占长期为西方所垄断的市场份额。如此一来，在中国逐步崛起的过程中，中西方经济的主旋律就由原先互补、双赢的关系逐渐转变为替代、零和博弈的关系。

正是基于这一背景，美国对中国的策略思维其实早在2000年左右就开始由"接触与拓展"转变为"战略竞争"。2018年，以对中国输美商品加征关税为标志，特朗普政府正式发起战略竞争，所涉领域由经贸延伸至政治、安全、人文等各个方面，呈现出全面遏制的态势。

由于在文化价值观等方面存在明显的分歧，中国难以为西方所完全信赖。原先商业、经济上的考量主要是基于国防和信息安全因素。例如，由于5G通信事关信息安全，因此美国不惜运用国家力量，极力遏制华为和中兴两家公司，而在打压过程中，美国政府的做法并没有赢得国内各方的普遍支持，尤其是并未得到那些与华为、中兴有着密切商业利益的公司的广泛支持，更未在西方社会获得普遍的共识。然而，疫情的全球蔓延，全面击垮了西方曾经引以为豪的医护体系，本国产业链的缺陷不仅暴露在政治家们面前，也一览无遗地显现在商业、经济、金融人士和社会公众面前。在此背景下，重新思考产业链的全球布局，修复既有产业链的缺陷，不仅有着国防安全、信息安全因素的考量，而且有了公共安全因素的考量；不仅是少数政治家和利益集团的主张，而且日益成为整个社会的普遍共识。新因素的嵌入，使得近几年来以美国为代表的西方国家的政治家及其利益集团频频鼓动企业撤离中国的计划变得更加易于施行，也使得西方重建制造业体系的计划将不再停留于宣传上，而可能转化为更加明确具体的实际行动，这一点由日本的"改革供应链"计划便可窥一斑。

第三节　美日撤企计划的近看与远观

西方尤其是特朗普政府鼓动美国对中国投资企业撤离中国的计划及其行动，其实两年前就已经开始，本次库德罗的建议无非是为既有的计划和行动再增加一项有待落实的财政补偿措施而已；而日本政府正在启动的政策举措也有类似的内容。那么，这些建议或方案能否帮助美日政府成功实现撤企的目标呢？进一步看，西方试图重建制造业体系的计划又能够在多大程度上获得成功呢？

大体的判断是，美日撤企计划在疫情结束后的一两年内几无效果，在此之后的十年内有望渐进式地取得效果。而要成功完成撤企目标并建立起一个虽代价高昂但可与中国并行的制造业体系，起码需要十年以上的时间。

首先，目前疫情仍处在全球蔓延阶段，即便美国等国家试图逐步开启经济，但疫情所造成的全球产业链断裂，至少需要一年以上的时间才可能完全修复。考虑到疫情警报需等到有效而便宜的特效药或疫苗诞生才有望完全解除，要做到这一点恐怕至少需要十个月以上的时间。而在这段期间内，目前疫情已经得到控制、复工复产比较顺利的中国，无疑是全球资本眼里最佳的投资地。与西方国家本土及其青睐的东南亚地区、印度等相比，投资中国的安全性可以说是最高的。因此，在疫情期内，西方在全球产业链方面去中国化的企图是难以转变为实际的政策行动的。即便付诸实施，所能取得的成效也是极其有限的。

那么，疫情之后又将如何呢？毋庸置疑，疫情使得西方政府意外获得了此前并不具备的民意基础，因此在撤离对中国投资企业和重建制造业体系所需的立法和政策支持方面，可能会变得空前顺利。不过，即便如此，要成功撤企并重建体系也绝非易事。这不仅是因为是否撤离中国的决定权仍在企业手上，政府所能做的只是通过一定的财政补偿或补助给予企业激励；更重要的还在于，在中低端制造业方面，中国具有难以替代的成本优势，这种优势的形成并非源于个别的工厂，而在于足够多大大小小的工厂集聚在一起，彼此间形成相互依赖、同生共存的生态圈。由于中低端制造业并不存在高端制造业赖以立足的技术门槛，成本就成为人们决策时的首要考量因素。

对美国和欧洲来说，电力、天然气等能源资源充足，但劳动力成本过高，因为此前的去工业化导致年轻人多去从事金融、房地产、信息、科技等服务行业，加上投资者、管理人员的缺乏，要让对中国投资企业回迁本国，以重建本国制造业，并形成独立完整的产业链，绝非易事。若要短期内见功，可行的办法无非是通过财政补助、税收减免乃至国有化等方式，由政府来分担一部分成本，但这些方式不仅耗资巨大，而且在效率方面也值得怀疑。况且，考虑到中低端制造业多为竞争性的，采取上述方式无异于对美欧政府一向崇尚的自由经济理念形成直接的挑战。

因此，一条可能更现实的途径是，一方面，每年有针对性地协助若干家企业回迁，或者运用国家力量新设若干企业，由于这些企业的回迁是基于国防安全、信息安全、公共卫生安全等因素的考量，因此这些本来应看作竞争性的企业就会转变成自然垄断性质的，而这一转变就为诸如财政补助、税收减免、管制等政府干预措施提供了合理性；另一方面，在回迁企业的同时，仍以国防、信息和公共卫生安全等为借口，渐进式地升级政府禁令，像美国政府针对华为公司那样，限制对中国投资，迫使本国对中国投资企业搬离中国，同时辅以财政补助、税收减免等手段，鼓励企业在东南亚等地区落地。此外，为了更快地在中国之外的国家或地区形成众多企业集聚的制造业生态网络，以获得规模经济效应和分工专业化所带来的效率提升，从而尽快获得可与中国制造业体系相抗衡的力量，美日等西方国家之间可能形成联合，采取一致行动。

当然，无论采取哪一种策略，要在未来十年的时间内建立起一套可与中国相匹敌的制造业体系，成功的希望相当渺茫。原因在于，尽管在全球产业格局中，习惯上有着中国主导中低端制造业、西方主导高端制造业和服务业的说法，但这一说法其实过于简单化，容易让人误以为中低端制造业和高端产业之间是可以截然分开的。实际的情形是，哪怕是服装鞋帽之类的传统制造业，如今也在设计生产流程中嵌入了商业数据处理、电脑制图、机器人之类的高端产业的成分。而信息技术之类的高端产业，从产品设计到零部件生产、加工装配、交通物流、产品营销、品牌推广等，更是呈现出在全球范围内分工协作的格局，在具体的供应环节中，难免嵌入了诸多中低端产业的成分。因此，依据产品及其所在的行业来区分高、中、低端产业的做法，即便有其分类学和统计学上的意义，用于解释真实的经济世界却显得力不从心。

从制造业链条的视角去理解高中低端产业的划分，应当聚焦于精细的生产工序层面上的跨国分工。尽管西方的确主导着高端制造业和服务业，但是，高端制造业的生产工序并不全是高技术工序。例如，在信息技术方面，美国在核心技术创新和软件方面起着主导作用；但在信息技术的硬件制造方面，却要通过电子产业完成，中国以及东南亚地区在其中发挥着主导作用。

那么，为什么东南亚及其他地区难以替代中国而成为另一个制造中心呢？主要是因为过去二三十年全球步入信息技术时代以来，中国因实施改革开放而发生的经济演化过程恰好与西方创新经济的发展过程相契合，在此过程中，中国凭借其独具一格的诸多因素，发展出了一个其他国家或地区难以替代的超大规模的全产业供应链网络。

对西方大公司来说，在这个"大鱼吃小鱼、快鱼吃慢鱼"的时代，为了确立技术优势，确保创新效率，就必须将生产流程外包出去。对于中国而言，大规模承接外包所需的廉价而充足的劳动力、土地等要素，广阔的市场空间，便利的基础设施，稳定的社会环境等无不具备，不仅如此，对财富的无尽渴求、勇于打拼的精神气质和善于调适的管理能力，更为成就制造中心提供了大量的企业家。西方"毁灭式创新"的过程，表现为新产品、新技术的纷纷涌现，而大规模承接外包、卷入全球供应链之中的中国企业，则在众多企业家的努力下，不断延伸着生产制造的链条，扩大着供应链的网络。处于网络之中的单个中小企业都极度专业化，只生产被拆解为基础元素的零部件。由于这些零部件已经被拆解到相当基础的元件，因此这些零部件的通配性极佳，可以和别的工厂生产的其他零部件形成各式各样的组合。由这些高度专业化的中小企业所形成的供应链网络，满足了大规模承接外包所需的两个条件：一是充分的效率；二是足够的弹性（施展，2020）。

相形之下，越南、泰国、印度尼西亚等东南亚国家，印度，以及非洲一些国家，即便在人工、土地等要素方面有着成本上的优势，并且也可能具备稳定的社会环境以及足够优惠的投资政策等条件，但是，其中绝大多数国家并不具备中国所拥有的市场潜力、基建效率和政府效率等；尤为重要的是，这些国家难以找到成为制造中心所需的关键一环——大量的企业家。另外，印度尽管还具有和中国相当的市场规模和潜力，但是追求出世的宗教信仰，使得大部分印度国民缺乏强烈的发展意愿。

因此，建立全球制造中心所需的若干关键要件，在西方所看重的东南亚国家和印度等地总存在着这样那样的缺失。过去二三十年来在中国建立起来的超大规模的全产业链供应链网络，是很难在十年之内被另一个新建的网络所取代的。尽管2018年中美经贸摩擦后，的确有一些对中国投资企业搬离中国，前往越南、印度等地，但是，一方面，这些企业多数具有人工成本占比较高的特点；另一方面，所搬离的只是个别的工厂，而非完整的供应链，无法对供应链网络体系或制造业生态构成明显的影响。

总体来说，西方即便存有全球供应链去中国化、重建制造业体系的动机，在疫情期及其结束后的短期内也是难以付诸实施的，而在疫情散去且修复好全球产业链后，考虑到所需付出的高昂代价，即便策略得当且进程顺利，要在中国之外成功另造一个全球制造中心也至少需要十年以上的时间。

第四节　完善广义基础设施和促进高端产业发展

经济总是处在动态演化之中的，应当认识到，中低端制造业向中国的转移，固然是在合适的时点找到合适的地点，但这一结果未必是终局性的。一方面，劳动力成本、土地和材料价格的持续攀升，环境保护政策的加强等，将助推一些企业向东南亚等地区转移。尽管从目前看，这种转移实际上只是某些人工成本占比较高的生产环节的外溢，但假以时日，一旦在中国以外的其他国家或地区不断形成新的供应链网络体系，那么，中国现有的制造业生态就有可能被蚕食和破坏，并且最终丧失成本优势。另一方面，疫情后以美日为代表的发达国家很可能动用更多的政府力量，鼓动并激励对中国投资企业撤离中国，要么回迁本国，要么在东南亚、南亚、非洲等地布局。当然，由于是否撤离的决策权仍在企业，若要在不具备成本优势的情形下促使企业撤离，则政府势必要动用财税资源，给予本国对中国投资企业以足够的成本补偿，而这意味着高昂的代价，因而很可能会每年有计划、按步骤地撤离一部分企业。此外，发达国家之间也可以联盟，采取一致行动，缩短在中国之外形成新的制造业生态的时间进程。

面对美日撤企计划和全球产业链去中国化趋势，中国应当采取怎样的应对之策呢？

我们认为，基本的政策思路是，不断拓展并完善广义基础设施，加快发展高端制造业和服务业，尽快构建独立完整的全产业链和工业体系。这里所说的广义基础设施，分为硬件和软件，硬件由传统基础设施和新型基础设施组成，软件则是指保障市场机制顺畅运行的制度基础设施。

在硬件基础设施方面，有必要指出，经济政策的重心不应放置在新基建领域，而应放置在传统基建上。之所以要强调传统基建的重要性，原因主要有两个。一方面，从成本比较的角度看，中国目前水、电、油、气、交通物流费用等普遍要高于美国等发达国家。例如，能源价格方面，美国的天然气价格是中国的 1/5，电费是中国的 1/3，水费不到中国的 1/3。再如，物流成本方面，尽管同样的距离，中国的快递成本远远低于美国，原因是网购之类的物流成本主要是人工成本，而中国的人工成本仅为美国的 1/8，因此网购便宜；但是，除去人工成本，中国制造业的物流成本是非常高的。在美国，若用汽车公路运输，油价比中国便宜，极少有过桥费、过路费等；若用火车，美国电费又更便宜；若是水路，中国水运所辐射的范围又没有美国那么广（肖磊，2020）。因此，传统基建的改善和拓展，有助于巩固和强化中国中低端制造业的成本优势，这对于减缓企业外迁、稳定就业等会有很大的帮助。同时，由于传统基建固有的自然垄断性，因而可以成为国有企业重点投资的领域。另一方面，对于推进高端制造业和服务业的发展来说，传统基建也是其中重要的一环。例如，制约 5G 通信技术发展的一个重要因素便是 5G 基站的耗电量大，平均为 4G 基站的 2.5 ~ 3.5 倍。而去中心化的区块链运行系统，所消耗的电力也远远超出目前制造业的水平，维持整个网络运转每年所需消耗的电力相当于智利等中等规模国家整整一年的用电量。可见，认为"铁、公、基"这类传统基建已经过剩的观点，实际上是不利于中国制造业升级的。对于发展高端制造业和服务业来说，传统基建同样是重要的基础支撑和推进力量。从这一意义上说，传统基建将历久而弥新。

那么，经济政策的重心为什么不应放在新基建上呢？原因在于，新基建基本上属于技术创新的范畴，其间蕴含着极大的风险和不确定性，政府的过多介入，势必会扭曲市场、抑制创新。当然，这并不意味着政府在这一领域中将无所作为。新基建的本质是能够支持传统产业向网络化、数字化、智能化方向发展的信息基础设施的建设。作为创新性领域，新基建涉及三个部分：基础研究、应用研究、技术应用与推广。由于基础研究和一部分应用研究具有显著的正外溢效应，因而是政府可以适当介入的领域，如政府可以在参与新基建的技术或商业公司和基础或应用研究机构（包括公立科研院所、非营利科研机构、大学科研机构等）之间充当沟通桥梁的角色，在事关新基建的研发领域和项目上引导市场需求，提供及时、充分的商业、技术信息，并且在具体的领域或项目上提供科研经费上的支持，以此促进新基建的发展。

在软件方面，所谓的制度基础设施大体相当于目前的一个热词——"营商环境"，由于这方面的文献资料甚多，无须赘述。这里只强调其中的一个方面，即知识产权保护问题。的确，在是否需要加强知识产权保护上，存在着多方面的权衡取舍，如在确立垄断与促进竞争之间，在静态效率的损失与动态效率的收益之间，在事前政策与事后政策之间，以及在生产商品与生产新知识之间。另外，在竞争政策与知识产权保护之间，还存在着互补性：知识产权保护提高了创新后的经济租金（即超过正常利润的超额利润），而竞争则降低了创新前的经济租金。

中国作为后发的新兴经济体，一开始距离技术前沿较远。此时，通过模仿的方式获得技术扩散的好处，有助于加快技术进步的进程，减少研发过程中的不确定性，从中可以获得后发优势。如今的中国，正在逐渐向技术前沿逼近，在此情况下，应当注意加强知识产权保护，给予风险性投资更大的回报激励，从而能够在较高的技术边界上继续向技术前沿推进。近些年来，我国在知识产权保护方面做了大量的工作。据国家知识产权局统计，我国专利数量已经从 1990 年的 22 588 件增加到 2017 年的约 184 万件，这对于促进高端产业的发展来说，无疑是个好兆头。当然，由于制度惯性以及不少地方政府保护主义的倾向等原因，中国在知识产权保护的范围和强度等方面仍存在不少值得改进的空间。

参考文献

[1]《5G 基站耗电量到底有多猛》，搜狐网，2019 年 9 月 2 日。

[2] 施展：《溢出：中国制造未来史》，中信出版集团 2020 年版。

[3] 肖磊：《美日企业要撤离中国？其实是你没弄懂全球制造业的底层逻辑和商业结构》，https：//www.jiemian.com/article/4267327_foxit.html，2020 年 4 月 17 日。

第十五章 新进口产品质量与多样性对企业创新的影响*

第一节 引言

随着改革开放的不断深入、全球价值链体系的不断完善和世界经济贸易体量的不断增加，研究进口产品贸易对世界经济发展的影响已成为当今国际经济贸易学界的热点问题。中国加入世界贸易组织（WTO）以来，除了 2008 年和 2015 年受到世界金融危机及世界经济放缓后贸易萎缩影响外，中国年度总进口额基本呈上升趋势。企业作为建设创新型国家的主体，对世界科技前沿研究、关键性颠覆性技术升级应当具有高度战略性的把控，提高企业的创新能力并强化中国的战略科技力量已迫在眉睫。在中国供给侧结构性改革背景下，工业企业研发投入和研发成果不断增加，创新成果也十分显著。在经济全球化和世界经济一体化的背景下，世界工业制造正逐步形成一个紧密、完整的价值链体系，而中国工业企业是全球价值链体系的重要一环，那么有效引入进口产品对中国工业企业来说是极其关键与必要的，随着贸易自由化进程的不断推进，可以帮助中国工业企业降低研究开发的成本，提高企业技术创新能力，从而提高其在全球价值链中的地位与优势。

---

* 本章作者：陈贵富、詹珊。原文发表于《长安大学学报》2020 年第 1 期。

国际贸易可以克服资源在国家之间流动的阻碍，发挥比较优势，促进全球生产资源的有效配置。进口贸易不仅可以丰富国内的产品供给，满足消费者对于高质量进口品的需求，同时还可以对国内同类产品的生产商带来巨大的竞争压力，促使企业加大创新投入，加强技术学习与研制。自 2001 年加入 WTO 以来，我国的对外开放进入了一个崭新的时代，进口贸易也得到了越来越多的重视，我国的贸易政策也逐渐突出进口贸易的地位。这些年来，进口贸易在提升国内消费质量、调整生产结构和推动技术创新中发挥着举足轻重的作用。新进口产品是企业当年新引进的产品，是企业诸多进口产品中的特殊组成部分，其产品结构与技术对于企业而言相对陌生，可以激励企业对其进行详细的分析，充分学习与吸收其中的技术含量。新产品的引进不仅可以改善企业的生产效率，提升产成品质量，还能通过技术溢出等效应促进企业创新。有新进口产品的企业无论是从要素投入还是产出及利润等多个方面来看，均远强于没有新进口产品的企业。近年来我国企业创新取得了快速发展，但是创新能力的增强还有很大的空间。我国的总体科技水平与发达国家相比还存在较大的差距，如何更加行之有效地实行创新驱动战略，促进我国经济高质量增长这个问题就显得尤其重要。

我国正值深化供给侧结构性改革的重要时期，加快创新型国家建设是我国转型升级成现代化强国的必然要求。新进口产品之所以为"新"，表面体现的是消费者或企业对这些产品的"新"需求，而更深层次体现的是我国可能存在缺乏这些产品的供给或供给不足或供给质量不高等供给侧问题，因此研究新进口产品对完善我国供给侧结构改革具有重要的理论和现实意义。另外，我国正在进行更高层次对外开放，在进口方面，在加大原有进口产品进口数量的同时，增加新的进口产品也是必然趋势，因此研究新进口产品对完善我国更高层次的对外开放也同样具有重要的理论和现实意义。

本章首次对新进口产品如何影响微观企业的创新进行了理论和实证分析，具体为分析新进口产品质量和多样性如何影响企业创新，并对企业新进口产品与持续进口产品以及不同类型新进口产品的质量和多样性及其对企业创新的影响进行比较分析。本章的边际贡献为，首次对新进口产品如何影响微观企业层面的创新进行了理论和实证研究，另外对新进口产品质量和多样性如何影响企业创新进行了全景式研究。

第二节　文献综述

学者们基于进口贸易对经济发展与技术进步的积极作用进行了大量的研究，本章对以往研究进行了三个角度的综述：进口产品质量、进口产品多样性以及进口产品异质性。早期对产品质量的测算主要以单位价值来衡量（Schott，2004；Hummels and Klenow，2005），但单位价值对产品质量的衡量并不精确，质量与价格的对应关系受到产品异质性的影响，产品异质性程度较低时，单位价值便无法有效度量产品质量（余淼杰和李乐融，2016）。坎德尔瓦尔（Khandelwal，2010）首先将产品质量解释为产品的市场份额中不受价格变化影响的那一部分，奠定了宏观层面产品质量测算的基础。基于企业层面的质量测算，樊海潮和郭光远（2015）利用布罗达和温斯坦（Broda and Weinstein，2006）测算的出口产品替代弹性数据对坎德尔瓦尔等（2013）提出的回归模型进行估计，测算了我国企业的出口产品质量。施炳展（2013）、施炳展和曾祥菲（2015）从消费者效用最大化角度出发，用回归反推法测算了 2000～2006 年中国企业的进出口产品质量。随着产品质量测算方法的逐渐流行，进口产品质量对企业的影响受到学界的广泛关注，如进口产品质量对企业性别工资差距（赵春明等，2017）、出口总额（耿晔强和史瑞祯，2018）、出口增加值（诸竹君等，2018）、全要素生产率（钟建军，2016）、新产品产值（魏浩和林薛栋，2017）等企业层面重要指标的影响。企业创新是企业技术进步和生产发展中的重要一环，进口产品质量对企业创新的影响具有越来越重要的研究意义。

进口贸易为企业提供了多样化的产品选择，而进口产品多样性也是促进企业生产率水平提高和提升企业自主创新能力的重要途径。布罗达和温斯坦（2006）测算发现，1972～2001 年期间，进口产品种类增加导致了传统进口价格指数每年 1.3% 的增长以及美国 GDP 2.8% 的增长。基于此方法，国内学者陈勇兵等（2011）估计了我国 1995～2004 年间进口种类增长引致的贸易利得；钱学峰等（2011）进一步研究发现，不同行业的技术水平以及不同进口来源国的进口产品种类增长对我国制造业全要素生产率具有不同的影响。除了对进口产品种类增长引致的贸易福利增长的估计外，学者们对进口产品多样性引致的企业创新进行了大量研究。巴斯和斯特劳斯-卡恩（Bas and Strauss-Kahn，2014）用法国的数据证明，进口投入品多样性的增加导致了企业全要素生产率和出口规模的增长。杨晓云（2013）用中国制造业企业数据研究了进口中间产品种类增加与企业创新能力之间的关系，发现进口中间产品多样性通过"学习效应"和"互补效应"两种渠道对企业产品创新能力有促进作用。孙少勤和娄曼（2018）基于行业层面发现进口产品种类的增加能显著促进制造业全要素生产率的提高，尤其是对于资本密集型行业，这种正向促进作用更强。

由于不同类型的进口产品对经济发展具有不同的影响，因此分析进口产品异质性也具有非常重要的现实意义。学界基于中间品、资本品和最终消费品对经济活动的影响进行了大量研究，认为相比最终品关税下降，投入品关税下降可以为国内生产型企业创造更多的贸易利得（Amiti and Konings，2007；Goldberg et al.，2011），进口资本品和中间品对全要素生产率具有显著的正效应（Coe and Help-man，1995；Keller，2002），但中间品和资本品对企业创新具有不同的影响。康志勇（2015）发现中国企业的资本品进口显著地促进企业的 R&D 投入，而中间品进口却对企业 R&D 投入具有显著抑制作用。魏浩和林薛栋（2017）测算了企业层面的进口产品质量，发现进口中间品质量的提升显著促进企业创新，进口资本品质量的提升对企业创新的影响表现为倒"U"型。除了研究资本品与中间品的影响差异外，还有少数学者对产品的技术含量、产品的进口来源异质性对企业的影响进行了研究。埃利奥特等（Elliott et al.，2016）通过对企业的产品进口来源国和进口产品技术含量进行分类发现，从高收入国家进口产品的企业与进口中高等技术密集度产品的企业相对于不从高收入国家进口产品与仅进口低技术密集度产品的企业具有更大的规模和更高的生产率。陈等（Chen et al.，2017）对中国制造业企业的研究发现，进口中间品和出口都能促进进口企业的 R&D 投资密度，其中，来自高收入国家的进口对企业创新的促进作用更强。由此可见，在分析进口产品对企业的影响时，对产品种类进行区分也具有非常重要的意义。

影响企业创新的因素很多，除了前面提到的进口产品的相关影响外，宏观创新环境也对企业创新具有非常重要的影响。李习保（2007）阐述了创新参与者、区域的产业集群程度、地方财政对教育和科技的支持以及对外开放程度等都将影响创新的效率。城市化的提升也可以通过规模经济效应和城市集聚效应为企业创新提供充足的创新资源，加强技术知识的扩散，增强知识溢出（豆建民和刘欣，2011）。杨晓章等（2017）利用 2007～2013 年上市公司数据，分析发现地方财政自主权也可以提升企业所在地区的市场化水平，从而促进企业的创新投入。但是，为了优化企业的宏观创新环境而制定的产业政策并不一定能有效促进创新。黎文靖和郑曼妮（2016）研究发现，受产业政策激励的企业出现了为"寻扶持"而创新的乱象，它们积极进行"策略性创新"，忽略了"实质性创新"，这种现象在国有企业和非高新技术行业中尤为显著。由此可见，如何有效地激励企业创新是一个复杂且非常具有现实意义的问题。

由于进口产品中包含着国外的先进技术，又具有高质量、低价格、种类繁多等性质，学界对进口产品对企业创新的影响越来越重视，进行了大量的研究。研究表明，企业的新进口产品具有高于所有进口产品平均水平的产品质量和质量增长率（陈贵富和詹珊，2020），而且新进口产品中蕴含的技术知识对企业而言相对陌生，可以激励企业对其进行吸收、模仿和再创新，倾向于比持续进口产品具有更高的企业创新激励作用，而目前关于新进口产品的研究相对匮乏。古德伯格等（Goldberg et al.，2011）提到了新进口投入品的影响，但也是基于印度进口投入品贸易自由化的视角，间接分析了投入品关税下降引起的新进口产品种类的增长与企业创新能力的提升，没有对新进口产品的质量和多样性对企业创新的直接影响进行详细的探讨。科伦顿和克里尼（Colantone and Crinò，2014）分析了新进口投入品种类和质量对新产品生产的影响。

但是，就现有研究来看，分析仅停留在行业层面，未对新进口产品如何影响微观企业的创新进行进一步分析。因此，本章基于我国工业企业层面，对新进口产品质量和多样性对企业创新的影响进行理论和实证分析，并对企业新进口产品与持续进口产品、不同类型新进口产品的质量和多样性及其对企业创新的影响进行比较分析，为新进口产品质量和多样性如何影响企业创新提供全景式研究，为如何有效地利用进口产品促进企业创新提供有价值的建议。

第三节　理论模型

一、模型设定

参考里维拉-巴茨和罗默（Rivera-Batiz and Romer，1991）提出的开放经济体的知识外溢模型，我们分析一个具有两个国家（本国与外国）和三个部门（最终产品部门、中间产品部门、R&D 部门）的经济体，同时参考科伦顿和克里尼（2014）的研究，我们假设两个国家生产的中间品具有质量差异，模型的具体设定如下。

（一）最终产品市场

最终产品市场是完全竞争的，只生产一种最终产品，投入人力资本 H_Y 和中间品，包括国内生产中间品 x_i 和进口中间品 x_i^*，两类中间品具有不同的质量。

$$Y = H_Y^{\alpha}\left[\int_0^A (\lambda_i x_i)^{1-\alpha}di + \int_0^{A^*} (\lambda_i^* x_i^*)^{1-\alpha}di\right], \alpha \in (0,1) \qquad (15.1)$$

其中，H_Y 表示用于最终产品生产的人力资本；x_i 和 x_i^* 分别表示投入到最终产品生产的第 i 种国产中间品和第 i^* 种进口中间品的数量；λ_i 和 λ_i^* 分别表示对应本国中间品和进口中间品的质量水平；A 和 A^* 分别表示本国生产和进口的中间产品的种类数，此处均假设为连续变量。为了探讨经济增长与进口产品种类之间的关系，参考科伦顿和克里尼（2014）的研究，我们假设进口中间品种类数是国内中间品种类数的 ε 倍，ε 为外生参数，则：

$$A^* = \varepsilon A, \varepsilon > 0 \qquad (15.2)$$

（二）中间产品部门

对于中间产品部门，与里维拉–巴茨和罗默（1991）的做法类似，我们假设每一个新的产品设计理念或方案被 R&D 部门发明出来以后都会立即被中间产品部门转化为一种中间产品，因此最终产品生产函数中的 A 既可以表示本国的中间品种类，也可以表示技术知识存量。中间产品部门的单位生产成本为 1，即投入 1 单位最终品可以生产 1 单位中间品：

$$x_i = Y_i \tag{15.3}$$

（三）R&D 部门

R&D 部门投入人力资本 H_A 进行研发生产，由于知识溢出的存在，R&D 产出也依赖于现有的技术知识存量，包括国内现有的知识存量和通过进口而引进的外国先进技术。与以往模型不同的是，考虑到本国和外国的中间产品具有不同的质量水平，在此我们亦假设本国和外国的知识外溢也具有差异，用产品质量差异相关的系数进行修饰。我们认为，产品质量水平越高，现有技术知识存量对新技术研发的外溢性越强。

$$\dot{A} = \delta H_A (\lambda^{\frac{1-\alpha}{\alpha}} A + \lambda^{*\frac{1-\alpha}{\alpha}} A^*) \tag{15.4}$$

其中，$\dot{A}$ 为本国技术知识增量；A 和 A^* 分别为本国现有的知识存量和通过进口引入的技术知识存量；λ 和 λ^* 分别为本国中间品和进口中间品质量水平，在此也衡量了两国技术知识存量的外溢性差异；δ 为 R&D 部门的外生性生产率相关参数。

（四）消费者偏好

我们使用代表性家庭的 CES 效用函数来表示：

$$U(C) = \int_0^{+\infty} \frac{C^{1-\theta} - 1}{1-\theta} e^{-\rho t} \mathrm{d}t \tag{15.5}$$

二、各部门市场行为分析

（一）最终产品部门

最终产品部门通过选择人力资本投入、各类本国中间品数量和进口中间品数量来最大化利润，最终产品价格单位化为 1：

$$\max_{H_Y x_i x_i^*} \pi = Y - w_Y H_Y - \int_0^A p_i x_i \mathrm{d}i - \int_0^{A^*} p_i^* x_i^* \mathrm{d}i \tag{15.6}$$

通过求解上述最优化问题，可得：

$$w_Y = \frac{\alpha Y}{H_Y} \tag{15.7}$$

$$p_i = (1-\alpha) H_Y^\alpha \lambda_i^{1-\alpha} x_i^{-\alpha} \tag{15.8}$$

$$p_i^* = (1-\alpha) H_Y^\alpha \lambda_i^{*1-\alpha} x_i^{*-\alpha} \tag{15.9}$$

其中，式（15.8）为本国中间产品的需求函数，式（15.9）为进口中间品需求函数。由式（15.8）和式（15.9）可知，进口中间品和本国中间品的需求函数向右下方倾斜，从而中间产品部门可以获取垄断利润。

（二）中间产品部门

中间产品部门面临向右下方倾斜的需求曲线，可以定价以实现最大化利润：

$$\max_{p_i} \pi = p_i x_i - Y_i = p_i x_i - x_i \tag{15.10}$$

求解式（15.10）可得：

$$p_i = p = \frac{1}{1-\alpha} \tag{15.11}$$

$$x_i = (1-\alpha)^{\frac{2}{\alpha}} H_Y \lambda_i^{\frac{1-\alpha}{\alpha}} \tag{15.12}$$

在此，为了简化模型，我们用本国中间品的平均质量 λ 来消除国产的中间品的质量差异，对进口中间品也采取类似的处理。

$$x_i = x = (1-\alpha)^{\frac{2}{\alpha}} H_Y \lambda^{\frac{1-\alpha}{\alpha}} \tag{15.13}$$

$$\pi_i = \pi = \alpha (1-\alpha)^{\frac{2-\alpha}{\alpha}} H_Y \lambda^{\frac{1-\alpha}{\alpha}} \tag{15.14}$$

同理，由于国外中间产品部门面临着与本国中间品相似的需求函数，可得：

$$p_i^* = p^* = \frac{1}{1-\alpha} \tag{15.15}$$

$$x_i^* = x^* = (1-\alpha)^{\frac{2}{\alpha}} H_Y \lambda^{*\frac{1-\alpha}{\alpha}} \tag{15.16}$$

$$\pi_i^* = \pi^* = \alpha (1-\alpha)^{\frac{2-\alpha}{\alpha}} H_Y \lambda^{*\frac{1-\alpha}{\alpha}} \tag{15.17}$$

将 x 和 x^* 的表达式代入生产函数中：

$$Y = (1-\alpha)^{\frac{2(1-\alpha)}{\alpha}} H_Y (\lambda^{\frac{\alpha}{1-\alpha}} A + \lambda^{*\frac{\alpha}{1-\alpha}} A^*) = (1-\alpha)^{\frac{2(1-\alpha)}{\alpha}} H_Y A \lambda^{\frac{1-\alpha}{\alpha}} \omega \tag{15.18}$$

$$w_Y = \alpha (1-\alpha)^{\frac{2(1-\alpha)}{\alpha}} A \lambda^{\frac{1-\alpha}{\alpha}} \omega \tag{15.19}$$

其中：

$$\omega = 1 + \varepsilon \left(\frac{\lambda^*}{\lambda} \right)^{\frac{1-\alpha}{\alpha}} \tag{15.20}$$

（三）研发部门

根据式（15.20），可将研发部门生产函数式（15.4）简化为：

$$\dot{A} = \delta H_A A \lambda^{\frac{1-\alpha}{\alpha}} \omega \tag{15.21}$$

竞争性的研发部门投入人力资本 H_A，生产知识技术，并以 P_A 价格出售给中间产品部门：

$$\max_{H_A} \pi = P_A \dot{A} - w_A H_A = P_A \delta H_A \lambda^{\frac{1-\alpha}{\alpha}} A \omega - w_A H_A \tag{15.22}$$

$$w_A = \delta \lambda^{\frac{1-\alpha}{\alpha}} A \omega P_A \tag{15.23}$$

由于中间产品部门是可以自由进入的，中间品生厂商为产品的设计技术和理念支付的价格 P_A 等于中间品生厂商获得的垄断利润的贴现值。由于在均衡状态下的利率为常数 r，可得到无套利条件：$P_A = \dfrac{\pi}{r}$。因此：

$$P_A = \frac{\pi}{r} = \frac{1}{r} \alpha (1-\alpha)^{\frac{2-\alpha}{\alpha}} H_Y \lambda^{\frac{1-\alpha}{\alpha}} \tag{15.24}$$

$$w_A = \frac{1}{r} \alpha (1-\alpha)^{\frac{2-\alpha}{\alpha}} H_Y \lambda^{\frac{2(1-\alpha)}{\alpha}} \delta A \omega \tag{15.25}$$

（四）消费者行为

消费者在满足跨期预算约束的前提下，通过最大化效用，可以得到以下欧拉方程：

$$g = \frac{\dot{C}}{C} = \frac{r - \rho}{\theta} \tag{15.26}$$

三、竞争性均衡分析

在均衡增长路径下，经济增长率 $g = \dot{C}/C = \dot{A}/A$，最终产品部门与研发部门的工资率相等，且两个部门的人力资本之和恒等于常数 H，因此可以得到：

$$w_A = w_Y \tag{15.27}$$

$$g = \frac{r - \rho}{\theta} = \delta H_A \lambda^{\frac{1-\alpha}{\alpha}} \omega \tag{15.28}$$

$$H_A + H_Y = H \tag{15.29}$$

通过求解式（15.27）至式（15.29），可求出均衡增长率：

$$g_A = g = \frac{\delta(1-\alpha)\lambda^{\frac{1-\alpha}{\alpha}} H - \rho}{\theta + \frac{1-\alpha}{\omega}} \tag{15.30}$$

其中，$\omega = 1 + \varepsilon\left(\frac{\lambda^*}{\lambda}\right)^{\frac{1-\alpha}{\alpha}}$。

接下来，我们对本章的研究重点——进口产品质量和多样性如何影响创新增长率进行进一步说明。通过对创新增长率对 ω 求偏导，可得：

$$\frac{\partial g_A}{\partial \omega} = \frac{\delta(1-\alpha)\lambda^{\frac{1-\alpha}{\alpha}} H - \rho}{(\theta\omega + 1 - \alpha)^2} \times (1 - \alpha) \tag{15.31}$$

首先判断分子的正负。由式（15.27）可以得出：

$$r = \delta(1-\alpha) H_Y \lambda^{\frac{1-\alpha}{\alpha}} \tag{15.32}$$

将式（15.32）结果代入式（15.28），可得：

$$\delta(1-\alpha) H_Y \lambda^{\frac{1-\alpha}{\alpha}} - \rho = \delta H_A \lambda^{\frac{1-\alpha}{\alpha}} \theta\omega \tag{15.33}$$

$$\delta(1-\alpha) H \lambda^{\frac{1-\alpha}{\alpha}} - \rho = \delta H_A \lambda^{\frac{1-\alpha}{\alpha}} \left[\theta\omega + (1 - \alpha) \right] \tag{15.34}$$

在式（15.34）中，右侧部分参数皆大于 0，$\alpha \in (0,1)$，因此 $\frac{\partial g_A}{\partial \omega}$ 的分子大于 0，进一步可得 $\frac{\partial g_A}{\partial \omega} > 0$。

由上面的推导可知，创新增长率 g_A 与 ω 正相关。回顾 ω 的定义：$\omega = 1 + \varepsilon$ $\left(\frac{\lambda^*}{\lambda}\right)^{\frac{1-\alpha}{\alpha}}$，可以看到，$\omega$ 主要由两部分决定：一是进口中间品种类系数 ε；二是进口中间品与本国中间品的相对质量 λ^*/λ。

进一步求导可知：$\frac{\partial \omega}{\partial \varepsilon} > 0$，$\frac{\partial \omega}{\partial (\lambda^*/\lambda)} > 0$。

在这里，ε 和 λ^*/λ 对 ω 均具有正的边际影响。由此我们可以得到一个重要结论：进口中间品可以通过种类和质量两种渠道影响经济中的技术创新与经济增长，即进口产品种类越多、质量越高，技术创新和经济增长率越高。

我们参考里维拉-巴茨和罗默（1991）提出的开放经济下的知识外溢模型，

并参考科伦顿和克里尼（2014）的做法，在模型中引入进口产品质量和多样性的概念，推导出本章的重要结论：进口产品可以通过质量和多样性两个渠道来影响创新。在诸多进口产品中，产品质量和多样性参差不齐，各类产品对企业创新的影响也不尽相同。对于产品异质性对企业创新的影响，国内外学者极少关注不同进口状态的产品之间的差异。陈贵富和詹珊（2020）通过测算表明，新进口产品质量及质量增长率均高于所有进口产品的平均水平。科伦顿和克里尼（2014）对新进口产品这类特殊群体进行了行业层面的分析，发现新进口产品相对于持续进口产品的质量和多样性提升可以促进新产品生产，从而提高经济增长率。因此，我们在实证部分将进一步探索新进口产品这个特殊组成对企业创新的影响。

第四节　计量模型、变量与数据

一、计量模型构建

（一）基准回归

前文提出的理论模型中，我们得到进口产品影响企业创新的两个重要渠道：质量和多样性，现在我们进一步分析新进口产品的质量和多样性指标对企业创新的影响。我们构建如下两个基准模型：

$$NP_{ijkt} = \alpha_0 + \alpha_1 \times QN_{ijkt} + \alpha X + u_j + u_k + u_t + \varepsilon_{ijkt} \tag{15.35}$$

$$NP_{ijkt} = \beta_0 + \beta_1 \times VSN_{ijkt} + \beta X + u_j + u_k + u_t + \varepsilon_{ijkt} \tag{15.36}$$

其中，i 表示企业；j 表示企业所在行业；k 表示企业所在地区；t 表示年份；被解释变量 NP 为企业创新指标，我们用新产品产值率（新产品产值占工业总产值的比重）来表示；解释变量 QN 表示新进口品的质量，VSN 表示新进口品的多样性；u_j、u_k、u_t 分别表示行业、省份、年份固定效应；ε_{ijkt} 为随机扰动项；X 表示控制变量向量。

本章研究新进口产品质量和多样性对企业创新的影响，但是，企业关于增加新产品创新的决策可能会促使企业引进高质量和多种类的新进口产品，从而表现为新进口产品质量和多样性与企业创新之间的反向因果关系，导致内生性问题。与陈贵富和詹珊（2020）相同，本章参照魏浩和林薛栋（2017）的研究，构建企业层面的进口国人均 GDP 指标为工具变量。

（二）新进口产品与持续进口产品对企业创新的影响差异比较

为了进一步突出新进口产品这个群体在所有产品中的特殊性质，我们试图分析对影响企业创新的这个问题上，相对于持续进口产品，新进口产品是否具有更大的优势。我们用如下模型来进行估计：

$$NP_{ijkt} = \theta_0 + \theta_1\, QN_{ijkt} + \theta_2\, QE_{ijkt} + \theta X + u_j + u_k + u_t + \varepsilon_{ijkt} \qquad (15.37)$$

$$NP_{ijkt} = \theta_0 + \theta_3\, \frac{VSN_{ijkt}}{VSE_{ijkt}} + \theta X + u_j + u_k + u_t + \varepsilon_{ijkt} \qquad (15.38)$$

其中，QN 为新进口产品质量，QE 为持续进口产品质量，VSN 和 VSE 分别为新进口产品多样性和持续进口产品多样性。由于新进口产品多样性与持续进口产品多样性具有完全共线性，这里用新进口产品多样性与持续进口产品多样性的比值（VSN/VSE），即新进口产品的相对多样性来分析两类产品多样性对企业创新的影响差异。

此后，我们进一步分析新进口产品质量对企业创新的影响是否受新进口产品多样性的影响。通过引入新进口产品相对多样性与新进口产品质量的交互项对如下计量模型进行估计：

$$NP_{ijkt} = \gamma_0 + \gamma_1\, QN_{ijkt} + \gamma_2\, QN_{ijkt} \times \frac{VSN_{ijkt}}{VSE_{ijkt}} + \gamma_3\, \frac{VSN_{ijkt}}{VSE_{ijkt}} + \gamma X + u_j + u_k + u_t + \varepsilon_{ijkt}$$

$$(15.39)$$

由式（15.39），通过求导可得到新进口产品质量对企业创新的边际影响为：

$$\frac{\partial NP}{\partial QN} = \gamma_1 + \gamma_2 \times \frac{VSN}{VSE} \qquad (15.40)$$

首先，通过检验 γ_2，我们可以得到新进口产品相对多样性是否加强或减弱新进口产品质量对企业创新的边际影响；其次，当 $VSN = VSE$ 时，即进口相同种类的新进口产品与持续进口产品时，新进口产品质量对企业创新的边际影响为 $\gamma_1 + \gamma_2$，通过检验（$\gamma_1 + \gamma_2$）是否可以显著得到没有进口多样性干扰的新进口产品质量对企业创新的影响。

二、变量说明

（一）被解释变量

与陈贵富和詹珊（2020）的设定相同，本章用新产品产值率（即中国工业企业数据库中企业新产品产值与工业总产值的比重）来衡量企业创新。

（二）核心解释变量

新进口产品质量（QN）。本章参考施炳展和曾祥菲（2015）的研究进行企业层面的进口产品质量测算，测算过程详见陈贵富和詹珊（2020）。本章对于产品种类的定义基于进口来源国 c 和 HS6 分位编码 h 两个维度，通过对比企业当年与上年的进口产品信息，若当年进口的某 HS6 分位码产品 h 上年没有进口，或者该 HS6 分位码产品上年也进口了，但当年是进口自不同的国家，则认为该进口产品为本章所定义的新进口产品。

新进口产品多样性为企业当年新进口的产品种类占企业所有进口产品种类数的比重。对于产品种类的定义，我们是基于进口来源国和产品的 HS6 分位编码两个维度。

（三）控制变量

对于企业层面的控制变量，我们主要参考了魏浩和林薛栋（2017）以及杨晓云（2013）的设定，主要包括：企业年龄（age）、政府补贴率（subr）、销售规模（lnsale）、资本密集度（lnKI）、人力资本（lnWG）、企业的出口行为（export）二值变量。行业层面的控制变量，我们参考严冰和张相文（2015）的设定，主要控制企业所在 GB4 行业的市场集中度，用赫芬达尔－赫希曼指数（HHI）来表示。对于城市层面的控制变量，本章主要参考李习保（2007）、贺建风和张晓静（2018）以及杨晓章等（2017）的设定，主要包括：教育投入（edu）、科技投入（tech）、城市的人均 GDP 对数（PGDP）、城市化程度（urban）、劳动力成本（laborcost）、地区的贸易专业化指数（TSI）。各变量的取值说明、数据来源及变量的描述性统计见表 15-1 和表 15-2。

表 15-1　　　　　　　　　　变量定义与数据来源

变量符号	变量说明	数据来源
NP	新产品产值占工业总产值比重	工业企业数据库
QN	新进口产品质量	海关数据库测算
VSN	新进口产品种类比重	海关数据库测算
lnRD	研发投入的对数	工业企业数据库
HHI	赫芬达尔－赫希曼指数	工业企业数据库测算
age	当年年份与企业开业年份差值再加 1	工业企业数据库
subr	政府补贴与企业销售额的比值	工业企业数据库
lnsale	企业销售额的对数	工业企业数据库
lnKI	固定资产净值平均余额除以从业人数的对数	工业企业数据库

变量符号	变量说明	数据来源
lnWG	工资和福利总额除以从业人数的对数	工业企业数据库
export	是否具有出口交货值的二值变量	工业企业数据库
PGDP	城市的人均 GDP 对数	CEIC 中国经济数据库
edu	地方财政一般预算内支出中的教育支出比重	CEIC 中国经济数据库
tech	地方财政一般预算内支出中的科技支出比重	CEIC 中国经济数据库
urban	非农业人口占总人口的比重	CEIC 中国经济数据库
laborcost	城市职工平均工资的对数	CEIC 中国经济数据库
TSI	城市净出口额占进出口贸易总额的比重	CEIC 中国经济数据库

表 15 - 2　　　　　　　　　　**样本描述性统计**

变量	观测值	均值	标准差	最小值	最大值
NP	103 328	0.0604	0.1988	0	1
QN	124 881	0.5602	0.1501	0	1
VSN	124 881	0.5914	0.2632	0.0217	1
lnRD	12 161	5.7947	2.2862	0.0826	15.8642
age	124 784	9.4264	5.8960	1	59
subr	124 808	0.0018	0.0514	0	17.1150
lnsale	124 807	11.0817	1.4294	2.9349	19.1313
lnKI	103 063	4.0558	1.4241	0.0001	14.5317
lnWG	103 335	3.0794	0.6439	0.0152	10.4076
export	124 881	0.7836	0.4118	0	1
HHI	124 881	0.0186	0.0297	0.0010	1.0000
edu	106 212	0.1547	0.0472	0.0783	0.4943
tech	100 345	0.0118	0.0146	0.0003	0.0685
PGDP	124 188	10.5802	0.5287	7.8845	11.6016
urban	119 260	0.5548	0.2210	0.0735	1.2195
laborcost	124 476	10.1875	0.3550	8.6727	10.8885
TSI	97 932	0.1309	0.2478	− 0.9203	1.6928

三、数据描述与匹配

（一）海关数据库

本章基于 2000～2007 年的海关数据库，进行一系列测算与分析。由于本章分析企业新进口产品对企业创新的影响，新产品的定义涉及企业连续两年的产品进口信息，故剔除了当年有进口而上年没有进口行为的企业，即我们仅保留连续两年有进口行为的企业样本。本章还对海关数据进行了以下处理：剔除上年没有进口行为的企业，仅保留连续两年有进口的企业样本；删除关键信息缺失的数据，其中包括企业名称、产品编码和进口国家名称缺失的观测值；删除年度进口数量小于 1，以及交易额低于 50 美元的样本。考虑到贸易中间商不进行产品生产和企业创新活动，我们剔除企业名称中含有"贸易""进出口""商贸"关键词的贸易中间商样本。我们将各年度的 HS8 分位码与 2002版本的 6 分位码对齐，汇总得到各年度 HS2002 版本的 HS6 分位码产品进口数据，并在此基础上同 SITC Rev. 2 的 4 分位编码和 ISIC Rev. 4 的 3 分位编码对齐，编码之间的转化标准来自 CEPII 的 BACI 数据库中的 Product Codes 文件。保留 ISIC Rev. 4 编码位于 100～330 之间、SITC4 分位编码位于 5 000～9 000之间的制造业样本。按照拉奥（Lall，2000）的分类标准对产品根据技术含量进行分类，并剔除其中的初级品和资源品，因为这两类产品的价值主要源于自然资源禀赋，无法准确衡量产品质量差异内涵。对于海关数据库中登记的同一产品对应多个数量单位的情况，保留数量单位最多的样本。为了保证回归的可信度，删除观测值少于 100 的样本。

（二）工企数据库

由于 2008 年以后的中国工业企业数据库存在大量关键变量数据缺失和不真实现象，本章使用 2001～2007 年的工业企业数据和 2000～2007 年的中国海关数据库数据测算得到的 2001～2007 年企业进口产品质量和多样性进行主体分析。企业的进口产品质量和多样性数据均来自海关数据库，参照前文的方法进行海关数据库的整理以及质量和多样性指标的测算。企业创新以及企业层面的控制变量均来自工业企业数据库，为了降低其中的错误记录对实证研究的干扰，我们对工业企业数据库进行如下处理：剔除劳动从业人数不足 8 人的企业样本；剔除流动资产、固定资产总额以及固定资产净值为负或者大于总资产的企业样本；剔除企业成立时间在 1949 年之前、企业名称缺失、中间投入额为零、研究开发经费和新产品产值为负的企业样本。城市层面的控制变量数据来自于 CEIC 数据库。

(三) 海关数据库与工业企业数据库的匹配

由于海关数据库和中国工业企业数据库的企业编码系统不同,因此,我们需要对两个数据库进行匹配。参考戴觅和余淼杰 (2014) 的方法,我们按照企业名称相同,或者企业邮编和电话号码后七位相同的标准进行匹配。通过海关数据库的整理,我们获得了 2001 ~ 2007 年 9 103 317 条 2 459 类产品的进口产品质量数据和 375 687 条企业进口的质量与多样性数据。通过进一步与工业企业数据库匹配后,我们共获得 2001 ~ 2007 年具有新进口产品的企业样本 124 881 个,其中同时具有新进口产品和持续进口产品的企业样本 103 306 个。

第五节 新进口产品质量与多样性对企业创新的影响

一、基准回归结果

首先,我们对企业的新进口产品质量和多样性对企业创新的影响进行分析。表 15 – 3 中,第 (1) 列至第 (3) 列报告了新进口产品质量对企业创新的影响,第 (4) 列至第 (6) 列报告了新进口产品多样性比重对企业创新影响的回归结果。从第 (1) 列至第 (3) 列可以看到,新进口产品质量的系数都显著为正,这表明随着企业新进口产品质量的提高,企业的新产品创新能力增强,在经过内生性处理后,新进口产品质量对企业创新的影响仍然显著。从第 (4) 列至第 (6) 列可以看出,新进口产品多样性对新产品生产也具有显著的促进作用。综合来看,新进口产品质量与多样性提升都对企业创新具有一定的刺激作用,这是因为企业引入了更高质量和更多种类的新产品后,一方面,由于新投入品的使用,可以改善企业的产成品质量,或是随着高质量设备的引进提升企业的生产效率,从而提升企业的新产品产值;另一方面,为了更好地利用这些新投入品,企业可能会采用新的生产工艺,配备更多的研究人员对新投入品的结构与技术进行学习,从而提升企业推出新产品的能力。

表 15 –3　　　　　　　　　**新进口产品质量与多样性对企业创新的影响**

| 变量 | (1) | (2) | (3) | (4) | (5) | (6) |
	OLS	FE	FE + IV	OLS	FE	FE + IV
QN	0. 0120 *** (0. 0026)	0. 0251 *** (0. 0035)	0. 0337 *** (0. 0044)			

变量	(1) OLS	(2) FE	(3) FE + IV	(4) OLS	(5) FE	(6) FE + IV
VSN				0.0257 *** (0.0024)	0.0306 *** (0.0032)	0.0374 *** (0.0049)
age		0.0016 *** (0.0001)	0.0016 *** (0.0001)		0.0017 *** (0.0001)	0.0017 *** (0.0001)
subr		0.2775 *** (0.0490)	0.2755 *** (0.0490)		0.2755 *** (0.0490)	0.2738 *** (0.0490)
lnsale		0.0180 *** (0.0006)	0.0181 *** (0.0006)		0.0178 *** (0.0006)	0.0178 *** (0.0006)
lnKI		0.0013 * (0.0007)	0.0012 * (0.0007)		0.0012 * (0.0007)	0.0011 (0.0007)
lnWG		0.0128 *** (0.0016)	0.0130 *** (0.0016)		0.0127 *** (0.0016)	0.0128 *** (0.0016)
export		0.0261 *** (0.0020)	0.0264 *** (0.0020)		0.0265 *** (0.0020)	0.0268 *** (0.0020)
HHI		0.2289 *** (0.0296)	0.2290 *** (0.0296)		0.2230 *** (0.0296)	0.2217 *** (0.0296)
edu		0.0520 * (0.0287)	0.0523 * (0.0287)		0.0483 * (0.0287)	0.0476 * (0.0287)
tech		0.6483 *** (0.1031)	0.6460 *** (0.1031)		0.6502 *** (0.1031)	0.6491 *** (0.1031)
PGDP		− 0.0128 *** (0.0045)	− 0.0125 *** (0.0045)		− 0.0125 *** (0.0045)	− 0.0123 *** (0.0045)
urban		0.0333 *** (0.0070)	0.0329 *** (0.0070)		0.0319 *** (0.0070)	0.0314 *** (0.0070)

变量	(1)	(2)	(3)	(4)	(5)	(6)
	OLS	FE	FE + IV	OLS	FE	FE + IV
laborcost		-0.0091 (0.0078)	-0.0092 (0.0078)		-0.0095 (0.0078)	-0.0097 (0.0078)
TSI		0.0212^{***} (0.0064)	0.0205^{***} (0.0064)		0.0205^{***} (0.0064)	0.0199^{***} (0.0065)
Constant	0.0574^{***} (0.0009)	-0.0360 (0.0655)	0.0704 (0.0665)	0.0450^{***} (0.0016)	-0.0426 (0.0654)	0.0634 (0.0666)
N	104 017	65 146	65 146	104 017	65 146	65 146
R^2	0.0800	0.1199	0.1193	0.0808	0.1204	0.1199

注：括号内为标准误；*、**和***分别代表在10%、5%和1%的统计水平上显著。回归中加入了行业、年份、省份固定效应。下同。

二、新进口产品与持续进口产品对企业创新的影响对比

表15-4中第（1）列为企业进口的新产品质量与持续进口产品质量对企业创新的影响，结果表明，新进口产品质量仍然对企业创新具有显著的促进作用，而持续进口产品质量的提升对企业的新产品产值率没有显著的影响。持续进口产品质量对企业的新产品创新无显著影响的原因可能有两个：第一，持续进口产品已经在前些年份被企业投入生产，企业对其技术结构组成等已经进行了充分的消化与吸收，并将这部分投入品转化为了新产品产值的一部分，在往后的年份，企业基于已经熟悉的持续进口产品很难再推出新产品；第二，高质量的产品往往具有更高的价格，由于企业存在预算约束，持续进口产品质量的增加可能会减少企业用于新进口产品的预算，而持续进口产品在新产品生产中的驱动作用较新进口产品弱，从而在总体上导致企业的新产品生产受到抑制。第（2）列分析了新进口产品的相对多样性，即新进口产品种类与持续进口产品种类的比值对企业的新产品产值率的影响。回归结果表明，新进口产品的种类相对于持续进口产品种类的提升，可以在一定程度上促进企业的产品创新，且这种促进作用非常显著。以上的回归结果表明，新进口产品相对于持续进口产品，其质量和多样性对企业创新具有更强的促进作用。

表 15 - 4 　　　　　　　　新进口产品与持续进口产品对企业创新的影响对比

变量	（1）	（2）	（3）
QN	0.023 *** (0.007)		0.025 *** (0.006)
QE	0.005 (0.006)		
VSN/VSE		0.001 *** (0.000)	0.004 *** (0.001)
$QN \times (VSN/VSE)$			- 0.007 *** (0.001)
其他控制变量	YES	YES	YES
N	53 774	53 774	53 774
R^2	0.117	0.117	0.117

注：*** 代表在 1% 的统计水平上显著。

为了进一步探索新进口产品质量和多样性对企业创新的影响，我们分析新进口产品质量对企业创新的影响是否受到进口产品多样性的影响。表 15 - 4 第（3）列结果显示，系数 γ_1 和 γ_3 显著为正，而系数 γ_2 显著为负，这表明，新进口产品质量和相对多样性本身对企业新产品创新的直接影响都是显著为正的，但新进口产品相对多样性提升会在一定程度上抑制新进口产品质量对企业创新的边际影响，这可能是因为企业面临的成本约束使得企业常常无法同时获得高质量和多种类的新进口产品。同时这也表明，新进口产品种类并不是越多越好，而是存在一个临界值，当新进口产品种类超过持续进口种类的 3.57 倍时，将会导致新进口产品质量难以再为企业创新提供驱动力。这比较符合经济现实，我们不能一味地追求新进口产品种类的多样化，而忽略了产品质量，也不提倡企业每年大幅更换投入品，因为这可能导致员工对如何使用投入品太过陌生，甚至出现生产设备与投入品工艺不匹配等多种问题。除此之外，第（3）列的回归结果还有另一层深刻的含义：当 $VSN/VSE = 1$ 时，即当企业进口相同种类的新进口产品与持续进口产品时，新进口产品质量对企业创新的边际影响由 $\gamma_1 + \gamma_2$ 表示，我们即可获得排除产品多样性干扰的新进口产品质量对企业创新的影响。检验结果表明，$\gamma_1 + \gamma_2$ 显著大于 0（P 值为 0.001），这表明，即使新进口产品种类与持续进口产品种类相同，提高新进口产品质量仍然可以显著地促进企业的新产品创新。

三、异质性新进口产品对企业创新的影响

(一) 新进口中间品、资本品对企业创新的影响

首先，我们分析不同最终用途的新进口产品质量和多样性对企业创新的影响（见表 15-5）。我们根据新进口产品的最终用途将进口产品分成消费品、中间品和资本品。其中，中间品和资本品被投入企业的生产过程中，影响着企业的产品生产和技术进步，因此我们主要分析新进口资本品和中间品对企业创新的影响。从样本的观测值可以看出，具有新进口中间品的企业数远高于具有新进口资本品的企业数。从产品质量的角度来看，新进口中间品和资本品质量都对企业创新具有积极影响，其中中间品质量提升对企业创新的促进作用更强；而从产品多样性的角度来看，新进口资本品与中间品多样性的增加都可以促进企业的产品创新能力，两者的影响差异不显著。这启示我们，通过引进更高质量和更多种类的新进口中间品和资本品，尤其是其中的高质量中间品，企业可以更有效地利用进口产品中物化的技术知识来促进企业创新。

表 15-5　　　　新进口中间品和资本品对企业创新的影响

变量	(1)	(2)	(3)	(4)	(5)	(6)
资本品质量	0.035 *** (0.005)		0.048 *** (0.007)			
中间品质量		0.022 *** (0.005)	0.075 *** (0.011)			
资本品多样性				0.041 *** (0.005)		0.074 *** (0.009)
中间品多样性					0.025 *** (0.003)	0.069 *** (0.008)
其他控制变量	YES	YES	YES	YES	YES	YES
N	35 832	59 548	31 160	35 832	59 548	31 160
R^2	0.124	0.118	0.125	0.125	0.118	0.127

注：*** 代表在 1% 的统计水平上显著。

(二) 不同进口来源国的新进口产品对企业创新的影响

进一步地，我们将产品的不同进口来源国分成经济合作与发展组织

（OECD）国家和非 OECD 国家，并且分别测算了企业从 OECD 国家和非 OECD 国家新进口的产品质量和多样性，并分析其对企业创新的不同影响，结果如表 15 - 6 所示。我们可以看到，从 OECD 国家进口新产品的企业数要远高于非 OECD 国家，两类新进口产品对企业创新的影响均显著为正，而其中进口自 OECD 国家的新产品质量和多样性对企业创新的促进作用都高于非 OECD 国家的产品，其边际影响大约是非 OECD 国家新产品的 2 倍。经过检验，来源于 OECD 国家与非 OECD 国家的新进口产品质量之间的系数差异在 10% 的水平显著，而新进口产品多样性之间的系数差异在 5% 的水平上显著，这启示我们，企业在进行进口产品决策时，应该更加注重对 OECD 国家产品的引进，将其质量高、种类繁多的产品引入企业的生产过程中，不仅可以提升本国企业的产成品质量，还可以对其中的技术进行充分的学习与吸收，提升企业的创新能力。

表 15 - 6   不同进口来源国新进口产品质量和多样性对企业创新的影响

变量	(1)	(2)	(3)	(4)	(5)	(6)
非 OECD 国家产品质量	0.015 *** (0.006)		0.028 *** (0.0094)			
OECD 国家产品质量		0.030 *** (0.004)	0.051 *** (0.008)			
非 OECD 国家产品多样性				0.010 ** (0.004)		0.037 *** (0.008)
OECD 国家产品多样性					0.034 *** (0.004)	0.057 *** (0.007)
其他控制变量	YES	YES	YES	YES	YES	YES
N	41 876	54 745	31 271	41 876	54 745	31 271
R^2	0.127	0.120	0.134	0.127	0.121	0.135

注：** 和 *** 分别代表在 5% 和 1% 的统计水平上显著。

（三）不同技术含量新进口产品对企业创新的影响

根据拉奥（2000）对产品技术含量的分类，我们分析了新进口低技术品、中技术品和高技术品对企业创新的影响差异，结果如表 15 - 7 所示。由表 15 - 7 中观测值行的数据可知，具有新进口中技术品的企业最多，其次是低技术品，高技术品进口企业最少。表 15 - 7 中的回归系数表明，新进口高技术品的质量和多样性提升对企业创新的促进作用最强，中技术品次之，低技术品质量和多样性对企业创新的影响不显著。因此，我们认为，企业选择新进口产品时，应该致力于提高新进口高技术品的质量和多样性，同时也在一定程度上提升新进口产品中技术品的质量和种类，这样可以更大限度地激发进口产品对企业创新的刺激作用。

表 15 –7　　　　　不同技术含量新进口产品对企业创新的影响

变量	（1）	（2）	（3）	（4）	（5）	（6）	（7）	（8）
低技术品质量	−0.003 （0.006）			−0.018 （0.028）				
中技术品质量		0.021*** （0.004）		0.033*** （0.011）				
高技术品质量			0.090*** （0.009）	0.144*** （0.020）				
低技术品多样性					0.003 （0.004）			0.043*** （0.016）
中技术品多样性						0.023*** （0.004）		0.056*** （0.012）
高技术品多样性							0.104*** （0.007）	0.176*** （0.016）
其他控制变量	YES	YES	YES	YES	YES	YES	YES	YES
N	45 409	52 944	27 520	18 987	45 409	52 944	27 520	18 987
R^2	0.105	0.114	0.137	0.122	0.105	0.115	0.141	0.125

注：*** 代表在 1% 的统计水平上显著。

四、稳健性检验

（一）以某一年为基年定义新进口产品

考虑到本章使用的新进口产品定义为上年没有进口而今年进口了的产品，也剔除了上年没有进口行为而今年开始进口的这部分企业的影响，但是对于在间断的年份引进的产品无法准确识别。参考杨汝岱（2015）对企业进入与退出的识别方式，我们使用以某一年为基年，后续年份都以相对基年而言的方式重新定义新进口产品。以基年为参照来定义新产品不仅限定了初始的产品，同时还限定了考察期内的企业必须是多年持续进口的企业，且随着分析的年份距离基年越远，当年的企业样本量越少，越来越多的产品会被定义为新进口产品，这样也会导致新进口产品的定义有误。因此，为了避免考察期太长导致样本量过少，同时又要避免考察期太短导致回归结果可信度不强，我们分别采用以 2000 年为基年的 2001～2003 年的新进口数据，和以 2004 年为基年的 2005～2007 年新进口数据来进行回归分析。表 15－8 的第（1）列和第（2）列以及第（3）列和第（4）列分别为以 2000 年为基年和以 2004 年为基年的回归结果，结果显示，新进口产品的质量和多样性系数仍然显著为正。

表 15－8　　　　　　　　　　　稳健性检验

变量	（1）	（2）	（3）	（4）	（5）	（6）	（7）
QN	0.030 *** (0.003)		0.028 *** (0.004)		0.150 *** (0.032)		0.031 *** (0.004)
VSN		0.035 *** (0.004)		0.034 *** (0.004)		0.152 *** (0.024)	
控制变量	YES	YES	YES	YES	YES	YES	YES
行业固定	YES	YES	YES	YES	YES	YES	YES
省份固定	YES	YES	YES	YES	YES	YES	YES
年份固定	YES	YES	YES	YES	YES	YES	YES
N	43 363	43 363	49 635	49 635	21 783	23 916	65 146
R^2	0.127	0.128	0.109	0.109	0.1922	0.1909	0.120

注：*** 代表在 1% 的统计水平上显著。

（二）用专利申请数来定义企业创新

考虑到前文中使用新产品产值率来衡量企业创新时，数据年限仅为 2001～2007 年，年份较为久远，可能无法代表近年的情况。而专利申请数可以测度企业高质量的创新成果，数据已更新到近几年。本章使用专利申请数来衡量企业创新，分析 2001～2013 年企业新进口产品质量和多样性对企业专利申请的影响，以此来检验前文所述新进口产品对企业创新的影响是否稳健。参考唐宜红等（2019）的研究，我们对专利申请数进行对数变换。如表 15－6 中第（5）列和第（6）列所示，当我们改用专利申请数来衡量企业创新，并将数据年份扩展到

2001～2013 年时，新进口产品质量和多样性对企业创新的促进作用非常稳健。[1]

（三）用樊海潮和郭光远（2015）的方法测算新进口产品质量

本章使用施炳展等（2015）的方法测算了新进口产品质量，但是考虑到进口产品质量越高，价格越高，从而出现内生性问题，施炳展法用企业从其他国家进口的同一类产品的平均价格作为工具变量，将会导致样本大量损失、降低样本的代表性和结论的一般性。参考樊海潮和郭光远（2015）的方法，我们构建如下质量测算模型：

$$\log(q_{ihct}) + \sigma\log(p_{ihct}) = \varphi_h + \varphi_{ct} + \varepsilon_{ihct} \tag{15.41}$$

与施炳展等（2015）的方法相比，樊海潮和郭光远（2015）的方法使用的是已知的替代弹性信息，而不是通过估计所得。我们使用的替代弹性的数据来源于罗达和温斯坦（2006）测算的中国进口 HS3 分位码产品的替代弹性数据。φ_h 表示产品固定效应，φ_{ct} 表示国家年份联合固定效应，产品质量由 $\hat{\varepsilon}_{ihct}/(\sigma-1)$ 表示。测算后我们进一步进行诸如施炳展等（2015）方法中的产品层面的质量标准化与企业层面的汇总。表 15－8 中第（7）列汇报了参考樊海潮和郭光远等的方法测算的新进口产品质量对企业创新的影响，结果显示，本章关于企业可以通过进口更高质量的新进口产品来促进企业创新这一结论非常稳健。

第六节　结论与建议

国内自主创新与吸收外国先进技术都是经济增长的重要来源，以往研究表明，发展中国家的增长主要来源于对国外创新的吸收，由于技术溢出效应的存在，从国外进口高质量多种类的产品可以提高发展中国家的研发效率，促进国内创新。

首先，本章在开放经济中的知识外溢型内生增长模型中引入进口产品质量与多样性概念，从理论上分析了进口产品质量和多样性对创新和经济增长的影响，发现进口中间品可以通过种类和质量两种渠道影响经济中的技术创新与经济增长，即进口产品种类越多、进口产品质量越高，技术创新和经济增长率越高。

其次，本章使用 2001～2007 年工业企业与海关匹配的数据分析了新进口产品质量和多样性对企业创新的影响，并进行了异质性产品相关的拓展性分析，发

---

[1]　用企业专利申请数来衡量企业创新，可将数据拓宽到 2001～2013 年，但同时由于 2008～2013 年工业企业数据库大量数据指标缺失，导致企业层面的少量控制变量缺失，包括政府补贴率、人力资本和资本密集度。

现新进口产品质量和多样性均对企业的持续具有显著的促进作用，新进口产品质量越高、种类越丰富，越可以有效地促进企业的新产品创新，且新进口产品质量和相对多样性提升对企业的创新促进作用强于持续进口产品。即使企业进口相同种类的新进口产品与持续进口产品，新进口产品质量的提升仍然可以促进企业创新。这启示我们应该继续努力实现扩大进口政策，尤其是鼓励企业新进口更多高质量的投入品。通过引进更多高质量的新产品，企业不仅可以提升生产效率、提高产成品质量，最重要的是，能通过对新进口产品的结构组成与技术含量进行分析，加强对产品中先进技术的接触与学习。但与此同时，新进口产品相对多样性的提升会在一定程度上抑制新进口产品质量对企业创新的影响，因此，我们认为新进口产品种类并不是越多越好，企业不能盲目追求新进口产品种类的增加，而更应注重新进口产品的质量。

通过新进口产品异质性分析发现，新进口中间品和资本品、新进口产品中技术品和高技术品，以及来自 OCED 国家和非 OCED 国家的新进口产品质量和多样性提升均对企业创新具有显著的促进作用。其中，新进口中间品质量提升对企业创新的促进作用强于资本品，来自 OECD 国家的新进口产品质量和多样性提升比来自非 OECD 国家的新进口产品对企业创新的促进作用更强；而不同技术含量的新进口产品中，高技术品的质量和多样性对企业创新的影响最强，其次是中技术品。对于新进口产品的选择，政府应该积极引导企业加大来自发达国家的高质量和高技术含量的中间品和资本品的引进，鼓励企业在进口的同时加强对先进技术的吸收和学习，从而提高企业的创新能力。

参考文献

［1］陈贵富、詹珊：《新进口产品质量与企业创新》，载于《长安大学学报（社会科学版）》2020 年第 1 期。

［2］陈勇兵、李伟、钱学锋：《中国进口种类增长的福利效应估算》，载于《世界经济》2011 年第 12 期。

［3］戴觅、余淼杰、Madhura：《中国出口企业生产率之谜：加工贸易的作用》，载于《经济学（季刊）》2014 年第 2 期。

［4］豆建民、刘欣：《中国区域基本公共服务水平的收敛性及其影响因素分析》，载于《财经研究》2011 年第 10 期。

［5］樊海潮、郭光远：《出口价格、出口质量与生产率间的关系：中国的证据》，载于《世界经济》2015 年第 2 期。

［6］耿晔强、史瑞祯：《进口中间品质量与企业出口绩效》，载于《经济评论》2018 年第 5 期。

［7］贺建风、张晓静：《劳动力成本上升对企业创新的影响》，载于《数量经济技术经济研究》2018 年第 8 期。

［8］康志勇：《资本品、中间品进口对中国企业研发行为的影响："促进"抑或"抑制"》，载于《财贸研究》2015 年第 3 期。

［9］黎文靖、郑曼妮：《实质性创新还是策略性创新？——宏观产业政策对微观企业创新的影响》，载于《经济研究》2016 年第 4 期。

［10］李习保：《区域创新环境对创新活动效率影响的实证研究》，载于《数量经济技术经济研究》2007 年第 8 期。

［11］钱学锋、王胜、黄云湖：《进口种类与中国制造业全要素生产率》，载于《世界经济》2011 年第 5 期。

［12］施炳展、曾祥菲：《中国企业进口产品质量测算与事实》，载于《世界经济》2015 年第 3 期。

［13］施炳展：《中国企业出口产品质量异质性：测度与事实》，载于《经济学（季刊）》2013 年第 4 期。

［14］孙少勤、娄曼：《进口产品多样性对全要素生产率的影响研究——基于中国制造业行业面板数据的实证分析》，载于《产业经济研究》2018 年第 4 期。

［15］唐宜红、俞峰、李兵：《外商直接投资对中国企业创新的影响——基于中国工业企业数据与企业专利数据的实证检验》，载于《武汉大学学报（哲学社会科学版）》2019 年第 1 期。

［16］魏浩、林薛栋：《进口产品质量与中国企业创新》，载于《统计研究》2017 年第 6 期。

［17］严冰、张相文：《进口竞争与中国制造业企业产品创新研究》，载于《经济经纬》2015 年第 5 期。

［18］杨汝岱：《中国制造业企业全要素生产率研究》，载于《经济研究》2015 年第 2 期。

［19］杨晓云：《进口中间产品多样性与企业产品创新能力——基于中国制造业微观数据的分析》，载于《国际贸易问题》2013 年第 10 期。

［20］杨晓章、张少辉、刘凤娟：《财政自主权与企业创新——来自城市层面的证据》，载于《产业经济评论》2017 年第 3 期。

［21］余淼杰、李乐融：《贸易自由化与进口中间品质量升级——来自中国海关产品层面的证据》，载于《经济学（季刊）》2016 年第 3 期。

［22］赵春明、文磊、李宏兵：《进口产品质量、来源国特征与性别工资差距》，载于《数量经济技术经济研究》2017 年第 5 期。

［23］钟建军：《进口中间品质量与中国制造业企业全要素生产率》，载于《中南财经政法大学学报》2016 年第 3 期。

［24］诸竹君、黄先海、余骁：《进口中间品质量、自主创新与企业出口国内增加值率》，载于《中国工业经济》2018 年第 8 期。

［25］Amiti, M. and J. Konings, "Trade Liberalization, Intermediate Inputs, and Productivity:

Evidence from Indonesia", *American Economic Review*, 2007, 97 (5): 1611 – 1638.

［26］Bas, M. and V. Strauss-Kahn, "Does Importing More Inputs Raise Exports? Firm Level Evidence from France", *Review of World Economics*, 2014, 150 (2): 241 – 275.

［27］Broda, C. M. and D. E. Weinstein, "Globalization and the Gains from Variety", *The Quarterly Journal of Economics*, 2006, 121 (2): 541 – 585.

［28］Chen, Z., J. Zhang and W. Zheng, "Import and Innovation: Evidence from Chinese firms", *European Economic Review*, 2017, 94: 205 – 220.

［29］Coe, D. T. and E. Helpman, "International R&D Spillovers", *European Economic Review*, 1995, 39 (5): 859 – 887.

［30］Colantone, I. and R. Crinò, "New Imported Inputs, New Domestic Products", *Journal of International Economics*, 2014, 92 (1): 147 – 165.

［31］Elliott, R. J. R., L. Jabbour and L. Zhang, "Firm Productivity and Importing: Evidence from Chinese Manufacturing Firms", *Canadian Journal of Economics*, *Canadian Economics Association*, 2016, 49 (3): 1086 – 1124.

［32］Goldberg, P., A. Khandelwal, N. Pavcnik and P. Topalova, "Trade Liberalization and New Imported Inputs", *American Economic Review*, 2011, 99 (2): 494 – 500.

［33］Hummels, D. and P. J. Klenow, "The Variety and Quality of a Nation's Exports", *American Economic Review*, 2005, 95 (3): 704 – 723.

［34］Keller, W., "Geographic Location of International Technology Diffusion", *American Economic Review*, 2002, 92 (1): 120 – 142.

［35］Khandelwal, A., P. K. Schott and S. J. Wei, "Trade Liberalization and Embedded Institutional Reform: Evidence from Chinese Exporters", *The American Economic Review*, 2013, 103 (6): 2169 – 2195.

［36］Khandelwal, A., "The Long and Short (of) Quality Ladders", *Review of Economic Studies*, 2010, 77 (4): 1450 – 1476.

［37］Lall, S., "The Technological Structure and Performance of Developing Country Manufactured Exports, 1985-98", *Oxford Development Studies*, 2000, 28 (3): 337 – 369.

［38］Rivera-Batiz L. A. and P. M. Romer, "Economic Integration and Endogenous Growth", *The Quarterly Journal of Economics*, 1991, 106 (2): 531 – 555.

［39］Schott, P. K., "Across-Product Versus Within-Product Specialization in International Trade", *The Quarterly Journal of Economics*, 2004, 119 (2): 647 – 678.

第三篇

预测与政策模拟篇

随着多种疫苗的问世及其在全球范围内的分发使用，新冠肺炎疫情有望在2021年下半年得到有效遏制。而在上半年，疫情对全球经济的负面影响仍将持续。考虑到全球中低端制造业主要布局于亚洲的诸多发展中国家，其中除中国外，绝大多数国家要恢复正常的生产供应体系仍需时日。因此，疫情下全球产能向中国转移的现象尚难改变，这意味着中国当前出口火热的势头仍将延续至少数月的时间。加上2020年第一季度的低基数，预计2021年上半年中国经济将获得高速增长；下半年，随着全球疫情的逐渐解除，中国经济增长或将回归疫情发生前的常态区间。

第十六章

2020 年春季中国宏观经济预测[*]

第一节　2020～2021 年中国宏观经济预测

一、模型外生变量假设

（一）美国及欧元区经济增长率

2019 年，美国贸易保护主义盛行，不仅严重抑制了世界贸易（特别是制造业产品贸易）的增长，而且减缓了美国私人消费支出的增长。加上前期大规模财政刺激效应消退等因素，尽管美联储年内三次降息，但全年美国经济增长了 2.3%，创近三年最低增速，也未能实现特朗普政府设定的 3% 增长目标。短期内，鉴于美国财政政策将逐步回归常态、货币政策空间趋窄，以及地缘政治紧张局势抬头等因素，预计美国经济增速将继续下行。国际货币基金组织（IMF）2020 年 1 月更新的《世界经济展望》预测，2020 年美国经济增长 2.0%，增速比上年下降 0.3 个百分点；2021 年进一步下降至 1.7%。①

另一方面，全球贸易增长触底反弹将拉动德国制造业的

＊　本章是厦门大学宏观经济研究中心"中国季度宏观经济模型"课题组 2020 年春季预测报告部分。

①　2020 年 2 月 22 日 IMF 下调了 2020 年中国经济增速的预测值，相较 1 月更新的《世界经济展望》预测值低了 0.4 个百分点，为 5.6%；同时，下调 2020 年全球经济增速预测 0.1 个百分点至 3.2%。

增长，英国"脱欧"的定局将在很大程度上消除欧元区经济增长的不确定性，加上前期宽松货币政策的效应延续，预计未来两年欧元区可维持缓慢回升的增长态势。2020年1月IMF预测，2020年欧元区经济将增长1.3%，增速比上年小幅提高0.1个百分点；2021年可能进一步上升至1.4%。

2020年3月开始，新冠肺炎疫情在美欧等国快速暴发。为应对疫情冲击，主要国家和经济体相继采取了大规模的对冲政策，并倡导进一步的国际合作。课题组综合考虑2020年中美第一阶段经贸协议顺利签署对中国经济的积极影响，上述境内外疫情冲击的短期消极影响以及主要国家经济体应对疫情冲击可能采取的对冲政策等因素，适当调整国际货币基金组织（IMF）2020年1月20日对美国和欧元区经济的预测值，假定2020年和2021年，美国经济增速分别为1.93%和2.17%，欧元区经济增速分别为1.18%和1.52%，并结合疫情冲击的影响，设定相应的季度增速（见图16-1）。

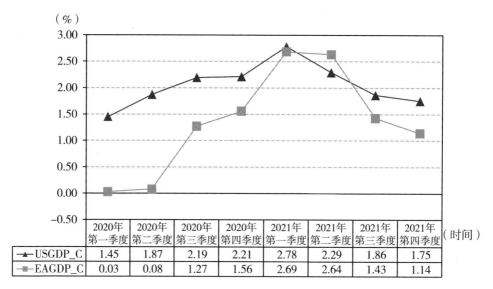

	2020年第一季度	2020年第二季度	2020年第三季度	2020年第四季度	2021年第一季度	2021年第二季度	2021年第三季度	2021年第四季度
▲ USGDP_C	1.45	1.87	2.19	2.21	2.78	2.29	1.86	1.75
■ EAGDP_C	0.03	0.08	1.27	1.56	2.69	2.64	1.43	1.14

图16-1 美国与欧元经济增长率的变化趋势假定
（季度调整后的同比增速）

注：USGDP_C表示美国GDP增速，EAGDP_C表示欧元区GDP增速。
资料来源：课题组假定。

（二）主要汇率水平

基于上述对美国经济增速持续趋缓的预测，预计2020～2021年美元将继续走软。假定欧元兑美元的汇率将由2020年第一季度的1欧元兑1.11美元逐步提升至 2021 年第四季度的 1.16 美元（见图 16－2）。另一方面，受疫情冲击的影响，2020 年第一季度美元兑人民币汇率将接近 1 美元兑 7.01 元的关口；随着疫情消退，人民币将重归缓步升值通道，至 2021 年底达到 1 美元兑 6.72 元左右水平（见图 16－2）。

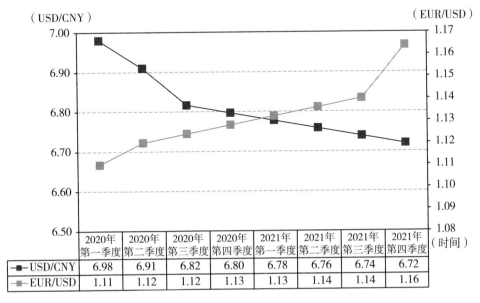

（USD/CNY）								（EUR/USD）
	2020年第一季度	2020年第二季度	2020年第三季度	2020年第四季度	2021年第一季度	2021年第二季度	2021年第三季度	2021年第四季度（时间）
■ USD/CNY	6.98	6.91	6.82	6.80	6.78	6.76	6.74	6.72
■ EUR/USD	1.11	1.12	1.12	1.13	1.13	1.14	1.14	1.16

图 16－2　美元兑人民币汇率、欧元兑美元汇率的变化趋势假定

注：USD/CNY 为美元兑人民币汇率，EUR/USD 为欧元兑美元汇率。

资料来源：课题组假定。

（三）广义货币供应量（M2）增速

2019 年末，广义货币（M2）增长 8.7%，社会融资规模增长 10.7%，两者增速均略高于国内生产总值名义增速。① 近期新冠肺炎疫情对中国经济的负面冲击是暂时的，中国经济长期向好、高质量增长的基本面没有变化。基于此，预计 2020～2021 年货币政策将继续保持稳健、灵活的基调。课题组假定，2020 年 M2 增速将略有提升至 8.85%，2021 年则略微下降至 8.35%，季度变化见图 16－3。与此同时，随着贷款市场报价利率（LPR）形成机制的不断完善，利率市场化改革进一步深化，货币政策传导可望得到有效疏通，信贷利率特别是小微企业贷款利率可望逐步下行。

---

① 中国人民银行：《货币政策执行报告》，2019 年第 4 期。

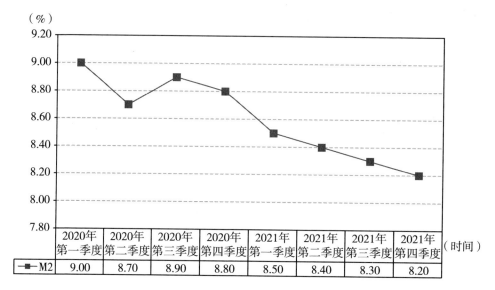

图 16 - 3　M2 增长率的变化趋势假定

资料来源：课题组假定。

二、模型预测的情景设计

进入 2020 年，中美两国第一阶段经贸协议的顺利签署，为双方缓和并最终消除贸易摩擦奠定了良好的基础。与此同时，各经济体宽松货币政策的继续实施，有望带动世界贸易触底反弹，并且拉动中国制造业民间投资增速企稳回升。然而，第一季度突如其来的新冠肺炎疫情给 2020 年的中国经济运行带来较大冲击；中国境外疫情的暴发将进一步通过贸易渠道对中国经济增长形成下行压力。

短期来看，疫情冲击会从供需两端拉低中国经济增速。其中，直接损失主要有：一是春节假期期间消费支出大幅缩减；二是作为疫区的湖北省尤其是武汉市的需求抑制和生产停滞。次生损失主要有：一是疫情防控期间，正常的消费需求仍将受到一定的抑制，同时，各地复工的延迟和进度不一，损害了正常的供应链，降低了生产效率，使产能难以充分释放；二是中国境外疫情暴发冲击外部市场需求，威胁到全球制造业产业链的正常供应，进而通过贸易渠道对中国疫情防控以及经济增长产生影响。

国家统计局 3 月 16 日发布的 2020 年 1～2 月宏观经济数据表明，[①] 疫情冲击已导致 1～2 月商品和服务消费大幅下降，全国规模以上工业增加值增速明显下

---

① 国家统计局网站。

降，固定资产投资也大幅减速。为应对疫情冲击，中央政府及时、有针对性地出台了一系列对冲政策，在最大限度地支持疫情防控的同时，有效地推动了复工复产。这些政策效果正在不断显现。

然而，企业复工复产进度以及产能恢复的程度在第一季度和第二季度仍存在一定的不确定性。基于国家统计局所发布的 2020 年 1~2 月的经济数据，由于 1 月和 2 月的经济总量在第一季度里所占的比重大约为 60%，[①] 因而，3 月的产能恢复情况将在很大程度上决定第一季度的同比增速。在中国境外疫情暴发后，第二季度的经济增长也因海外订单的取消将面临一定的下行压力。基于此，三种预测情景设定如下。

（一）乐观情景（外部风险有限影响）

在疫情得到基本遏制，防控形势逐步向好的情况下，假定 2020 年 2 月下旬开始至 3 月，各地复工后能够在余下所有工作日及周末开足马力生产赶工，并使平均产能比上年同期提高 15%。同时，第二季度保持正常生产进度。

（二）保守情景（外部风险较大影响）

对比乐观情景，在中国境外疫情暴发且不能快速得到遏制的情况下，为防控疫情逆向输入，不得不延长复工周期，第一季度内剩余的有效生产时间不足，且产能只能维持上年同期的水平；第二季度工业企业因外需订单部分取消而减缓了生产进度。同时，为抵消疫情冲击，国内投资加快增长。

（三）悲观情景（外部风险全面释放）

对比保守情景，进一步假定中国境外疫情冲击开始抑制外部市场需求，并影响全球制造业产业链的正常供应，因工业企业外需订单大部分被取消，导致第一季度甚至第二季度产能都无法维持上年同期的水平。同时，为抵消疫情冲击，国内投资将更快增长。

课题组应用中国季度宏观经济计量模型（CQMM）对 2020 年和 2021 年共八个季度的中国宏观经济主要指标进行了预测。

三、2020~2021 年中国宏观经济主要指标预测

（一）GDP 增速预测

在上述外生变量假定下，基于中国季度宏观经济模型（CQMM）的预测表

[①] 国家统计局网站。

明：在乐观情景下，2020年，中国GDP增速预计将下滑至5.09%，比2019年下降1.06个百分点；2021年，基数效应加上境外疫情冲击的有限影响，GDP增速可望反弹至6.61%。从季度同比增速看，在乐观情景下，2020年第一季度，疫情的冲击可能使GDP同比增速下降至0.94%；随着疫情在第二季度得到全面控制，需求反弹和供给扩张将使第二季度GDP同比增速达到7.37%。2020年第三、第四季度的同比增速预计可分别维持在6.08%、5.86%的水平。2021年各季度GDP同比增速，受翘尾因素影响，预计将呈现"前高后低"的变化特征（见图16-4）。

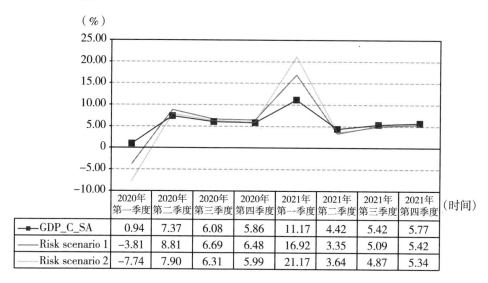

图 16 - 4　分情景 GDP 季度增长率预测（季度同比增长率）

注：Risk scenario 1 和 Risk scenario 2 分别为保守情景和悲观情景。

资料来源：课题组计算。

相比之下，在保守情景下，如果复工周期延长、境外疫情影响较大，海外订单下降以及产能只能维持上年同期的平均水平，那么，2020年第一季度，GDP同比增速可能大幅回落至-3.81%，全年GDP增速预计下滑至4.59%，比2019年下降1.55个百分点。在悲观情景下，由于境外疫情暴发的显著影响，2020年第一季度GDP同比增速可能萎缩7.74%，全年GDP增速预计将进一步回落至3.18%，比2019年下降2.96个百分点。

上述预测结果表明，新冠肺炎疫情对2020年第一季度中国经济的冲击较大，叠加第二季度中国境外疫情冲击的影响，全年GDP增长预计将显著减缓。尽管疫情对中国经济的影响是暂时的，但为了实现"六稳"和经济高质量发展的目标，2020～2021 年中国宏观政策的实施都将面临更大的挑战。

（二）投资增速预测

2019 年，受世界贸易扩张趋缓的影响，中国固定资产投资增速持续下降，特别是民间制造业投资增速大幅下滑。2020 年，世界贸易增长触底反弹以及中美贸易谈判的顺利进展，有望稳定并提升民间制造业的投资增长。2020 年上半年的疫情冲击会在一定程度上拉低投资的增速，但对冲政策的出台可缓解投资减速的程度，并保持投资的稳定增长。模型预测，在乐观情景下，2020 年按现价计算的固定资产投资（不含农户）将增长 6.60%，增速比 2019 年提高 1.17 个百分点；2021 年，如果中美在第一季度能够撤销惩罚性关税，那么叠加基数效应，固定资产投资可望增长 10.89%（见表 16 - 1）。

表 16 - 1　　　　　2020～2021 年投资增速（现价）预测　　　　　单位：%

| 变量 | 情景 | 2020 年 | | | | 2021 年 | | | | 2020 年 | 2021 年 |
		第一季度	第二季度	第三季度	第四季度	第一季度	第二季度	第三季度	第四季度		
固定资产完成额（可比价）	乐观情景	-4.09	9.45	6.13	2.22	11.78	0.76	3.07	4.44	3.40	4.82
	保守情景	-6.72	14.45	8.16	3.04	14.57	-3.47	1.23	3.63	4.70	3.52
	悲观情景	-8.99	14.34	8.30	3.26	17.66	-3.18	1.29	3.60	4.20	4.22
固定资产投资（不含农户）	乐观情景	-2.91	10.40	10.50	8.36	17.34	6.94	9.58	10.48	6.60	10.89
	保守情景	-5.31	15.14	13.00	9.63	19.04	1.63	6.31	8.53	8.13	8.41
	悲观情景	-7.26	15.59	14.18	11.34	23.11	2.34	6.15	7.68	8.49	9.14
国有及国有控股企业投资	乐观情景	-1.44	11.46	9.41	9.72	15.80	7.34	10.86	11.13	7.28	11.16
	保守情景	-4.56	18.91	12.71	11.59	18.79	0.29	6.99	8.55	9.64	8.16
	悲观情景	-6.04	21.86	15.34	13.96	22.83	-0.42	6.27	7.89	11.26	8.37
非国有企业投资	乐观情景	-3.91	10.02	10.54	7.95	18.33	6.69	8.79	10.09	6.18	10.72
	保守情景	-5.86	13.11	12.51	8.86	19.20	2.50	5.89	8.51	7.19	8.57
	悲观情景	-8.09	12.02	12.79	10.19	23.29	4.19	6.08	7.55	6.78	9.63

资料来源：课题组计算。

分季度看，2020 年第一季度，受疫情冲击及复工延迟的影响，固定资产投资同比增速预计将下滑至 -2.91%；随着疫情得到控制，余下三个季度的投资同比增速将相应回升，分别达到 10.40%、10.50% 和 8.36%。2021 年第一季度，受基数影响，投资增速可能达到 17.34%，其余三个季度预计可维持两位数以上的增长水平（见图 16-5）。

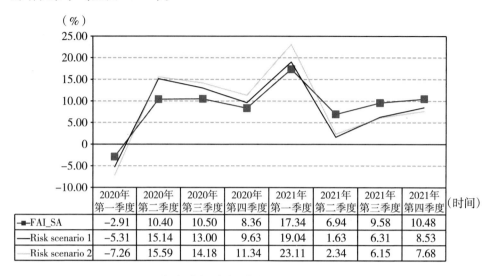

（%）

	2020年第一季度	2020年第二季度	2020年第三季度	2020年第四季度	2021年第一季度	2021年第二季度	2021年第三季度	2021年第四季度
FAI_SA	-2.91	10.40	10.50	8.36	17.34	6.94	9.58	10.48
Risk scenario 1	-5.31	15.14	13.00	9.63	19.04	1.63	6.31	8.53
Risk scenario 2	-7.26	15.59	14.18	11.34	23.11	2.34	6.15	7.68

（时间）

图 16-5　固定资产投资额增速预测（季度同比增长率）

注：Risk scenario 1 和 Risk scenario 2 分别为保守情景和悲观情景。

资料来源：课题组计算。

分所有制看，2020 年，国有及国有控股企业投资预计增长 7.28%，增速较 2019 年提高 0.62 个百分点，其中，第一季度投资同比增速可能会下滑至 -1.44%。2020 年，非国有投资预计增长 6.18%，增速较 2019 年提高 1.49 个百分点，其中，第一季度投资同比增速将下降至 -3.91%。2021 年，基数效应加上国际贸易扩张的影响，国有及国有控股投资预计将增长 11.16%，非国有投资预计增长 10.72%（见表 16-1）。

相比之下，在保守情景下，2020 年第一季度，固定资产投资同比增速可能萎缩 5.31%，其中，国有及国有控股企业投资同比回落 4.56%，非国有企业投资同比回落 5.86%，表明疫情对非国有企业投资的冲击程度要大得多。2020 年全年，固定资产投资预计增长 8.13%，增速比 2019 年上升 2.69 个百分点，其中，国有及国有控股企业投资增长 9.64%，非国有企业投资增长 7.19%，增速分别比 2019 年提高 2.99 个和 2.50 个百分点。在悲观情景下，2020 年第一季度投资增速将有更大幅度的下滑（见表 16-1）。

上述关于投资增速的预测结果表明，2020 年，尽管上半年的疫情冲击会在一定程度上拉低投资的增速，但更大力度的对冲政策可减缓投资增速回落的幅度，并使其继续保持稳中趋缓的态势。值得重视的是，第一季度疫情冲击对非国有企业投资的冲击程度要大于对国有及国有控股企业投资的冲击。因此，在疫情得到完全控制后，还需继续保障金融服务实体经济、稳定制造业投资等相关政策措施的实施落实。

（三）消费需求与居民收入增长预测

2020 年第一季度，疫情冲击显著地拉低了消费的增长。虽然后续三个季度消费可在一定程度上反弹，但全年消费增速预计还将小幅回落。模型预测，在乐观情景下，2020 年按可比价计算的支出法下居民消费将增长 4.47%，增速比 2019 年下降 2.17 个百分点；2021 年预计居民消费增速可提高至 7.65%。2020 年全年社会消费品零售总额名义增速可能为 7.58%，比 2019 年下降 0.45 个百分点；2021 年社会消费品零售总额名义增速可维持 9.08% 的水平。在保守情景下社会消费品零售总额名义增速可能下降至 5.79%，在悲观情景下可能进一步回落至 4.48%，分别比 2019 年下降 2.24 个和 3.56 个百分点。

分季度看，2020 年第一季度，不仅春节假期因防疫令一部分消费需求直接"蒸发"，而且控制疫情的需要也在后续一段时间持续抑制商品及服务的消费需求。在乐观情景下，社会商品零售总额名义增速预计将回落至 −0.14%；在保守情景下，可能萎缩 10.04%；在悲观情景下，进一步下滑至 −11.07%。在其余几个季度，社会消费品零售总额因受物价上升的影响会出现较高的名义增速。此外，基数效应会导致 2021 年第一季度增速出现明显回升（见图 16−6）。

模型预测，2020 年，在乐观情景下，扣除价格因素，城镇居民人均可支配收入预计将增长 4.42%，增速较 2019 年下滑 0.54 个百分点；2021 年回升至 5.82%。农村居民人均现金收入将增长 6.44%，增速较 2019 年下降 3.43 个百分点；2021 年回升至 9.05%（见图 16−7）。2020 年城乡居民收入增速有所回落，在一定程度上与第一季度因疫情管控导致的停工以及乡村封路等因素相关。在保守和悲观情景下，2020 年，城镇居民人均可支配收入预计将分别增长 4.09% 和 3.55%，增速较 2019 年分别下滑 0.87 个和 1.41 个百分点；农村居民人均现金收入预计将分别增长 5.87% 和 4.51%，增速较 2019 年分别下滑 4.0 个和 5.36 个百分点。

总体来看，2020~2021 年，城乡居民收入和消费增长稳中趋缓的态势还将延续。2020 年第一季度疫情冲击所导致的农村居民人均现金收入增速大幅下降，虽然有季节性因素以及疫情冲击的短期效应，但也需要相应的政策措施稳定农村居民的收入增长。更重要的是，需要从中长期调整经济结构、提高劳动生产率的增速、缩小收入差距，才能确保居民实际收入的稳定快速增长，从而带动居民消

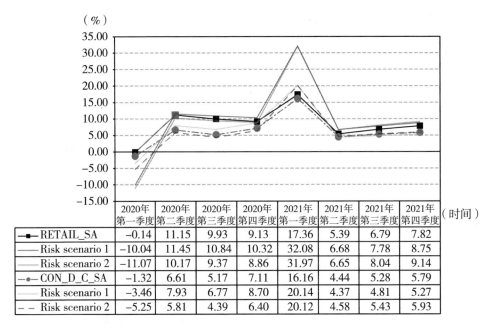

	2020年第一季度	2020年第二季度	2020年第三季度	2020年第四季度	2021年第一季度	2021年第二季度	2021年第三季度	2021年第四季度
■— RETAIL_SA	−0.14	11.15	9.93	9.13	17.36	5.39	6.79	7.82
—— Risk scenario 1	−10.04	11.45	10.84	10.32	32.08	6.68	7.78	8.75
—— Risk scenario 2	−11.07	10.17	9.37	8.86	31.97	6.65	8.04	9.14
●— CON_D_C_SA	−1.32	6.61	5.17	7.11	16.16	4.44	5.28	5.79
—— Risk scenario 1	−3.46	7.93	6.77	8.70	20.14	4.37	4.81	5.27
− − Risk scenario 2	−5.25	5.81	4.39	6.40	20.12	4.58	5.43	5.93

图 16 - 6　消费增速预测（季度同比增长率）

注：CON_D_C_SA 表示居民消费总额（不变价）增速；RETAIL_SA 表示社会消费品零售总额（现价）增速；Risk scenario 1 和 Risk scenario 2 分别为保守情景和悲观情景。

资料来源：课题组计算。

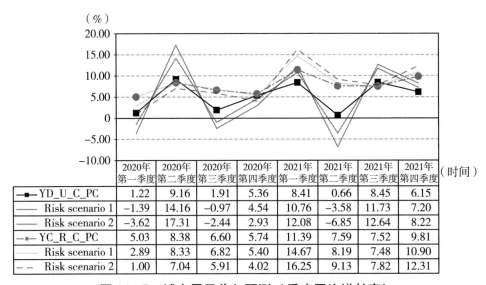

	2020年第一季度	2020年第二季度	2020年第三季度	2020年第四季度	2021年第一季度	2021年第二季度	2021年第三季度	2021年第四季度
■— YD_U_C_PC	1.22	9.16	1.91	5.36	8.41	0.66	8.45	6.15
—— Risk scenario 1	−1.39	14.16	−0.97	4.54	10.76	−3.58	11.73	7.20
—— Risk scenario 2	−3.62	17.31	−2.44	2.93	12.08	−6.85	12.64	8.22
●— YC_R_C_PC	5.03	8.38	6.60	5.74	11.39	7.59	7.52	9.81
—— Risk scenario 1	2.89	8.33	6.82	5.40	14.67	8.19	7.48	10.90
− − Risk scenario 2	1.00	7.04	5.91	4.02	16.25	9.13	7.82	12.31

图 16 - 7　城乡居民收入预测（季度同比增长率）

注：YD_U_C_PC 表示城镇居民人均实际可支配收入，YC_R_C_PC 表示农村居民人均现金收入。

资料来源：课题组假定。

费的持续快速增长，并促进中国经济增长方式的根本性转变。①

（四）其他主要宏观经济指标增长率预测

1. 主要价格指标增速预测

2020 年第一季度，疫情暴发对供给产生的负面冲击、生活必需商品和服务的需求刚性，叠加因供给原因生猪价格在上半年可能持续上涨的影响，预计 CPI 将面临较大的上涨压力。模型预测，在乐观情景下，2020 年，CPI 可能上涨3.27%，涨幅比 2019 年上升 0.37 个百分点，并超出 3% 的政策目标；2021 年，基数效应可能使 CPI 回落至 0.35%。从季度变化看，2020 年第一季度和第二季度 CPI 同比预计将分别上涨 5.09% 和 4.43%；第三季度和第四季度 CPI 有望分别回落至 2.96% 和 0.71%（见图 16 - 8）。相比之下，在保守和悲观情景下，2020 年 CPI 涨幅也很可能保持在 3.21% ~ 3.33% 的区间。需要指出的是，2020年上半年 CPI 上涨的主要压力来自食品类 CPI 的上涨。尽管疫情的冲击和猪肉价格的上涨都具有短期性，但是，CPI 大幅上涨对城乡居民实际收入的侵蚀，特别是对固定收入、低收入群体的影响需得到足够的重视。

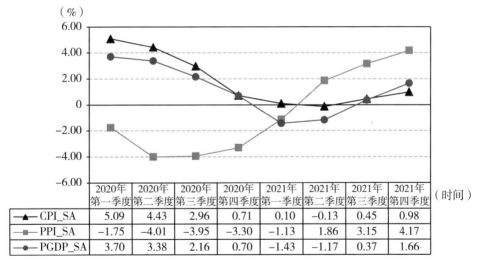

（%）	2020年第一季度	2020年第二季度	2020年第三季度	2020年第四季度	2021年第一季度	2021年第二季度	2021年第三季度	2021年第四季度
CPI_SA	5.09	4.43	2.96	0.71	0.10	−0.13	0.45	0.98
PPI_SA	−1.75	−4.01	−3.95	−3.30	−1.13	1.86	3.15	4.17
PGDP_SA	3.70	3.38	2.16	0.70	−1.43	−1.17	0.37	1.66

图 16 - 8　价格指数预测（季度同比增长率）

注：CPI_SA、PGDP_SA 和 PPI_SA 分别表示季节调整后的居民消费价格指数、GDP 平减指数和生产者价格指数。

资料来源：课题组计算。

---

① 厦门大学宏观经济研究中心课题组：《中国宏观经济预测与分析——2018 年春季、秋季报告》。

模型预测，在乐观情景下，2020 年 PPI 预计将回落 3.25%，降幅比 2019 年扩大 2.94 个百分点；2021 年 PPI 可能由负转正，涨幅达到 2.00%。从季度变化看，2020 年四个季度以及 2021 年第一季度，PPI 都将可能维持负增长，最低点可能出现在 2020 年第二季度（见图 16－8）。在保守和悲观情景下，PPI 变化的幅度相应有所增强，表明疫情冲击所导致的从需求端到供给端对国内产业链的影响在一定程度上使 PPI 在更长的时期以更大的幅度处于收缩的状态。

模型预测，在乐观情景下，2020 年 GDP 平减指数预计上涨 2.30%，较 2019 年下降 0.74 个百分点，2021 年涨幅回落到 0.13%。分季度看，其涨幅总体走势与消费者价格指数接近，整体上是由强转弱的态势（见图 16－8）。在保守和悲观情景下，GDP 平减指数变化的幅度相应有所增强。

2. 进出口增速预测

2020 年 1 月中旬，中美两国顺利签署了第一阶段的贸易协定，为双方缓和并最终消除贸易摩擦奠定了良好的基础。然而，上半年疫情的暴发将在短期对世界贸易产生一定程度的负面冲击。模型预测，按现价美元计，在乐观情景下，2020 年，中国货物出口总额预计增长 4.45%，增速比 2019 年提升 4.59 个百分点；货物进口总额预计增长 6.33%，增速比 2019 年提升 9.40 个百分点。2021 年，货物出口总额和进口总额将分别增长 14.30% 和 15.55%，增速有望重回两位数增长（见表 16－2）。在保守和悲观情景下，2020 年，货物出口总额和进口总额将分别增长 2.58% 和 2.28%，增速分别比 2019 年提高 2.72 个和 2.42 个百分点。货物进口额将增长 11.76% 和 11.73%，增速分别比 2019 年提高 14.83 个和 14.79 个百分点。

表 16－2 　　　　　 2020 ~ 2021 年中国与主要贸易伙伴间
进出口增速预测　　　　　　　　　单位：%

年份	贸易伙伴	出口				进口			
		现价美元		现价人民币		现价美元		现价人民币	
		乐观情景	悲观情景	乐观情景	悲观情景	乐观情景	悲观情景	乐观情景	悲观情景
2020	全部	4.45	2.28	4.52	2.31	6.33	11.73	6.33	11.73
	美国	－8.79	－9.41	－8.62	－9.26	10.64	10.40	10.54	10.09
	欧盟	6.48	5.48	6.55	5.54	10.93	8.68	10.97	8.72
	东盟	18.40	18.04	18.35	17.99	4.64	4.35	4.53	4.00
	其余	4.15	3.37	4.21	3.42	5.32	5.23	5.35	5.17

年份	贸易伙伴	出口				进口			
		现价美元		现价人民币		现价美元		现价人民币	
		乐观情景	悲观情景	乐观情景	悲观情景	乐观情景	悲观情景	乐观情景	悲观情景
2021	全部	14.30	16.52	11.73	13.93	15.55	10.08	12.99	7.65
	美国	14.99	15.62	12.36	12.98	19.35	21.52	16.80	19.15
	欧盟	12.62	12.92	10.10	10.40	18.32	20.08	15.69	17.41
	东盟	21.22	21.32	18.51	18.61	13.67	15.35	11.23	13.14
	其余	12.49	13.31	9.96	10.77	14.99	14.95	12.43	12.48

资料来源：课题组计算。

分国别看，虽然中美在 2020 年 1 月顺利达成了贸易协定，但美国对中国出口商品依然保留较多的项目和较高的关税，因而全年中国对美国的出口还有可能继续萎缩。另一方面，中国对从美国进口的商品征收项目删除较多、减税程度较大，因而全年从美国的进口有望出现有一定程度的恢复性增长。模型预测，2020年，按现价美元计，中国对美国的出口预计将萎缩 8.79%，增速比 2019 年提高 3.77 个百分点；中国从美国的进口预计将增长 10.64%，增速比 2019 年提高 31.99 个百分点。2020 年，中国对欧盟的出口预计将增长 6.48%，增速比 2019 年提高 2.4 个百分点；中国从欧盟的进口预计将增长 10.93%，增速比 2019 年提高 9.84 个百分点。2020 年，中国对东盟的出口预计将增长 18.40%，增速比 2019 年提高 6.66 个百分点；中国从东盟的进口预计将增长 4.64%，增速比 2019 年提高 0.44 个百分点。可见，2020 年，中国对美国的出口份额预计将进一步缩小；2021 年，中美双方若能撤销所有惩罚性关税，那么中国对美国的出口份额将有可能稳定并提高。

相比之下，在悲观情景，即境外疫情暴发冲击外部市场需求，进而反馈至中国经济的情景下，2020 年，按现价美元计，中国出口总额增速可能下滑至 2.28%，进口总额增速则维持在 10.40% 的水平。

综上所述，2020～2021 年，尽管中国经济运行面临的下行压力依然存在，但其中一些下行风险有望持续减弱。特别是，中央政府宏观调控方式的及时转变正在推动经济结构转型，并增强经济抵御下行风险的韧性。在货币政策方面，基于金融服务实体经济的根本要求，货币政策坚持"稳健"基调的同时，通过市场化的改革方法完善 LPR 形成机制。随着 LPR 改革效果的逐步显现，市场利率向贷款率的传导效率将有效改善。这不仅能够带动企业贷款利率的下降，还有助于提高市场配置信贷资源的效率，促进中国投资结构的有效调整，提高投资效率。同时，在财政政策方面，通过更大力度的减税降费等政策，有效地降低了企业负担，在一定程度上增强了微观主体活力；更重要的是，稳定制造业投资的各项改善措施保证了新动能投资增长迅速，短板领域投资也在持续发力，投资结构逐步优化。

然而，2020年上半年，中国境内外新冠肺炎疫情的暴发不可避免地对2020年中国及世界经济的增长形成负面冲击。基于CQMM模型的预测结果包括以下几个方面。

第一，在乐观、保守和悲观情景下，2020年，中国GDP增速预计将分别下滑至5.09%、4.59%和3.18%，比2019年分别下降1.06个、1.55个和2.96个百分点。其中，第一季度GDP同比增速可能分别下降至0.94%、−3.81%和−7.74%；从第二季度开始，前期压抑的一些经济活动会逐步释放出来，因此，第二季度同比增速将会比第一季度有明显的回升，预计第二季度GDP同比增速可能反弹至7.37%~8.81%的区间。从下半年来看，在一系列更大力度的货币财政对冲政策出台以后，第三、第四季度同比增速将更加稳健：第三季度GDP同比增速可保持在6.08%~6.69%的区间，第四季度GDP同比增速可稳定在5.86%~6.84%的区间。2021年，由于基数效应的影响，GDP增速可望反弹至6.61%~8.24%的区间。

第二，2020年按现价计算的固定资产投资（不含农户）增速预计将在6.60%~8.49%的区间内变化，投资增速保持缓中有增的态势。第一季度，受疫情冲击，固定资产投资同比增速预计将下滑至−2.91%~−7.26%的区间。分所有制看，2020年，国有及国有控股企业投资增速将位于7.28%~11.26%的区间；非国有企业投资增速将保持6.18%~7.18%的区间。第一季度，国有及国有控股企业投资增速将下降至−1.44%~−6.04%的区间；非国有企业投资增速将回落至−3.91%~−8.09%的区间。这表明，第一季度疫情冲击对非国有企业投资的冲击程度要大于对国有及国有控股企业投资的冲击。因此，在疫情得到完全控制后，还需继续保障金融服务实体经济、稳定制造业投资等相关政策措施的实施落实。2021年，投资增速预计将在8.41%~10.89%的区间内变化。

第三，综合考虑疫情冲击对供需两方面的影响以及2020年上半年生猪价格可能的走势，2020年，预计CPI的涨幅将在3.21%~3.33%的区间变化，并将突破3%的政策目标。第一季度，CPI预计将攀升至5.09%~5.24%的区间，第二季度小幅回落至4.42%~4.58%的区间；第三、第四季度CPI涨幅有望进一步分别缩小至2.84%~2.99%和0.52%~0.71%的区间。尽管当前中国经济不存在通货膨胀或通货紧缩的基础，但由短期的疫情冲击和猪肉价格坚挺导致的上半年CPI大幅上涨，对城乡居民实际收入的侵蚀，特别是对固定收入、低收入群体的影响需得到足够的重视。2021年，基数效应可能使CPI涨幅位于0.27% ~ 0.38%的区间。

第四，2020年，社会消费品零售总额名义增速可能在4.48% ~ 7.58%的区间变化。第一季度同比增速可能大幅下滑至 − 0.14% ~ − 11.07%的区间。2020年，扣除价格因素，城镇居民人均可支配收入增速预计将在3.55% ~ 4.42%的区间；农村居民人均现金收入增速将在4.51% ~ 6.44%的区间。疫情冲击叠加猪肉价格的高企，将侵蚀农村居民，特别是低收入群体的实际收入增长。2020年的政策重点应在于稳定并提高农村居民以及低收入群体的实际收入增长。2021年，社会消费品零售总额名义增速可能提升至9.08% ~ 12.92%的区间。

第五，2020年，PPI预计将持续紧缩，降幅将保持在3.01% ~ 3.54%的区间。PPI可能在第二季度触及全年跌幅的最低点。疫情冲击所导致的从需求端到供给端对国内产业链的影响，叠加石油价格的大幅波动，在一定程度上将使PPI在更长的时期以及更大的幅度处于收缩的状态。2021年，PPI将可能转正，涨幅在1.39% ~ 2.00%的区间。

第六，按现价美元计，2020年，中国货物出口总额增速预计可保持在2.28% ~ 4.45%的区间；货物进口总额增速预计在6.33% ~ 11.76%的区间变化。其中，中国对美国的出口增速预计将萎缩至8.79% ~ 9.41%的区间；中国从美国的进口增速将位于10.64% ~ 11.73%的区间。中国对欧盟的出口增速预计位于5.48% ~ 6.48%的区间；中国从欧盟的进口增速预计位于8.68% ~ 10.93%的区间。中国对东盟的出口增速预计在18.04% ~ 18.45%的区间；中国从东盟的进口增速预计在4.35% ~ 4.64%的区间。2021年，中国货物出口总额增速预计可提高至14.30% ~ 16.52%的区间；货物进口总额增速预计在10.08% ~ 15.55%的区间变化。

综上所述，受第一季度疫情冲击的影响，2020年中国经济增速将有所回落。疫情冲击叠加生猪生产周期对猪肉价格的影响，全年CPI可能突破3%的政策目标；疫情对非国有企业投资增速的冲击大于国有及国有控股企业；对农村居民实际收入的冲击大于城市居民；全年消费增长稳中趋缓的态势还将延续。但是，需要指出的是，疫情的影响是短期的、外在的。通过加大宏观政策的对冲力度，激发微观主体活力，能够把疫情造成的损失降到最低，中国经济依然能够保持平稳健康发展的态势。

第二节 应对疫情冲击的"稳增长"政策组合效应分析

2019 年，全球贸易扩张趋弱以及中美贸易摩擦不断升级，抑制了中国制造业民间投资的增长，投资增速下降成为经济增速下行的主要压力。全年国内生产总值（GDP）实际增长 6.1%，增速比上年下降 0.6 个百分点。进入 2020 年，中美第一阶段经贸协议的顺利签署，为双方缓和并最终消除贸易摩擦奠定了良好的基础。与此同时，各经济体宽松货币政策的继续实施，有可能带动世界贸易触底反弹，并有望拉动中国出口导向型民间制造业投资增长企稳回升。然而，第一季度新冠肺炎疫情的意外暴发已不可避免地对 2020 年中国及世界经济的增长形成负面冲击。

疫情暴发和对疫情的管控从供需两方面拉低了中国经济增长。除了春节假期原有需求大幅减少、湖北省尤其是武汉市的需求抑制及生产停滞这部分直接损失之外，还包括当疫情在中国境内没有完全控制之前，各地因疫情防控需要导致的消费抑制以及各地复工进度不一、员工到岗率低等因素造成生产效率降低、产能无法及时完全释放，进而导致的引致损失。当境外疫情暴发后，不仅外部市场的需求会萎缩，而且可能进一步威胁全球制造业产业链的供应。

上述基于 CQMM 模型的预测结果显示：受第一季度疫情冲击的影响，2020 年，中国 GDP 增速在乐观情景下可能下滑至 5.31%，比 2019 年下降 0.83 个百分点；在保守和悲观情景下，全年 GDP 增速预计将进一步分别下滑至 5.09% 和 4.77%。

2020 年，是中国全面建成小康社会和"十三五"规划收官之年，是"三大攻坚战"的最后攻关之年，是"决胜之年"。从长期来看，中国经济稳中向好、长期向好的趋势没有改变，但是短期甚至在中期，经济下行压力依然较大。

2019 年，为应对国内外经济下行压力，中央政府加强和改善宏观调控，在继续实施稳健的货币政策的同时，财政政策加大力度推进减税降费，通过一系列改善营商环境、支持实体经济发展的政策措施，推动投资结构调整、改善投资效率，确保了国民经济总体平稳运行，发展质量稳步提升，为 2020 年全面建成小康社会奠定了坚实基础。但是，疫情冲击给 2020 年"六稳"目标的实现以及宏观政策的实施都带来了更大的挑战。

为实现党的十八大提出的"实现国内生产总值和城乡居民人均收入比 2010

年翻一番"的目标，2020年的GDP增速需要达到5.62%或以上。① 而上述对2020年GDP增速的预测显示，GDP增长率预测值与目标值之间均存在一定的差距。基于此，如果第一季度的政策重点在于加快企业复工复产进度、扩大产能，并确保疫情得到完全管控，那么，全年剩余的时间里，就需要通过货币和财政政策的协调配合，才有条件稳定经济增长，并完成翻番的目标。

课题组认为，在货币政策方面，继续强化金融服务实体经济的根本要求，通过深化金融供给侧结构性改革，疏通货币政策传导，提高货币政策的传导效率。2020年，改革完善LPR形成机制并积极推动运用是深化利率市场化改革的重要一环。从供给端看，LPR的运用将能够带动企业贷款利率的下降，不仅有助于提高市场配置信贷资源的效率，还能够推动投资结构的调整，提升投资效率；从需求端看，LPR的运用有助于降低居民住房存量贷款的利息负担，进而有利于居民随着收入的增长提高其消费增速。在财政政策方面，供给端在继续执行减税降费、"放管服"改革以及优化营商环境等政策的同时，要加大需求端对居民部门的激励，通过减税、扩大转移收入以及稳定就业市场等措施稳定居民收入增长，特别是农村居民的收入增长。为此，要充分灵活利用政府债券和各类支出工具，适当提高财政赤字占GDP的比率；同时，盘活财政存量资金，提高财政资金使用效率。通过上述货币和财政两方面政策组合的推进，2020年，有望在稳定增长、实现翻番目标的同时，有力推进经济结构调整、提升增长效率。

基于上述考虑，课题组应用CQMM模型，量化分析了推进LPR改革与财政支出扩张的这一政策组合可能产生的宏观经济效应。

一、背景介绍

为了分析推进LPR改革所产生的宏观经济效应，需要首先确定企业和居民存量贷款的规模。

2019年12月28日，为进一步深化LPR改革，人民银行发布了〔2019〕第30号公告，推进存量浮动利率贷款定价基准平稳转换。此次转换的对象是2020年1月1日前发放或已签订合同但未发放的参考贷款基准利率定价的浮动利率贷款（不包括公积金个人住房贷款）。统计数据显示，截至2019年第四季度，中国金融机构各项贷款总额约为153.1万亿元，其中，个人住房贷款总额约为

---

① 2010年，中国国内生产总值约为41.21万亿元。要实现国内生产总值翻一番目标，2020年，以2010年价格计算的国内生产总值要达到82.42万亿元。利用2010年后每年公布的GDP实际增长率（分别为9.6%、7.9%、7.8%、7.4%、7.0%、6.8%、6.9%、6.7%和6.1%），可得2019年以2010年价格计算的GDP约为78.04万亿元。那么，为实现翻番目标，需要2020年GDP的实际增速保持在5.62%或以上水平。

30.1 万亿元，占贷款总额的比重约为 19.6%，比 2018 年同期提高了 0.7 个百分点；企业贷款总额约为 90.0 万亿元（见图 16-9）。[①]

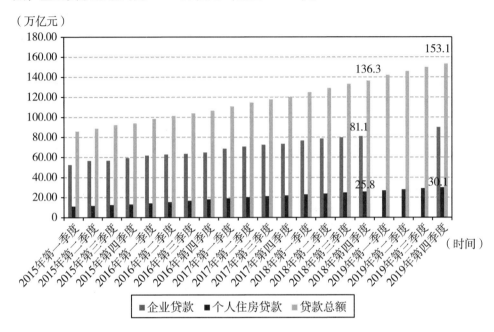

图 16-9 金融机构分类贷款总额变化

资料来源：整理自 CEIC 数据库。

对企业存量贷款而言，第一，无论是 LPR 报价机制，还是原先"基准利率×上浮（下浮）倍数"的浮动定价机制（以下简称"浮动机制"），只要 LPR 或基准利率发生变化，企业存量贷款对应的利率都会随着 LPR 或基准利率的变化而迅速调整——通常是在利率调整的次月转换为新的利率水平。因此，从时效性上看，两种机制下企业存量贷款利率均会及时跟进新利率的调整变化。第二，实行 LPR 报价机制，由于 LPR 可随资金市场供求状况的变化而及时调整，因而企业存量贷款利率每个月也可随 LPR 的调整而变化。而实行浮动机制，受制于其他宏观因素的制约，人民币贷款基准利率灵活调整的可能性及其空间都较小，因而企业存量贷款利率及时变化的可能性不大。如图 16-10 所示，自 2015 年第三季度以来，五年期的人民币贷款基准利率基本保持在 4.9% 的水平不变，而同一时期非金融企业和个人住房贷款加权利率均出现"先下降、后上升、再下降"的

---

① 由于暂缺企业贷款总额的数据，这里进行如下推算：利用 2018 年第四季度企业贷款占贷款总额的比重（即 59.5%），考虑个人住房贷款比重上升的幅度（即 0.7%），此消彼长之后，估计得出 2019 年第四季度的企业贷款总额约为 90.0 万亿元。

变化趋势。在浮动机制下，人民币贷款基准利率很难引导市场利率出现方向性变化，因此，其所能发挥的逆周期调节的重要政策工具的作用也十分有限。

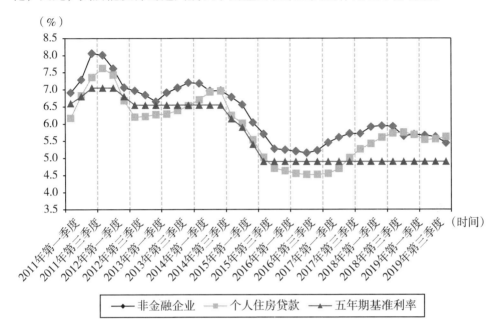

图 16 – 10　非金融企业和个人住房贷款加权利率与基准利率的变化比较

资料来源：整理自 CEIC 数据库。

对居民存量贷款而言，贷款主要集中于个人消费贷款和个人住房贷款。根据 LPR 报价机制的设定，个人消费贷款在转换利率时，借款人可以有两种选择：一是由借贷双方按市场化原则协商确定具体转换条款，包括参考 LPR 的期限品种、加点（减点）数值、重定价周期、重定价日等；二是转为固定利率。个人住房贷款的情况类似，但明确限制其加点（减点）的数值，即要求等于原合同最近的执行利率水平与 2019 年 12 月发布的相应期限 LPR 的差值。此外，还限定重新定价周期最短为 1 年。由于多数个人住房贷款的利率重定价日为每年 1 月 1 日，且定价基准切换工作预计于 2020 年 8 月 31 日结束，因此，在 2020 年内住房存量贷款的利率实际上不会发生变化，但从 2021 年开始，住房存量贷款利率才将正式与 LPR 挂钩。由此可以发现以下两点。第一，对于个人消费贷款，由于是借贷双方协商而成，其新的利率水平大概率会与原先水平保持相近水平，然后在每一期随 LPR 报价利率的调整而调整。重定价周期会比较短，类似于企业存量贷款的调整。第二，对于个人住房存量贷款，2020 年利率水平将保持不变，居民每期的房贷支出也将维持不变。而 2021 年，一方面，利率水平将随 2020 年 12 月的 LPR 报价调整而调整；另一方面，在新的利率定价机制下，"LPR + 固定加点（减点）"与"浮动机制"之间所定价的利率水平会存在差异，从而对居民房贷的利息支出产生额外的"成本效应"。

二、模拟政策组合效应的情景设计

为了定量分析推进 LPR 改革与财政支出扩张这一政策组合的宏观经济效应，课题组设计了两种模拟情景，应用 CQMM 模型模拟各种力度的政策组合实施后的宏观经济情况，从而提出当前稳增长的相关政策措施。

基准情景：在其他条件不变时，假定 2020 年 1 年期和 5 年期的 LPR 报价利率将在 2019 年末的基础上再下降 20 个基点。为方便起见，分别在四个季度末各降低 5 个基点，至年末时分别降至 3.85% 和 4.55%，并维持至 2021 年末。同时，财政支出增速在 2020 年和 2021 年基本维持 2019 年 8.2% 的水平。

在此情景假定下，与 2020 年仍然以 2019 年末人民币基础贷款利率作为基准浮动的利率机制相比，2020 年四个季度，企业存量贷款利息支出预计将分别下降 900 亿元、1 350 亿元、1 850 亿元和 2 250 亿元；2021 年基本每个季度可继续减少 2 250 亿元的利息支出。另外，2020 年虽然个人住房存量贷款成本不会发生变化，但是 2021 年每个季度居民在个人住房贷款的利息支出分别可下降 752.5 亿元。通过修改上述预测部分所使用的 CQMM 模型，引入推进 LPR 改革、降低企业及居民存量贷款的利息负担、进而推动企业投资和消费增速变化的作用机制，可模拟推进 LPR 改革从供给端降低企业存量贷款利息负担、从需求端降低居民住房存量贷款利息负担所产生的宏观经济总量效应以及经济结构的调整效应。

模拟情景 1：假定 2019 年底没有推进 LPR 改革，依然维持以人民币基础贷款利率为基准浮动的利率机制。与上述基准情景对比，在此情景下，企业和居民的存量贷款负担相对而言就加重了，对比由此产生的宏观总量和结构效应，可刻画出推进 LPR 改革的重要意义。

模拟情景 2：在基准情景的基础上进一步假定，如果为了使 2020 年 GDP 增速保持在 5.62% 的水平，那么，2020 年，维持 LPR 20 个点的降幅，需要财政支出增速从 8.2% 提高到多少的水平？搭配推进 LPR 改革的措施，财政支出提速在供给端继续降低企业成本的同时，在需求端可通过减税、加大个人转移收入以及稳定劳动力市场等措施稳定居民收入增长，进而带动居民消费增加。因此，推进 LPR 改革搭配更大力度的财政支出扩张的政策组合不仅能够更快提升 GDP 的增速，还可以进一步优化调整经济结构。

在模拟情景 2 的基础上，为了进行对比分析，课题组还假定，如果 2020 年每个季度末 LPR 利率在模拟情景 1 的基础上再额外下降 10 个基点，即全年 LPR 将在 2019 年末的基础上下降 60 个基点，那么，同样维持 GDP 增速 5.62% 的水平，更大力度的 LPR 下降，能够替代多大程度的财政支出增速的提高？以此分析降息与财政支出增速之间的替代效应以及结构变化效应。

三、政策模拟的结果分析

（一）推进 LPR 改革的宏观经济效应

首先，推进 LPR 报价机制的改革、市场利率的下降将有助于提升 GDP 的增速。对比 2019 年底没有推进 LPR 改革的模拟情景 1，2020 年和 2021 年，推进 LPR 改革后 GDP 增速分别可提高 0.27 个和 1.12 个百分点（见图 16 – 11）。这表明，市场利率的下降对经济增长具有明显的激励效应。但是，2020 年利率下降对当年经济增长的提升效应要弱于下一年，利率调整的增长效应存在时间上的滞后性。从这里看，越早推行 LPR 改革、引导利率下行，将越有利于经济增速的回升。

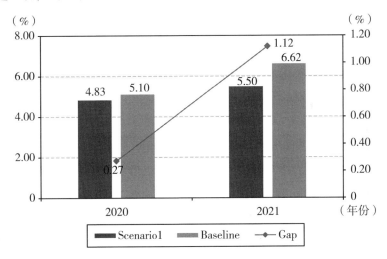

图 16 – 11 GDP 增长率的变化

注：Baseline 表示基准情景下的 GDP 增速，Scenario1 表示模拟情景 1 下的 GDP 增速，Gap 表示 Baseline 与 Scenario1 之差。

资料来源：CQMM 课题组计算。

其次，推进 LPR 改革后市场利率的下降对投资特别是民间投资增长具有明显的激励效应。对比 2019 年底没有推进 LPR 改革的模拟情景 1，2020 年和 2021 年，城镇固定资产投资增速可分别提高 0.54 个和 4.32 个百分点（见图 16 – 12），其中，民间投资增速可分别提高 1.55 个和 9.06 个百分点（见图 16 – 13）。推进

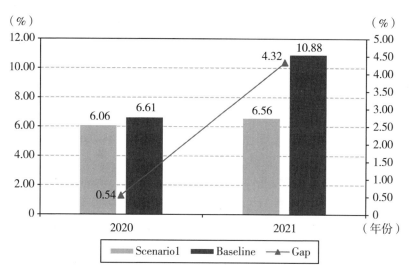

图 16-12　城镇固定资产投资增速的变化情况

注：Baseline 表示基准情景下的投资增速，Scenario1 表示模拟情景 1 下的投资增速，Gap 表示 Baseline 与 Scenario1 之差。

资料来源：CQMM 课题组计算。

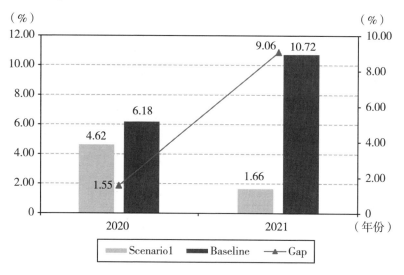

图 16-13　私营投资增速的变化情况

注：Baseline 表示基准情景下的民间投资增速，Scenario1 表示模拟情景 1 下的民间投资增速，Gap 表示 Baseline 与 Scenario1 之差。

资料来源：CQMM 课题组计算。

LPR 改革后利率下降对投资的激励作用通过三个渠道得以发挥：一是"价格效应"，利率下降直接减轻了企业尤其是民营企业的融资成本，激励其扩大增量投资；二是供给端企业的"成本效应"，利率下降减轻了企业存量贷款的利息支出负担；三是需求端居民的"成本效应"，利率下降减轻了居民住房存量贷款的利息负担，进而从需求端拉升企业投资扩张。从模拟结果看，由于民间投资对市场利率的变化更为敏感，因而利率下降对民间投资的激励效应更为显著。

再次，得益于经济增长加快和住房存量贷款利息支出的下降，居民消费增速小幅提高。对比2019年底没有推进LPR改革的模拟情景1，2020年和2021年，推进LPR改革后，按可比价计算的居民消费增速可分别提高0.02个和0.16个百分点（见图16-14）。相比利率下降对企业投资的影响程度，居民消费增速提高的幅度较小。但也在一定程度上表明，住房存量贷款利息负担的减轻有助于加快居民消费的增长。

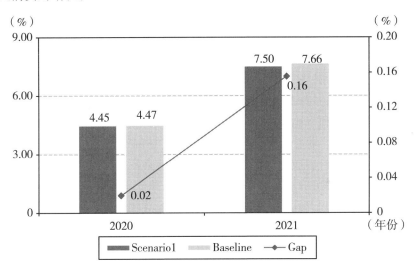

图16-14 可比价居民消费的增长率变化

注：Baseline 表示基准情景下的消费增速，Scenario1 表示模拟情景1下的消费增速，Gap 表示 Baseline 与 Scenario1 之差。

资料来源：CQMM 课题组计算。

最后，投资加速、消费提升将提高进出口增速。对比2019年底没有推进LPR改革的模拟情景1，2020年和2021年，按现价美元计，出口增速将分别上升0.01个和0.1个百分点，进口增速可分别提高0.66个和1.83个百分点。

综上所述，推进LPR改革后，市场利率的下降通过"价格效应"和来自供需端的"成本效应"，将有助于提升经济增速，激励企业尤其是民营企业投资增长，促进居民消费和进出口增长。需要注意的是，这些正向的宏观经济激励效应可能存在一定时间上的滞后性。也就是说，LPR利率报价机制改革对2021年的作用效应要明显强于 2020 年。

（二）"稳增长"的政策组合效应

如上所述，2020 年要实现 GDP 比 2010 年翻一番的目标，那么，2020 年的 GDP 增速需要达到 5.62% 或以上。受 2020 年第一季度疫情冲击的影响，2020 年 GDP 增速的预测值即便在最乐观的情景下，也与目标值之间存在一定的差距。尽管第一季度中央政府已相继出台并落实了多项政策，以加快企业复工复产进度、扩大产能，但在疫情得到完全管控后的剩余时间里，仍需要通过货币和财政政策的协调配合，才有望稳定经济增长，并完成翻番的目标。

上述进行模拟分析的基准情景，设定了一个相对保守的货币与财政政策的组合，即假定 2020 年 1 年期和 5 年期的 LPR 报价利率将在 2019 年末的基础上再下降 20 个基点；同时，财政支出增速在 2020 年和 2021 年基本维持 2019 年 8.2% 的水平。在此政策组合下，以较为保守的方式设定疫情冲击后可能的复工进度和生产效率，那么，2020 年 GDP 预计可增长 5.09%，增速与 5.62% 相差 0.53 个百分点。以此基准情景为基础，课题组设计了两种"稳增长"的政策组合：一是 2020 年维持市场利率比 2019 年底下降 20 个基点的假定，通过加快财政支出的增速来提高 GDP 的增速；二是扩大 2020 年市场利率下降的幅度，从 20 个基点到 60 个基点，同时，通过加快财政支出的增速来提高 GDP 的增速。对比这两种政策组合的效应，可分析利率市场化改革与财政支出扩张的不同力度组合所产生的宏观总量与结构调整效应的差异。基于 CQMM 模型进行的不同力度的政策组合效应在表 16-3 中给出。

表 16-3　　　　　　为稳增长实施不同力度政策组合的
宏观经济效应对比
单位：%

指标	2020 年			
	LPR 利率下降 40 个基点 + 财政支出增长 15.8%	与基准情景之差	LPR 利率下降 60 个基点 + 财政支出增长 15.3%	与基准情景之差
实际 GDP 增速	5.62	0.53	5.62	0.53
可比价居民消费增速	4.52	0.05	4.52	0.05
社会消费品零售总额名义增速	7.63	0.05	7.64	0.06
可比价资本形成总额增速	3.52	0.12	3.45	0.05
城镇固定资产投资名义增速	6.77	0.17	6.82	0.22

指标	2020 年			
	LPR 利率下降 40 个基点 + 财政支出增长 15.8%	与基准情景之差	LPR 利率下降 60 个基点 + 财政支出增长 15.3%	与基准情景之差
国有及国有控股企业投资增速	7.74	0.46	7.32	0.04
民间投资增速	6.19	0.01	6.56	0.38
出口总额增速（现价、美元）	4.46	0.01	4.46	0.01
进口总额增速（现价、美元）	7.33	1.00	7.32	1.00
公共财政支出占 GDP 的比重	7.1		7.0	

资料来源：课题组计算。

首先，与基准情景相比，2020 年，GDP 要实现 5.62% 的增速，在维持 LPR 利率下降 20 个基点的假定下，需要新增财政支出 18 145 亿元，即 2020 年财政支出的增速需要从 2019 年的 8.2% 提高至 15.3%。如果保持财政收入增速不变的话，那么，2020 年财政赤字占 GDP 的比重将提高至 7.1%，较 2019 年的财政赤字率（4.9%）增加 2.1 个百分点。如果市场利率下降的幅度扩大至 60 个基点，那么，需要新增财政支出为 17 190 亿元。两种政策组合下新增财政支出规模变化不大，原因可能在于 LPR 利率下降的经济刺激效应具有一定的时间滞后性，对 2020 年的宏观刺激作用有限，因而利率下降对新增财政支出的替代作用不明显。

其次，更大幅度的利率下降配合财政支出的提速，在 2020 年对民间投资的提振效应较为显著。在利率下降 20 个基点的假定下，民间投资增速可比基准情景下提高 0.01 个百分点，达到 6.19%；在利率下降 60 个基点的假定下，民间投资增速可比基准情景下提高 0.38 个百分点，达到 6.56%。这一方面是民间投资对利率变化有较高敏感性的体现；另一方面，财政支出的扩张从供给端降低企业成本、从需求端降低居民税负、扩大对居民的转移支付从而拉升居民消费，都能够进一步提升民间投资的增速。相比之下，在利率下降 20 个基点的假定下，国有及国有控股企业投资增速相对于基准情景提高得更快一些。综合起来，在更大幅度的降息政策组合下，城镇固定资产投资增速可较基准情景下提高 0.22 个百分点。表明，配合财政支出的提速，更大幅度的降息在稳定经济增速的同时，还能有效激励民间投资的增长。这不仅能够带动投资增速的回升（总量效应），而且还能促进投资结构的调整、改善投资效率（结构效应）。

再次，由于推进 LPR 改革的时间安排，2020 年居民住房存量贷款的利率不会发生改变。但是，稳增长所带来的财政支出增速的加快，可通过居民税负负担的减轻、转移支付力度的加强以及就业保障支出的扩大等渠道拉动居民消费的增长。与基准情景相比，可比价居民消费增长的幅度大致可提高 0.05 个百分点，社会消费品零售总额名义增速的提高幅度大约在 0.05 ~ 0.06 个百分点的区间。

最后，得益于民间投资增速的提高以及消费增速的小幅回升，2020 年，以现价美元计，出口增速基本保持稳定，仅比基准情景下提高 0.01 个百分点左右；进口增速预计可提高仅 1.0 个百分点。

综上所述，2020 年第一季度意外暴发的疫情冲击不可避免地会给中国经济造成显著的负面冲击。按照保守的方式测算疫情控制后的复工进度及产能恢复程度，2020 年 GDP 预计可增长 5.09%，增速与实现 GDP 比 2010 年翻一番目标所需的 5.62% 还相差 0.53 个百分点。尽管第一季度中央政府已相继出台并落实了多项政策，以加快企业复工复产进度、扩大产能，但从全年来看，仍需要通过更大力度的货币和财政政策的协调配合，才有望稳定经济增长，并完成翻番的目标。

第一，2020 年，在推进 LPR 改革、市场利率下降 20 个基点的情况下，财政支出增速需要从 2019 年的 8.2% 提高至 15.3%。如果保持财政收入增速不变的话，那么，2020 年财政赤字占 GDP 的比重将提高至 7.1%，较 2019 年的财政赤字率（4.9%）增加 2.1 个百分点。在市场利率下降 60 个基点的情况下，2020 年财政支出增速需要提高到 15.8%，赤字率可能达到 7.0%。这表明，第一季度的疫情冲击将导致货币和财政政策都需要加大力度，才有望保持 GDP 增速 5.62% 的水平。

第二，实施不同力度的政策组合不仅能够提升经济增速（总量扩张效应），而且能够改善投资结构、提高投资效率（结构调整效应）。从供给端看，推进 LPR 改革所带来的利率下降，可以有效激励对利率变化更为敏感的民间投资的增长（价格效应），同时，企业存款利息负担的减轻将有利于扩大民营企业的投资意愿（成本效应）。配合减税降负等"稳投资"的财政政策，民间投资的增速将得到进一步的提升。从需求端看，2020 年推进 LPR 改革带来的市场利率下降可在 2021 年降低居民住房存量贷款的利息负担（成本效应），从而强化居民收入增长的预期。配合降低居民税负、加快居民转移收入以及稳定就业市场等财政支出政策，有望稳定居民实际收入的增长，从而带动居民消费的增长，最终从需求端拉动投资增速的提升。不同力度的政策组合，在稳定经济增速的同时，有效刺激民间投资的增长，进而推进投资结构的调整，改善投资效率。

需要特别指出的是，上述政策效应模拟的结果受制于模型方程的设定以及外生变量的假定条件。其中，关于财政收入增速的变化、如何提高财政存量资金使用效率等问题，暂没有纳入模型的框架。政策模拟的一个重要意义在于，可量化政策组合实施后总量效应和结构效应的变化方向，从而为政策决策提供一个可借鉴的研究基础。

第三节　结论与政策建议

2019年，全球贸易扩张趋弱抑制了中国制造业民间投资的增长，工业企业利润增速大幅下滑，经济增长的下行压力不断加大。全年国内生产总值（GDP）实际增长6.1%，增速比上年下降0.6个百分点。

首先，固定资产投资增速持续下降。2019年，全社会固定资产投资（不含农户）增长5.4%，增速比上年下降0.5个百分点；资本形成对GDP增长的贡献率降低至31.2%，比上年大幅减少10.3个百分点，为近20年的新低。民间投资增长4.7%，增速比上年下降4.0个百分点。全部投资中民间投资的占比为56.4%，比上年下降5.6个百分点，是过去十年的最低水平。

其次，工业生产扩张趋缓，工业企业利润增速急剧下滑。全年规模以上工业增加值（扣除价格因素）增长5.7%，增速比上年下降0.5个百分点，是过去20年的最低增速。规模以上工业企业利润总额收缩3.3%，增速比上年大幅下降13.6个百分点，是过去5年的最大降幅。

再次，居民收入增长持续趋缓。扣除价格变化后，全国居民人均实际可支配收入增长5.8%，增速比上年下降0.7个百分点，是近5年的最低增速。其中，城镇居民人均实际可支配收入增长5.0%，农村人均实际可支配收入增长6.2%，增速分别比上年下降了0.6个和0.4个百分点。

最后，货物进出口增速双双减速。全年出口总额（人民币值）增长5.0%，增速比上年下降2.1个百分点；进口总额（人民币值）增长1.6%，增速比上年下降11.3个百分点。进出口相抵，实现贸易顺差29 180亿元，规模比上年扩大5 932.9亿元。

为应对国内外的经济下行压力，中央政府及时转变了宏观调控的应对措施。在防范金融风险、控制杠杆率的同时，中央政府加强和改善宏观调控，出台减税降费、改善营商环境、支持实体经济发展等一系列政策措施，国民经济呈现总体平稳、稳中有进的态势。货币政策方面，基于金融服务实体经济的根本要求，在保证流动性充足的同时，提高新增人民币贷款中对实体经济的贷款比重；推动LPR形成机制的改革，打破贷款利率的隐性下限，切实促进降低企业融资成本，改善信贷资源的配置效率。尽管财政收入增速持续下降，但财政支出却保持了相对稳定的增速。通过更大力度的减税降费，特别是稳定制造业投资等一系列政策措施，在一定程度上增强了微观主体活力；同时，减税及扩大转移收入稳定了居民收入增长。此外，财政在短板领域投资的持续发力，也正在推动投资结构逐步优化。

进入 2020 年，中美第一阶段经贸协议的顺利签署，为双方缓和并最终消除贸易摩擦奠定了良好的基础。与此同时，各经济体宽松货币政策的继续实施，有可能带动世界贸易触底反弹，并有望拉动中国出口导向型制造业民间投资增长企稳回升。然而，第一季度新冠肺炎疫情的暴发已不可避免地对 2020 年中国及世界经济的增长形成负面冲击。

疫情暴发和对疫情的管控从供需两方面拉低了中国经济增长。除了春节假期原有需求大幅减少、湖北省尤其是武汉市的需求抑制及生产停滞这部分直接损失之外，还包括当疫情在中国境内没有完全控制之前，各地因疫情防控需要导致的消费抑制以及各地复工进度不一、员工到岗率低等因素造成生产效率降低、产能无法及时完全释放，进而导致的引致损失。当中国境外疫情暴发后，不仅外部市场的需求会萎缩，还可能进一步威胁全球制造业产业链的供给。

基于 CQMM 模型的预测结果表明，2020 年，尽管世界贸易增长可能触底反弹以及中美贸易谈判顺利进展的预期等积极因素，有望稳定并提升中国固定资产投资的增长，但第一季度的疫情冲击会在一定程度上拉低投资的增速。投资增速回落的幅度取决于疫情控制进程中复工周期的长短、生产效率提升的空间以及疫情在海外暴发对中国经济的逆向冲击程度等。2020 年，中国 GDP 增速在乐观情景下可能下滑至 5.31%，比 2019 年下降 0.83 个百分点；在保守和悲观情景下，全年 GDP 增速预计将进一步分别下滑至 5.09% 和 4.77%。更为重要的是，疫情冲击在拉低 GDP 增速的同时，对非国有企业投资增速的冲击大于国有及国有控股企业；对农村居民实际收入的冲击大于城市居民；叠加生猪生产周期对猪肉价格的影响，CPI 的上涨还将进一步削弱低收入群体的收入增长，从而抑制消费的增长。

2020 年，是中国全面建成小康社会和"十三五"规划收官之年，是"三大攻坚战"的最后攻关之年，是"决胜之年"。从长期来看，中国经济稳中向好、长期向好的趋势没有改变，但是，短期甚至在中期，经济下行压力依然较大。

为实现党的十八大提出的"实现国内生产总值和城乡居民人均收入比 2010 年翻一番"的目标，2020 年的 GDP 增速需要达到 5.62% 或以上。而上述对 2020 年 GDP 增速的预测显示，GDP 增长率预测值与目标值之间均存在一定的差距。基于此，如果第一季度的政策重点在于加快企业复工复产进度、扩大产能，并确保疫情得到完全管控的话，那么，全年剩余的时间里，就需要通过货币和财政政策的协调配合，才有条件稳定经济增长，并完成翻番的目标。

2020 年，改革完善 LPR 形成机制并积极推动运用是深化利率市场化改革的重要一环。从供给端看，LPR 的运用在带动企业贷款利率下降（价格效应）的同时，可减轻企业存量贷款的利息负担（成本效应）。这不仅有助于提高市场配置信贷资源的效率，还能够推动投资结构的调整，提升投资效率。从需求端看，推进 LPR 改革将有助于降低居民住房存量贷款的利息负担，进而有利于居民随着收入的增长提高其消费增速。在财政政策方面，供给端在继续执行减税降费、"放管服"改革以及优化营商环境等政策的同时，要加大需求端对居民部门的激励，通过减税、扩大转移收入以及稳定就业市场等措施稳定居民收入增长，特别是农村居民的收入增长。为此，要充分灵活地利用政府债券和各类支出工具，适当提高财政赤字占 GDP 的比率；同时，盘活财政存量资金，提高财政资金使用效率。通过上述货币和财政两方面政策组合的推进，2020 年，将有望在稳定增长、实现翻番目标的同时，有力推进经济结构调整、提升增长效率。

基于 CQMM 模型，课题组量化分析了推进 LPR 改革与财政支出扩张配合实施不同力度的政策组合可能产生的宏观经济效应。结果表明，2020 年，配合推进 LPR 改革，如果保持财政收入增速不变（即 2019 年 3.8%）的话，财政支出的增速可能需要从 2019 年的 8.2% 提高至 15.3% 及以上的水平，财政赤字占 GDP 的比重可能将提高至 7.0% 左右的水平，较 2019 年的财政赤字率（4.9%）增加 2.1 个百分点。推进 LPR 改革并配合更快的财政支出增速，从供给端看，市场利率下降可以有效激励对利率变化更为敏感的民间投资的增长；企业存款利息负担的减轻将有利于扩大民营企业的投资意愿；配合减税降负等"稳投资"的财政政策，民间投资的增速预计将得到进一步的提升。从需求端看，居民住房存量贷款的利息负担的减轻可强化居民收入增长的预期；配合降低居民税负、加快居民转移收入以及稳定就业市场等财政支出政策，有望稳定居民实际收入的增长，从而带动居民消费的增长，最终从需求端拉动投资增速的提升。不同力度的政策组合，在稳定经济增速的同时，均能够有效刺激民间投资的增长，进而推进投资结构的调整，改善投资效率。

基于此，课题组提出以下几点建设。

第一，2020 年 GDP 增速预计将回落至 6% 以下。尽管中美第一阶段经贸协议的顺利签署，为双方缓和并最终消除贸易摩擦奠定了良好的基础，但是，第一季度新冠肺炎疫情的暴发已不可避免地对 2020 年中国及世界经济的增长形成负面冲击，并加大了 2020 年中国 GDP 实现翻番目标的难度。面对经济增速下降，在第一季度出台各项应对短期疫情冲击政策的基础上，政策当局应继续坚持防控金融风险的各项举措，不放松对房地产的调控政策，严格管控地方政府债务率的提高；继续坚持 2019 年已实施的货币和财政政策的调控手段，以确保在推进经济结构调整的同时，稳定经济增长。

第二，继续执行稳健的货币政策和宏观审慎政策。2020 年，在全力以赴做好防疫的各项金融服务工作的同时，应确保对非金融企业及机关团体贷款的比重稳定在 60% 以上，真正落实金融服务实体经济的要求。应落实推进 LPR 改革及运用，以此提高市场利率向贷款利率的传导效率，激励对利率变化更为敏感的民间投资的增长，进而改善市场配置信贷资源的效率，推动投资结构调整，提升投资效率。应进一步发挥信贷政策的结构引导作用，确保资金投向具有乘数效应的先进制造、民生建设、基础设施短板等领域，促进产业和消费"双升级"。同时，应积极做好金融支持就业创业，深入开展金融精准扶贫以及继续加强产业转型升级的金融支持等。

第三，适当加快财政支出的增速，重点从需求端稳定居民实际收入增长。应充分灵活地利用政府债券和各类支出工具，适当加快公共财政支出的增速，适度扩大赤字尤其是中央财政赤字；并通过盘活财政存量资金，提高财政资金的使用效率。财政支出的扩大应强化民生导向，从需求端通过减税、提高对居民人均转移收入的力度以及保障就业市场稳定等措施，稳定居民实际收入特别是低收入群体收入增长；从改善民生社保等方面推动消费稳定增长。同时，进一步优化减税降费方式，从当前主要针对增值税的减税格局转为降低社保费率和企业所得税税率；继续推进财政"补短板"投资，特别是加强新型基础设施建设等领域的投资。

第四，当前"稳投资"的各项政策，应着眼于实现长期"提升企业竞争力"的目标。在疫情得到完全控制后，还需继续保障金融服务实体经济、稳定制造业投资等相关政策措施的实施落实。但是，政策的实施应能够挤出无效、低效投资，促进有效投资的增长，释放国内市场需求潜力；继续深化国企改革，落实竞争中性和所有制中性，消除所有制歧视，加快构建公平竞争的营商环境、完善产权保护制度，拓展民营经济的发展空间，提振企业信心，稳定制造业民间投资的增长；应继续加大针对创新企业和高新技术企业的减税力度，加大研发费用加计扣除力度，激励企业扩大研发投入，增强企业的创新能力，提高高新技术制造业的比重，加快促进制造业的产业转型和产品升级，以实现劳动生产率的持续快速增长。

第五，应充分重视疫情冲击和食品类 CPI 高企对居民，尤其是对低收入群体和农村居民实际收入的影响。尽管当前经济不具备严重通货膨胀的基础，但是，2020 年上半年，疫情的冲击和猪肉价格的坚挺将使 CPI 继续处于高位水平。因此，稳物价仍是当务之急，应在抑制肉类价格过快上涨的基础上稳定 CPI 的涨幅。同时，应继续实施减税降费政策，加大对城乡低收入家庭的转移支付，加快划转部分国有资本以充实社保基金，确保社保费率稳步降低，并确保居民特别是低收入群体和农村居民实际收入的稳步增长。

第六，应引导产业转型与就业提升协同发展，以实现就业特别是高收入岗位就业的稳定增长。近年来，随着中国工资水平的不断提高，劳动密集型制造业占比快速下降，加剧了产业结构转型与就业提升之间的矛盾；与此同时，第三产业中传统服务业比重较高，尽管有助于促进就业，但大多是低收入岗位的就业增长。为此，在稳定就业总量的同时，应改善就业结构，提升就业质量，确保高收入岗位就业的稳定增长；在推动扶持中小企业发展的同时，应更大力度扶持创业创新活动，进一步强化职业技能培训，并精准施策做好重点群体就业工作等。

第十七章 2020 年秋季中国宏观经济预测[*]

第一节　2020 年秋季中国宏观经济预测

一、模型外生变量假设

（一）美国及欧元区经济增长率

2020 年上半年，受新冠肺炎疫情冲击，各经济体普遍陷入负增长。美国个人消费支出增速急剧萎缩，失业率大幅攀升，导致其第二季度 GDP 增速同比收缩 9%，为 1929 年以来的最低值；第二季度 GDP 环比折年率为 -32.9%，也是 1947 年美国季度 GDP 数据公布以来的最低增速；进入第三季度，美国疫情控制与促进经济复苏的平衡，加上大规模财税刺激政策以及超宽松货币政策的继续，一定程度上减缓了美国经济的下滑势头。国际货币基金组织（IMF）在 10 月发布的《世界经济展望》中预测 2020 年美国经济增速为 -4.3%，比上年下降 6.5 个百分点。考虑到疫情在美国的持续、国内社会动荡及选举走势不明等因素依然将威胁美国经济复苏，课题组假定：2020 年，美国经济预计将增长 -4.46%，增速比 IMF 10 月的预测值下降 0.16 个百分点；2021 年，考虑基数效应，美国经济预计将增长 3.28%，

---

* 本章是厦门大学宏观经济研究中心"中国季度宏观经济模型"课题组 2020 年秋季预测报告部分。

增速比 IMF 10 月的预测值提高 0.18 个百分点（见图 17 − 1）。

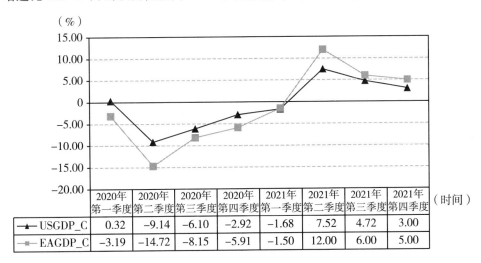

（%）							
	2020年第一季度	2020年第二季度	2020年第三季度	2020年第四季度	2021年第一季度	2021年第二季度	2021年第三季度	2021年第四季度
USGDP_C	0.32	−9.14	−6.10	−2.92	−1.68	7.52	4.72	3.00
EAGDP_C	−3.19	−14.72	−8.15	−5.91	−1.50	12.00	6.00	5.00

图 17 − 1 美国与欧元经济增长率的变化趋势假定
（季度调整后的同比增速）

注：USGDP_C 表示美国 GDP 增速，EAGDP_C 表示欧元区 GDP 增速；第一季度增速包含了疫情冲击中国经产业链传导对贸易伙伴经济的影响。

资料来源：课题组假定。

另一方面，欧盟统计局 7 月底公布的数据显示，2020 年第二季度，欧元区 GDP 增速环比下降 12.1%，同比下降 15%，其中，德国第二季度 GDP 增速同比萎缩 9.7%，受疫情影响较严重的西班牙、意大利及法国等第二季度 GDP 增速同比萎缩的幅度都达到了 20% 左右。尽管第三季度欧盟各国经济增速有所回升，但疫情在法国、英国以及德国等的二次暴发，加上英国与欧盟贸易谈判的分歧难消、英国无协议"脱欧"的风险等，欧盟经济复苏前景仍具有极大的不确定性。IMF 在 10 月预测 2020 年欧元区经济增速为 − 8.3%，比上年下降 9.6 个百分点。课题组假定：2020 年，欧元区经济预计将增长 − 7.99%，增速比 IMF 10 月的预测值提高 0.31 个百分点；2021 年，考虑基数效应，欧元区经济预计将增长 5.17%，基本接近 IMF 10 月的预测值（见图 17 − 1）。

（二）主要汇率水平

新冠肺炎疫情在美国和欧洲的不同发展态势很大程度上决定了美国和欧洲的经济增长前景以及美元兑欧元汇率的变化。2020 年以来，欧元兑美元基本维持欧元升值、美元疲软的态势。1 月，1 欧元兑美元汇率为 1.1050 美元；第三季度，1 欧元兑美元汇率上升至 1. 1700 美元的水平。考虑到上述两个经济体经济复苏前景的不确定性，课题组假定：2020 年第四季度，欧元兑美元汇率可能维持在 1 欧元兑 1. 16 美元的水平，至 2021 年底可能下降至 1 欧元兑 1. 12 美元左右的水平。

中国政府成功抗疫确保了经济的持续复苏。7 月以来，工业生产和投资增长继续恢复，重要经济指标持续改善，在很大程度上支持了人民币汇率的走势。2020 年 1~7 月，人民币兑美元汇率中间价基本保持在 1 美元兑 7 元的水平上下。但自 7 月 9 日以来，人民币兑美元汇率中间价持续位于 "7" 以下的水平，人民币对美元汇率呈现逐步走强的态势。考虑到外部市场较高的不确定性以及美国、欧元区货币政策的走向，课题组假定：2020 年第四季度，人民币兑美元汇率可能分别维持在 1 美元兑 6. 97 元的水平，至 2021 年底可能下降至 1 美元兑6. 72 元左右的水平（见图 17 - 2）。

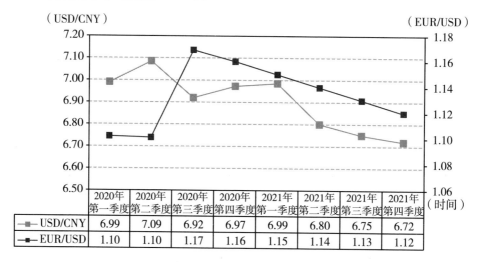

	2020年第一季度	2020年第二季度	2020年第三季度	2020年第四季度	2021年第一季度	2021年第二季度	2021年第三季度	2021年第四季度
USD/CNY	6.99	7.09	6.92	6.97	6.99	6.80	6.75	6.72
EUR/USD	1.10	1.10	1.17	1.16	1.15	1.14	1.13	1.12

图 17 - 2　美元兑人民币汇率、欧元兑美元汇率的变化趋势假定

注：USD/CNY 为美元兑人民币汇率，EUR/USD 为欧元兑美元汇率。

资料来源：课题组假定。

（三）广义货币供应量（M2）增速

为抵御疫情冲击，2020 年上半年，中国货币政策在坚持以总量政策适度、融资成本明显下降、支持实体经济这一前提的同时，提高了货币政策的灵活度，使稳健的货币政策更能应对高度不确定的形势。至 6 月末，M2 余额为 213. 49 万亿元，同比增长 11. 1%，增速比上年同期提高 2. 6 个百分点。在 2020 年 7 月底召开的中共中央政治局会议上，提出下半年"货币政策要更加灵活适度、精准导向、保持货币供应量和社会融资规模合理增长，推动综合融资成本明显下降"。第三季度，M2 同比增速小幅减缓至 10.90%。课题组假定：2020 年第四季度，M2 同比增速可能将保持在 10.08% 的水平，M2 增速边际趋缓；2021 年，货币政策将随经济运行逐步回归常态，考虑基数效应，至年末，M2 增速可能下降至 7.24% 的水平（见图 17-3）。同时，预计 2020 年企业融资利率仍有一定的下行空间，社会综合融资成本将稳步下行；2021 年社会综合融资成本则可能维持相对稳定。

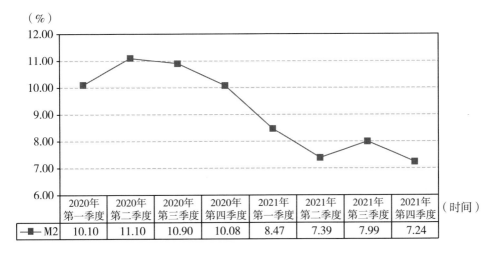

（%）

	2020年第一季度	2020年第二季度	2020年第三季度	2020年第四季度	2021年第一季度	2021年第二季度	2021年第三季度	2021年第四季度
M2	10.10	11.10	10.90	10.08	8.47	7.39	7.99	7.24

（时间）

图 17-3　M2 增长率的变化趋势假定

资料来源：课题组假定。

二、2020~2021 年中国宏观经济主要指标预测

（一）GDP 增速预测

在上述外生变量假定下，基于中国季度宏观经济模型（CQMM）的预测表明：2020 年，中国 GDP 增速预计为 1.84%，比 2019 年下降 4.31 个百分点，其中，第四季度 GDP 同比增速可望回升至 5.83%，比 2019 年同期小幅回落 0.17 个百分点。2021 年，基数效应加上疫情对全球经济的影响逐步消退，GDP 增速可望反弹至 8.13%，其中，第一季度因基数效应 GDP 增速可能大幅上升至 16.19%，其余三个季度逐步回落，分别为 6.62%、5.72% 和 5.10%（见图 17-4）。

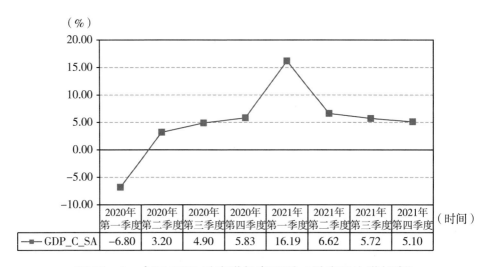

	2020年第一季度	2020年第二季度	2020年第三季度	2020年第四季度	2021年第一季度	2021年第二季度	2021年第三季度	2021年第四季度
—■— GDP_C_SA	-6.80	3.20	4.90	5.83	16.19	6.62	5.72	5.10

图 17-4　中国 GDP 季度增长率预测（季度同比增长率）

资料来源：课题组计算。

预测结果表明，2020 年下半年，尽管中国政府成功抗疫以及更大力度的对冲政策确保了国内经济的持续复苏，但疫情在中国境外的持续反复依然在威胁着中国经济的稳定复苏。2020 年中国 GDP 增速的大幅回落将难以避免。2021 年，因基数效应，GDP 增速可能显著反弹，但是，疫情冲击对中国外部经济环境的改变却可能是长期的，这些改变将可能成为制约中国经济稳定增长的主要风险。因此，"加快形成以国内大循环为主体、国内国际双循环相互促进的新发展格局"将刻不容缓。

（二）投资增速预测

受疫情冲击的影响，2020 年上半年，中国固定资产投资大幅萎缩。自第三季度开始，疫情对外部市场供给能力的破坏加大了世界市场对中国出口导向型制造业民间投资产能的需求，产能转移效应在很大程度上缓解了制造业投资和民间投资增速的下滑。至第三季度末，投资累计同比增长 0.8%，增速年内首次由负转正，但比上年同期下降 4.6 个百分点，其中，制造业投资累计同比增长 -6.5%，增速比上年同期下降 9.0 个百分点；房地产投资累计同比增长 3.8%，增速比上年同期下降 6.3 个百分点；基础设施投资累计同比增长 0.2%，增速比上年同期下降 4.3 个百分点。分所有制看，国有及国有控股企业投资累计同比增长 4.0%，增速比上年同期下降 3.3 个百分点；民间投资累计同比增长 -1.5%，增速比上年同期下降 6.2 个百分点。制造业和民间投资增速萎缩的幅度虽然明显收窄，但依然大幅低于上年同期的水平。

第四季度，海外疫情的持续反复通过对需求端的冲击将抑制民间投资和制造业投资的恢复性增长；受制于各级地方政府财政收入增长乏力、货币政策刺激力度的减弱，以及继续执行的房地产调控政策等，预计基础设施投资和房地产投资增长的空间有限。模型预测，2020年，按现价计算的固定资产投资（不含农户）将增长0.14%，增速比2019年下降5.29个百分点。分所有制看，全年国有及国有控股企业投资预计增长3.45%，增速比2019年下降3.59个百分点；非国有投资预计增长-1.75%，增速比2019年下降6.44个百分点。第四季度，投资同比增速预计为6.14%，其中，国有及国有控股企业投资同比增长9.17%，非国有投资同比增长4.72%（见表17-1）。2021年，考虑到基数效应，固定资产投资增速可能反弹至12.54%。各季度投资同比增速基本呈现"前高后低"的态势。

表17-1　　　2020~2021年投资增速（现价、季度同比）预测　　　单位：%

变量	2020年				2021年				2020年	2021年
	第一季度	第二季度	第三季度	第四季度	第一季度	第二季度	第三季度	第四季度		
固定资产完成额（可比价）	-3.65	3.10	3.62	1.48	8.68	5.44	4.71	5.64	1.14	6.07
固定资产投资（不含农户）	-16.10	3.16	7.22	6.14	27.15	11.25	6.35	8.65	0.14	12.554
国有及国有控股投资	-12.80	9.01	7.31	9.17	25.39	7.06	4.31	3.32	3.21	9.21
非国有投资	-18.16	-0.73	7.17	4.72	28.31	14.08	7.61	12.01	-1.75	14.68

资料来源：课题组计算。

预测结果表明，2020年，更大力度的对冲政策有效地减缓了投资增速回落的幅度，全年投资规模可恢复到上年水平。尽管产能转移效应在很大程度上拉动了出口的增长，并缓解了制造业投资和民间投资增速的下滑，但境外疫情长期化所导致的外部市场需求弱化必然会从需求面抑制对中国出口产品的需求，进而抑制出口导向型民间制造业投资的增长。这意味着，2020~2021年海外疫情的长期化还可能持续冲击中国出口导向型民间制造业的投资。因此，2020~2021年，还需继续保障金融服务实体经济、稳定制造业投资等相关政策措施的实施落实。

（三）消费需求增长预测

受疫情冲击的影响，中国居民收入增速大幅下滑。2020年第三季度，扣除价格因素后，全国人均可支配收入累计增长0.6%，增速比上年同期下降5.5个百分点，其中，城镇居民人均可支配收入累计增长 -0.3%，农村居民人均可支配收入累计增长1.6%，增速分别比上年同期下降5.7个和4.8个百分点。尽管下半年国内疫情防控形势稳定后，消费潜力持续释放，消费市场不断复苏，实际收入增速的下降，加上疫情冲击后居民消费行为的改变，极大地抑制了消费支出的增长。第三季度社会消费品零售总额累计同比增长 -7.2%，增速比上年同期下降15.4个百分点。

模型预测，2020年，按可比价计算的支出法下居民消费将增长1.84%，增速比2019年下降4.3个百分点；2021年，预计居民消费增速可提高至8.13%，全年社会消费品零售总额名义增长 -3.45%，增速比2019年下降11.48个百分点。第四季度，社会消费品零售总额同比名义增长7.76%，增速将比第三季度大幅回升。2021年，考虑基数效应，社会消费品零售总额名义增速可回升至16.90%的水平，各季度同比增速将呈现"前高后低"的态势（见图17-5）。

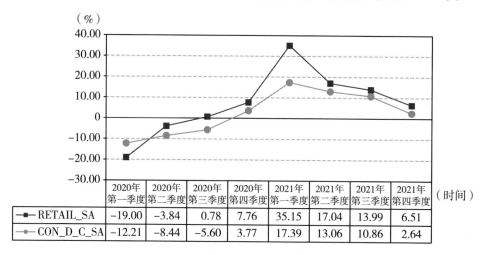

	2020年第一季度	2020年第二季度	2020年第三季度	2020年第四季度	2021年第一季度	2021年第二季度	2021年第三季度	2021年第四季度
RETAIL_SA	-19.00	-3.84	0.78	7.76	35.15	17.04	13.99	6.51
CON_D_C_SA	-12.21	-8.44	-5.60	3.77	17.39	13.06	10.86	2.64

图17-5　消费增速预测（季度同比增长率）

注：CON_D_C_SA表示居民消费总额（不变价）增速；RETAIL_SA表示社会消费品零售总额（现价）增速。

资料来源：课题组计算。

预测结果表明，2020年，疫情冲击对中国居民收入和消费增长的负面影响是显著的，消费修复尚需时日。短期内，在出台各类刺激消费政策的同时，更重要的是需要从中长期调整经济结构、提高劳动生产率的增速、缩小收入差距，如此才能确保居民（特别是农村居民、低收入群体）实际收入的稳定快速增长，从而带动居民消费的持续快速增长，推动消费结构升级，并促进中国经济增长方式的根本性转变。

（四）其他主要宏观经济指标增长率预测

1. 主要价格指标增速预测

2020 年上半年，疫情冲击叠加猪肉价格的高企，导致中国消费者物价指数（CPI）比上年同期上涨 3.8%。第三季度开始，中国国内供给能力稳步复苏，猪肉价格也开始明显回落。9 月 CPI 比上年上涨 1.7%，扣除食品和能源价格的 CPI 比上年上涨 0.5%。

模型预测，2020 年，CPI 可能上涨 2.45%，涨幅比 2019 年降低 0.44 个百分点。第四季度，猪肉价格回落叠加基数效应可能使 CPI 同比涨幅回落至 0.00% 的水平左右。受猪肉价格高企的影响，全年食品类 CPI 预计将上涨 10.60%，涨幅比 2019 年扩大 1.35 个百分点；第四季度食品类 CPI 同比涨幅可能回落至 0.74%。全年非食品类 CPI 预计将上涨 0.38%，涨幅比 2019 年回落 1 个百分点；第四季度非食品类 CPI 同比涨幅可能回落至 −0.74%。2021 年，基数效应可能令 CPI 涨幅回落至 0.08%；各季度 CPI 同比涨幅预计都在 0.00% 的上下水平波动（见图 17 −6）。

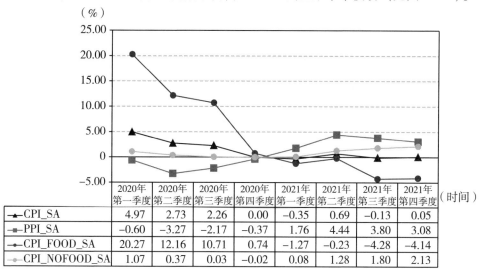

（%）	2020年第一季度	2020年第二季度	2020年第三季度	2020年第四季度	2021年第一季度	2021年第二季度	2021年第三季度	2021年第四季度
CPI_SA	4.97	2.73	2.26	0.00	−0.35	0.69	−0.13	0.05
PPI_SA	−0.60	−3.27	−2.17	−0.37	1.76	4.44	3.80	3.08
CPI_FOOD_SA	20.27	12.16	10.71	0.74	−1.27	−0.23	−4.28	−4.14
CPI_NOFOOD_SA	1.07	0.37	0.03	−0.02	0.08	1.28	1.80	2.13

图 17 −6　价格指数预测（季度同比增长率）

注：CPI_SA、PPI_SA、CPI_FOOD_SA 和 CPI_NOFOOD_SA 分别表示季节调整后的居民消费价格指数、生产者价格指数、食品消费价格指数和非食品消费价格指数。

资料来源：课题组计算。

此外，模型预测，2020年，生产者出厂价格指数（PPI）预计将回落1.64%，降幅比2019年扩大1.33个百分点；2021年，PPI可能由负转正，涨幅达到3.26%。从季度变化看，2020年第四季度，PPI将可能维持负增长，进入2021年，各季度PPI同比涨幅可能恢复正增长（见图17-6）。

预测结果表明，2020年，中国CPI涨幅预计将下降至3%以下的水平，但受猪肉价格高企的影响，食品类CPI涨幅还将维持在10%略高的幅度。尽管当前经济不具备严重通货膨胀的基础，食品类CPI的高企将侵蚀居民特别是低收入群体的实际收入。因此，稳物价仍是当务之急，应在抑制肉类价格过快上涨的基础上稳定CPI的涨幅。同时，应继续实施减税降费政策，加大对城乡低收入家庭的转移支付，加快划转部分国有资本以充实社保基金，确保社保费率稳步降低，并确保居民特别是低收入群体和农村居民实际收入的稳步增长。

2. 进出口增速预测

2020年，突如其来的疫情暴发严重地冲击了世界贸易的增长。IMF在10月预测2020年世界货物与服务贸易量的增速将下降至-10.4%，比2019年回落11.4个百分点。上半年，中国货物进出口总额（人民币值）均出现大幅萎缩。进入第三季度，中国国内供给能力的快速恢复有效地弥补了外部市场供给能力的萎缩，出口增长明显加快。9月，货物出口总额（人民币值）累计同比增长1.8%，年内累计增速首次实现了正增长，但增速比上年同期下降3.4个百分点。货物进口总额（人民币值）累计同比增长-0.6%，增速比上年同期下降0.5个百分点。考虑到中国境外疫情持续反复对外部市场就业和收入增长的长期影响以及贸易保护主义的盛行，2020~2021年，中国出口增长的前景依然将面临较高的不确定性。

模型预测，2020年，中国货物出口总额（现价美元值）预计将增长0.91%，增速比2019年提高1.05个百分点；货物进口总额（现价美元值）将增长-1.27%，降幅比2019年收窄1.79个百分点。2021年，考虑基数效应以及世界贸易的恢复性增长，中国货物出口总额（现价美元值）和进口总额（现价美元值）将分别增长5.49%和10.58%（见表17-2）。

表17-2　　　　　2020~2021年中国进出口增速预测　　　单位：%

币种	项目	2020年				2021年				2020年	2021年
		第一季度	第二季度	第三季度	第四季度	第一季度	第二季度	第三季度	第四季度		
美元现价	出口	-13.37	0.08	8.43	7.87	16.03	5.21	-0.49	3.80	0.80	5.60
	进口	-2.24	-9.26	-1.50	2.35	11.00	17.53	10.62	9.02	-2.63	11.89

币种	项目	2020 年				2021 年				2020 年	2021 年
		第一季度	第二季度	第三季度	第四季度	第一季度	第二季度	第三季度	第四季度		
人民币现价	出口	-10.22	4.02	7.41	6.85	15.95	0.98	-3.01	0.05	2.15	2.86
	进口	1.31	-5.69	-2.43	1.37	10.92	12.80	7.82	5.08	-1.34	9.01

资料来源：课题组计算。

综上所述，2020 年初突如其来的新冠肺炎疫情给全年中国经济的运行带来较大冲击。然而，下半年开始，中国政府成功抗疫以及更大力度的对冲政策有效地减缓了国内投资和消费增速的回落；境外疫情对外部市场供给能力的破坏加大了世界市场对中国出口导向型制造业民间投资产能的需求，产能转移效应在很大程度上拉动了第三季度出口的增长，并进一步缓解了制造业投资和民间投资增速的下滑。尽管如此，境外疫情持续反复所导致的外部市场需求弱化必然会从需求面抑制对中国出口产品的需求，进而抑制出口导向型民间制造业投资的增长；食品类 CPI 高涨，居民实际收入增速的下滑以及疫情冲击导致的消费行为的改变，也将在一定时期抑制消费支出的增长。因此，2020 年第四季度以及全年 GDP 的增速都难以实现快速反弹。基于 CQMM 模型的预测结果表明以下几点。

第一，2020 年，中国 GDP 增速预计为 1.84%，比 2019 年下降 4.31 个百分点，其中，第四季度 GDP 同比增速可望回升至 5.83%，仅比 2019 年同期小幅回落 0.17 个百分点。

第二，2020 年，按现价计算的固定资产投资（不含农户）将增长 0.14%，增速比 2019 年下降 5.29 个百分点。分所有制看，全年国有及国有控股企业投资预计增长 3.45%，增速比 2019 年下降 3.59 个百分点；非国有投资预计增长 -1.75%，增速比 2019 年下降 6.44 个百分点。第四季度，投资同比增速预计为 6.14%，其中，国有及国有控股企业投资同比增长 9.17%，非国有投资同比增长 4.72%。

第三，全年社会消费品零售总额名义增长 -3.45%，增速比 2019 年下降 11.48 个百分点。第四季度，社会消费品零售总额同比名义增长 7.76%，增速将比第三季度大幅回升。

第四，2020 年，CPI 可能上涨 2.45%，涨幅比 2019 年降低 0.44 个百分点。第四季度，猪肉价格回落叠加基数效应可能使 CPI 同比涨幅回落至 0.00% 的水平左右。受猪肉价格高企的影响，全年食品类 CPI 预计将上涨 10.60%，涨幅比 2019 年扩大 1.35 个百分点；第四季度食品类 CPI 同比涨幅可能回落至 0.74%。

第五，2020年，中国货物出口总额（现价美元值）预计将增长0.91%，增速比2019年提高1.05个百分点；货物进口总额（现价美元值）将增长-1.27%，降幅比2019年收窄1.79个百分点。

上述预测结果表明，虽然疫情冲击不会逆转中国经济稳中向好、长期向好的趋势，但是，疫情冲击对中国外部经济环境的改变却可能是长期的。如何稳定民间投资特别是制造业投资，如何确保居民特别是低收入居民实际收入的稳定增长，直接关系着2020~2021年中国经济的稳定增长。因此，"加快形成以国内大循环为主体、国内国际双循环相互促进的新发展格局"将刻不容缓。

第二节　结论与政策建议

根据对2020年下半年中国经济走势的预判（第一部分）和对中国经济主要指标的预测（第二部分），下半年中国经济将继续修复的进程，经济增速将持续上行。不过，由于消费需求和外部需求难以快速反弹，加上财政腾挪空间有限和货币政策仍需稳健，投资的增速可能趋缓。上述因素共同作用的结果，决定着处于上行中的中国经济增速将局限于相对有限的高度，要实现国内经济的良性大循环和国际国内双循环的相互促进，并且让中国经济恢复至疫情前的正常水平，仍需要各方因素的共同作用。

在中国经济修复进程持续但面临较大不确定性的背景下，如何实现保就业和稳就业应是当前反周期调控政策的着眼点和立足点。就业决定着居民的收入状况，直接影响着居民的消费水平，进而决定着投资的走向。这使得保就业和稳就业成为决定经济能否良性循环和顺畅运行的关键一环，也是维持社会稳定运行的重要支点。

在新冠肺炎疫情的冲击下，2020年第一季度就业市场上各指标的走势很不理想，城镇调查失业率由1月的5.3%陡升至2月的6.2%，创下该项数据发布以来的最高纪录，3月则维持在5.9%的高位水平。重点群体的就业状况也趋于恶化，外出务工的农民工群体由2019年底的1.74亿人降至3月底的1.23亿人。这5 000多万名农民工虽也可以选择在家务农，但收入也出现大幅下降。从农民工的月平均收入看，由2019年底的4 424元降到2020年第一季度末的3 680元。

2020年第二季度，随着复工复产、复商复市的稳步推进，加上各项保就业政策的推行，就业形势逐步改善，4~6月城镇调查失业率分别为6.0%、5.9%、5.7%。至6月底，外出务工的农民群体达到1.78亿人，已恢复到疫情暴发前的水平。不过，第二季度农民工的月平均收入继续微降至3 649元。

2020年上半年随着经济逐步修复，失业率开始出现回落，但下半年随着高校毕业季的到来，就业形势仍然严峻。2020年高校毕业生人数高达874万，较上年增加40万人。但受经济低迷的影响，高校应届毕业生新增岗位有限，难以满足大量毕业生集中进入劳动力市场的需要。加上高校毕业生就业预期较高，不少毕业生存在知识技能与市场需求无法匹配的问题，导致在整体失业率下降的背景下，16~24岁青年失业率呈现持续上升的态势。因此，就业压力的缓解仍需要各项政策的支持。

基于上述分析，提出以下政策建议。

第一，中小微企业是吸纳就业的主体部门，在经济比较低迷、外需相对疲软的环境下，税费负担大、融资成本高、现金流不足等问题凸显，让不少企业在生产经营上面临诸多困难。为此，应当继续执行减税降费、让利于民的纾困举措，由此而带来的政府收入减少尽量通过压缩行政支出的方式来实现，并在经济回到正轨前适当提高赤字率和政府债务水平。同时，扩大普惠金融覆盖面，为更多中小微企业和困难行业提供有效金融服务。

第二，制造业和建筑业是解决就业人数最多的两大行业。为此，应当加大逆周期调控政策力度，进一步推动实体经济融资成本下行。此外，由于制造业的荣枯与国际需求的强弱密切相关，为此，应当继续扩大对外开放，既帮助外向型企业在国际上寻求更大的生存和发展空间，也帮助其拓展在国内的销售市场。

第三，服务业已经成为促进就业的主力军，就业创造弹性增加。应在疫情防控措施到位的前提下，争取全面放开线下旅游业、住宿和餐饮业、文化体育和娱乐业等，以创造出更多的就业岗位。

第四，加强对就业结构矛盾和就业质量问题的分析和研判。针对就业市场信息交流不畅的问题，各地就业服务机构应充分整合当前线下线上资源，为重点人群和重点地区提供全面及时的信息。针对许多高校毕业生所存在的知识技能与市场需求错位的问题，需要加强高校、企业和政府之间的合作，加大对专业技能的培训力度和专项性政府资金补贴，或者在税费政策方面提供适当的优惠。

第五，不断优化行政流程，继续改善营商环境。一方面，为各类市场主体提供更加优良的制度基础设施，让企业在投资决策和生产经营方面形成稳定的预期；另一方面，为高校毕业生创业提供更加快捷便利的条件。

第十八章 "中国宏观经济形势与政策"问卷调查报告

第一节　2020 年春季问卷调查报告

为及时把握中国宏观经济形势和政策走向，新华社《经济参考报》和教育部人文社会科学重点研究基地——厦门大学宏观经济研究中心自 2013 年 8 月起联合开展每年两次的"百位经济学家中国经济形势和政策问卷调查"活动。此次是该活动的第 14 次调查问卷，包括两个阶段的调查：新冠肺炎疫情暴发前后的中国宏观经济运行和政策走势直接相关的约 20 道问题，分别于 2020 年 1 月和 3 月通过电子邮件向国内相关领域的经济学家发出调查邀请，分别收到 121 位和 105 位专家的答复。通过本次问卷调查，我们获得了专家们关于 2020 年世界经济形势、中国经济形势以及疫情冲击对 2020 年中国宏观经济政策走势的影响等相关问题的最新认识和判断。现将本次问卷调查结果公布如下。

一、第一阶段问卷调查（2020 年 1 月 20 日至 2 月 20 日）

（一）2020 年世界经济形势

根据国际货币基金组织（IMF）2020 年 1 月 20 日的最新预测，2020 年美国实际国内生产总值（GDP）将增长

2%，增速比 2019 年下降 0.3 个百分点。另据美联储 2019 年 12 月更新后的预测数据，2020 年美国 GDP 增速将放缓至 2.0%；据世界银行 2020 年 1 月的最新预测，2020 年美国经济增长将放缓至 1.8%。那么，2020 年美国经济相较于 2019 年会有怎样的变化态势呢？调查结果显示，76% 的专家预期 2020 年美国经济增长率位于 1.6%~2.0% 的区间内；17% 的专家预期在 2.1%~2.5% 的区间内；7% 的专家预期在 1.5% 以下。总体而言，超过八成的专家预期 2020 年美国 GDP 增长率将低于 2019 年的水平。

根据国际货币基金组织（IMF）2020 年 1 月 20 日的最新预测，2020 年欧元区 GDP 将增长 1.3%，增速比 2019 年提高 0.1 个百分点。另据世界银行 2020 年 1 月的最新预测，2020 年欧元区经济增长将降至 1%。那么，2020 年欧元区经济增长率将会有怎样的变化态势呢？调查结果显示，69% 的专家预期 2020 年欧元区经济增长率将位于 1.1%~1.3% 的区间内；29% 的专家预期其增长率在 1.0% 以下；2% 的专家预期其增长率在 1.4%~1.6% 的区间内。总体而言，几乎所有接受问卷调查的专家一致认为欧元区 2020 年的经济增长率将低于 2019 年的水平。

2019 年贸易保护主义的抬头抑制了全球商品贸易的增长，美国、欧元区以及新兴市场经济国家的制造业 PMI 普遍下降至荣枯线以下，制造业投资增长减速。2020 年美国经济仍面临诸多挑战，包括受 2019 年中美贸易摩擦升级的影响，美国私人消费支出的增速可能下降等。由于德国经济减速以及英国"脱欧"导致的一系列对欧元区经济增长的影响，2019 年底 1 欧元可兑换 1.1204 美元，比年初下降了 2.18%；至 2020 年 1 月 20 日，1 欧元可兑换 1.1099 美元，比 2020 年初进一步下降了 0.94%。那么 2020 年欧元兑美元汇率的走势将如何呢？调查结果显示，与 2019 年相比，48% 接受调查的专家预期 2020 年欧元对美元将继续贬值，2020 年末 1 欧元可兑换 1.0~1.125 美元，预期均值约为 1.0732 美元（该调查问题为填空题）；40% 的专家预期 2020 年欧元兑美元汇率基本保持稳定；另有 12% 被调查的专家预期 2020 年末欧元对美元将转为升值，2020 年末 1 欧元可兑换 1.1~1.2 美元，预期均值约为 1.1396 美元。总体而言，接近一半的专家认为，相对于 2019 年末，2020 年欧元对美元将持续贬值，但也有四成的专家认为 2020 年欧元兑美元汇率基本稳定。

受全球经济放缓、贸易局势紧张和多重不确定性因素影响，美联储 2019 年三度降息共计 75 个基点，为美国经济提供"缓冲"和"保险"。美联储 2019 年 12 月 11 日结束本年度最后一次货币政策会议，宣布将联邦基金利率目标区间维持在 1.5%~1.75% 不变，结束自 7 月以来的利率"三连降"。那么，至 2020 年底美国货币政策的立场可能是怎样的呢？调查结果显示，

47％的专家预期 2020 年美联储将开启长期降息周期，其中在认为美联储将开启长期降息周期的专家中，有 28％的专家认为美联储年内降息 1 次，15％的专家认为美联储年内降息 2 次，4％的专家认为美联储年内降息 3 次；28％的专家预期美联储货币政策存在不确定性；20％的专家预期美联储年内不再降息；3％的专家认为基于美国经济数据的表现，为防止经济可能过热，美联储年内加息 1 ~ 2 次；但也有 2％的专家预期美联储年内降息 1 ~ 2 次，但并不意味着美联储开启长期降息周期。

（二）2020 年中国经济形势

根据国家统计局 2020 年 1 月 17 日发布的初步核算数据，2019 年中国 GDP 增长 6.1％，增速比上年下降 0.5 个百分点。分季度看，第一季度同比增长 6.4％，第二季度增长 6.2％，第三季度增长 6.0％，第四季度增长 6.0％。另据国际货币基金组织（IMF）2020 年 1 月 20 日的最新预测，2020 年中国 GDP 将增长 6.0％。关于 2020 年中国 GDP 增长，调查结果显示（见表 18 - 1），63％接受调查的专家预期 2020 年中国 GDP 的增长率将位于 5.9％以下；24％的专家预期其位于 5.9％ ~ 6.0％之间；8％专家预期其位于 6.0％ ~ 6.1％之间；3％的专家预期其位于 6.1％ ~ 6.2％之间；2％的专家预期其将在 6.2％以上。总体而言，受新冠肺炎疫情的影响，95％的专家认为 2020 年中国 GDP 增长率将低于 2019 年实际增长 6.1％的水平。

表 18 - 1　　　　　CQMM 课题组预测与两次百位经济学家
问卷调查结果之比较　　　　　单位：%

2020 年主要宏观经济指标	CQMM 课题组预测（乐观与保守情景）（2020 年 3 月）	疫情暴发前专家预测区间及比例（121 位专家，2020 年 1 月）		疫情暴发后专家预测区间及比例（105 位专家，2020 年 3 月）	
		区间	比例	区间	比例
GDP 增长率	4.59 ~ 5.09	5.9	63	5.0 ~ 5.5	34
				4.5 ~ 5.0	25
		5.9 ~ 6.0	24	4.0 ~ 4.5	25
第一季度 GDP 增长率	- 3.81 ~ 0.94			- 4.0 ~ - 1.0	49
				- 1.0 ~ 1.0	26
				1.0 ~ 3.0	18

2020 年主要宏观经济指标	CQMM 课题组预测（乐观与保守情景）（2020 年 3 月）	疫情暴发前专家预测区间及比例（121 位专家，2020 年 1 月）		疫情暴发后专家预测区间及比例（105 位专家，2020 年 3 月）	
		区间	比例	区间	比例
固定资产投资（不含农户）增速	6.60 ~ 8.13	5.0 ~ 6.0	51	5.0 ~ 6.0	32
				4.0 ~ 5.0	23
				6.0 ~ 7.0	23
社会消费品零售总额名义增速	5.79 ~ 7.58	7.5 ~ 8.0	45	6.0 ~ 7.0	40
		7.5 以下	34	5.0 ~ 6.0	37
		8.0 ~ 8.5	17	7.0 ~ 8.0	16
CPI 涨幅	3.21 ~ 3.27	2.9 ~ 3.3	44	3.0 ~ 3.5	33
				3.5 ~ 4.0	28
		2.4 ~ 2.8	33	4.0 以上	16
PPI 涨幅	− 3.25 ~ − 3.54	− 1.0 ~ 0.0	40	− 1.0 ~ 1.0	44
				1.0 ~ 3.0	26
		0.0 ~ 1.0	38	− 3.0 ~ − 1.0	22

2019 年中国居民消费价格（CPI）全年上涨 2.9%，涨幅比上年扩大 0.8 个百分点；扣除食品和能源价格的核心 CPI 上涨 1.6%，涨幅比上年回落 0.3 个百分点。关于 2020 年中国居民消费物价指数（CPI）的变化趋势，44% 的专家预期 2020 年中国 CPI 增长位于 2.9% ~ 3.3% 之间；33% 的专家预期其位于 2.4% ~ 2.8% 之间；12% 的专家预期其位于 3.4% ~ 3.8% 之间；9% 的专家预期其将在 2.3% 以下；2% 的专家预期其在 3.9% 以上。总体而言，接近六成的专家认为 2020 年中国全年 CPI 涨幅比 2019 年的 2.9% 会有所提高。

2019 年中国工业生产者出厂价格（PPI）比上年下降 0.3%，降幅比上年扩大 3.8 个百分点。关于 2020 年中国 PPI 的变化趋势，40% 的专家预期 2020 年中国 PPI 涨幅将处于 − 1.0% ~ 0.0% 之间；38% 的专家预期其将处于 0% ~ 1.0% 之间；13% 的专家预期其位于 1.0% ~ 2.0% 之间；8% 的专家预期其处于 − 2.0% ~ − 1.0% 之间；1% 的专家预期其在 2.0% 以上。总体而言，接近五成的专家预期 2020 年中国 PPI 涨幅将低于 2019 年。

2019 年中国固定资产投资（不含农户）比上年增长 5.4%，增速比上年下降 0.5 个百分点。分领域看，基础设施投资增长 3.8%，增速与上年持平；制造业投资增长 3.1%，增速比上年下降 6.4 个百分点；房地产开发投资增长 9.9%，增速比上年提高 0.4 个百分点。（1）关于 2020 年中国固定资产投资名义增速，51% 的专家预期其位于 5.0%~6.0% 之间；25% 的专家预期其位于 4.0%~5.0% 之间；13% 的专家预期其位于 6.0%~7.0% 之间；8% 的专家预期其位于 3.0%~4.0% 之间；3% 的专家预期其在 7.0% 以上。（2）关于 2020 年中国制造业投资，44% 的专家认为投资增速可能继续下滑，并低于 2019 年的投资增速；34% 的专家预期投资增速基本与 2019 年持平；22% 的专家认为投资增速将加快，并大幅高于 2019 年的投资增速。（3）关于 2020 年中国房地产投资，59% 的专家预期投资增速可能减缓，将低于 2019 年的投资增速；33% 的专家认为中国房地产投资基本保持平稳；8% 的专家预期投资增速继续加快，大幅高于 2019 年的投资增速。（4）关于 2020 年中国基础设施投资，49% 的专家预期投资增速将继续加快，大幅高于 2019 年的投资增速；36% 的专家预期基础设施投资基本保持平稳；12% 的专家预期投资增速可能减缓，将低于 2019 年的投资增速；另有 3% 的专家持有不同观点：2020 年投资增速将加快，并略高于 2019 年的投资增速，全年增长 4% 左右。总体而言，超过六成的专家预期 2020 年中国固定资产投资名义增速将高于 2019 年 5.9% 的水平；超过四成的专家预期 2020 年制造业投资增速可能减缓，将低于 2019 年的投资增速；近六成的专家预期 2020 年中国房地产投资增速可能减缓至低于 2019 年的水平；接近一半的专家预期 2020 年中国基础设施投资增速继续加快。

2019 年，中国国有及国有控股企业投资增长 6.8%，增速比上年提高 4.9 个百分点；民间投资增长 4.7%，增速比上年回落 4 个百分点。（1）关于 2020 年国有及国有控股企业投资，69% 的专家认为其增速将位于 5.0%~7.0% 之内；22% 的专家预期其增速位于 7.0%~9.0% 之间；7% 的专家预期其增速将低于 5.0%；各有 1% 的专家预期其增速位于 9.0%~10.0% 之间和 10.0% 以上。（2）关于 2020 年民间投资增速，66% 的专家预期其位于 3.0%~5.0% 之间；20% 的专家预期其增速将位于 7.0%~9.0% 之间；11% 的专家预期其增速处于 3.0% 以下；3% 的专家预期其增速位于 7.0%~9.0% 之间。

2019 年中国社会消费品零售总额名义增长 8.0%（扣除价格因素实际增长 6.0%），增速比上年下降 1 个百分点，除汽车以外的消费品零售额增长 9.0%。那么，2020 年中国社会消费品零售的增速如何呢？调查结果显示，45% 的专家预期 2020 年社会消费品零售总额名义增速处于 7.5%~8.0% 之间；34% 的专家预期其将位于 7.5% 以下；17% 的专家认为其增速位于 8.0%~8.5% 之间；3% 的专家预期其位于 8.5%~9.0% 之间；1% 的专家预期其位于 9.0% 以上。总体而言，接近八成（79%）的专家认为 2020 年中国社会消费品零售总额名义增速将低于 2019 年 8.0% 的水平。

2019 年中国货物出口（人民币计）172 298 亿元，增长 5.0%，增速比上年下降 2.1 个百分点。关于 2020 年中国出口总额（人民币计），42% 接受调查的专家预期其名义增速处于 4.0% ~ 5.0% 之间；35% 的专家预期其名义增速位于 4.0% 以下；17% 的专家预期其位于 5.0% ~ 6.0% 之间；5% 的专家预期其位于 6.0% ~ 7.0% 之间；1% 的专家预期其位于 7.0% 以上。总体而言，对于中国出口总额，接近八成（77%）的专家认为 2020 年中国出口增速将低于 2019 年 5.0% 的水平。

2018 年中国货物进口（人民币计）143 148 亿元，增长 1.6%，增速比上年下降 11.3 个百分点。关于 2020 年中国进口总额（人民币计），47% 接受调查的专家认为其处于 0.0 ~ 2.0% 之间；37% 的专家预期其增速位于 2.0% ~ 4.0% 之间；8% 的专家预期其位于 4.0% ~ 6.0% 之内；各有 4% 的专家预期其将低于 0.0% 和高于 6.0%。对于中国进口总额，有超过九成的专家认为 2020 年中国进口增速将高于 2019 年。

受中美贸易摩擦达成第一阶段贸易协定的乐观预期影响，人民币兑美元汇率自 2019 年 12 月以来呈现一定的升值趋势。至 2019 年 12 月底，人民币兑美元汇率中间价为 6.976 元，比年初贬值了 1.65%。进入 2020 年以来，人民币兑美元汇率持续升值，至 2020 年 1 月 20 日，人民币兑美元汇率中间价为 6.8664 元。那么，2020 年末人民币兑美元汇率中间价的变动趋势和幅度将会如何呢？调查结果表明，36% 的专家预期人民币对美元持续贬值，2020 年末 1 美元可兑换人民币的中间价约为 6.7 ~ 7.25 元，预期中间价的均值为 7.0124 元（该调查问题为填空题）；33% 接受调查的专家预期 2020 年人民币兑美元汇率基本保持稳定；31% 的专家预期人民币将转为升值，2020 年末 1 美元可兑换人民币的中间价约为 6.6 ~ 7.05 元，预期中间价的均值为 6.8523 元。总体而言，接近四成（36%）的专家认为 2020 年人民币对美元将持续贬值。

（三）对 2020 年中国宏观经济政策的预测

至 2019 年 12 月末，中国广义货币（M2）余额为 198.65 万亿元，同比增长 8.7%，增速分别比上月末和上年同期高 0.5 个和 0.6 个百分点。那么，2020 年中国 M2 的增速将会如何呢？53% 的专家预期 2020 年中国 M2 增速将位于 8.7% ~ 9.2% 之间；30% 的专家预期其将位于 8.1% ~ 8.6% 之间；7% 的专家预期其将位于 9.3% ~ 9.8% 之间；另外各有 5% 的专家预期 M2 增速低于 8.1% 和高于 9.8%。总体而言，超过六成（65%）的专家认为 2020 年中国 M2 增速将高于

2019 年 8.7% 的水平，说明多数专家认为 2020 年中国政府将继续采取稳健中性（结构性宽松）的货币政策。

根据中国人民银行初步统计数据，2019 年全社会融资规模增量累计为 25.58 万亿元，比上年扩大 3.08 万亿元。其中，人民币新增贷款增加 16.88 万亿元，同比多增 1.21 万亿元；人民币新增贷款占同期社会融资规模的比重为 66%，同比下降 3.7 个百分点。在人民币新增贷款中，2019 年对实体经济即非金融企业及机关团体贷款增加 9.45 万亿元，比去年同期增加 1.14 万亿元，占全部新增贷款的比重为 56.2%，较 2018 年大幅上升了 4.83 个百分点。那么，2020 年人民币新增贷款中对非金融企业及机关团体贷款的占比将处于哪个区间呢？调查结果显示，68% 的专家预期 2020 年人民币新增贷款中对非金融企业及机关团体贷款的占比将位于 55%～60% 之间；14% 的专家预期其占比将位于 50%～55% 之间；12% 的专家预期其占比将位于 60%～65% 之间；4% 的专家预期其占比将位于 65% 以上；2% 的专家预期其占比将低于 50%。

2019 年中央经济工作会议提出：积极的财政政策要大力提质增效，更加注重结构调整，坚决压缩一般性支出，做好重点领域保障，支持基层保工资、保运转、保基本民生；要巩固和拓展减税降费成效，大力优化财政支出结构。那么，2020 年中国积极财政政策的着力点有哪些呢？调查结果显示，78% 的专家认为"要致力于经济实现量的合理增长和质的稳步提升，确保经济运行稳定在合理区间"；74% 的专家认为"适度扩大赤字尤其是中央财政赤字，为减税降费和增加支出稳基建腾出空间"；68% 的专家认为"通过合理配置财政资金，提高资金使用效率，优先保障民生改善和重点领域支出"；63% 的专家认为"削减民生社保之外的一般性政府开支，精简机构人员，优化财政支出结构"；63% 的专家认为"兼顾扩大有效需求和结构调整，并且更加注重推动结构调整"；59% 的专家认为"优化减税降费方式，从当前主要针对增值税的减税格局转为降低社保费率和企业所得税税率，提升企业获得感"；43% 的专家认为"改革财政体制，给地方放权，稳定增值税中央和地方五五分成，落实消费税逐步下划地方"。此外，还有 10% 的专家提出了其他不同的看法，例如，进一步减低中小微企业税费；防控新冠肺炎疫情的财政支持；完善财政支持，实施乡村振兴战略政策；公共工程建设，如卫生防疫体系建设等；财政优于货币，财政政策被寄予更大希望来稳增长，货币政策将更多依赖新型货币政策工具；财政要支持建立一些新的国有企业，使其在稳定物价、保障人民生活和创新领域发挥更大作用；通过财政补贴和减税降费支持疫情防控重点保障企业；扩大基础设施投入和消费信贷规模；针对新冠肺炎疫情应积极发放财政贴息贷款；在疫情期间免税、直接补贴、利息补贴或成立抗疫情专项基金；明确房产税征收时间及形式等。

2019 中央经济工作会议提出：稳健的货币政策要灵活适度，保持流动性合理充裕；货币信贷、社会融资规模增长同经济发展相适应，降低社会融资成本；增加制造业中长期融资，更好地缓解民营和中小微企业融资难融资贵问题。那么，2020 年中国货币政策的着力点有哪些呢？调查结果显示，79% 的专家认为"在保持流动性合理充裕的同时，重点调整信贷投放结构，显著提高人民币新增贷款中对非金融企业及机关团体贷款的占比"；74% 的专家认为"货币政策强调正常的逆周期调节，不大水漫灌，通过小幅、高频、改革方式降息，通过下调政策利率（LPR 利率和 MLF 利率）等多种方式引导实际利率下行"；68% 的专家认为"继续深化利率市场化改革，有效促进企业实际融资成本下降"；66% 的专家认为"疏通利率的传导机制，改善流动性分层，消除所有制歧视"；59% 的专家认为"货币政策不能单打独斗，需要与其他政策相互配合，'几家抬'形成合力，保持短期的需求平衡，避免经济大起大落"；57% 的专家认为"认真落实房地产市场平稳健康发展的长效机制，纠偏房地产融资过紧，对刚需和改善型需求给予重点保障，坚持'房住不炒'和稳地价、稳房价和稳预期的总基调"；48% 的专家认为"坚守币值稳定，同时中央银行也要强化金融稳定目标，把保持币值稳定和维护金融稳定更好地结合起来"。此外，还有 8% 的专家提出了其他不同的看法。例如，针对新冠肺炎疫情防控的特殊货币政策；结合疫后重建，致力于结构补短板；纠偏房地产融资过紧，对刚需和改善需求给予重点保障，从宽货币转向宽信用；降低准备金比率；人民币对美元至少要贬值到 7.2 元左右；深化金融体制改革；强化金融领域竞争政策与反垄断；货币政策应该由稳健转变为积极的货币政策；针对疫情发放定向低息贷款用于支持受疫情影响较为严重的重点区域、重点行业以及中小企业，保障资金链不断裂或发生大面积债务违约情况。

2019 年中央经济工作会议对当前形势的判断是"经济下行压力加大"，与"730"政治局会议表述一致。强调"经济下行压力加大"和"六稳"，"要完善和强化'六稳'举措，健全财政、货币、就业等政策协同和传导落实机制，确保经济运行在合理区间"。会议"紧扣全面建成小康社会目标任务"，没有提去杠杆，体现出把稳增长放在更突出位置。那么，2020 年稳增长的政策措施有哪些呢？调查结果显示，90% 的专家认为"积极发展先进制造业，加速传统制造业转型升级，加强新型基础设施建设"；82% 的专家认为"强化民生导向，从缩小收入差距、增加高端供给、加大转移支付、改善民生社保等方面推动消费稳定增长，切实增加有效投资，释放国内市场需求潜力"；70% 的专家认为"推动对外贸易稳中提质，引导企业开拓多元化出口市场，降低关税总水平，放开行业投资限制，加强知识产权保护，持续改善营商环境"；69%的专家认为"放开汽车、金融、能源、电信、电力等基础领域和医疗教育等服务业市场准入，培育新的经济增长点"；63%的专家认为"深化国企改革，落实竞争中性和所有制中性，消除所有制歧视，引进市场机制，增加微观主体市场活力"；63%的专家认为"推动利率市场化、金融自由化和服务实体经济的多层次资本和金融市场发展，为新兴行业提供融资需求，促进新兴行业快速崛起"；50%的专家认为"中央政府加杠杆、转移杠杆，让微观主体轻装上阵，大规模减税降费，增强微观主体活力"。此外，还有8%的专家提出了其他不同的看法，例如，针对新冠肺炎疫情对经济的影响需出台相关保增长措施；发挥中国特色的举国体制优势，打赢防疫之战；加大对国企集体制企业支持力度；通过税收优惠、贷款支持等多种方式定向扶持受疫情影响较大的劳动密集型企业和终端消费企业，降低疫情对就业和消费的冲击；强化竞争政策基础性地位；提振基础设施投资，放开房地产市场；因城施策，放松对房地产业的行政控制；在自贸区和自由贸易港内进一步扩大制度型开放力度，总结先行先试经验并积极在国内其他地区复制推广。

"稳就业"是2019年"六稳"工作的重心。2019年新增城镇就业绝对数完成较好，全年城镇新增就业1 352万人，完成全年目标的122.9%。但是，制造业和服务业PMI就业分项均为十年低点，显示就业形势严峻，2020年"稳就业"依然被放在"六稳"的首位。2019年中央经济工作会议强调"要稳定就业总量，改善就业结构，提升就业质量，突出抓好重点群体就业工作，确保零就业家庭动态清零"。那么，2020年稳就业的政策措施有哪些呢？调查结果显示，75%的专家认为"引导产业转型与就业提升协同发展"；73%的专家认为"精准施策做好重点群体就业工作"；72%的专家认为"进一步强化职业技能培训"；67%的专家认为"以扩大开放助力稳增长稳就业"；67%的专家认为"更大力度扶持创业创新活动"；58%的专家认为"打造社会安全网，更好发挥失业保险制度的兜底功能"；53%的专家认为"完善失业预警体系，消除劳动力流动的制度障碍"。此外，还有8%的专家提出了其他不同的看法，例如，针对新冠肺炎疫情的稳就业，尤其是第三产业的政策措施；规范企业裁员行为；全面做好防疫战之后的经济恢复工作；着力扩大内需，切实改善中小企业市场销售条件；因城施策，放松对房地产业的行政控制；在疫情期间，重点支持小微企业稳就业；大力发展服务业，特别是生活服务业，增加对低端劳动者的就业吸纳；做好疫情之后小微企业失业稳定和新增就业工作。

2019年中央经济工作会议明确了2020年全年的重点工作任务。那么，最为突出的看点有哪些呢？调查结果显示，71%的专家认为"完善和强化'六稳'举措，健全财政、货币、就业等政策协同和传导落实机制，确保经济运行在合理区间"；66%的专家认为"坚决打好三大攻坚战，实现全面建成小康社会任务"；61%的专家认为"确保民生特别是困难群众基本生活得到有效保障和改善"；61%的专家认为"着力推动高质量发展"；58%的专家认为"继续实施积极的财政政策和稳健的货币政策"；51%的专家认为"深化经济体制改革"；49%的专家认为"坚定不移贯彻新发展理念"。此外，还有6%的专家提出了其他不同的看法。例如，在所有制结构上要向公有制经济比例提高的方向上用力；提高国家治理能力与经济改革发展相适应；完善分工协作的金融体系，针对不同类型金融机构，健全分类监管、分类处置政策；强化竞争政策基础性地位；在疫情期间，重点支持小微企业稳就业；缩小收入差距，增加就业机会，提高居民收入水平；首要工作是做好疫情救治攻坚工作，并在疫情之后大力做好经济恢复各项工作。

121位专家参与了本次问卷调查，他们是（按姓名汉语拼音排序）：柏培文、毕吉耀、常欣、陈昌兵、陈工、陈建宝、陈瑾玫、陈浪南、陈磊、陈梦根、陈守东、陈锡康、陈学彬、陈彦斌、陈甬军、陈志勇、戴魁早、邓翔、董纪昌、董希淼、范子英、耿强、郭其友、郭熙保、郭晓合、郭志仪、韩兆洲、贺京同、胡日东、华而诚、黄险峰、黄茂兴、简锦汉、简新华、蒋永穆、靳涛、李翀、李实、李春琦、李建伟、李军、李雪松、李英东、林学贵、刘建平、刘穷志、刘凤良、刘晓欣、梁嘉锐、赖德胜、吕汉光、彭素玲、庞明川、覃巍、瞿宛文、任若恩、邵宜航、沈国兵、沈利生、石峻骅、苏剑、孙少岩、孙巍、汤吉军、汪同三、汪昌云、王大树、王国成、王继平、王军波、王立勇、王美今、王苏生、王曦、王衍行、王跃生、王今朝、王晋斌、文传浩、吴化斌、吴信如、吴开超、谢丹阳、谢地、谢攀、辛本健、徐一帆、许文彬、鄢萍、杨澄宇、杨翠红、杨志勇、易宪容、殷醒民、于立、于左、袁富华、尹恒、臧旭恒、张东辉、张立群、张连城、张龙、张明志、张茉楠、张平、张红伟、章元、曾五一、支大林、赵明昊、赵昕东、赵振全、赵志君、郑超愚、周立群、周冰、周泽炯、朱保华、朱建平、朱启贵。

参加本次问卷调查的专家学者来自国务院发展研究中心宏观经济研究部、国家发展改革委宏观研究院、中国科学院预测科学研究中心、中国社会科学院金融研究所、中国社会科学院经济研究所、中国社会科学院数量经济与技术经济研究所、中国社会科学院财经战略研究院、商务部研究院、国家统计局、中共中央对外联络部、中国国际经济交流中心、人民日报社内参部、恒丰银行研究院、中国银行业协会、中央党校、台湾"中研院"、"中研院"经济研究所、中华经济研究院等机构，以及厦门大学、中国科学院大学、上海对外经贸大学、首都经贸大学、福建师范大学、辽宁大学、中山大学、山东大学、东北财经大学、东北师范大学、北京师范大学、北京航空航天大学、广西大学、吉林大学、中国人民大学、中南财经政法大学、浙江财经大学、上海财经大学、安徽财经大学、四川大学、北京大学、南京大学、南开大学、上海财经大学、武汉大学、华东师范大学、暨南大学、兰州大学、华侨大学、中央财经大学、西安交通大学、台湾大学、西北大学、西南财经大学、重庆工商大学、陕西师范大学、复旦大学、天津商业大学、天津财经大学、香港科技大学、香港城市大学、香港岭南大学、上海交通大学等高校。

最后，我们对上述各位专家的热忱参与和真知灼见，表示诚挚的感谢！

二、第二阶段问卷调查 (2020 年 3 月 18 日至 25 日)

2020 年 3 月 16 日，国家统计局发布了 1~2 月经济数据。数据表明，"新冠肺炎疫情给经济运行带来较大冲击。但综合看，疫情的影响是短期的、外在的，也是可控的。当前，疫情蔓延扩散势头已经得到基本遏制，防控形势逐步向好"。国民经济经受住了疫情冲击。为此，我们围绕"2020 年疫情冲击、宏观经济走势和政策"特别追加组织了第二次春季问卷调查。本次调查问卷设计了与 2020 年疫情冲击、宏观经济走势和政策直接相关的 21 道问题，于 2020 年 3 月通过电子邮件向国内相关领域的经济学家发出调查邀请，最终收到 105 位专家的答复。现将本次问卷调查结果公布如下。

(一) 2020 年疫情冲击与中国宏观经济走势

根据国家统计局 2020 年 1 月 17 日发布的初步核算数据，2019 年中国 GDP 增长 6.1%，增速比上年下降 0.5 个百分点。2020 年 3 月 16 日，国家统计局发布了 1~2 月经济数据。数据表明，新冠肺炎疫情给经济运行带来较大冲击。关于 2020 年中国 GDP 增长，调查结果显示（见表 18-1），34% 接受调查的专家预期 2020 年中国 GDP 的增长率将位于 5.0%~5.5% 之间；25% 的专家预期其位于 4.5%~5.0% 之间；25% 的专家预期其位于 4.0%~4.5% 之间；14% 的专家预期其位于 5.5%~6.0% 之间；2% 的专家预期其将在 6.0% 以上。总体而言，受新冠肺炎疫情的影响，几乎所有的专家都认为 2020 年中国 GDP 增长率将低于 6%，50% 的专家都认为 2020 年中国 GDP 增长率将低于 5%。

毫无疑问，新冠肺炎疫情对 2020 年中国第一季度经济运行造成了较大冲击。关于 2020 年第一季度中国 GDP 同比增长率，调查结果显示，49% 接受调查的专家预期 2020 年第一季度中国 GDP 的增长率将位于 -4.0%~-1.0% 之间；26% 的专家预期其位于 -1.0%~1.0% 之间；18% 的专家预期其位于 1.0%~3.0% 之间；7% 的专家预期其位于 3.0%～5.0% 之间。总体而言，3/4 的专家认为 2020 年第一季度中国 GDP 同比增长率将低于 1%，接近一半的专家认为 2020 年第一季度中国 GDP 将出现负增长。

2019 年中国固定资产投资（不含农户）比上年增长 5.4%，增速比上年下降 0.5 个百分点。受新冠肺炎疫情影响，2020 年 1～2 月，全国固定资产投资（不含农户）增速同比下降 24.5%。分领域看，基础设施投资同比下降 30.3%，制造业投资下降 31.5%，房地产开发投资下降 16.3%。那么，2020 年中国固定资产投资增速变化趋势如何呢？调查结果显示，32% 的专家预期 2020 年中国固定资产投资增速位于 5.0%～6.0% 之间；23% 的专家预期其位于 4.0%～5.0% 之间；23% 的专家预期其位于 6.0%～7.0% 之间；11% 的专家预期其位于 7.0%～8.0% 之间；11% 的专家预期其将在 8.0% 以上。总体而言，超过 3/4 的专家认为 2020 年中国固定资产投资增速将高于 2019 年。

2019 年中国社会消费品零售总额名义增长 8.0%（扣除价格因素实际增长 6.0%），增速比上年下降 1 个百分点。受新冠肺炎疫情影响，2020 年 1～2 月，社会消费品零售总额增速同比下降 20.5%。全国网上零售额增速同比下降 3.0%，其中，实物商品网上零售额为 11 233 亿元，增长 3.0%，占社会消费品零售总额的比重为 21.5%，比上年同期提高 5.0 个百分点。那么，2020 年中国社会消费品零售总额的增速如何呢？调查结果显示，40% 的专家预期 2020 年社会消费品零售总额增速将处于 6.0%～7.0% 之间；37% 的专家预期其将位于 5.0%～6.0% 之间；16% 的专家认为其增速位于 7.0%～8.0% 之间；6% 的专家预期其位于 8.0%～9.0% 之间；1% 的专家预期其位于 9.0% 以上。总体而言，超过九成（93%）的专家认为 2020 年中国社会消费品零售总额名义增速将低于 2019 年 8.0% 的水平。

2019 年中国居民消费价格（CPI）全年上涨 2.9%，涨幅比上年扩大 0.8 个百分点。受新冠肺炎疫情影响，2020 年 1～2 月，全国居民消费价格（CPI）同比上涨 5.3%；扣除食品和能源价格后的核心 CPI 上涨 1.3%。分月看，1 月和 2 月全国居民消费价格同比分别上涨 5.4% 和 5.2%，环比分别上涨 1.4% 和 0.8%。关于 2020 年中国居民消费物价指数（CPI）的变化趋势，33% 的专家预期 2020 年中国 CPI 增长位于 3.0%～3.5% 之间；28% 的专家预期其位于 3.5%～4.0% 之间；16% 的专家预期其位于 4.0% 以上；15% 的专家预期其将在 2.0%～3.0% 之间；8% 的专家预期其在 1.0%～2.0% 之间。总体而言，超过 3/4（77%）的专家认为 2020 年中国全年 CPI 涨幅比 2019 年的 2.9% 会有所提高。

2019 年中国工业生产者出厂价格（PPI）比上年下降 0.3%，降幅比上年扩大 3.8 个百分点。受新冠肺炎疫情影响，2020 年 1~2 月，全国工业生产者出厂价格（PPI）同比下降 0.2%。分月看，1 月全国工业生产者出厂价格同比上涨 0.1%，环比持平；2 月全国工业生产者出厂价格同比下降 0.4%，环比下降 0.5%。关于 2020 年中国 PPI 的变化趋势，44% 的专家预期 2020 年中国 PPI 涨幅将处于 -1.0%~1.0% 之间；26% 的专家预期其将处于 1.0%~3.0% 之间；22% 的专家预期其位于 -3.0%~-1.0% 之间；5% 的专家预期其处于 -4.0%~ -3.0% 之间；3% 的专家预期其在 3.0% 以上。总体而言，超过七成的专家预期 2020 年中国 PPI 增长将低于 1%，仍将有很大可能出现负增长。

2019 年中国吸收外资达到 9415.2 亿元，比上年增长 5.8%。受疫情冲击影响，2020 年中国 FDI 涨幅的可能区间是怎样的呢？调查结果显示，38% 的专家预期 2020 年中国 FDI 涨幅将位于 0.0%~3.0% 之间；22% 的专家预期其位于 -3.0% 以下；20% 的专家预期其位于 3.0%~6.0% 之间；17% 的专家预期其位于 -3.0%~0.0% 之间；3% 的专家预期其位于 6.0% 以上。总体而言，绝大多数专家认为 2020 年中国 FDI 涨幅将低于 2019 年，接近四成的专家认为 2020 年中国 FDI 将出现负增长。

受疫情冲击影响，2020 年中国地方政府债务增长率的变化趋势如何呢？调查结果显示，47% 的专家预期 2020 年中国地方政府债务增长率将位于 15.0%~30.0% 之间；30% 的专家预期其位于 30.0%~45.0% 之间；11% 的专家预期其位于 45.0%~60.0% 之间；11% 的专家预期其位于 0.0%~15.0% 之间；1% 的专家预期其位于 60.0% 以上。

2018 年和 2019 年中国的财政赤字率分别为 2.6% 和 2.8%。受疫情冲击影响，2020 年中国财政赤字率的区间是怎样的呢？调查结果显示，35% 的专家预期 2020 年中国赤字率将位于 3.3%~3.6% 之间；33% 的专家预期其位于 3.0%~3.3% 之间；19% 的专家预期其位于 3.6% 以上；12% 的专家预期其位于 2.7%~3.0% 之间；1% 的专家预期其位于 2.4%~2.7% 之间。总体而言，几乎所有的专家都认为 2020 年中国财政赤字率将高于 2019 年，接近九成的专家认为 2020 年中国财政赤字率将高于 3% 的国际警戒线。

2019 年底全国城镇登记失业率为 3.62%。受疫情冲击影响，2020 年中国城镇失业率的变化趋势如何呢？调查结果显示，31% 的专家预期 2020 年中国城镇失业率将位于 4.1%~4.3% 之间；28% 的专家预期其位于 4.3% 以上；25% 的专家预期其位于 3.9%~4.1% 之间；15% 的专家预期其位于 3.7%~3.9% 之间；1% 的专家预期其位于 3.5%~3.7% 之间。总体来说，几乎所有专家都认为 2020 年中国城镇失业率将高于 2019 年。

2019 年全国居民人均可支配收入为 30 733 元，比上年实际增长 5.8%。受疫情冲击影响，2020 年中国全国居民人均可支配收入增长率的变化趋势如何呢？调查结果显示，39% 的专家预期 2020 年中国全国居民人均可支配收入增长率将位于 2.0%～4.0% 之间；31% 的专家预期其位于 0.0%～2.0% 之间；16% 的专家预期其位于 4.0%～6.0% 之间；13% 的专家预期其位于 −2.0%～0.0% 之间；1% 的专家预期其位于 6.0% 以上。总体而言，几乎所有专家都预期 2020 年中国全国居民人均可支配收入增长率将低于 2019 年。

受疫情冲击影响，2020 年第一季度全国企业平均产能利用率（假定去年同期为 100%）的变化趋势如何呢？调查结果显示，42% 的专家预期 2020 年第一季度全国企业平均产能利用率将位于 50.0%～60.0% 之间；35% 的专家预期其位于 60.0%～70.0% 之间；12% 的专家预期其位于 50.0% 以下；11% 的专家预期其位于 70.0%～80.0% 之间。总体来说，所有专家都认为 2020 年第一季度全国企业平均产能利用率不仅低于去年同期水平，且低于 80%。

受疫情冲击影响，2020 年第二季度全国企业平均产能利用率（假定去年同期为 100%）的变化趋势如何呢？调查结果显示，32% 的专家预期 2020 年第二季度全国企业平均产能利用率将位于 75.0%～80.0% 之间；27% 的专家预期其位于 80.0%～85.0% 之间；21% 的专家预期其位于 85.0%～90.0% 之间；10% 的专家预期其位于 90.0%～95.0% 之间；10% 的专家预期其位于 95.0% 以上。总体而言，九成的专家认为 2020 年第二季度全国企业平均产能利用率将低于去年同期水平，有近七成的专家认为其将高于 80%。

受疫情冲击影响，2020 年企业破产率的变化趋势是怎样的呢？调查结果显示，40% 的专家预期 2020 年企业破产率将位于 3.0%～6.0% 之间；35% 的专家预期其位于 6.0%～9.0% 之间；19% 的专家预期其位于 9.0%～12.0% 之间；4% 的专家预期其位于 0.0%～3.0% 之间；2% 的专家预期其位于 12.0% 以上。

（二）对 2020 年中国宏观经济政策的预测

2017 年、2018 年和 2019 年中国商业银行不良贷款率分别是 1.74%、1.89% 和 1.86%。受疫情冲击影响，2020 年中国商业银行不良贷款率的变化趋势是怎么样的呢？调查结果显示，29% 的专家预期 2020 年中国商业银行不良贷款率将位于 2.05%～2.20% 之间；27% 的专家预期其位于 1.90%～2.05% 之间；27% 的专家预期其位于 2.20%～2.35% 之间；12% 的专家预期其位于 2.35% 以上；5% 的专家预期其位于 1.75%～1.90% 之间。总体而言，超过九成的专家认为 2020 年中国商业银行不良贷款率将高于过去三年的水平。

2018 年和 2019 年新建商品房均价涨幅分别是 10.7% 和 6.5%。受疫情冲击影响，2020 年新建商品房均价涨幅如何呢？调查结果显示，53% 的专家预期

2020年新建商品房均价涨幅将位于0.0%~4.0%之间；23%的专家预期其位于4.0%~8.0%之间；18%的专家预期其位于−4.0%~0.0%之间；5%的专家预期其位于8.0%以上；1%的专家预期其位于−4.0%以下。总体而言，超过七成的专家认为2020年新建商品房均价涨幅将低于2019年的水平。

受疫情冲击影响，2020年股市（上证指数）涨幅的变化趋势如何呢？调查结果显示，38%的专家预期2020年股市（上证指数）涨幅将位于0%~10%之间；32%的专家预期其位于−10%~0%之间；14%的专家预期其位于10%以上；13%的专家预期其位于−20%~−10%之间；3%的专家预期其位于−20%以下。总体而言，接近一半的专家认为2020年中国股市（上证指数）涨幅将呈现下降趋势。

受疫情冲击影响，对2020年中国金融系统性风险构成最大威胁的是什么呢？调查结果显示，49%的专家认为是"中小企业倒闭，失业率攀升"；18%的专家认为是"地方政府债务上升"；13%的专家认为是"银行不良贷款率上升"；8%的专家认为是"资产价格下跌"；4%的专家认为是"消费需求不足"；4%的专家认为是"财政货币政策力度不及预期"；2%的专家认为是"通货膨胀上升"；2%的专家认为是"产业供应链外移"。总体而言，接近一半的专家认为2020年对中国金融系统性风险构成最大威胁的是"中小企业倒闭，失业率攀升"。

为了应对疫情冲击的影响，中小企业最急需的政策措施有哪些呢？（该调查问题为填空题），调查结果表明，专家们认为当前中小企业最急需的政策措施主要有：一是进一步加大减税降费力度，加快实施阶段性、有针对性的减税降费措施，加大对受疫情冲击较大行业和企业的税费返还和税费减免力度；二是加大稳岗支持力度，提供稳产稳岗补助，提供就业补贴，解决好复工复产面临的用工短缺、原料匮乏问题，搭建人力资源线上线下服务平台，免费为企业提供代招代聘服务，鼓励人力资源服务机构为区内企业提供招用工服务，给予机构一定补贴，促进企业复工复产；三是减轻企业负担，允许企业延期申报纳税，延期缴纳社会保险费或住房公积金，考虑延长降低小规模纳税人增值税征收率的时间段，适当减免房租等经营性费用，在减免中小企业税费上，对于缴纳房产税、城镇土地使用税确有困难的，可申请房产税、城镇土地使用税困难减免，对承租区属国有资产类经营用房的企业，实行"两免两减半"（免收2个月房租、减半2个月房租），鼓励其他市场主体建设运营的物业业主与承租方协商减免租金和物业费；四是加大对中小企业的金融支持，对于受疫情影响较大以及有发展前景但暂时受困的小微企业，不得抽贷、断贷、压贷；五是降低中小企业的融资成本，对中小企业到期债务适当延期，提供便利低利率优惠补贴贷款、贷款贴息；六是给中小企业提供必要的无偿流动性金融支持，定向降准，为企业提供金融优惠服务，降低企业融资成本，降低融资担保要求；七是对大中小企业和不同所有制企业一视同仁，实行竞争中性原则；八是提供良好的营商环境，改善中小企业的经营环境；九是通过优惠性政策引导中小企业适应疫情后的产业结构调整；十是设立专项纾困资金，提升中小企业的金融可获得性，发挥专项基金作用，对特别困难的中小企业加大救助力度等。

为了降低疫情冲击的影响，2020 年中国货币政策的重点是否应有所调整？重点调整的领域有哪些呢？（该调查问题为填空题）。调查结果显示，92% 的专家认为 2020 年中国货币政策的重点应有所调整，重点调整的领域包括：一是降准降息，进一步下调金融机构存款准备金率，适时进一步下调公开市场操作利率、中期借贷便利（MLF）利率、贷款市场报价利率（LPR）等，降低企业特别是中小企业的融资成本，提供短期和中长期的流动性；二是保持银行体系流动性合理充裕，继续推进 LPR 机制改革；三是货币政策要强调稳增长，适当放松银根，加强对制造业特别是高新技术行业的支持，资金重点投向实体经济；四是积极引导市场利率下行，切实降低实体经济的融资成本，加强对受疫情影响地区和行业的支持，尤其对湖北省等区域要重点支持金融差别政策；五是加大逆周期调节力度，定向精准操作，注重引导市场预期，加强扶持中小企业贷款的窗口指导，加大对中小企业的结构性贷款和优惠贷款；六是加大定向宽松力度，发挥定向引导作用，促进金融要素的定向流动；七是加快完善基础货币的投放方式；八是保持宽松的态势，实施专项信贷支持政策，保证实体经济融资需求得到充分满足；九是央行应当绕过商业银行系统，通过直接对基础性战略性资产进行投资，向市场投放货币；十是继续增加专项再贷款和增加再贷款再贴现额度，会同银保监会等部门对疫情发生之后受影响比较大的中小微企业、民营企业贷款给予展期和续贷的政策，帮助这些企业保持现金流的稳定，渡过难关等。此外，8% 的专家认为 2020 年中国货币政策的重点不需要调整。

为了降低疫情冲击的影响，2020 年中国财政政策的重点是否应有所调整？重点调整的领域有哪些呢？（该调查问题为填空题）。调查结果显示，96% 的专家认为 2020 年中国财政政策的重点应有所调整，重点调整的领域包括：一是增加"新基建"投资，加大力度进行"新基建"投资计划，包括增加社会性基础设施投资、城乡公共医疗设施、养老保健设施、大都市圈的城市基础设施建设；二是加大减税降费力度，相关税收减免或延迟实施，加大财政资金对民企特别是中小企业的支持力度；三是适当提高财政赤字率，扩大中央财政预算赤字规模和地方政府债务发行规模；四是扩大专项债规模，地方债务上限限制放宽，增发地方债和国债，考虑发行特别国债，发行长期建设债，提振基础设施投资；五是加大对受疫情冲击较大行业的财政补贴力度，通过税收优惠减免等多种方式定向扶持受疫情影响较大的地区和行业，定向补贴支持企业复工复产、扩大有效投资需求、推动消费结构升级；六是降低行政管理费用、扩大公共卫生等短板和民生领域投入，优化财政支出结构，更加注重结构调整，保障重点领域包括社会领域支出（地方工资、运转、基本民生）的同时，补齐公共投资的短板；七是阶段性降低企业和个人所得税税率、进一步减免中低收入阶层的个人所得税；八是购买企业债、购买股权等。此外，4%的专家认为2020年中国财政政策的重点不需要调整。

105位专家参与了本次问卷调查，他们是（按姓名汉语拼音排序）：柏培文、毕吉耀、陈昌兵、陈工、陈建宝、陈瑾玫、陈浪南、陈磊、陈梦根、陈守东、陈锡康、陈学彬、陈彦斌、陈志勇、陈甬军、戴魁早、邓翔、董纪昌、董希淼、耿强、郭其友、郭熙保、郭晓合、郭志仪、韩兆洲、贺京同、胡日东、华而诚、黄险峰、黄茂兴、简锦汉、简新华、蒋永穆、靳涛、李翀、李春琦、李建伟、李军、李雪松、李英东、林学贵、刘建平、刘穷志、刘晓欣、梁嘉锐、赖德胜、吕汉光、覃巍、瞿宛文、任若恩、邵宜航、沈国兵、沈利生、苏剑、孙少岩、孙巍、汤吉军、汪同三、汪昌云、王大树、王国成、王继平、王军波、王晋斌、王立勇、王美今、王苏生、王衍行、王跃生、王今朝、文传浩、吴化斌、吴信如、吴开超、谢丹阳、谢地、谢攀、辛本健、徐一帆、许文彬、鄢萍、杨澄宇、杨翠红、易宪容、殷醒民、于立、于左、袁富华、臧旭恒、张东辉、张立群、张明志、张平、张红伟、章元、曾五一、赵明昊、赵昕东、赵振全、郑超愚、周立群、周泽炯、朱保华、朱建平、朱启贵。

参加本次问卷调查的专家学者来自于国务院发展研究中心宏观经济研究部、国家发展改革委宏观研究院、中国科学院预测科学研究中心、中国社会科学院金融研究所、中国社会科学院经济研究所、中国社会科学院数量经济与技术经济研究所、中国社会科学院财经战略研究院、商务部研究院、国家统计局、中共中央对外联络部、人民日报社内参部、恒丰银行研究院、中国银行业协会、中央党校、台湾"中研院"、"中研院"经济研究所等机构，以及厦门大学、中国科学院大学、上海对外经贸大学、福建师范大学、辽宁大学、中山大学、山东大学、东北财经大学、北京师范大学、北京航空航天大学、广西大学、吉林大学、中国人民大学、中南财经政法大学、浙江财经大学、上海财经大学、安徽财经大学、四川大学、北京大学、南京大学、南开大学、上海财经大学、武汉大学、华东师范大学、暨南大学、兰州大学、华侨大学、中央财经大学、西安交通大学、台湾大学、西南财经大学、重庆工商大学、陕西师范大学、复旦大学、天津商业大学、天津财经大学、香港科技大学、香港城市大学、香港岭南大学、上海交通大学等高校。

最后，我们对上述各位专家的热忱参与和真知灼见，表示诚挚的感谢！

第二节　2020 年秋季问卷调查报告

为及时把握中国宏观经济形势和政策走向，新华社《经济参考报》和教育部人文社会科学重点研究基地——厦门大学宏观经济研究中心自 2013 年 8 月首次联合开展每年两次的"年度中国宏观经济形势和政策问卷调查"活动。这是本项研究的第 15 次问卷调查。本次调查问卷设计了与当前中国宏观经济运行和政策走势直接相关的 20 道问题，于 2020 年 8 月通过电子邮件向国内相关领域的经济学家发出调查邀请，最终收到 123 位专家的答复。通过本次问卷调查，我们获得了专家们关于 2020 年世界经济形势、中国经济形势以及 2020 年中国宏观经济政策的走势等问题的最新认识和判断。现将本次问卷调查结果公布如下。

一、2020 年世界经济形势

受新冠肺炎疫情冲击的影响，2020 年上半年美国个人消费支出增速急剧萎缩，失业率大幅攀升。国际货币基金组织（IMF）在 6 月发布的《世界经济展望》中预测 2020 年美国经济增速为 – 8.9%，比上年下降 11.2 个百分点。那么，2020 年美国经济将会有怎样的变化态势？调查结果显示，38% 的专家预期 2020 年美国经济增长率在 – 10.0% ~ – 9.1% 之间；25% 的专家预期在 – 9.0% ~ – 8.1% 之间；15% 的专家预期在 – 11.0% ~ – 10.1% 之间；15% 的专家预期在 – 8.0% ~ – 7.1% 之间；4% 的专家预期在 – 7.0% ~ – 6.1% 之间；各有 2% 和 1% 的专家预期在 – 11.0% 以下（即 – 18% ~ – 12.0% 之间）和 – 6.1% 以上（即 – 5.1%）。总体而言，接受调查的专家均认为 2020 年美国经济呈现负增长态势，步入衰退。

IMF 在 6 月预测 2020 年欧元区经济增速为 – 10.2%，比上年下降 11.5 个百分点。那么，2020 年欧元区经济将会有怎样的变化态势？调查结果显示，36% 的专家预期 2020 年欧元区经济增长率在 – 11.0% ~ – 10.1% 之间；28% 的专家预期在 – 10.0% ~ – 9.1% 之间；15% 的专家预期在 – 9.0% ~ – 8.1% 之间；11% 的专家预期在 – 12.0% ~ – 11.1% 之间；8% 的专家预期在 – 8.0% ~ – 7.1% 之间；各有 2% 和 1% 的专家预期在 – 7.1% 以上（即 – 5% 左右）和 – 12.0% 以下（即 – 16.0% ~ – 12.0% 之间）。总体而言，接受调查的专家均认为 2020 年欧元区经济增长率将呈现负增长，经济萎缩，各国衰退程度不等。

新冠肺炎疫情在美国和欧洲的不同发展态势很大程度上决定了美国和欧洲的经济增长前景以及美元兑欧元汇率的变化。2020 年 7 月，1 欧元兑美元汇率上升至 1.1848 美元的水平。基本维持欧元升值、美元疲软的态势。关于 2020 年末欧元兑美元汇率可能的区间，调查结果显示，46% 的专家预期在 1.18~1.20 美元之间；36% 的专家预期在 1.21~1.23 美元之间；11% 的专家预期在 1.15~1.17 美元之间；4% 的专家预期在 1.24~1.26 美元之间；2% 的专家预期在 1.27~1.29 美元之间；1% 的专家预期在 1.3 美元以上。总体而言，超过八成的专家认为 2020 年末欧元兑美元将持续升值。

二、2020 年中国经济形势

根据国家统计局 2020 年 7 月 16 日发布的初步核算数据，上半年中国 GDP 增速同比下降 1.6%。其中，第一季度同比增速下降 6.8%，第二季度同比增长 3.2%。IMF 在 6 月预测 2020 年中国经济增速为 1.0%，比上年下降 7.1 个百分点。世界银行在 7 月底预测 2020 年中国经济增速为 1.6%。关于 2020 年中国 GDP 的增长率，调查结果显示（见表 18–2），35% 的专家预期在 2.01%~2.50% 之间；26% 的专家预期在 2.51%~3.00% 之间；24% 的专家预期在 1.51%~2.00% 之间；10% 的专家预期在 1.01%~1.50% 之间；2% 的专家预期在 0.50%~1.00% 之间；2% 的专家预期在 3.00% 以上（即 3.00%~4.00% 之间）。其中，关于 2020 年第三季度中国 GDP 的同比增长率，30% 的专家预期在 4.01%~4.50% 之间；26% 的专家预期在 3.50%~4.00% 之间；24% 的专家预期在 4.51%~5.00% 之间；11% 的专家预期在 5.01%~5.50% 之间；6% 的专家预期在 5.51%~6.00% 之间；各有 2% 和 1% 的专家预期在 6.00% 以上（即 6.00%~8.00% 之间）和 3.50% 以下（即 2.50%~3.00% 之间）。关于 2020 年第四季度中国 GDP 的同比增长率，23% 的专家预期在 4.51%~5.00% 之间；21% 的专家预期在 5.01%~5.50% 之间；21% 的专家预期在 5.51%~6.00% 之间；17% 的专家预期在 4.00%~4.50% 之间；11% 的专家预期在 6.01%~6.50% 之间；各有 3% 和 2% 的专家预期在 6.50% 以上（即 6.50%~10.00% 之间）和 4.00% 以下。对比 2019 年中国 GDP 同比增长 6.1%，可知面对新冠肺炎疫情带来的严峻挑战，接受调查的专家均认为 2020 年中国经济增长有所下降，但总体而言中国经济运行稳步回升，增长实现了由负转正，形势向好。

表 18 - 2 CQMM 课题组预测与第 15 次百位经济学家
问卷调查结果之比较 单位：%

2020 年主要宏观经济指标	CQMM 课题组预测	专家预测区间及比例	
		区间	比例
GDP 增长率	1.84	2.01 ~ 2.50	35
		2.51 ~ 3.00	26
		1.51 ~ 2.00	24
第四季度 GDP 同比增长率	5.83	4.51 ~ 5.00	23
		5.01 ~ 5.50	21
		5.51 ~ 6.00	21
固定资产投资 （不含农户）增速	0.14	0.1 ~ 2.0	33
		2.1 ~ 3.0	27
		- 1.9 ~ 0.0	19
国有及国有控股 投资增长率	3.21	3.1 ~ 4.0	41
		4.1 ~ 5.0	27
		5.1 ~ 6.0	15
		2.0 ~ 3.0	10
非国有投资增长率	- 1.75	- 3.9 ~ - 2.0	38
		- 5.9 ~ - 4.0	25
		- 1.9 ~ 0.0	16
社会消费品零售总额 名义增速	- 3.45	- 3.9 ~ - 2.0	29
		- 1.9 ~ 0.0	23
		0.1 ~ 2.0	20
CPI 涨幅	2.45	2.51 ~ 3.00	41
		3.01 ~ 3.50	27
		2.01 ~ 2.50	13
PPI 涨幅	- 1.64	- 2.9 ~ - 2.0	36
		- 1.9 ~ - 1.0	27
		- 0.9 ~ 0.0	20

2020 年主要宏观经济指标	CQMM 课题组预测	专家预测区间及比例	
		区间	比例
出口总额增长率（人民币）	2.15	−3.0 ~ −2.1	33
		−2.0 ~ −1.1	29
		−1.0 ~ 0.0	15
进口总额增长率（人民币）	−1.34	−2.0 ~ −1.1	39
		−3.0 ~ −2.1	27
		−1.0 ~ 0.0	20

2020 年上半年，中国消费者物价指数（CPI）比上年同期上涨 3.8%。分月看，CPI 涨幅呈现前高后低走势。扣除食品和能源价格的核心 CPI 同比上涨 1.2%，涨幅比上年同期回落 0.6 个百分点。关于 2020 年中国 CPI 涨幅，调查结果显示，41% 的专家预期在 2.51% ~ 3.00% 之间；27% 的专家预期在 3.01% ~ 3.50% 之间；13% 的专家预期在 2.01% ~ 2.50% 之间；12% 的专家预期在 1.51% ~ 2.00% 之间；4% 的专家预期在 1.0% ~ 1.50% 之间；2% 的专家预期在 3.50% 以上（即 3.51% ~ 4.20% 之间）。总体而言，接受调查的专家基本认为 2020 年中国 CPI 涨幅呈回落态势。

2020 年上半年，中国工业生产者出厂价格指数（PPI）比上年同期下降 1.9%。分月看，随着疫情防控形势趋稳向好，5 月份 PPI 同比降幅虽扩大至 3.7%，但 6 月份 PPI 同比降幅收窄至 3.0%。关于 2020 年中国 PPI 变化态势，调查结果显示，36% 的专家预期在 −2.9% ~ −2.0% 之间；27% 的专家预期在 −1.9% ~ −1.0% 之间；20% 的专家预期在 −0.9% ~ 0.0% 之间；8% 的专家预期在 0.1% ~ 1.0% 之间；8% 的专家预期在 −4.0% ~ −3.0% 之间；1% 的专家预期在 1.0% 以上（即 2%）。总体而言，超九成的专家认为 2020 年中国 PPI 呈现负增长。

2020 年上半年，中国固定资产投资同比增长 −3.1%，增速比上年同期下降 8.9 个百分点。关于 2020 年中国固定资产投资增速，调查结果显示，33% 的专家预期在 0.1% ~ 2.0% 之间；27% 的专家预期在 2.1% ~ 3.0% 之间；19% 的专家预期在 −1.9% ~ 0.0% 之间；14% 的专家预期在 3.1% ~ 4.0% 之间；7% 的专家预期在 −4.0% ~ −2.0% 之间；2% 的专家预期在 4.0% 以上（即 7.0% ~ 12.0% 之间）。对比 2019 年中国固定资产投资增长 5.4%，接受调查的专家基本都认为 2020 年中国固定资产投资增速下降，甚至有超两成的专家认为呈现负增长态势。

其中，2020 年上半年，制造业投资同比增长 - 11.7%，房地产投资同比增长 0.6%，基础设施投资同比增长 - 2.7%，增速分别比上年同期下降 14.7 个、10.4 个和 6.8 个百分点。关于 2020 年制造业投资、房地产业投资和基础设施投资增速态势，超五成的专家预期 2020 年制造业投资增速为负；34% 的专家预期 2020 年房地产业投资增速在 3.0%~4.0% 之间；30% 的专家预期 2020 年基础设施投资增速在 4.1%~5.0% 之间。对比 2019 年，中国制造业投资、房地产业投资和基础设施投资增速分别为 3.1%、9.1% 和 3.8%。超八成的专家认为 2020 年中国制造业投资增速下降，全部专家认为 2020 年房地产业投资增速下降，而超五成的专家则认为 2020 年基础设施投资增速上升。

2020 年上半年，中国国有及国有控股企业投资同比增长 2.1%，增速比上年同期下降 4.8 个百分点。关于 2020 年国有及国有控股企业投资增速，调查结果显示，41% 的专家预期在 3.1%~4.0% 之间；27% 的专家预期在 4.1%~5.0% 之间；15% 的专家预期在 5.1%~6.0% 之间；10% 的专家预期在 2.0%~3.0% 之间；7% 的专家预期在 6.1%~7.0% 之间；1% 的专家预期在 7.0% 以上（即 10.00%）。对比 2019 年，国有及国有控股企业投资增长 6.8%。超九成的专家认为 2020 年国有及国有控股企业投资增速下降。另一方面，2020 年上半年，中国民间投资同比增长 - 7.3%，增速比上年同期下降 13.0 个百分点。关于 2020 年民间投资增速，调查结果显示，38% 的专家预期在 - 3.9%~ - 2.0% 之间；25% 的专家预期在 - 5.9%~ - 4.0% 之间；16% 的专家预期在 - 1.9%~0.0% 之间；15% 的专家预期在 - 8.0%~ - 6.0% 之间；6% 的专家预期在 0.1%~2.0% 之间；1% 的专家预期在 2.0% 以上（即 3.5%）。对比 2019 年，民间投资增长 4.7%。超九成的专家认为 2020 年民间投资增速下降为负增长，形势并不乐观。

2020 年上半年，全国居民人均可支配收入为 15 666 元，同比名义增长 2.4%；扣除价格因素，增速实际下降 1.3%。关于 2020 年居民人均可支配收入的实际增速，调查结果显示，37% 的专家预期在 0.0%~1.0% 之间；25% 的专家预期在 - 1.0%~ - 0.1% 之间；18% 的专家预期在 1.1%~2.0% 之间；11% 的专家预期在 - 2.0%~ - 1.1% 之间；7% 的专家预期在 2.1%~3.0% 之间；各有 1% 的专家预期在 3.0% 以上（即 3.8%）和 - 2.0% 以下（即 - 3.0%~ - 2.5% 之间）。总体而言，近四成的专家认为 2020 年居民人均可支配收入的实际增速为负增长，形势并不乐观。

2020 年，受新冠肺炎疫情的冲击，就业面临巨大的压力。随着疫情在中国境内得到有效控制，第二季度生产生活秩序逐步恢复，各项稳就业政策持续见效，就业形势逐步改善。4~6 月，城镇调查失业率逐步回落，分别为 6.0%、5.9%、5.7%。关于 2020 年城镇调查失业率，调查结果显示，37% 的专家预期在 5.4% ~ 5.6% 之间；24% 的专家预期在 5.6% ~ 5.8% 之间；16% 的专家预期在 5.2% ~ 5.4% 之间；14% 的专家预期在 5.8% ~ 6.0% 之间；8% 的专家预期在 5.0% ~ 5.2% 之间；1% 的专家预期在 6.0% 以上。对比 2019 年，中国城镇调查失业率基本保持在 5.0% ~ 5.3% 的区间。近八成的专家认为 2020 年城镇调查失业率高于 2019 年，就业形势严峻。

2020 年上半年，受新冠肺炎疫情冲击，社会消费品零售总额同比增速下降 11.4%。其中，第二季度社会消费品零售总额同比增速下降 3.9%，降幅比第一季度收窄 15.1 个百分点；扣除价格因素，实际下降 5.2%，降幅比第一季度收窄 16.7 个百分点。关于 2020 年社会消费品零售总额名义增速，调查结果显示，29% 的专家预期在 − 3.9% ~ − 2.0% 之间；23% 的专家预期在 − 1.9% ~ 0.0% 之间；20% 的专家预期在 0.1% ~ 2.0% 之间；16% 的专家预期在 − 6.0% ~ − 4.0% 之间；11% 的专家预期在 2.1% ~ 4.0% 之间；1% 的专家预期在 − 6.0% 以下（即 − 7.0% 左右）。对比 2019 年，中国全社会消费品零售总额名义增长 8.0%。接受调查的专家均认为 2020 年社会消费品零售总额名义增速下滑，甚至近七成的专家认为负增长，形势并不乐观。

2020 年，新冠肺炎疫情的冲击显著地抑制了世界贸易的增长。IMF 在 6 月份预测 2020 年世界货物与服务贸易量增速将下降 11.9%，比上年下滑 12.8 个百分点。2020 年上半年，中国货物出口总额（人民币计）累计增长 − 3.0%，增速比上年同期下降 9.1 个百分点。关于 2020 年中国出口总额（人民币计）增速，调查结果显示，33% 的专家预期在 − 3.0% ~ − 2.1% 之间；29% 的专家预期在 − 2.0% ~ − 1.1% 之间；15% 的专家预期在 − 1.0% ~ 0.0% 之间；15% 的专家预期在 0.1% ~ 1.0% 之间；7% 的专家预期在 1.1% ~ 2.0% 之间；各有 1% 的专家预期在 2.1% 以上和 − 3.0% 以下。对比 2019 年中国货物出口（人民币计）增长 5.0%。接受调查的专家基本都认为 2020 年中国出口总额（人民币计）增速下降，甚至近八成的专家认为负增长，贸易出口情况不乐观。另一方面，2020 年上半年，中国货物进口总额（人民币计）累计增长 − 3.3%，增速比上年同期下降 4.7 个百分点。关于 2020 年中国进口总额（人民币计）增速，调查结果显示，39% 的专家预期在 − 2.0% ~ − 1.1% 之间；27% 的专家预期在 − 3.0% ~ − 2.1% 之间；20% 的专家预期在 − 1.0% ~ 0.0% 之间；8% 的专家预期在 0.1% ~ 1.0% 之间；7% 的专家预期在 1.1% ~ 2.0% 之间。对比 2019 年中国货物进口增长（人民币计）1.6%，超九成的专家认为 2020 年中国进口总额（人民币计）增速下滑，甚至超八成的专家认为负增长，贸易进口情况同样不乐观。

2020 年 1 月至 7 月，人民币兑美元汇率中间价基本保持在 1 美元兑 7 元人民币的水平上下。关于至 2020 年末人民币兑美元汇率中间价，调查结果显示，

32%的专家预期在6.91~6.95元之间；25%的专家预期在6.96~7.00元之间；17%的专家预期在6.86~6.90元之间；15%的专家预期在7.01~7.05元之间；9%的专家预期在6.80~6.85元之间；2%的专家预期在6.80元以下（即6.70~6.80元之间）。超八成的专家认为至2020年末人民币兑美元汇率中间价位于"7"以下的水平，人民币对美元汇率呈现逐步走强的态势。

三、对2020年中国宏观经济政策的预测

在2020年7月底召开的中共中央政治局会议上，提出下半年"货币政策要更加灵活适度、精准导向、保持货币供应量和社会融资规模合理增长，推动综合融资成本明显下降。"至6月末，中国广义货币（M2）余额为213.49万亿元，同比增长11.1%，增速比上年同期提高2.6个百分点。关于2020年中国M2的增速，调查结果显示，56%的专家预期在10.1%~10.5%之间；24%的专家预期在9.6%~10.0%之间；11%的专家预期在10.5%以上；4%的专家预期在9.1%~9.5%之间；4%的专家预期在8.0%~8.5%之间；1%的专家预期在8.6%~9.0%之间。总体而言，接受调查的专家预期2020年中国政府将可能保持适度宽松的货币政策。

关于央行是否在2020年下半年将运用降准、降息、再贷款等手段，引导贷款市场利率下行，35%的专家认为央行不会进一步降准或降息；32%的专家认为将进一步降准、降息，且除不确定幅度范围外，总体认为幅度可能分别在0.2%~3%之间和0%~2%之间；16%的专家认为将进一步降准，且除不确定幅度范围外，总体认为幅度可能在0.25%~2%之间；11%的专家认为将进一步降息，且除不确定幅度范围外，总体认为幅度可能在0.1%~10%之间；2%的专家则认为央行手段不能确定；其他专家分别提出政策利率进一步下降的空间有限，稳定宽松为主；也有专家提出下半年经济增速回升后，进一步降准降息的可能性不大，但如果欧美经济形势恶化超预期，并采取量化宽松政策，中国也会被迫跟进等观点。

2020年2月，为应对新冠疫情冲击，支持实体经济发展，中国1年期贷款市场报价利率（LPR）较1月份下降10个基点，报4.05%；4月，1年期LPR再次下降至3.85%，并保持至7月。关于至2020年末LPR可能水平，调查结果显示，33%的专家预期下降20个基点，达到3.65%；26%的专家预期下降10个基点，达到3.75%；20%的专家预期下降40个基点，达到3.45%；17%的专家预期保持在3.85%的水平；5%的专家预期下降60个基点，达到3.25%。总体而言，超过八成的专家认为LPR年末会继续下降。

为应对疫情冲击，2020年以来实施了一系列力度空前的积极财政政策，包

括提高赤字率、发行抗疫特别国债、增加专项债券等措施。2020年7月底召开的中共中央政治局会议上进一步明确要求，"积极的财政政策要更加积极有为""注重实效""要保障重大项目建设资金，注重质量和效益"。关于2020年下半年中国财政政策还有哪些实施的空间（该调查问题为多选题或填空题），调查结果显示，81%的专家认为继续推进财政"补短板"投资，特别是加强新型基础设施建设等领域的投资；76%的专家认为应充分灵活利用政府债券和各类支出工具，适当加快公共财政支出的增速，适度扩大赤字尤其是中央财政赤字；74%的专家认为财政支出的扩大应强化民生导向，从需求端通过减税、提高对居民人均转移收入的力度以稳定居民实际收入，特别是低收入群体的收入增长；73%的专家认为进一步优化减税降费方式，从当前主要针对增值税的减税格局转为降低社保费率和企业所得税税率；61%的专家认为通过盘活财政存量资金，提高财政资金的使用效率。

2020年上半年，受新冠肺炎疫情的冲击，加上减税降费政策的落实，全国一般公共预算收入同比下降10.8%。然而，随着第二季度复工复产的稳步推进以及助企纾困成效的持续显现，6月财政收入同比增长3.2%，增幅由负转正，也是年内首次月度正增长。下半年，围绕做好"六稳"工作、落实"六保"任务，积极的财政政策将要更加积极有为。基于5月的政府工作报告，2020年赤字率拟按3.6%以上安排，财政赤字规模比上年增加1万亿元。关于2020年赤字率（该调查问题为多选题或填空题），调查结果显示，46%的专家预期在3.61%~3.80%之间；38%的专家预期在3.81%~4.00%之间；15%的专家预期在3.41%~3.60%之间；5%的专家预期在4.01%~4.20%之间；2%的专家预期在3.20%~3.40%之间；各有1%的专家分别预期在3.20%以下（即3.00%）和4.20%以上（即5.00%~6.00%之间）。总体而言，超过八成的专家同意2020年赤字率处于3.6%以上。

2020年7月底召开的中共中央政治局会议上提出，宏观经济政策要加强协调配合，促进财政、货币政策同就业、产业、区域等政策形成集成效应。关于推动宏观政策协调配合的具体措施有哪些（该调查问题为多选题或填空题），调查结果显示，85%的专家认为应进一步发挥信贷政策的结构引导作用，确保资金投向具有乘数效应的先进制造、民生建设、基础设施短板等领域，促进产业和消费"双升级"；84%的专家认为要加快新型基础设施建设，深入推进重大区域发展战略，推动形成优势互补高质量发展的区域经济布局；77%的专家认为通过营商环境的优化，调动民间投资和外商投资的积极性，激活市场经济主体的活力；61%的专家认为要以新型城镇化带动投资和消费需求，推动城市群、都市圈一体化发展体制机制创新；55%的专家认为应引导产业转型与就业提升协同发展，以实现就业，特别是高收入岗位就业的稳定增长；3%的专家分别提出货币政策需及时释放流动性予以配合债券发行，以避免资金面大起大落；财政贴息贷款，对重点行业和小微企业加大支持力度；加强就业扶持力度，促进灵活就业模式有序发展；大力鼓励民办教育发展；加快城乡社保体系建设等建议。

2020年7月底召开的中共中央政治局会议上提出，要"加快形成以国内大循环为主体、国内国际双循环相互促进的新发展格局""持续扩大国内需求"，克服疫情影响，扩大最终消费，为居民消费升级创造条件。关于当前扩大最终消费、推动居民消费升级的具体措施有哪些（该调查问题为多选题或填空题），调查结果显示，88%的专家认为要努力扩大中等收入群体，缩小收入差距。应继续实施减税降费政策，加大对城乡低收入家庭的转移支付，加快划转部分国有资本以充实社保基金，确保社保费率稳步降低，并确保居民特别是低收入群体和农村居民实际收入的稳步增长。75%的专家认为应充分重视疫情冲击和食品类CPI高企对居民，尤其是低收入群体和农村居民实际收入的影响。61%的专家认为要加大脱贫攻坚力度，确保现行标准下农村贫困人口全部脱贫、贫困县全部"摘帽"。61%的专家认为应积极做好金融支持就业创业，深入开展金融精准扶贫以及继续加强产业转型升级的金融支持等。59%的专家认为要坚持"房子是用来住的，不是用来炒的"定位，促进房地产市场平稳健康发展。3%的专家分别提出，培育新供给新动力，从信息、技术、资金、人才等方面提供保障；要着眼于持续扩大消费需求，引导城镇居民消费需求朝着智能、绿色、健康、安全的方向转变，推动农村居民消费方式由生存型、传统型、物质型向发展型、现代型、服务型转变；推进疫情监控的数字化和全国数据整合，建立健全科学防控体系，避免地方层层加码，采用与风险等级不符的过度防控措施；完善电子商务运营环境，进一步推动电子商务发展；加大党政部门减员增效的力度等建议。

2020年7月底召开的中共中央政治局会议上提出，"要着眼长远，积极扩大有效投资，鼓励社会资本参与""要提高产业链供应链稳定性和竞争力，更加注重补短板和锻长板"。关于当前扩大有效投资的具体措施有哪些（该调查问题为多选题或填空题），调查结果显示，86%的专家认为应继续加大针对创新企业和高新技术企业的减税力度，加大研发费用加计扣除力度，激励企业扩大研发投入，增强企业的创新能力，提高高新技术制造业的比重，加快促进制造业的产业转型和产品升级，以实现劳动生产率的持续快速增长。81%的专家认为继续深化国企改革，落实竞争中性和所有制中性，消除所有制歧视，加快构建公平竞争的营商环境、完善产权保护制度，拓展民营经济的发展空间，提振企业信心，稳定制造业民间投资的增长。79%的专家认为全面落实完善减负稳岗扩就业举措，加大对自主创业、灵活就业支持力度；在推动扶持中小企业发展的同时，应更大力度扶持创业创新活动；进一步强化职业技能培训，大力发展微经济，提高青年就业率和创业成功率，扩大和稳定青年就业。69%的专家认为应落实推进 LPR 改革及运用，以此提高市场利率向贷款利率的传导效率，激励对利率变化更为敏感的民间投资的增长，进而改善市场配置信贷资源的效率，推动投资结构调整，提升投资效率。65%的专家认为要推进资本市场基础制度建设，依法从严打击证券违法活动，促进资本市场平稳健康发展。5%的专家分别提出发挥专项债券对稳投资补短板的作用，有序推进政府与社会资本合作项目；进一步放开市场准入，释放民企投资积极性；防止无效投资，完善投资退出机制；完善财政支持政策的执行和监督机制，大力提高政策执行效果，确保财政资金使用效率；稳定政策预期等建议。

123 位专家参与了本次问卷调查，他们是（按姓名汉语拼音排序）：柏培文、毕吉耀、卜永祖、陈昌兵、陈工、陈建宝、陈瑾玫、陈浪南、陈磊、陈梦根、陈守东、陈锡康、陈学彬、陈彦斌、陈志勇、戴魁早、董纪昌、董希淼、范从来、高波、龚刚、郭其友、郭熙保、郭晓合、郭志仪、韩兆洲、贺京同、胡日东、华而诚、黄茂兴、黄先海、黄险峰、简锦汉、简新华、蒋永穆、靳涛、Kwan Fung、李翀、李春琦、李海峥、李建伟、李军、李实、李英东、梁嘉锐、林学贵、刘凤良、刘戈、刘建平、刘金全、刘穷志、刘仕国、刘晓欣、吕汉光、马颖、马跃、彭素玲、覃巍、瞿宛文、任保平、任若恩、邵宜航、沈国兵、沈利生、石峻驿、苏剑、孙少岩、孙巍、汤吉军、田如柱、汪昌云、汪同三、王大树、王国成、王继平、王晋斌、王军波、王立勇、王美今、王苏生、王衍行、王跃生、文传浩、吴化斌、吴信如、谢丹阳、谢地、谢攀、辛本健、徐一帆、许文彬、许宪春、鄢萍、杨澄宇、杨翠红、易宪容、殷醒民、尹恒、于立、于左、袁富华、臧旭恒、曾五一、张东辉、张红伟、张立群、张连城、张明志、张茉楠、张平、章元、赵明昊、赵昕东、赵振全、赵志君、郑超愚、支大林、周冰、周立群、周泽炯、朱保华、朱建平、朱启贵。

参加本次问卷调查的专家学者来自国家发展改革委宏观院、国家统计局、国务院发展研究中心宏观经济研究部、恒丰银行研究院、经济参考报、人民日报社内参部、商务部研究院、台湾"中研院"、中共中央对外联络部当代世界研究中心、中国国际经济交流中心、中国科学院预测科学研究中心、中国科学院数学与系统科学研究院、中国社会科学院金融研究所、中国社会科学院经济研究所、中国社会科学院世界经济与政治研究所、中国社会科学院数量经济与技术经济研究所、中国银行业协会、中华经济研究院、中研院经济研究所、中央电视台财经频道等机构，以及安徽财经大学、澳门大学、北京大学、北京航空航天大学、北京师范大学、重庆工商大学、东北财经大学、东北师范大学、福建师范大学、复旦大学、广西大学、清华大学、湖南大学、美国佐治亚理工大学、华东师范大学、华侨大学、吉林大学、暨南大学、兰州大学、辽宁大学、南京大学、南开大学、厦门大学、山东大学、陕西师范大学、上海财经大学、上海对外经贸大学、上海交通大学、首都经贸大学、四川大学、台湾大学、天津财经大学、天津商业大学、武汉大学、西安交通大学、西北大学、香港城市大学、香港科技大学、香港岭南大学、云南财经大学、浙江财经大学、浙江大学、中国科学院大学、中国人民大学、中南大学、中南财经政法大学、中山大学、中央财经大学等高校。

最后，我们对上述各位专家的热忱参与和真知灼见，表示诚挚的感谢！

图书在版编目（CIP）数据

中国宏观经济分析与预测. 2021 年：新发展格局与高
质量发展/中国季度宏观经济模型（CQMM）课题组著.
—北京：经济科学出版社，2021.7
（厦门大学宏观经济研究丛书）
ISBN 978 - 7 - 5218 - 2666 - 1

Ⅰ.①中… Ⅱ.①中… Ⅲ.①中国经济 - 宏观经济 -
研究报告 - 2021 Ⅳ.①F123.16

中国版本图书馆 CIP 数据核字（2021）第 128497 号

责任编辑：齐伟娜 初少磊
责任校对：杨 海
责任印制：李 鹏 范 艳

中国宏观经济分析与预测（2021 年）
——新发展格局与高质量发展
中国季度宏观经济模型（CQMM）课题组 著
经济科学出版社出版、发行 新华书店经销
社址：北京市海淀区阜成路甲 28 号 邮编：100142
总编部电话：010 - 88191217 发行部电话：010 - 88191540
网址：www. esp. com. cn
电子邮箱：esp@ esp. com. cn
天猫网店：经济科学出版社旗舰店
网址：http://jjkxcbs. tmall. com
北京季蜂印刷有限公司印装
710 × 1000 16 开 27.75 印张 530000 字
2021 年 8 月第 1 版 2021 年 8 月第 1 次印刷
ISBN 978 - 7 - 5218 - 2666 - 1 定价：96.00 元
（图书出现印装问题，本社负责调换。电话：010 - 88191510）
（版权所有 侵权必究 打击盗版 举报热线：010 - 88191661
QQ：2242791300 营销中心电话：010 - 88191537
电子邮箱：dbts@ esp. com. cn）